ALIMENTANDO O MUNDO

O surgimento da moderna economia agrícola no Brasil

GOVERNO DO ESTADO DE SÃO PAULO
Governador
João Doria
Vice-governador
Rodrigo Garcia

IMPRENSA OFICIAL DO ESTADO DE SÃO PAULO
Diretor-presidente
Nourival Pantano Júnior

ALIMENTANDO O MUNDO

O surgimento da moderna economia agrícola no Brasil

HERBERT S. KLEIN
FRANCISCO VIDAL LUNA

Tradução Laura Teixeira Motta

imprensaoficial
GOVERNO DO ESTADO DE SÃO PAULO
FGV | EBAPE EDITORA

Título original: Feeding the world: Brazil's transformation into a modern agricultural economy
Publicado por Cambridge University Press

Direitos desta edição reservados à

Editora FGV
Rua Jornalista Orlando Dantas, 37
22231-010 | Rio de Janeiro, RJ | Brasil
Tels.: 0800-021-7777 | 21-3799-4427
Fax: 21 3799 1130
editora@fgv.br | pedidoseditora@fgv.br
www.fgv.br/editora

Imprensa Oficial do Estado de São Paulo
Rua da Mooca, 1921 Mooca
03103 902 São Paulo SP Brasil
SAC 0800 0123 401

Coordenação editorial e copidesque:
Ronald Polito

Revisão:
Marco Antonio Corrêa e Sandro Gomes dos Santos

Capa, projeto gráfico e diagramação:
Ilustrarte Design e Produção Editorial

Imagem da capa:
Lavoura de milho em Sorocaba, São Paulo.
Marcos Alves/Getty Images.

Impressão e acabamento
Imprensa Oficial do Estado S/A – IMESP

Imprensa Oficial do Estado de São Paulo

Coordenação editorial
Cecilia Scharlach

Edição
Andressa Veronesi

Assistência editorial
Francisco Alves da Silva

Impresso no Brasil | Printed in Brazil

1ª edição – 2020

DADOS INTERNACIONAIS DE CATALOGAÇÃO NA PUBLICAÇÃO (CIP)
FICHA CATALOGRÁFICA ELABORADA PELO SISTEMA DE BIBLIOTECAS/FGV

Klein, Herbert S., 1936-
Alimentando o mundo : o surgimento da moderna economia agrícola no Brasil / Herbert S. Klein, Francisco Vidal Luna; tradução Laura Teixeira Motta. – Rio de Janeiro : FGV Editora; São Paulo : Imprensa Oficial do Estado de São Paulo, 2020.
440 p.

Tradução de: Feeding the world : Brazil's transformation into a modern agricultural economy.
Inclui bibliografia.
ISBN: 978-85-225-2171-5 (FGV Editora), 978-85-401-0176-0 (Imprensa Oficial do Estado de São Paulo)

1. Economia agrícola – Brasil. I. Luna, Francisco Vidal. II. Fundação Getulio Vargas. III. Título.

CDD – 338.10981

Elaborada por Amanda Maria Medeiros López Ares – CRB-7/1652

SUMÁRIO

LISTA DE MAPAS

LISTA DE GRÁFICOS

LISTA DE TABELAS

INTRODUÇÃO

A ascensão do Brasil como potência agrícola é um dos eventos mais importantes na história do mundo moderno. Desde 1960 o Brasil passou de importador a maior exportador líquido de alimentos do mundo. Hoje está entre os cinco maiores produtores mundiais de 36 gêneros agrícolas e assumiu a liderança na exportação de dezenas de produtos, entre eles suco de laranja, açúcar, carnes e soja. Agora o Brasil é um dos mais importantes celeiros do mundo, e, entre os países tropicais, o principal. Sem a produção brasileira, haveria uma redução drástica na oferta mundial de alimentos. No entanto, a ascensão à posição de potência mundial só ocorreu recentemente. Embora o Brasil sempre tenha sido um país voltado para a agricultura de exportação, dedicava-se essencialmente a um único produto: primeiro, o açúcar, no período colonial, depois o café, nos séculos XIX e XX. Esporadicamente, também exportou algodão, borracha e cacau. Tudo isso, porém, era produzido com tecnologia das mais simples, sem máquinas, e graças ao uso constante de solos virgens nos quais não se aplicavam fertilizantes nem inseticidas. A mão de obra não era qualificada, o crédito agrícola era irrisório e a principal alavanca da agricultura estava no avanço da fronteira sobre terras virgens.

Tudo isso mudou na segunda metade do século XX, sobretudo depois de 1960. Hoje a agricultura comercial brasileira é acentuadamente mecanizada, com acesso a crédito público e privado abundante, e o país é grande consumidor mundial de fertilizantes e inseticidas. Conta, ainda, com um dos mais avançados programas de pesquisa agrícola do mundo e uma classe numerosa de agrônomos altamente especializados. Apesar de dificuldades de transporte e da regulação governamental, desde os anos 1990 a agricultura brasileira tem sido capaz de competir com êxito no mercado mundial, concorrendo até com os Estados Unidos. Definimos a modernização da agricultura brasileira como a transformação da agricultura comercial com a introdução de novos produtos, a ocupação de novos espaços e a utilização da tecnologia mais moderna disponível no mercado, parte dela desenvolvida por pesquisas brasileiras, voltadas, sobretudo, para a produção agrícola tropical. Também integram essa definição novas relações complexas entre produtores e processadores, além de um sofisticado sistema de financiamento público e privado. Essa modernização ocorreu graças a políticas governamentais destinadas a apoiar a criação de um importante parque industrial no Brasil, e nela o papel da agricultura deveria consistir em fornecer alimentos baratos à crescente força de trabalho e produtos exportáveis para pagar pelas importações de bens de capital.

Em meados do século XX, o Brasil tinha uma economia agrícola tradicional, de baixa produtividade e baseada em um sistema desigual de posse da terra, com latifúndios imensos por todo o país. Enquanto outras nações latino-americanas estavam recorrendo à reforma agrária como um modo de introduzir tecnologia moderna na agricultura tradicional, os governos brasileiros desse período decidiram fornecer incentivos para que os proprietários de terra tradicionais se tornassem agricultores modernos. O resultado foi um processo de modernização baseado em um sistema tradicional de posse da terra, que muitos chamaram de modernização conservadora. Como havia abundância de terras subutilizadas, o governo pôde reprimir a demanda pela reforma agrária promovendo a colonização em massa por agricultores pobres, não atuando na estrutura de posse de terra, que se manteve altamente concentrada.

Este estudo propõe-se a explicar como e por que essa modernização ocorreu e como o Brasil evoluiu, neste último meio século, de exportador monoprodutor de café para importante produtor agrícola mundial, totalmente aberto ao mercado internacional. Definimos um ponto de inflexão crucial, com início em uma importante mudança nas políticas governamentais nos anos 1960, com vultosas injeções de capital no mundo rural e intervenção direta do governo na comercialização de produtos agrícolas. Em seguida, examinamos o impacto da retirada parcial do governo desse mercado nas crises dos anos 1980 e o impacto subsequente da adoção do livre-comércio nos anos 1990. Esses dois decênios de crise afetaram gravemente o setor agrícola e forçaram uma reorganização de seus sistemas de crédito, comercialização e integração com uma profusão de novas fontes de crédito, entre elas supermercados, grandes cooperativas, produtores de insumos agrícolas e empresas de comércio internacional. Paradoxalmente, a indústria nacional, principal preocupação dos governos anteriores, viria a sofrer com essa abertura aos mercados mundiais, enquanto a agricultura mostraria um crescimento extraordinário.

Ao longo de todo o livro, procuramos apontar as causas dessa "revolução" agrícola. Analisamos minuciosamente a grande mobilização de capital que teve início sob os regimes militares do período 1964-85 e a criação sistêmica de um moderno programa de pesquisa encabeçado pela Embrapa, uma das maiores instituições de pesquisa agrícola do mundo. Outros fatores foram a criação de um programa nacional de mecanização agrícola e uma indústria química moderna para fornecer os insumos básicos necessários à modernização da agricultura nacional. Finalmente, examinamos o capital humano que emergiu na área rural e como ele afetou esse processo de modernização.

Uma característica notável desse processo é ele não ter sido constante. Depois de um começo promissor, o impacto das depressões dos anos 1980, seguido pela abertura da fechada economia brasileira ao mercado mundial nos anos 1990, representou um forte choque para a agricultura e forçou mudanças significativas. A indústria brasileira também se viu obrigada a enfrentar esse difícil período de ajuste a uma economia aberta, mas a agricultura, em contraste com a indústria, foi capaz de recobrar-se e competir no mercado internacional nas décadas seguintes, evoluindo até inserir o país entre os maiores produtores agrícolas mundiais e entre os principais exportadores agrícolas do planeta. As razões do êxito da agricultura e do fracasso da indústria, com algumas exceções, também serão examinadas.

Em seguida, analisamos como o setor agrícola respondeu a essas mudanças nos níveis regional e estadual. Com esse objetivo, fazemos uma ampla investigação regional sobre onde e como essa modernização evoluiu. Também discorremos sobre três estudos de caso mais representativos da mudança. Nossos exemplos incluem o modelo de pequena agricultura comercial no Rio Grande do Sul, as grandes fazendas produtoras de numerosas culturas em São Paulo, principal estado agrícola do país, e o exemplo clássico de novo centro produtor de grãos, Mato Grosso, que se tornou o segundo principal produtor agrícola brasileiro.

Dado o nosso interesse de explicar essa revolução agrícola, este estudo enfoca, sobretudo, a parte do mundo rural que se tornaria moderna. No entanto, também examinamos em detalhes as partes que ficaram para trás e permanecem voltadas para a agricultura de subsistência, bem como as razões desse desdobramento. Mencionamos, ainda, os debates sobre reforma agrária e os modelos de colonização alternativa oferecidos pelos governos militares e civis no período pós-1985. Também procuramos explicar por que um setor significativo do mundo rural não foi capaz de responder aos novos incentivos de mercado.

Como o leitor notará nas páginas a seguir, nossa análise da produção e comércio estende-se às safras mais recentes. Infelizmente, nossa análise da estrutura baseia-se principalmente nos censos agrícolas nacionais, e o último deles é de 2006. Outro censo agrícola deveria ter sido feito em 2016, porém foi postergado para 2017. O IBGE divulgou resultados parciais, que procuramos introduzir nesta versão do livro.

Por fim, ressaltamos que este livro não procura estudar os conflitos sociais pela posse de terra que se tornaram comuns nas regiões mais tradicionalistas, o Norte e o Nordeste, nem a importante questão do desmembramento da Amazônia. Como demonstraremos, essa revolução agrícola ocorreu e continua a evoluir sem necessidade de expansão adicional das terras e da continuidade do desmatamento da floresta pluvial. A mineração e a extração ilegal de madeira na Amazônia, embora sejam um grande problema para o Brasil e para o mundo, não são fundamentais para o setor comercial moderno da economia nacional.

Queremos deixar claro que não damos um tratamento igual a todas as culturas e regiões; estudamos culturas e estados selecionados que, a nosso ver, definem os problemas básicos desta análise. Dadas as complexidades do tema, não consideramos esta obra uma história completa da agricultura brasileira moderna, que requereria vários volumes só para descrever por completo o período a partir de 1960. Esperamos, porém, que esta avaliação panorâmica forneça uma análise básica sobre como e por que o Brasil tornou-se um produtor agrícola mundial no mesmo nível de Estados Unidos, Canadá, Austrália, China e União Europeia.

Os autores agradecem a Sonia Rocha, William Summerhill, Renato Augusto Rosa Vidal e Matiko Kume Vidal pelos comentários criteriosos e pela ajuda na produção deste manuscrito.

CAPÍTULO 1

ANTECEDENTES

Como todos os outros colonizadores europeus do Novo Mundo que se seguiram aos espanhóis, os portugueses tiveram de obter um produto que pudessem exportar para a Europa a fim de sustentar seu empreendimento colonial na América. Na falta de metais preciosos e tendo acesso apenas à mão de obra de escravos indígenas, os colonizadores lusos precisavam encontrar novos produtos aceitáveis para o mercado europeu. A solução foi estabelecer uma economia escravista de grande lavoura de exportação baseada na cana-de-açúcar, uma cultura que os portugueses já haviam desenvolvido em suas ilhas atlânticas no século XV. Inicialmente, portanto, as fazendas brasileiras usaram o trabalho de índios cativos, mas em 1600 já empregavam escravos africanos trazidos da África ocidental por traficantes portugueses. Em meados do século XVI, o Brasil tornara-se o maior produtor mundial de cana-de-açúcar, e a economia canavieira forneceu aos portugueses os recursos necessários para manterem sua posse continental no Novo Mundo.

A povoação do Brasil ocorreu em fases distintas. Na primeira delas, a economia e a população concentraram-se na costa nordeste. Ali, pioneiramente, a grande lavoura canavieira desenvolveu-se em grande escala, e essa região continuou a dominar a economia colonial e o mercado mundial de açúcar por mais de um século. Um segundo centro de povoação desenvolveu-se rapidamente na região Sudeste em torno do porto do Rio de Janeiro e suas áreas interioranas, bem como nos portos costeiros do sul e na zona do interior ao redor da povoação que se tornaria a atual cidade de São Paulo. Ali brotou uma cultura de fronteira com brancos, caboclos e índios, e essa população lançou-se em expedições de captura de indígenas e exploração das fronteiras no oeste e sul do país. Foram esses exploradores, os bandeirantes, que descobriram ouro e diamantes no interior em fins do século XVII e começo do século XVIII. O Brasil, então, ingressou em uma fase de mineração intensiva nas áreas hoje pertencentes aos estados de Goiás, Mato Grosso e Minas Gerais. Nesta última região, a riqueza das jazidas auríferas aluviais atraiu grande número de africanos e portugueses, e logo evoluiu ali um mosaico de importantes centros urbanos interioranos. A economia da mineração chegou ao auge em meados do século XVIII, entrando então em um longo declínio nessa que se tornara a área mais populosa da colônia.

No entanto, o crescimento do açúcar no interior do Rio de Janeiro e no planalto próximo a São Paulo contrabalançou o declínio da mineração e também ajudou a transferir o centro demográfico e econômico para a região Sudeste. A ascensão das economias açucareiras nas *plantations* do Caribe inglês e francês no século XVIII acarretou o declínio da importância relativa do açúcar brasileiro no mercado internacional. Ainda assim, o Brasil continuou a ser um exportador importante para o sul da Europa, e a economia açucareira sustentou o crescimento das regiões Sudeste e Nordeste até a primeira parte do século XIX.

A chegada do café como uma nova cultura de grande lavoura escravista ganhou força em fins do período colonial e começo do período imperial. A cafeicultura iria centralizar-se na região Sudeste, e foi para essa região que afluíram milhões de escravos africanos até 1850. O contínuo dinamismo do Brasil, primeiro com o ciclo do açúcar, depois com o do ouro e por fim com a grande expansão da cafeicultura, ocasionou a introdução em massa de cativos africanos por três séculos de colonização. O Brasil já havia absorvido mais escravos africanos — uma estimativa atual indica 3 milhões — do que qualquer outra região das Américas isoladamente até 1840,[1] e, com o fim da escravidão em 1888, o país conseguiu trazer um número ainda maior de imigrantes europeus livres. O Brasil foi um dos poucos países latino-americanos capaz de competir com os Estados Unidos como receptor de uma parte da grande migração transatlântica de europeus em fins do século XIX e começo do século XX.

Apesar da incessante expansão das fronteiras a oeste e ao sul, a população brasileira continuou fortemente concentrada nas proximidades da costa até quando o século XIX já ia bem adiantado. A maior parte das terras interioranas tinha população esparsa e consistia principalmente em florestas e campinas. Isso mudaria no último quarto do século XIX, quando ferrovias e fazendas de café adentraram o oeste e franquearam o interior à povoação. A expansão da cafeicultura no segundo quarto do século XIX forneceu ao Brasil um produto

[1] Essa é a estimativa mais recente de africanos desembarcados no Brasil, extraída do Trans-Atlantic Slave Trade Database. Disponível em: <www.slavevoyages.org/voyage/search#>. Acesso em: 29 maio 2017.

de exportação internacional cuja demanda aumentou sistematicamente graças ao consumo crescente do café como bebida por uma população cada vez mais urbana, rica e numerosa nos países avançados. Dotado de condições físicas excepcionais para o cultivo do café, o Brasil logo assumiu a posição de líder mundial na oferta do produto e foi capaz de aumentar a produção para suprir adequadamente a demanda mundial em expansão. Por mais de 60 anos o café foi produzido por trabalho escravo, mas no final do século XIX os cativos foram substituídos por trabalhadores imigrantes livres assalariados vindos da Europa e da Ásia. A concentração da cafeicultura no eixo formado pelos estados do Rio de Janeiro, São Paulo e Minas Gerais deu a essa região a supremacia econômica e política no país, mantida até 1930.

Um ano após a abolição da escravidão em 1888, a monarquia foi substituída pela República. O advento da República levou a uma reorganização fundamental do núcleo de poder nacional, que passou de centralizado a federativo, surgindo novos atores políticos regionais que consolidariam sua posição ao longo da chamada República Velha. O estado de São Paulo ascendeu à posição de principal centro econômico do país à medida que a produção cafeeira deslocou-se para o oeste e se instalou no interior paulista.[2]

A expansão inicial da cafeicultura ocorreu no Vale do Paraíba, primeiro na região de Vassouras, na província do Rio de Janeiro. Em seguida, os cafezais adentraram o norte e o oeste, na região conhecida como Zona da Mata, no sudoeste da província de Minas Gerais, e as áreas ao redor dos municípios de Areias e Bananal, no nordeste da província de São Paulo. Até as décadas intermediárias do século, o Vale do Paraíba foi o maior produtor de café do mundo. Em 1850 o Brasil era responsável por metade da produção mundial, e o café gerava metade do valor das exportações nacionais. Conforme a demanda mundial cresceu, a produção cafeeira do Brasil expandiu-se a um ritmo ainda mais acelerado; nos cinco últimos anos do século, 70% da produção mundial provinha do Brasil. Como a terra era abundante e barata, a mão de obra era o principal fator a limitar a produção de café. O fim do tráfico de escravos em 1850 pôs em risco a expansão da cafeicultura em um primeiro momento, mas o problema foi resolvido com a transferência de cativos de regiões não produtoras de café. Em consequência, as áreas cafeeiras aumentaram constantemente sua parcela da escravaria após 1850.

Já nos anos 1850, os fazendeiros começaram a experimentar a mão de obra de europeus imigrantes assalariados nos cafezais, mas essas tentativas iniciais

---

[2] Sobre a evolução da cafeicultura, ver o estudo em dois volumes por Francisco Vidal Luna e Herbert S. Klein (2005, 2019).

fracassaram, pois os trabalhadores livres não aceitaram as condições oferecidas e não quiseram trabalhar ao lado de escravos. Em 1884, sob pressão dos cafeicultores, o governo do estado de São Paulo assumiu o custo total da viagem dos imigrantes da Europa até as fazendas paulistas.[3] Foi essa lei que estabeleceu definitivamente a base para a introdução em massa de imigrantes europeus em solo paulista. Posteriormente, a abolição formal da escravidão em 1888 removeu o derradeiro obstáculo, ocorrendo um grande fluxo de imigração para o estado de São Paulo a partir daquela data. Entre 1827 e 1884 apenas 37 mil imigrantes estrangeiros haviam chegado a São Paulo, mas na década após 1884 veio para o estado meio milhão de imigrantes. Dos 2,3 milhões de pessoas que imigraram para as terras paulistas entre 1887 e 1928, metade foi subsidiada pelo governo. Outros estados também receberam imigrantes nesse período e, no total, cerca de 4 milhões de imigrantes estrangeiros entraram no Brasil de 1884 a 1940.[4] Assim, apesar do enfraquecimento progressivo e da abolição definitiva da escravidão nos anos 1880, não houve descontinuidade na produção cafeeira.

Nessa nova era de mão de obra livre, o oeste do estado de São Paulo alcançou a hegemonia na produção brasileira de café. O movimento da cafeicultura em direção às planícies dessa região começou nos anos 1870, após a introdução das ferrovias. Assim como outras áreas de evolução recente no estado, a zona do oeste paulista desenvolveu-se em terras virgens de solo altamente produtivo, e os fazendeiros locais mostraram-se mais receptivos a experimentar novos regimes de trabalho. Em contraste, as fazendas de café do Vale do Paraíba, menos produtivas, entraram em declínio e, sem a mão de obra escrava, deixaram de ser competitivas.

Além da mão de obra, outro obstáculo à expansão da produção de café foi o transporte. A partir de meados do século XIX reconheceu-se a necessidade fundamental de criar um sistema eficiente de transporte ferroviário para levar o café à costa. O sistema tradicional de transporte por mulas era muito dispendioso e limitava a potencial expansão do sistema. A solução veio em 1853, quando o governo garantiu uma remuneração mínima sobre os investimentos a realizar.[5] A Estrada de Ferro D. Pedro II, que ia do porto do Rio de Janeiro até Cachoeira, no estado de São Paulo, foi a primeira linha férrea construída com êxito. Ela servia a região cafeeira do Vale do Paraíba, permitindo a exportação de café para o Rio de Janeiro.

[3] Lei 28 de 29 de março de 1884. Disponível em: <www.al.sp.gov.br/portal/site/Internet/>.

[4] Para São Paulo, ver *Anuário Estatístico do Brasil 1939-1940* (daqui por diante citado como *AEB*), p. 1307; para todo o Brasil, *AEB, 1950*, p. 55.

[5] Os subsídios eram essenciais, pois os investidores privados temiam que seus lucros fossem insuficientes. Summerhill (2003:40).

As zonas cafeeiras paulistas mais novas continuaram a depender do transporte por mulas para chegar ao seu porto de exportação natural, Santos, a cerca de 60 quilômetros da cidade de São Paulo. Mas em 1867 foi inaugurada a São Paulo Railway ligando Santos à cidade de Jundiaí, que era a entrada tradicional para a zona do oeste paulista. Em sequência, contando em grande parte com capital dos agricultores, foi construída uma complexa rede ferroviária que se espalhou pelo interior da província e chegou ao sertão inexplorado. As ferrovias permitiram a exploração de terras de qualidade excepcional, especialmente adequadas ao cultivo do café. Assim, na segunda metade do século, os cafeicultores brasileiros resolveram as duas barreiras cruciais que limitavam a expansão do café: insuficiência de mão de obra e ausência de um sistema de transporte barato. Essas ferrovias também permitiram o transporte de outros tipos de mercadoria entre portos e regiões, criando mercados regionais mais integrados tanto para a produção interna como para importações e exportações.

Com sua vasta fronteira agrícola e terras virgens, São Paulo pôde suprir grande parte da crescente demanda mundial por café. Entre 1852 e 1900 a taxa de crescimento do consumo de café foi 2,5% ao ano. Nesse período, o consumo mundial passou de 4,6 milhões para 18,1 milhões de sacas de café, 73% das quais eram produzidas no Brasil (Bacha e Greenhill, 1993: tabs. 1.1 e 1.2). Houve ainda mudanças importantes na base regional da produção cafeeira nesse período. O estado de São Paulo ultrapassou o Rio de Janeiro como região de maior produção do país na década de 1890. O crescimento prosseguiu até o século seguinte, e nos anos 1910 São Paulo era responsável por 70% da produção nacional.

No entanto, as características especiais da oferta e demanda de café criaram um mercado instável com grandes flutuações nos preços. A demanda mundial aumentou constantemente em razão do crescimento demográfico, da maior urbanização e do aumento da renda nos países consumidores, mas, ao mesmo tempo, foi gravemente afetada por crises periódicas nas economias da Europa e Estados Unidos.[6] Embora o plantio sofresse influência dos preços, outros fatores exógenos ocasionalmente postergavam essa influência por vários anos. Os cafeeiros, por exemplo, só começavam a produzir aos quatro anos de idade e continuavam produtivos por 20 a 30 anos, e alguns por até 50 anos. Ademais havia a influência da taxa de câmbio. Os preços eram cotados em libra esterlina, mas para o produtor o importante era o preço em moeda nacional. Assim, além dos custos internos na moeda brasileira, as flutuações na taxa de câmbio influencia-

[6] Sobre esse tema, ver a obra pioneira de Antônio Delfim Netto (1981: caps. 1 a 4). Em várias partes desta seção dedicada às intervenções no mercado cafeeiro, usamos o trabalho de Delfim Netto.

vam as decisões dos produtores tanto quanto os preços internacionais. Assim, não ocorria uma resposta imediata da oferta aos preços internacionais, pois havia defasagem entre preços, plantio e oferta (Delfim Netto, 1981: caps. 1 a 4).

Embora a partir de meados da década de 1890 ocorresse uma deterioração dos preços internacionais do café, a forte desvalorização do mil-réis tornava a cafeicultura atrativa, estimulando a continuidade dos plantios de novos pés de café, ampliando gradativamente a oferta e caminhando para uma situação de superprodução. Até os anos 1890 houve estabilidade entre demanda e oferta. Em 1892, porém, o preço internacional do café entrou em um longo declínio secular. No entanto, em razão da forte desvalorização da moeda local, essa queda nos preços internacionais não acarretou diminuição da produção nacional nem de novos plantios, e isso foi ampliando a capacidade de produção. Esse paradoxo de expansão contínua com preços e lucratividade em queda ocorreu porque cafeeiros plantados anteriormente começaram gradualmente a produzir, o que levou à superprodução (Delfim Netto, 1981: cap. 2).

A crescente crise de superprodução de café caracterizada por preços baixos e acúmulo de estoques do produto gerou uma pressão cada vez maior pela intervenção do governo. Em 1902 o estado de São Paulo foi forçado a proibir o plantio de novos cafeeiros por cinco anos. Mesmo depois dessa intervenção do estado, houve outra grande safra em 1906-07.[7] A essa altura, o Brasil, sozinho, produziu em um ano mais do que o consumo mundial anual. Em um encontro de produtores brasileiros, foi assinado em 1906 o Acordo de Taubaté, no qual o governo comprometia-se a comprar os excedentes da produção de café a um preço mínimo preestabelecido. Também se decidiu restringir a produção de café de baixa qualidade, estimular o consumo interno e promover o produto no exterior (Delfim Netto, 1981: caps. 2 e 3).

No entanto, esses programas tiveram um êxito apenas parcial e não puderam ser mantidos pelos estados individualmente. No fim da safra de 1906-07, os estoques mundiais de café alcançavam 16,4 milhões de toneladas, das quais metade pertencia ao estado de São Paulo. O governo federal decidiu, então, apoiar o governo paulista: tomou empréstimos no exterior e os repassou ao governo estadual para seu programa de valorização do café. Esse primeiro esquema de

[7] O estoque foi de 11 milhões de sacas de café para um consumo de 16 milhões. E a estimativa inicial da safra de 1906-07 foi de 16 milhões, mas a produção chegou a 20 milhões de sacas. Não havia lugar onde uma safra dessa magnitude pudesse ser oferecida. Como já mencionado, os cafeeiros só começavam a produzir aos quatro anos de idade e continuavam produtivos por 20 a 30 anos, ou mesmo até por 50. Assim, embora a crise fosse evidente, a produção não dependia de decisões correntes, e sim de plantios que haviam sido feitos no mínimo cinco anos antes. Delfim Netto afirma que o regime de exploração em São Paulo, baseado no colonato, exacerbou a crise na cafeicultura paulista em comparação com outros estados produtores. Delfim Netto (1981:44-45).

valorização foi bem-sucedido, os preços no mercado internacional recuperaram-se, e o estado foi capaz de vender gradualmente o café estocado. A essa primeira intervenção no mercado cafeeiro seguiram-se mais dois programas com êxito, um em 1914 e outro no começo dos anos 1920 (Delfim Netto, 1981: caps. 2 e 3).

Essas três intervenções foram temporárias, relacionadas com breves crises no mercado e com uma superprodução anual. Parte do estoque foi tirada de circulação. Houve ainda controles temporários do plantio e flutuações naturais na produção que levaram ao reequilíbrio do mercado de café. O sucesso desses esquemas de intervenção promoveu a ideia de estabelecer uma defesa permanente do café. Quando foram vendidos estoques da terceira operação de recuperação, o governo federal delegou a operação de defesa para o estado de São Paulo, que criou então o Instituto de Defesa Permanente do Café, mais tarde Instituto do Café de São Paulo.

A crise de 1929 atingiu o mercado cafeeiro em um momento de superprodução local, um resultado natural das políticas protecionistas de longo prazo que haviam sido adotadas. Mantida a política de regular os embarques totais de café para os portos, as safras excepcionais da década de 1920 criaram estoques sempre crescentes nos armazéns, além de elevarem a demanda por crédito, tanto para a compra dos estoques como para o financiamento do tempo em que eles permaneciam nos armazéns. Dado o sistema de convertibilidade então em vigor, o aumento do crédito dependia das reservas de ouro no sistema financeiro. Porém, assim que surgiram sinais de uma crise internacional, o crédito no mercado internacional sofreu restrição imediata. Como usual em crises semelhantes, ocorreu uma fuga de capital para os países mais desenvolvidos. A crise de confiança, portanto, estimulou a demanda por moeda estrangeira e, simultaneamente, reduziu as reservas em ouro e diminuiu drasticamente a oferta de moeda. Nessa situação era praticamente impossível expandir o crédito e manter a convertibilidade da moeda nacional.

O governo Vargas, instaurado após a Revolução de 1930, ante a situação da cafeicultura, foi obrigado a apoiar o setor cafeeiro para evitar um agravamento da crise. A extraordinária safra de 1929 repetiu-se nos dois anos seguintes, e os níveis máximos foram atingidos em 1933. Para manter os preços a um nível aceitável para os produtores, o governo decidiu destruir parte dos estoques de café. Além disso, em 1933, as dívidas dos cafeicultores foram reduzidas pela metade, e o saldo foi financiado por um prazo de 10 anos. O governo proibiu não só novos plantios mas também o replantio de cafeeiros existentes, e criou um programa que dividia em três partes todo o café enviado aos portos: 30% para ser exportado, 30% para ser estocado e 40% para ser destruído. Com adaptações periódicas, esse sistema seria mantido até 1944 e resultaria na queima de 78,2 milhões de sacas de café, o equivalente ao triplo do consumo mundial anual. Esse programa de controle conseguiu diminuir gradualmente a produção nacional. Os preços mundiais permaneceram baixos até o fim dos anos 1930, e só se recuperaram depois do início da Segunda Guerra Mundial. Esse sistema de controle também ajudou os concorrentes do Brasil, que continuaram a exportar mesmo com os preços muito baixos, e no fim da década o Brasil havia perdido 10% da sua participação no mercado (Delfim Netto, 1981:142-157).

Apesar da importância da produção cafeeira para a economia nacional, havia espaço também para outras culturas agrícolas no país, e algumas delas destinavam-se aos mercados internacional e interno. No mercado de exportação, depois do café a cultura mais expressiva era o açúcar. Nos anos 1820 o açúcar contribuía com um terço do valor das exportações brasileiras, em comparação com um quarto proveniente do algodão e apenas um quinto resultante das exportações de café. Este último, porém, logo predominou e, progressivamente, encabeçou as exportações do Império em meados e fins do século XIX; durante todo o período da República Velha, o café foi responsável por aproximadamente 65% do valor das exportações (tabela 1.1).

Tabela 1.1: Participações dos principais produtos no valor total exportado, 1821-1939

	Café	Açúcar	Cacau	Erva-mate	Tabaco	Algodão	Borracha	Peles e couros
1821-30	21%	34%	1%	0%	3%	25%	0%	16%
1831-40	49%	27%	1%	1%	2%	12%	0%	9%
1941-50	47%	30%	1%	1%	2%	9%	0%	10%
1851-60	54%	23%	1%	2%	3%	7%	2%	8%
1861-70	50%	14%	1%	1%	3%	20%	3%	7%
1871-80	59%	12%	1%	2%	4%	10%	6%	6%
1881-90	67%	11%	2%	1%	3%	5%	9%	4%
1891-00	67%	6%	2%	1%	2%	3%	16%	3%
1901-10	54%	1%	3%	3%	3%	2%	30%	5%
1911-20	62%	3%	4%	4%	3%	2%	14%	7%
1921-30	79%	2%	4%	3%	2%	3%	3%	5%
1931-39	69%	1%	5%	2%	2%	15%	1%	5%

Fonte: Anuário IBGE (1939-1940).

Embora o açúcar perdesse a supremacia nos anos 1830, continuou a ser importante como a segunda maior cultura de exportação até os anos 1890, apenas superado temporariamente pelo algodão no período da Guerra de Secessão nos Estados Unidos. O açúcar brasileiro foi produzido em engenhos tradicionais até a década de 1870. Quando outros concorrentes introduziram nova tecnologia de fabricação com os chamados engenhos centrais, a influência brasileira no mercado mundial declinou, apesar de a produção local crescer e atender a demanda do mercado interno. A partir dos anos 1880, as exportações brasileiras de açúcar decresceram sistematicamente, havendo apenas uma breve recuperação na década de 1920. De modo geral, porém, o açúcar do Brasil foi pouco importante no mercado internacional até depois da Segunda Guerra Mundial (Deer, 1949). A principal razão dessa posição secundária foi a demora para que se desenvolvesse uma indústria açucareira moderna, em contraste com a adoção rápida dessa tecnologia pelos concorrentes.[8] Só nos primeiros anos do século XX, com apoio do governo, foram estabelecidas as primeiras usinas. Elas eram fábricas modernas com grandes canaviais próprios e dependiam apenas parcialmente do fornecimento de cana por terceiros (Eisenberg, 1974: cap. 5). Uma vez iniciada a transformação, porém, a mudança foi rápida. Em 1917 já existiam 215 usinas, e eram responsáveis por metade da produção nacional de açúcar (Carli, 1937:32-33). Nesse ano, Pernambuco gerou 40% da produção nacional, o Rio de Janeiro, 20%, e Alagoas, 10%. São Paulo, com apenas 8% da produção nacional, só conseguia suprir 40% do que necessitava para atender sua demanda interna de açúcar, e precisava importar o restante de outras partes do país (Ministério da Agricultura, Indústria e Comércio, 1919:44 e 68). Em 1939, havia 345 usinas, responsáveis por 70% do açúcar produzido, e 18 mil engenhos. A sobrevivência dos velhos engenhos apesar do rápido crescimento das usinas modernas mostra como foi demorada a transição para a nova tecnologia, sobretudo em comparação com Cuba e outros produtores internacionais, que a essa altura já haviam feito a transição completa para o novo sistema. No entanto, a ascensão das usinas teve seu impacto na produção nacional: zonas mais antigas perderam importância, e novas zonas que adotaram as usinas modernas ganharam relevo. No final da República Velha, a parcela do Nordeste na produção havia declinado significativamente, em favor dos estados do Sudeste.[9]

---

[8] Eisenberg (1974:42-43) examinou o atraso tecnológico da produção em Pernambuco. Sobre a evolução do processo produtivo do açúcar, ver também Carli (1937), Eisenberg (1974), Canabrava (1971:85-140).

[9] IBGE. *Anuário Estatístico do Brasil*, 1939-40, p. 198-203. Essa atividade empregava 134 mil pessoas, das quais 98 mil trabalhavam na agricultura, 25 mil em fábricas, 3 mil em ocupações especializadas e 8.000 em ferrovias.

O algodão foi importante na história das exportações brasileiras em dois períodos. O primeiro, no começo do século XIX, quando guerras europeias favoreceram as exportações, e o segundo durante a "fome de algodão" na época da Guerra de Secessão nos Estados Unidos, quando as exportações americanas do produto reduziram-se drasticamente e abriram espaço para a produção brasileira. No entanto, terminados os efeitos da guerra, as vendas internacionais reduziram-se, e, durante a República Velha, o algodão foi uma exportação brasileira relativamente secundária.[10] Mas a cotonicultura continuou a evoluir no século XX, quando a industrialização no Brasil criou um mercado interno crescente para o algodão, e só no século XXI esse produto voltou a ser significativo nas exportações.[11]

A borracha natural, especialmente durante a República Velha e um pouco antes, tornou-se um produto importante. Nativa da região amazônica, a borracha passou a ser valiosa para a economia mundial na segunda metade do século XIX, quando foram desenvolvidos métodos de processá-la para uso em atividades industriais. Mas o principal crescimento veio com o uso da borracha em pneus na nascente indústria automobilística em fins do século XIX. Com a expansão da produção de veículos, a demanda por borracha cresceu exponencialmente. O problema era que as seringueiras cresciam naturalmente, por isso a produção era artesanal. Do modo como era feita no Brasil, a coleta do látex requeria grande quantidade de trabalhadores, pois as seringueiras estavam espalhadas pela floresta. Os seringueiros trabalhavam em condições penosas, e sua produtividade era baixa. Além disso, era preciso trazê-los de outras regiões. Segundo estimativa, as zonas amazônicas da borracha receberam aproximadamente 260 mil trabalhadores vindos dos estados do Nordeste. Eles chegavam já endividados e eram sujeitos a um sistema de trabalho brutal.[12] O governo estimulou a produção na Amazônia e, por um breve período, o Brasil deteve praticamente o monopólio da produção mundial. Contudo, o desenvolvimento de novas variedades de seringueira nos anos 1910 permitiu a produtores asiáticos criarem grandes plantações dessa árvore e ter êxito na concorrência com a produção brasi-

[10] Sobre esse tema, ver Canabrava (1984).

[11] Em 2017, o Brasil classificou-se como o quinto maior produtor mundial de algodão e o quarto maior exportador desse produto. USDA, FSA. *Cotton: World Markets and Trade*, jun. 2017, tab. 1.

[12] Furtado (1968: cap. 23). Nesse capítulo, o autor faz uma análise magistral do que ele chama de transumância amazônica. Sobre esse tema, ver também Weinstein (1983). Prado e Capelato (1989:285-307); Frank e Musachio. Disponível em: <http://eh.net/encyclopedia/article/frank.international.rubber.market>.

leira.[13] Em fins dos anos 1910, os produtores do Leste Asiático começaram a exportar, e logo suplantaram a produção do Brasil. Quando os preços caíram no mercado internacional, a borracha brasileira perdeu participação no mercado para seus rivais do Leste Asiático que produziam borracha em grandes plantações. Nos anos 1920, Henry Ford quis livrar-se do monopólio da produção de borracha que, a essa altura, a Grã-Bretanha estabelecera em suas colônias asiáticas; para isso, tentou implantar plantações de seringueiras na Amazônia (Grandin, 2009). Mas o projeto fracassou, apesar do investimento vultoso, pois as seringueiras brasileiras eram destruídas por parasitas quando plantadas em grandes concentrações. Em consequência, no final do século XX o Brasil estava importando borracha natural, embora recentemente o país tenha conseguido implantar um regime moderno de cultivo de seringueiras fora da Amazônia.

O cacau representava outro produto importante nesse período, também nativo da Amazônia. Como a borracha, de início o cacau era extraído da natureza, com baixa produtividade em razão do ambiente florestal onde era encontrado. Trazida da Amazônia para o sul da Bahia na segunda metade do século XIX, a atividade cacaueira passou a ter plantio e colheita mais sistemáticos, permitindo que o Brasil se tornasse um participante destacado no mercado mundial. Esse desenvolvimento da atividade cacaueira no sul da Bahia gerou uma grande transformação social na região, além de graves conflitos pela posse de terras entre coronéis e camponeses locais, retratados em romances de Jorge Amado. No período de 1890 a 1930, a produção de cacau cresceu anualmente a taxas acima de 6%. Já os preços permaneceram estáveis até 1929, quando começaram a cair; em 1939 haviam declinado 75%, e o setor estava mergulhado em uma crise grave.[14]

Outros produtos primários também foram significativos nos mercados local, regional e nacional. Em 1920 e 1930, o milho foi o segundo produto agrícola mais importante em valor, superado apenas pelo café. Sendo valioso para o consumo humano e animal, não é de surpreender que, segundo o censo de 1920, houvesse cerca de 2,4 milhões de hectares cobertos por milharais, uma área maior que os 2,2 milhões de hectares ocupados por cafezais. Entre outros produtos com mercados internos significativos estavam arroz, feijão, mandioca

[13] Embora a borracha sintética fosse fabricada fora do Brasil, de início ela não se mostrou um substituto adequado para todos os usos do produto natural.

[14] Em 1831 criou-se o Instituto do Cacau da Bahia com o objetivo de criar instrumentos de intervenção no mercado. Em 1957 foi instituída a Comissão Executiva do Plano da Lavoura Cacaueira (Ceplac). O surgimento de uma praga do cacau nos anos 1980 devastou a produção no sul da Bahia, e a região passou de exportadora a importadora de cacau.

e açúcar (tabela 1.2). A pecuária agora era responsável por 47% da produção agropecuária. A maioria desses produtos mais importantes destinados ao mercado interno provinha de unidades agrícolas pequenas baseadas principalmente no trabalho familiar, em contraste com as grandes fazendas de café e açúcar que empregavam basicamente trabalhadores assalariados. Além disso, em contraste com o café, essa produção não tinha um efeito multiplicador tão grande na economia.[15]

Tabela 1.2: Cultivos como porcentagem do valor total da produção agrícola, 1920 e 1930

Cultivo	% em 1920	% em 1930
Café	26%	48%
Milho	25%	13%
Mandioca	11%	6%
Cana-de-açúcar	9%	5%
Feijão	6%	4%
Arroz	4%	4%
Algodão	3%	3%
Tabaco	3%	3%
Laranjas	2%	2%
Batatas	2%	2%
Uvas	2%	1%
Bananas	1%	1%
Outros	6%	8%
	100%	100%

Fonte: Recenseamento Geral, 1920 & 1930

Em 1920, o Brasil ainda era um participante sem destaque no mercado agrícola mundial, com exceção do café. Nessa cultura, o país era o líder em produção e fornecia 75% do total mundial; na produção de cacau, estava em segundo lugar, mas com apenas 16% do total. O Brasil era responsável por apenas 6% da produção de milho, 7% de tabaco e 3% de algodão no mundo. Em todos os demais produtos, como arroz, batata e trigo, sua participação era nitidamente

[15] Em um estudo nosso sobre o censo agrícola do estado de São Paulo em 1905, constatamos que grande parte da produção de cereais ocorria em fazendas de café, portanto, essas unidades não eram monoprodutoras. Ver Luna, Klein e Summerhill (2014:153-184).

modesta. Essa produção baixa pelos padrões mundiais decorria da aplicação ainda deficiente de tecnologia na agricultura brasileira. Em 1920, dos 224 mil estabelecimentos rurais arrolados no censo, apenas 1.652 possuíam arado.[16] As máquinas e equipamentos agrícolas representavam apenas 3% do valor total desses estabelecimentos rurais em 1920. Mesmo em São Paulo, o valor das máquinas equivalia a apenas 4%, enquanto a terra representava 78% e outras benfeitorias, 18%.[17]

Apesar da pouca expressividade do setor agrícola brasileiro no cenário internacional, não há dúvida de que, na economia interna, a expansão da agricultura no século XIX teve grande impacto e foi crucial para a modernização de amplos setores. A evolução do setor agroexportador requereu investimentos em máquinas e equipamentos fora dos portões das fazendas, em particular a expansão e modernização do sistema ferroviário e portos para atender o rápido crescimento do transporte de mercadorias e pessoas.

A agricultura não foi o único setor econômico a expandir-se nesse período. O Brasil viveria também o começo de uma economia industrial. Com a revolução no setor de transporte, houve uma redução nos custos de mover mercadorias pelo país, e a transição para uma força de trabalho rural assalariada foi outro fator favorável ao crescimento de um mercado interno.[18] A participação da mão de obra assalariada aumentou tremendamente com a abolição da escravidão e a introdução de milhões de imigrantes, e teve vários efeitos: aumentou o tamanho e a diversidade do mercado consumidor, impeliu o aumento da circulação monetária e criou um mercado de trabalho moderno. Foi esse crescimento da força de trabalho assalariada que preparou o terreno para a transformação industrial do Brasil, iniciada com a renda gerada pelo setor de exportação de café. O setor agroexportador, embora não tão modernizado como em outras sociedades agrárias de fins do século XIX e começo do século XX, ainda assim gerou os recursos necessários para o investimento em infraestrutura, além de ampliar e modernizar a estrutura

---

[16] IBGE. *Recenseamento geral do Brasil 1920*, v. 3, parte 3, p. vii e xiv; *Censo agrícola de 1905*, disponibilizado em formato digital por Núcleo de Estudos de População (Nepo) da Universidade de Campinas.

[17] IBGE. *Recenseamento Geral do Brasil 1920*, v. 3, parte 3, p. LX.

[18] Como explicou Celso Furtado em seu clássico livro de história econômica, o fator mais importante para a economia brasileira no último quarto do século XIX foi o aumento da importância do setor de mão de obra assalariada. Furtado (1968: cap. XXVI).

produtiva interna.[19] Nos anos 1930, apesar da grave crise internacional e da situação crítica do café que se estendeu por toda a década, o PIB declinou moderadamente nos dois primeiros anos da crise, mas nos anos seguintes manteve-se em crescimento constante. Esse crescimento refletiu o fato de que a economia agroexportadora estava sendo substituída pelo mercado doméstico. Diante de restrições externas ao comércio e crédito, o governo conseguiu manter o apoio à industrialização durante todo o primeiro período do governo Vargas (1930-45). Além disso, o governo federal fez mudanças significativas na estrutura do Estado e criou órgãos importantes para promover produtos agrícolas específicos como açúcar, cacau, mate e sal. O financiamento da agricultura escorou-se na criação da Carteira de Crédito Agrícola e Industrial (Creai) do Banco do Brasil, que se tornou a principal fonte de crédito agrícola.

Até o começo da Segunda Guerra Mundial, a crise internacional requereu um controle rigoroso das importações. A economia recuperava-se com relativa rapidez, e a demanda interna, antes suprida por importações, não podia ser mantida em razão da balança de pagamentos. O governo promoveu deliberadamente uma política de substituição de importações, manipulando um complexo sistema tarifário para favorecer a importação de *commodities*, matérias-primas e bens de capital essenciais, e tributando pesadamente os produtos acabados. Essas tarifas, juntamente com o acesso caro e controlado a moedas estrangeiras, garantiram proteção suficiente para que os capitalistas investissem na produção nacional (Fishlow, 1977:7-41).

Com a Segunda Guerra, essa situação complicou-se mais, em razão da forte demanda externa por alguns produtos brasileiros específicos, o que gerava alta nos preços e quantidades exportadas e o resultante aumento na capacidade de importar. Por outro lado, a guerra mundial também acarretou escassez de mercadorias que pudessem ser importadas, e isso estimulou adicionalmente a produção industrial interna (Tavares, 1973:60). O governo deu um forte empurrão ao setor industrial combatendo bloqueios específicos na infraestrutura e fornecendo matérias-primas básicas. Com a criação de indústrias e empresas de infraestrutura, o governo federal implementou uma nova forma de inter-

[19] Nicol aventa uma hipótese interessante ao analisar a relação entre a revolução industrial e o processo de industrialização em países desenvolvidos: o caminho para a industrialização seria a revolução tecnológica na agricultura. Ao estudar o Brasil, esse autor também identifica a agricultura no século XIX como o fator dinâmico na indústria. Contudo, embora tenha havido um grande crescimento agrícola naquele século, não ocorreu uma revolução agrícola no nível europeu ou japonês. A agricultura brasileira pouco evoluíra tecnologicamente. Isso condicionou o padrão de desenvolvimento da nossa indústria. Nicol (1974).

venção direta na esfera produtiva em áreas nas quais a iniciativa privada não tinha interesse em alocar o capital necessário, devido ao risco, à baixa lucratividade ou à quantidade de recursos necessários. Todas essas medidas do governo estimularam a economia. Apesar da recuperação lenta da economia internacional, o PIB do Brasil cresceu 4% ao ano de 1930 a 1945. Enquanto a agricultura teve crescimento anual de 2,1% e o setor de serviços de 3,9%, a indústria cresceu ao ritmo impressionante de 6,2% ao ano, e com isso elevou sua posição na economia nacional de 20,3%, em 1929, para 28,6%, em 1945. A participação da agricultura caiu de 36,9% para 28% no mesmo período (gráfico 1.1) (Goldsmith, 1986:148).

Gráfico 1.1: Variações no PIB da indústria e agricultura, 1926-60

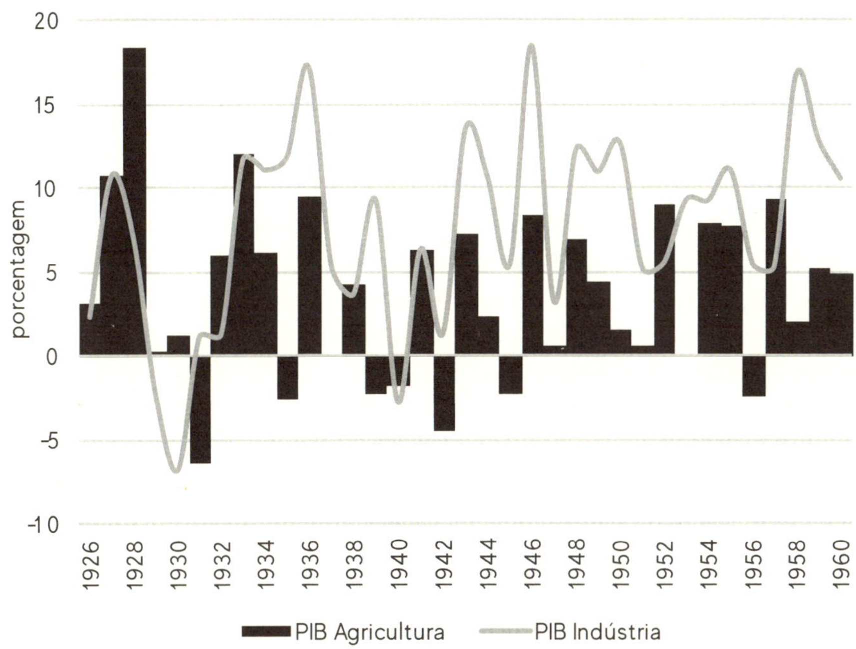

Fonte: Ipeadata.

Esse crescimento industrial extraordinário evidencia-se nas mudanças ocorridas entre o censo industrial de 1920 e o de 1950: o número de estabelecimentos industriais multiplicou-se por sete, o de operários, por quatro, e a energia, medida pela força dos motores empregados, por oito. A agricultura, assim como a indústria, expandiu-se nesse período de crise internacional. O setor agrícola foi responsável pelo fornecimento de gêneros alimentícios ao mercado interno, pela geração de excedentes exportáveis, como o café, e pela produção de matérias-primas necessárias para a indústria que crescia e se diversificava velozmente, sobretudo nos ramos têxtil e alimentício. Assim, uma fatia cada vez maior da produção agrícola foi direcionada para o mercado. A agricultura gerava excedentes exportáveis e abastecia o mercado interno com alimentos e matérias-primas que substituíam importações. Por essa razão, o governo de Getúlio Vargas finalmente forneceu crédito contínuo e substancial à agricultura com o Creai do Banco do Brasil (Silva, I., 2010: cap. 4), e o crescimento da agricultura foi a regra no período de 1930 a 1950.[20]

Esse crescimento não ensejou mudança alguma na estrutura produtiva tradicional da agricultura, nem na alta concentração da posse da terra ou nos contratos de trabalho rurais tradicionais. Apesar da extensa legislação trabalhista promulgada por Vargas, não houve benefícios para os trabalhadores rurais, que permaneceram presos a relações trabalhistas arcaicas no campo. Até o fim dos anos 1940, os velhos "coronéis" proprietários de terra ainda predominaram em várias áreas.[21]

Embora a agricultura ainda absorvesse 60% da força de trabalho nacional em fins de 1950, depois de 1920 houve uma queda gradual na parcela da mão de obra rural em favor dos setores industrial e de serviços. Essa liberação de força de trabalho da agricultura tradicional foi essencial para que o setor industrial urbano se consolidasse e, apesar de a população rural continuar a aumentar, sua taxa de crescimento ficou abaixo da encontrada para a população urbana. Entre 1920 e 1940 a população economicamente ativa expandiu-se rapidamente no setor de serviços (gráfico 1.2).[22]A crescente importância relativa da indústria influenciou significativamente a produtividade geral da economia, pois a produtividade na indústria era maior do que na agricultura. Em 1948 a agricultura foi responsável por 28% do PIB nacional, mas sua importância variou muito entre os estados. Em São Paulo, representou aproximadamente um terço da renda interna, mas na maioria dos estados sua participação foi em torno de 50%.

---

[20] Entre 1920 e 1950, a porcentagem da população economicamente ativa ocupada na indústria aumentou de 5% para 8%. Nesse mesmo período, a participação da agricultura permaneceu estável em 37%. Merrick e Graham (1980:45-88; 1979).

[21] Vargas dependia da elite rural tradicional, que apoiava seu governo e lhe permitia promover avanços em áreas urbanas, por isso não tinha interesse em favorecer transformações sociais no campo. Queiroz (1976: partes 1 e 2).

[22] No setor de serviços, a porcentagem foi de 134%; na indústria, 84%, e na agricultura, 61%. Merrick e Graham (1980:45-88).

Gráfico 1.2: População empregada por setor, 1920-60

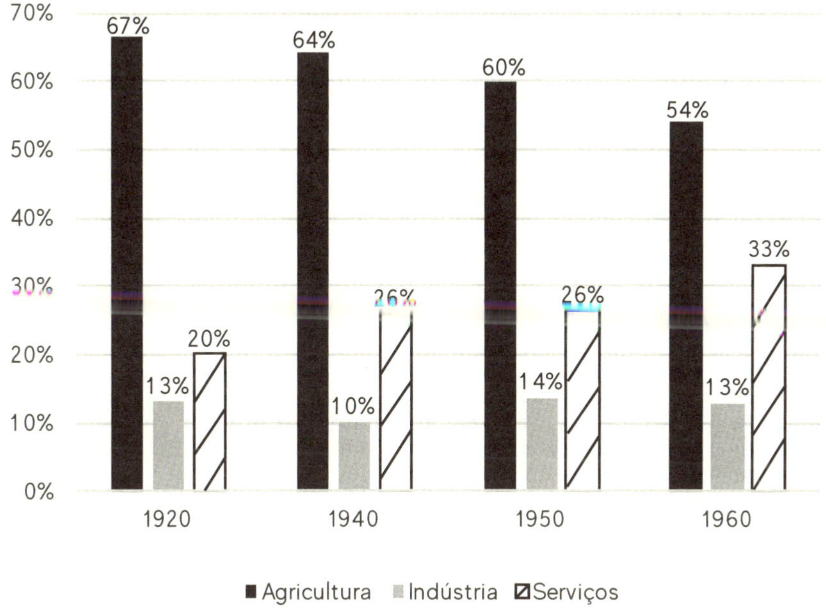

Fonte: Merrick e Graham (1980:201).

Em 1945, produtos agrícolas e animais compunham 90% das exportações brasileiras, encabeçadas pelo café, que respondia por pouco mais de 2/3 do valor das exportações totais. Aproximadamente 22% do valor das exportações provinham do algodão bruto ou têxteis de algodão (*AEB*, 1946, p. 296-299). Claramente, os têxteis foram os produtos manufaturados exportados mais importantes desse período.[23] Tradicionalmente, o algodão concentrava-se na região Nordeste, sendo sobretudo da variedade arbórea e ainda produzido por métodos tradicionais. Contudo, nos anos 1940 São Paulo tornou-se o maior produtor usando algodão herbáceo, e logo passou a fornecer 2/3 da produção. Outras exportações agrícolas tradicionais, como açúcar, borracha, cacau, mate

[23] Historicamente, o algodão foi produzido para o mercado externo e, por essa razão, quando aumentou a demanda internacional, por exemplo, no período da Guerra de Secessão nos Estados Unidos, houve aumento na produção brasileira para suprir o mercado internacional. Porém, como o algodão brasileiro era caro e de má qualidade, assim que os mercados internacionais voltavam ao normal, a produção interna e as exportações declinavam. Essa situação mudou no começo do século XX com o estabelecimento de uma indústria têxtil nacional, que criou um novo mercado crescente para o algodão. Canabrava (1984), Coelho (2002).

e tabaco, tiveram papel apenas secundário, sendo responsáveis por 8% das exportações em 1945, o mesmo nível de 1920 (tabela 1.3).

Tabela 1.3 – Participação dos principais produtos no total das exportações agrícolas, 1940-60

Anos	Açúcar	Algodão	Borracha	Cacau	Café	Erva-mate	Tabaco
1940	1%	29%	3%	7%	56%	2%	2%
1941	0%	28%	3%	9%	57%	2%	1%
1942	2%	20%	5%	7%	62%	2%	1%
1943	0%	11%	5%	9%	72%	2%	2%
1944	2%	12%	7%	6%	70%	2%	3%
1945	1%	17%	5%	4%	68%	2%	4%
1946	1%	27%	2%	6%	59%	1%	4%
1947	2%	24%	2%	8%	60%	1%	3%
1948	5%	23%	0%	7%	62%	1%	2%
1949	1%	13%	0%	6%	77%	1%	2%
1950	0%	10%	0%	7%	80%	1%	2%
1953	2%	8%	0%	6%	82%	1%	1%
1954	1%	16%	0%	10%	69%	1%	1%
1955	4%	11%	0%	8%	73%	1%	2%
1956	0%	7%	0%	5%	83%	1%	2%
1957	4%	4%	0%	7%	80%	1%	2%
1958	6%	3%	0%	10%	75%	2%	2%
1959	5%	4%	0%	6%	79%	1%	2%
1960	6%	5%	0%	7%	76%	1%	2%

Fonte: IBGE. Séries Históricas.

Embora a participação relativa da agricultura no PIB tenha declinado de 1940 a 1945, a produção agrícola expandiu-se substancialmente. O arroz e a mandioca, gêneros alimentícios essenciais para a população nacional, cresceram ao impressionante ritmo de 6% ao ano, e o açúcar e o feijão a 2,4% anuais. Por outro lado, o milho, alimento básico para animais e pessoas, manteve apenas uma produção estável durante todo esse período, enquanto o café, que passara por uma crise grave nos anos 1930 e 1940, voltava a crescer, sobretudo nos anos 1950 (tabela 1.4).

Tabela 1.4: Índice de produção dos principais produtos agrícolas, 1920-60 (1931=100)

	Cultivos tipicamente de exportação				Cultivos tipicamente de mercado interno			
	Algodão	Cacau	Café	Açúcar	Feijão	Mandioca	Milho	Arroz
1920	89	87	61	86	106		105	77
1925	126	78	68	77	81		94	66
1930	85	90	126	109	101		106	85
1931	100	100	100	100	100	100	100	100
1935	264	166	87	103	119	87	125	127
1940	416	167	77	137	112	141	103	122
1945	299	156	64	155	146	219	102	199
1950	311	199	82	201	182	241	127	298
1955	331	206	105	252	215	285	141	347
1960	429	213	320	350	252	338	183	445

Fonte: IBGE. Séries Históricas Retrospectivas.

Em todas as safras desse período, predominaram sete produtos — café, algodão, milho, arroz, feijão, mandioca e açúcar — que representaram 85% do valor da produção agrícola entre 1938 e 1947. Em área plantada, café, algodão, milho e arroz ocuparam mais de 90% das terras cultivadas nesse período. O milho foi a cultura que ocupou a maior área — cerca de um terço das terras cultivadas —, seguido pelo café e pelo algodão. Entre 1920 e 1950, o algodão mostrou a maior expansão da área cultivada e da produção, pois passou de 330 mil para 1,1 milhão de toneladas.

Até as regiões cafeicultoras mudaram nesse período. A produção no Paraná aumentou significativamente e logo se aproximou do nível paulista. Ainda se produzia café em Minas Gerais, Espírito Santo e Rio de Janeiro. Em 1950, São Paulo tinha 137 milhões de pés de café recém-plantados e um estoque de 956 milhões de cafeeiros em produção. Por sua vez, o Paraná tinha 118 milhões de cafeeiros novos e um total de 160 milhões de pés de café em produção. Nos cinco anos entre 1956 e 1960, a produção de café no Paraná já havia ultrapassado a de São Paulo. Nos cinco anos seguintes a produção paranaense foi 85% superior à paulista.

Apesar do crescimento da produção, a produtividade agrícola aumentou pouco nesse período. O café não mostrou muita alteração, e a produtividade do algodão e do cacau diminuiu em fins dos anos 1940. Entre as culturas mais importantes, apenas o arroz apresentou tendência crescente na produção por hectare (tabela 1.5).

Tabela 1.5: Rendimento por hectare dos principais cultivos, 1931-62 (toneladas/hectare)

Ano	Algodão	Arroz	Cacau	Café	Açúcar	Feijão	Mandioca	Milho	Trigo	Soja
1931	0,51	1,50	0,50	0,36	46,63	1,32	22,94	1,50		
1940	0,65	1,51	0,56	0,40	39,44	0,79	12,55	1,25		
1950	0,43	1,64	0,55	0,40	39,45	0,69	13,09	1,29		
1960	0,55	1,62	0,35	0,94	42,48	0,68	13,12	1,30	0,63	1,20
1961	0,57	1,70	0,33	1,02	36,35	0,68	13,07	1,31	0,53	1,13
1962	0,56	1,66	0,85	0,98	42,64	0,63	13,44	1,30	0,92	1,10

Fonte: IBGE. Séries Históricas Retrospectivas.

Essa estabilidade ou até declínio da produtividade decorreu do uso de técnicas agrícolas tradicionais na maioria das culturas, com pouco uso inclusive de arados. Em 1950 havia apenas um arado para cada 400 hectares de propriedade rural, na razão de um arado para cada 28 hectares de terras cultivadas. Tratores ainda eram raramente empregados; até 1940, apenas um quarto das propriedades agrícolas usava algum tipo de máquina agrícola, e essas unidades mais mecanizadas concentravam-se em poucas regiões. O Nordeste e o Centro-Oeste praticamente não utilizavam máquinas, enquanto no Rio Grande do Sul e em São Paulo as unidades agrícolas que possuíam máquinas eram, respectivamente, 81% e 48% do total de seu estado. O emprego de fertilizantes só veio a ser disseminado na agricultura brasileira depois de 1960, e a produção local de tratores, que aumentaria substancialmente após os anos 1960, ainda era incipiente. No final da década, contudo, a produção total de tratores chegou a 75 mil unidades por ano.[24] Até 1940, apenas 5% das terras aráveis usavam fertilizante, independentemente do tamanho da propriedade.

Entre 1920 e 1960, o crescimento ocorreu, sobretudo, pelo aumento do número de unidades agrícolas e da área cultivada. Culturas temporárias ou sazonais cresceram de 6,6 milhões de hectares, em 1920, para 12,9, em 1940, e 20,9 milhões de hectares em 1960. As culturas permanentes, porém, declinaram de 6 milhões de hectares, em 1940, para apenas 4,4 milhões de hectares, em 1950, mas se recuperaram e chegaram a 7,8 milhões de hectares em 1960 (não há dados no censo de 1920). Em 1950, apenas 8% do total das áreas nas propriedades arroladas foram cultivadas com culturas sazonais e permanentes; essa parcela aumentou para 11% em

[24] Anfavea – Associação Nacional dos Fabricantes de Veículos Automotores. Disponível em: <www.anfavea.com.br/estatisticas.html>. Acesso em: 17 maio 2017.

1960 (tabela 1.6). As propriedades agrícolas mais intensivamente cultivadas concentravam-se em poucos estados, como São Paulo, Minas Gerais, Rio Grande do Sul e Rio de Janeiro, enquanto outras regiões, como o cerrado,[25] hoje grande produtor de grãos, ainda eram em grande medida desocupadas ou subutilizadas (tabela 1.6).

Tabela 1.6: Estabelecimentos agropecuários, área e utilização, 1920-60

	Áreas em hectares			
	1920	**1940**	**1950**	**1960**
Estabelecimentos	648.153	1.904.589	2.064.642	3.337.569
Área total	175.104.675	197.720.247	232.211.106	249.862.142
Lavouras				
permanentes		5.961.770	4.402.426	7.797.488
temporárias	6.642.057	12.873.660	14.692.631	20.914.721
Pastagens				
naturais		83.068.814	92.659.363	102.272.053
plantadas		5.072.319	14.973.060	20.068.333
Matas e florestas				
naturais	48.916.653	49.085.464	54.870.087	55.875.299
plantadas			1.128.994	2.069.806
Produtivas não utilizadas		29.296.497	34.310.721	
Inaproveitáveis		12.361.127	15.173.204	
Incultas				28.174.779
Equipamentos				
Tratores	1.706	3.380	8.372	61.345
Arados	141.196	447.556	714.259	977.101

Fonte: IBGE. Séries Históricas Retrospectivas e Censos Agrícolas.

A posse da terra pouco mudou. Os índices de desigualdade de Gini para a posse de terras agrícolas permaneceram praticamente no mesmo nível, pois variaram apenas de 0,83 para 0,84 no período de 1920 até o censo de 1960. Os estados de agricultura mais produtiva tiveram os menores índices de desigualdade no país.

---

25 Com área de 2.036.448 quilômetros quadrados, o Cerrado abrange 22% do território brasileiro e inclui o Distrito Federal, Goiás, Tocantins, boa parte do Maranhão, Mato Grosso do Sul e Minas Gerais, além de pequenas porções de outros seis estados. O Cerrado é a fonte de três sistemas fluviais importantes na América do Sul (Amazonas/Tocantins, São Francisco e Prata), com elevado potencial hídrico e grande biodiversidade.

No pós-guerra imediato houve duas mudanças importantes nos fluxos de comércio do país: uma redução nas exportações de matérias-primas e produtos industrializados em geral, sobretudo algodão, e um aumento nas importações de artigos escassos durante a guerra, como máquinas e equipamentos. Além disso, as reservas acumuladas, que poderiam ter sido usadas para equilibrar as contas externas, não se compunham de reservas conversíveis, e sim de títulos principalmente em libras esterlinas, cuja utilidade era muito limitada na época. As taxas de câmbio foram mantidas fixas, apesar da forte inflação do período. O controle da inflação e o temor de uma redução no preço internacional do café foram as principais causas da rigidez cambial, que acarretou acentuada valorização da moeda nacional na segunda metade dos anos 1940. Os preços do café aumentaram lentamente nos primeiros anos pós-guerra e subiram drasticamente no período 1949-50. A escassez de produtos durante a guerra desapareceu ao fim do conflito, e os produtores tradicionais retornaram ao mercado internacional, prejudicando as exportações brasileiras tradicionais. O fim da guerra também implicou o retorno de fornecedores internacionais tradicionais ao mercado brasileiro, com impacto negativo sobre os produtores locais.

Entretanto, o café e o apoio contínuo do governo à indústria atenuaram o impacto negativo do período pós-guerra imediato. No começo dos anos 1950, o café recuperou sua importância de outrora e foi responsável por 2/3 do valor das exportações brasileiras. A continuidade do controle cambial e concessões de licenças de importação estimularam fortemente o setor industrial. Esse mecanismo de controle do mercado cambial proporcionou uma proteção eficaz aos produtores locais. Como de costume, o permanente gargalo externo fez do controle cambial o principal instrumento de política econômica, usado para evitar a deterioração do preço do café no mercado internacional e para ajudar no controle da inflação (Sochaczewski, 1993: cap. 3).

Em outubro de 1953, no segundo período do governo Vargas, essa política sofreu mudanças. O governo passou a comprar moeda estrangeira dos exportadores pela taxa oficial mais um bônus diferenciado conforme o produto; com isso, concedeu um estímulo importante para as exportações em geral, que haviam perdido competitividade devido à sobrevalorização da moeda local.[26] Por sua vez, as importações foram divididas em categorias e participaram de leilões específicos, com oferta limitada de moeda estrangeira para cada categoria e um ágio mínimo sobre a taxa oficial estabelecido em cada leilão. Representava

[26] Embora a Instrução nº 70 da Sumoc beneficiasse os exportadores em geral, que recebiam um bônus além da taxa oficial, houve oposição por parte dos cafeicultores, cujo bônus era menor. Sobre esse tema, ver Vianna (1992).

a substituição do processo burocrático de concessão de licenças por regras de mercado. A diferença entre os valores de compra e venda de moeda estrangeira era apropriada pelo governo e, dali por diante, tornou-se uma parcela significativa das receitas orçamentárias. Essa mudança foi muito importante para a industrialização, pois, ao elevar o custo efetivo das importações, consolidou uma reserva de mercado para a produção nacional que substituía importações. Os industriais começaram a ter acesso a taxas de câmbio privilegiadas e houve subsídio implícito às importações de bens de capital e insumos necessários ao processo de industrialização (Lessa, 1975:11). Esse sistema, com algumas modificações, perdurou até 1957.

No governo de Juscelino Kubitschek (1956-61) foi adotado um plano de investimento ambicioso. Priorizou-se a construção das indústrias mais complexas necessárias para suplementar a indústria tradicional, e o governo subvencionou a criação desses novos setores (Tavares, 1973:27-115; Lessa, 1975:14).

Esse período de construção da infraestrutura básica com financiamento do Estado foi crucial para a economia brasileira. O governo, além de investir na construção de Brasília, alocou quase todos os seus investimentos em eletricidade, transporte e indústria pesada. Por sua vez, a agricultura recebeu apenas 3% dos recursos do plano governamental de desenvolvimento. Embora sem relação direta com o chamado setor de alimentos, várias ações beneficiaram a agricultura direta ou indiretamente, por exemplo, expansão do fornecimento de eletricidade, reforma e construção de ferrovias, pavimentação e expansão da rede rodoviária, expansão de portos e da marinha mercante e promoção da indústria química. Além disso, a implantação bem-sucedida da indústria automobilística no Brasil incluiu a produção de caminhões e tratores, e a construção de Brasília teria grande influência no processo de expansão da fronteira agrícola, sobretudo na abertura da região do Cerrado.

A agricultura não foi prioridade para o governo, e o setor pouco mudou nesse período, mas tampouco foi um obstáculo ao desenvolvimento da indústria, pois mostrou-se capaz de suprir as necessidades de alimentos básicos da população crescente, com aumento da produção pela incorporação de novas áreas e mais trabalhadores. A explosão demográfica ocorrida nesse período graças à queda nas taxas de mortalidade permitiu que o setor rural liberasse mão de obra para as áreas urbanas sem que se gerasse pressão sobre os salários em vigor no campo. Por outro lado, a grande oferta de terras próprias para cultivo não estimulou o uso intensivo de capital sob a forma de arados, tratores, fertilizantes e defensivos.

Nos anos 1960, a produção agrícola concentrou-se fortemente em apenas 10 culturas, responsáveis por 3/4 do valor da produção. Em 1960, essas 10 culturas ocuparam uma área de 25 milhões de hectares, dos quais a maior parcela relativa (7,3 milhões de hectares) foi usada no cultivo de milho, seguido por café, algodão e arroz. A essa altura, arados e tratores já eram mais presentes nas fazendas brasileiras (tabela 1.6). Nos anos 1950, aproximadamente 10,6 milhões de hectares de novas terras entraram em produção, e houve um aumento de 4,5 milhões no número de trabalhadores agrícolas, um crescimento considerado modesto em comparação com anos anteriores. Naquela década, porém, máquinas começaram a aparecer em números significativos nas fazendas brasileiras e, como esperado, a maioria dos tratores e arados concentrava-se nas regiões Sul e Sudeste. Nesse período, o Nordeste tinha apenas um arado a cada 310 hectares, enquanto no Sul a razão era de um arado a cada cinco hectares, e no Sudeste, um a cada 11 hectares. Quanto aos tratores, havia um para cada 3.144 hectares no Nordeste e um para cada 292 hectares no Sudeste; São Paulo estava à frente de todos os estados, com um trator para cada 177 hectares (tabela 1.7).

Tabela 1.7: Áreas cultivadas, trabalhadores, tratores e arados empregados por região e estado, 1950-60

	Área das lavouras (ha)		Pessoal ocupado		Tratores		Arados	
Região/ Estado	1950	1960	1950	1960	1950	1960	1950	1960
Norte	234.512	458.490	326.502	536.619	61	266	381	306
Nordeste	5.283.804	9.306.681	4.334.936	6.566.035	451	2.989	14.489	21.171
Sudeste	8.447.903	10.297.939	3.999.860	4.465.344	5.155	35.215	318.863	394.696
Minas Gerais	2.937.126	3.673.466	1.868.657	2.076.829	763	5.024	79.968	93.040
São Paulo	4.257.633	4.973.300	1.531.664	1.683.038	3.819	28.101	224.947	286.580
Sul	4.530.566	8.279.870	1.949.923	3.174.233	2.566	22.720	383.435	604.050

▶

Região/ Estado	Área das lavouras (ha)		Pessoal ocupado		Tratores		Arados	
	1950	1960	1950	1960	1950	1960	1950	1960
Paraná	1.358.222	3.471.131	507.607	1.276.854	280	4.996	30.405	82.324
Rio Grande do Sul	2.502.691	3.795.840	1.071.404	1.277.390	2.245	16.675	312.001	440.467
Centro-Oeste	608.272	1.416.805	385.613	878.023	130	2.303	3.141	11.797
Total	19.095.057	29.759.785	10.996.834	15.521.701	8.372	63.493	714.259	1.031.930

Fonte: IBGE. Séries Históricas Retrospectivas.

Durante esse período, a cafeicultura começou a dar sinais de superprodução. Em 1959, a produção de café chegou a 44 milhões de sacas no Brasil, e no mundo todo a 79 milhões; o consumo global, no entanto, foi de apenas 42 milhões de sacas. Em 1963, o mundo tinha um estoque acumulado de 81 milhões de sacas, das quais 63 milhões pertenciam ao Brasil, e isso causou uma queda drástica nos preços no mercado internacional e um declínio no valor das exportações cafeeiras.

Desta vez, no lugar da queima de estoques, as quotas internacionais tornaram-se o principal instrumento de controle. Em 1959 foi assinado um acordo entre produtores latino-americanos e africanos, definindo quotas de exportação de café. Um novo acordo foi firmado em 1962, com a participação de praticamente todos os países produtores e dos Estados Unidos. Naquele ano foi criada a Organização Internacional do Café (OIC), e em 1963 um acordo internacional determinou a erradicação de cafeeiros no mundo todo. Entre 1962 e 1967, quase metade dos cafeeiros do planeta foi erradicada. Foi nesse período de expansão e contração que ocorreu o maior movimento geográfico no setor cafeeiro do Brasil. O estado do Paraná, que nos anos 1940 era responsável por 5% da produção nacional, passou a produzir mais de metade do total brasileiro nos últimos anos da década de 1950 (gráfico 1.3).

Gráfico 1.3: Café: produção mundial, consumo e preços 1940-66

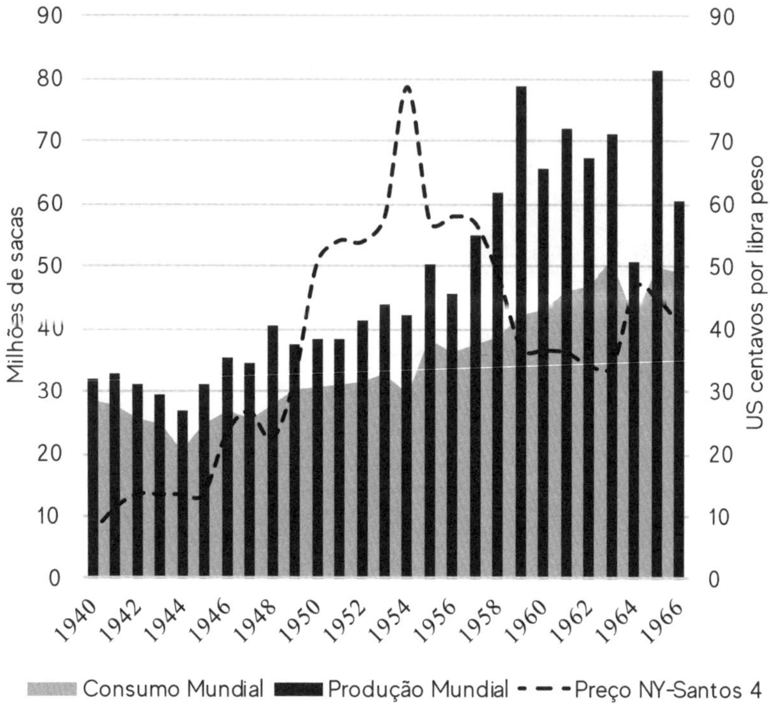

Fonte: Bacha e Greenhill (1993:288-340).

A estrutura das importações e exportações brasileiras também passou por transformações significativas entre 1947 e 1960. Madeira (principalmente pinho) e minérios metálicos (principalmente ouro) aumentaram, enquanto o algodão declinou. Açúcar, cacau e café aumentaram. As importações, por sua vez, permaneceram estáveis, com matérias-primas, gêneros alimentícios e produtos industrializados como os principais itens. No entanto, não demorou para que esta última categoria começasse a mudar, devido ao crescimento de indústrias nacionais. As importações de carros, por exemplo, que compuseram 9% das importações brasileiras em 1947, praticamente desapareceram em 1960. Além disso, no caso dos gêneros alimentícios, cerca de 80% das importações foram de trigo e bacalhau. Na época, o Brasil já era basicamente autossuficiente na produção da maioria dos gêneros agrícolas (tabela 1.8).

O censo agrícola de 1960 mostra que estava ocorrendo um pequeno crescimento, ainda com pouca mudança na estrutura básica. Naquele ano foram contados 3,4 milhões de estabelecimentos dedicados à agricultura e pecuária, e eles ocupavam, no total, quase 250 milhões de hectares — um aumento de 1,3 milhão de propriedades e 17,7 milhões de hectares desde o censo de 1950. A grande maioria das terras consistia em pastagens naturais (41%) e florestas naturais (22%). Culturas temporárias ou sazonais ocupavam 20,9 milhões de hectares (8% da área), e culturas permanentes eram encontradas em 7,8 milhões de hectares (3% da área). O reflorestamento, ainda insignificante e menor ainda que a parcela das terras irrigadas, era praticado em apenas 461 mil hectares.

Tabela 1.8: Composição do comércio exterior, 1947-60

	1947	1960
Exportações		
Matérias-primas	39%	23%
Algodão	16%	4%
Gêneros alimentícios	53%	74%
Açúcar	1%	5%
Cacau	5%	8%
Café	37%	56%
Manufaturas	8%	3%
Importações		
Matérias-primas	22%	24%
Gêneros alimentícios	18%	14%
Manufaturas	60%	63%

Fonte: Anuários Estatísticos do Brasil, 1948 e 1962.

O censo de 1960 ainda mostrou a usual concentração elevada da propriedade da terra. Embora todas as regiões tivessem altos índices de concentração, as fazendas grandes eram mais representativas no Norte e Centro-Oeste, enquanto no Nordeste as propriedades de cinco hectares ou menos compunham mais de metade do total de unidades agrícolas. Os estabelecimentos de até 100 hectares representavam cerca de 90% do total (tabela 1.9).

Tabela 1.9: Estabelecimentos por tamanho, Censo 1960

	Estabelecimentos	Área – hectares	Participacão % Estab.	% Área
Menos de 1 hectare	133.477	103.792	4,0%	0,0%
mais de 1 hectare e menos de 2	276.740	381.556	8,3%	0,2%
mais de 2 hectares e menos de 5	619.119	2.051.455	18,6%	0,8%
mais de 5 hectares e menos de 10	465.634	3.415.578	14,0%	1,4%
mais de 10 hectares e menos de 20	546.079	7.684.200	16,4%	3,1%
mais de 20 hectares e menos de 50	672.675	20.818.118	20,2%	8,4%
mais de 50 hectares e menos de 100	272.661	19.062.972	8,2%	7,7%
mais de 100 hectares e menos de 200	157.422	21.764.444	4,7%	8,8%
mais de 200 hectares e menos de 500	116.645	35.851.678	3,5%	14,5%
mais de 500 hectares e menos de 1000	40.764	26.413.333	1,2%	10,7%
mais de 1.000 hectares e menos de 2.000	18.392	25.172.435	0,6%	10,2%
mais de 2.000 hectares e menos de 5.000	10.138	30.187.634	0,3%	12,2%
mais de 5.000 hectares e menos de 10.000	2.353	16.060.835	0,1%	6,5%
mais de 10.000 hectares e menos de 100.000	1.569	33.226.159	0,0%	13,4%
mais de 100.000 hectares	28	5.666.953	0,0%	2,3%
total	3.333.696	247.861.142	100%	100,0%

Fonte: IBGE, Censo Agrícola 1960 – VII Recenseamento geral do Brasil, v. II, 1ª Parte, p. 17-31.

Portanto, os indicadores básicos da agricultura brasileira pouco diferiram com relação aos censos de 1920, 1940 e 1950. Houve um aumento relativo no número de estabelecimentos de menos de 100 hectares, que passaram de 72% em 1920 para 89% em 1960. Também vemos um aumento proporcional na parcela das terras associada a essa faixa de tamanho de propriedade: de 9% em 1920 para aproximadamente 20% nos três recenseamentos subsequentes. No entanto, os maiores estabelecimentos, com mais de 1.000 hectares, ainda compunham entre 1% e 2% das unidades rurais e ainda englobavam entre 44% e 51% das terras agrícolas nos censos de 1940 e 1960. As fazendas com mais de 10 mil hectares totalizavam apenas cerca de 1.700 propriedades, mas controlavam entre 15% e 20% das terras recenseadas. Essas propriedades eram provavelmente latifúndios com reduzido aproveitamento. Típicos latifúndios improdutivos (tabela 1.10).

Apesar do êxodo ocorrido nesses anos nas áreas rurais, a população agrária continuou a crescer em termos absolutos, graças à alta taxa de crescimento demográfico no período. Embora a porcentagem da população ocupada na agricultura sofresse queda drástica, de 67% em 1920 para 54% em 1960, o número de pessoas ocupadas em atividades agrícolas chegou a 15,6 milhões no censo de 1960; dessas, 71% eram homens. Membros da família não remunerados eram 9,8 milhões de pessoas, quase 2/3 delas do sexo masculino. Uma parcela significativa dos familiares não remunerados (2,2 milhões) compunha-se de menores de 15 anos. Apenas 812 mil estabelecimentos agrícolas tinham empregados, cujo total chegava a 4,4 milhões de trabalhadores, dos quais 1,4 milhão eram permanentes e 3 milhões, temporários. O censo mostra que existiam 186.939 estabelecimentos com parcerias, e neles foram computadas 916.039 pessoas. A existência dessas parcerias levou à suposição de que a agricultura brasileira nesse período ainda conservava características feudais. Tese defendida por parte da esquerda brasileira em meados do século passado.

Havia, em média, três trabalhadores para cada unidade agrícola. Nos estabelecimentos com empregados, a média era de cinco empregados por unidade; nos que adotavam a parceria, a média era de 4,9 parceiros. Dos estabelecimentos com empregados, 68% tinham menos de cinco deles, e essas unidades somadas continham 36% do total de empregados; 30% tinham entre cinco e 20 empregados, e usavam 48% da força de trabalho empregada. Em apenas 2% dos estabelecimentos havia mais de 20 trabalhadores, e neles estavam 16% do total da força de trabalho empregada. Em razão dos métodos agrícolas tradicionais adotados, com raro uso de equipamentos e tratores, não teria sido possível explorar grandes unidades produtivas com uma força de trabalho tão pequena por unidade (tabela 1.11).

Tabela 1.10: Tamanho dos estabelecimentos e áreas, Censos 1920, 1940, 1950 e 1960

Área em Hectares	Estabelecimentos				Área (ha)			
	1920	1940	1950	1960	1920	1940	1950	1960
Total	648.153	1.904.589	2.064.642	3.337.769	175.104.575	19[illegible].720.247	232.111.106	249.862.142
menos de 10		654.557	710.934	1.495.020		2.393.439	2.893.439	5.952.381
de 10 a menos de 50		770.735	833.229	1.218.754	–	18.356.067	20.185.868	28.503.318
de 50 a menos de 100		204.705	219.326	272.661		14.256.093	15.376.879	19.062.972
de 100 a menos de 500		212.340	231.061	274.067		44.509.197	49.371.043	57.616.122
de 500 a menos de 1.000		31.478	37.098	40.764		21.575.802	26.149.674	28.413.333
de 1.000 a menos de 10.000		26.539	31.017	30.863		62.024.817	73.093.482	71.420.904
mais de 10.000		1.273	1.611	1.597		33.[illegible]04.832	45.008.788	38.893.112
menos de 100	463.879				15.708.314			
de 100 a menos de 1.000	157.959				48.415.737			
de 1.000 a menos de 10.000	24.647				65.487.928			
10.000 e mais	1.668				45.492.696			

Fonte: IBGE, Censo Agrícola 1960 – VII Recenseamento Geral do Brasil, vol. II, 1ª Parte, 17-31

Notas: Os dados de 1920 estão distribuídos de forma diferente; a diferença entre o total e as somas das parcelas estabelecimentos sem declaração.

Tabela 1.11: Trabalhadores, parceiros e pessoal ocupado por estabelecimento (1960)

Dados do Censo de 1960	
Total de estabelecimentos	3.337.769
Total de pessoas	15.633.985
Total homens	11.111.551
Total mulheres	4.522.434
Pessoas não remunerados da família	9.848.727
Homens não remunerados da família	6.444.198
Mulheres não remunerados da família	3.404.529
Estabelecimentos com empregados	812.158
Empregados total	4.412.674
Empregados homens	3.613.449
Empregados mulheres	799.225
Empregados trabalho permanente	1.429.350
Homens em trabalho permanente	1.162.702
Mulheres em trabalho permanente	266.648
Empregados trabalho temporário	2.983.324
Homens em trabalho temporário	2.450.747
Mulheres em trabalho temporário	532.577
Estabelecimentos com parceiros	186.939
Total de parceiros	916.039
Parceiros – homens	708.962
Parceiros – mulheres	207.077
Número de pessoas nos censos anteriores	
Censo de 1920	6.312.323
Censo de 1940	11.343.415
Censo de 1950	10.996.834

Fonte: IBGE, Censo Agrícola 1960 – v. II, 1ª Parte, p. 17-31.

Regionalmente, o café concentrava-se no Sul e Sudeste; o arroz tinha posição significativa no Nordeste e no Sul, e o Rio Grande do Sul era o maior produtor dessa cultura. A unidade rizicultora média no Sul tinha 46 hectares, o dobro de sua congênere no Nordeste (19 hectares). O cacau concentrava-se na região Nordeste, principalmente na Bahia. Havia 20 mil produtores de cacau, e eles usavam 1,4 milhão de hectares no cultivo desse produto, com área média de 70 hectares.

O milho concentrava-se no Sul, com 57% dos estabelecimentos e da área cultivada. No ramo da criação de animais, embora o Centro-Oeste contivesse apenas 9% dos estabelecimentos registrados, ocupava 38% da área nacional. O Sudeste e o Sul também figuravam com uma grande porcentagem dos estabelecimentos e da área, porém em unidades menores de área ocupada. No Centro-Oeste, por exemplo, havia 49 mil estabelecimentos, com área total de 44 milhões de hectares e média de 905 hectares por estabelecimento. O Centro-Oeste ainda era, essencialmente, uma região de produção animal em grande escala.

Embora a agricultura não mostrasse uma evolução significativa no aspecto técnico nesse período de industrialização rápida — o que se refletiu na relativa estagnação da produtividade —, o setor foi capaz de aumentar constantemente sua produção graças a um aumento proporcional de fatores de produção, sobretudo terra e trabalho. Portanto, não podemos avaliar o desempenho da agricultura apenas pelo seu crescimento relativamente à indústria e ao setor de serviços. Seu desempenho deve ser considerado relativamente ao processo geral de crescimento e desenvolvimento ocorrido no Brasil. O grande crescimento da indústria, fortemente estimulado pelo Estado, assim como o do setor de serviços, ocorreu naturalmente com o êxodo rural e a urbanização veloz. Isso não aconteceu na agricultura, a qual, logicamente, mostrou um declínio na sua participação relativa no PIB e na população economicamente ativa. Entretanto, isso não significa que as atividades agrícolas nesse período tenham sido malsucedidas em relação ao esperado.[27] Houve crescimento, porém menor do que o visto no setor de serviços e na indústria, e isso explica a redução na participação relativa da agricultura.

Embora nos anos 1970 a integração da indústria com a agricultura já fosse particularmente evidente, a agricultura teve papel fundamental em todo o processo da industrialização brasileira. A oferta de mão de obra foi tão abundante que o setor agrícola teve condições de permitir uma balança de pagamento positiva e suprir a economia com insumos básicos sem alterar os níveis de remuneração dos trabalhadores rurais. A abundância de mão de obra também pôde sustentar o grande êxodo rural — um exército de reserva de trabalhadores suficiente para possibilitar o processo de crescimento urbano e a expansão do número de empregados na indústria e no setor de serviços. A população rural até cresceu, embora a parcela das pessoas empregadas na agricultura se reduzisse significativamente. Graças à expansão das fronteiras a oeste, a área explorada aumentou e isso possibilitou um crescimento sistemático da produção agrícola.

---

[27] Uma discussão interessante sobre a interdependência entre a agricultura e os outros setores da economia encontra-se em Tamáz Szmrecsányi (1995:107-207).

Foi no período dos governos militares de 1964-85 que a política agrícola finalmente se tornou prioridade do poder público. O novo governo viu na agricultura uma fonte importante de pressão inflacionária em razão das deficiências do setor no abastecimento do mercado interno, quando aumentar a oferta e reduzir os custos dos alimentos era essencial para conter as pressões sobre os salários. Em um país subdesenvolvido como o Brasil, com salários baixos e distribuição de renda perversa, a alimentação era um componente básico do custo de vida e, portanto, tinha forte impacto sobre a formação dos salários reais.

A modernização da agricultura ocorreria sem uma transformação na estrutura agrária, caracterizada, como vimos, por alta concentração da posse da terra (Lima, 1990). Em comparação com a maioria dos países latino-americanos, o Brasil nunca passou por um verdadeiro processo de reforma agrária, nem de distribuição gratuita de terra. No interior, tradicionalmente, terra representou poder e reserva de valor. De modo geral, a posse e a exploração econômica não eram associadas. Até meados do século XX, latifúndios improdutivos e relações de trabalho arcaicas prevaleceram em muitas regiões do país. Nos anos 1950 e 1960, a estrutura deficiente da agricultura foi identificada como principal impedimento ao desenvolvimento do país, porque restringia a expansão das forças produtivas e permitia a sobrevivência de uma estrutura de poder atrasada e conservadora. Argumentou-se que a concentração da posse da terra, além de ser politicamente conservadora e socialmente danosa, impedia a modernização da agricultura; a solução proposta para o problema foi a reforma agrária.[28] No entanto, os governos militares puseram fim ao debate sobre reforma agrária. Em lugar dela, com o objetivo de possibilitar a abundância de alimentos baratos, o governo começou a incentivar a modernização da agricultura e, assim, a transferência da mão de obra rural para a indústria urbana, abrindo a produção agrícola aos mercados internacionais e usando-a para gerar os recursos em moeda estrangeira necessários ao crescimento. Apesar da modernização proposta, porém, o governo não combateu a concentração da posse da terra nem desafiou o poder das elites rurais conservadoras.

O apoio dos governos militares à modernização da agricultura envolveu várias áreas. A primeira e fundamental medida consistiu em oferecer crédito abundante e subsidiado. Em 1965, foi criado o Sistema Nacional de Crédito Rural (SNCR) para fornecer recursos financeiros substanciais aos produtores agrícolas, e esse foi o principal instrumento governamental de fomento ao setor agrí-

---

[28] Sobre os debates a respeito dos fatores que influenciaram a evolução da agricultura brasileira, ver Pastore, Dias e Castro (1976:147-181), Mueller e Martine (1997:85-104), Hoffmann (1982:17-34), Coelho (2001:3-58), Pastore (1973), Guimarães (1977) e Paiva (1969).

cola. Além do sistema de crédito, recorreu-se à garantia de preços mínimos e à formação de estoques reguladores para evitar grandes variações nos preços para os produtores e consumidores. Antes do plantio, o governo fixava preços mínimos para os principais produtos, em especial aqueles destinados ao mercado interno. A produção e comercialização eram financiadas pelas Aquisições do Governo Federal (AGF) e pelos Empréstimos do Governo Federal (EGF). As AGF eram instrumentos de compra direta de produtos; os EGF eram empréstimos a produtores, os quais tinham direito a vender o produto ao governo federal, caso os preços de mercado estivessem abaixo dos preços mínimos. Até os anos 1980, boa parte das safras de algodão, arroz e soja foi financiada por EGF. Além disso, o governo criou outros programas especiais de desenvolvimento regional. O Polocentro e o Prodocer foram os mais importantes. O primeiro, iniciado em 1975 e encerrado em 1982, destinava-se a estimular o desenvolvimento e a modernização da região do Centro-Oeste e Cerrado, e também se baseava na concessão de crédito subsidiado. O segundo foi o Programa de Cooperação Nipo-Brasileira para Desenvolvimento dos Cerrados (Prodecer), criado por meio da Agência Japonesa de Cooperação Internacional (JCA). Esse programa, além de prever a participação de empresas de grande porte, dedicava parte da terra à agricultura familiar por meio de assentamentos. A iniciativa deu forte estímulo à produção agrícola no Cerrado, no noroeste de Minas Gerais, Bahia, partes do Centro-Oeste e Maranhão (Coelho, 2001:29-31). Outra instituição importante criada pelo governo foi a Empresa Brasileira de Pesquisa Agropecuária (Embrapa). Fundada em 1973, a Embrapa teria papel fundamental na modernização da agricultura brasileira.[29]

O sistema de crédito rural baseava-se em recursos públicos, por intermédio da "Conta Movimento" do Banco do Brasil ou de empréstimos do Banco Central, e as "Exigibilidades", que correspondiam a uma porcentagem dos depósitos à vista nos bancos comerciais, aplicavam-se compulsoriamente a operações de crédito para a agricultura. A operação da "Conta Movimento", que representava um redesconto automático do Banco do Brasil, deu a esse banco o poder de

[29] Ao mesmo tempo, evidenciou-se que as oportunidades de expansão da agricultura em áreas tradicionais agora eram limitadas. Aumentar a produtividade em áreas já exploradas e incorporar o Cerrado "improdutivo" — o bioma de tipo savana no Brasil — foi visto como um modo de garantir o aumento da produção agrícola e assegurar alimentos para a população urbana crescente a preços acessíveis. Assim, foi necessário melhorar significativamente a produtividade da terra e do trabalho. A resposta do governo ao desafio de criar uma nova era na agricultura resultou na criação da Empresa Brasileira de Pesquisa Agrícola (Embrapa), em 1973, um "ramo de pesquisa" do Ministério da Agricultura, Pecuária e Abastecimento. Essa instituição foi incumbida de coordenar o Sistema Brasileiro de Pesquisa Agrícola, composto de organizações estatais de pesquisa agrícola, universidades e da própria Embrapa. Martha Jr., Contini e Alves (2012:204-226).

emissão, e levou a um aumento significativo na oferta de moeda. O subsídio creditício originava-se do estabelecimento de taxas de juros nominais, geralmente abaixo da inflação.

Na década de 1970, o volume de crédito agrícola quadruplicou e teve em 1979 seu melhor ano. A abundância e o custo negativo do crédito governamental ao produtor financiaram a modernização de equipamentos e insumos na agricultura. Nos anos 1970 estabeleceu-se no Brasil um complexo industrial que forneceu máquinas, implementos, fertilizantes e pesticidas; além disso, a demanda gerada pela modernização agrícola foi um fator importante para o desenvolvimento industrial rápido desse período. Entre 1960 e 1980, a área cultivada quase dobrou, passando de 25 milhões para 47 milhões de hectares, um aumento que foi acompanhado por mecanização crescente. Nesse mesmo período, o número de hectares por trator diminuiu de 410 para apenas 99, proporção essa que se mantém estável até o presente. O consumo médio de fertilizante por hectare subiu de 8,3 kg, em 1964, para 27,8 kg, em 1970, e 88 kg, 1980.[30]

Portanto, o governo contribuiu com três políticas cruciais em favor da agricultura: crédito subsidiado, preços mínimos e compra de estoques reguladores. O mercado para produtos agrícolas era totalmente regulado. A produção interna era protegida por tarifas aduaneiras e autorizações prévias para as importações, o que deixava o mercado praticamente imune à concorrência externa. Desse modo, o governo conseguia garantir tanto a renda para o produtor como a estabilidade dos preços para o consumidor. Adicionalmente, o poder público ajudou os produtores controlando o preço dos insumos. Até os produtos destinados a mercados externos eram fortemente controlados pelo governo. Além do controle da taxa de câmbio (variável essencial para mercadorias exportáveis) e do crédito subsidiado, foram estabelecidas normas para regular a produção, o abastecimento do mercado interno e as exportações, em muitos casos por intermédio de importantes órgãos públicos, como o Instituto do Açúcar e do Álcool (IAA) e o Instituto Brasileiro do Café (IBC).[31]

Para o açúcar e o álcool, o governo instituiu um sistema complexo que controlava a produção por usina, concedia subsídios para compensar diferenças regionais na produtividade e determinava cotas de exportação. O trigo ficava sujeito a outro sistema de controle complexo do governo federal, que era responsável pelas compras internas e externas do produto e regulava a oferta

---

[30] Uma excelente série de estatísticas da agricultura encontra-se nos sites do Ministério da Agricultura: <www.agricultura.gov.br>; IBGE. *Estatísticas do século XX*. Disponível em: <www.ibge.gov.br>; Banco Central: <www.bcb.gov.br/?RELRURAL>; e Ipeadata, em Temas: produção. Disponível em: <http://ipeadata.gov.br/epeaweb.dll/epeadata?data?52305371>.

[31] Esses dois institutos foram fechados no começo dos anos 1990.

para os moinhos do país, também por meio de um sistema de cotas. Como os produtores nacionais não eram competitivos, o governo controlava as importações, comprava trigo a preços que refletiam os custos elevados da produção nacional e vendia o produto final aos consumidores com subsídios, para evitar o impacto que um artigo tão importante teria sobre os índices de preços ao consumidor.[32] Essas políticas de apoio estimularam a modernização da agricultura no que diz respeito ao uso de máquinas, implementos, fertilizantes e pesticidas, mas criaram distorções na alocação de recursos e desestimularam o crescimento da produtividade.

Além dos incentivos creditícios e da política de preços mínimos, o governo federal, com a Embrapa à frente, implementou um importante programa de pesquisas crucial para a capacidade de modernização da agricultura brasileira. Com enfoque no agronegócio, o objetivo era fornecer soluções para o desenvolvimento da agricultura por meio da geração, adaptação e transferência de conhecimento científico e tecnológico. O sofisticado trabalho de pesquisa da Embrapa é o maior responsável pelos ganhos de produtividade na agricultura nestes últimos 20 anos. Em retrospectiva, vemos que o desempenho da agricultura brasileira de 1960 a 1980 pode ser considerado relativamente positivo, pois representou o primeiro salto para a modernidade, com aumento da área cultivada e da produtividade por hectare. Considerando sete dos principais grãos, a produção cresceu de 18 milhões de toneladas em 1960 para 52 milhões em 1980, resultado do aumento da área cultivada, de 17 milhões para 38 milhões de hectares, e por um aumento da produtividade, de 1.083 para 1.363 quilos por hectare. A produtividade continuava muito baixa, porém mostrava sinais de crescimento, e este marcaria a agricultura brasileira nos 30 anos seguintes, em especial desde os anos 1990.

A soja destacou-se entre os novos grãos que fizeram parte da modernização agrícola. Introduzida em fins dos anos 1950, atingiu um nível de produção de 15 milhões de toneladas em 1980, ultrapassado apenas pela do milho. Entre outros produtos que começaram a ser exportados em grande escala nesse período esteve o suco de laranja. A cana-de-açúcar também mostrou grande expansão, especialmente depois da implementação do programa Proálcool em 1975, destinado a substituir gasolina por etanol. Até uma cultura tradicional como a do trigo transformou-se com os fortes incentivos governamentais. Geralmente complementada por importações, a produção brasileira, graças ao apoio do governo, conseguiu um grande aumento de volume e produtividade. Em meados

---

32 Sobre as transformações ocorridas na época, ver Dias e Amaral (2000), Delgado (2001:157-172), Alves (1983), Melo (1979; 1985:86-111).

dos anos 1980, pela primeira vez em tempos modernos a produção nacional finalmente foi capaz de suprir a maior parte do consumo interno. Outras *commodities*, contudo, não tiveram desempenho tão positivo. O milho e o arroz quase dobraram a produção no período, porém com pouco aumento na produtividade. Feijão e mandioca, itens essenciais da dieta nacional, também não tiveram mudança na produtividade, e suas safras não aumentaram.

Tradicionalmente, a maior parte da população brasileira tinha sido rural. Em meados do século XX, porém, um forte movimento migratório para as cidades refletiu-se em um aumento médio anual de 4,7% da população urbana entre 1960 e 1980. Nesse mesmo período, a população rural cresceu a uma taxa pequena, inferior a 1% ao ano. No começo dos anos 1980, 2/3 dos brasileiros vi viam em áreas urbanas, a maioria concentrada em grandes cidades. Esse êxodo de trabalhadores rurais, muitos dos quais passaram a exercer atividades urbanas marginais, gerou graves problemas sociais, apesar de ter sido importante para a produtividade da força de trabalho rural.

Como todos os outros setores da economia, a agricultura foi afetada pela crise dos anos 1980, iniciada com a forte alta dos preços do petróleo na década anterior e intensificada com a crise da dívida mexicana em 1982. Isso gerou deterioração das contas, inflação e uma grave crise na balança de pagamentos que resultou em moratória da dívida externa e em acentuado declínio da atividade econômica. A necessidade de ajustes internos e externos levou à adoção de políticas recessivas reforçadas por acordos com o FMI — o que, por sua vez, levou a ajustes que duraram mais de uma década. Reduziu-se acentuadamente a oferta de crédito rural, baseada em vultosos subsídios governamentais e no uso de recursos derivados de depósitos à vista. Com a inflação, escassearam os depósitos à vista, cujas contas eram a base dos pré-requisitos de crédito; além disso, a necessidade de controlar as contas públicas restringiu os subsídios à agricultura. Em 1984, o crédito disponível para a agricultura alcançou apenas 37% do volume de 1979; em 1990, caiu para 23%. A participação do crédito no PIB agrícola declinou na mesma proporção. Na segunda metade dos anos 1970, o crédito total representou cerca de 70% do PIB agrícola; nos anos 1990, a porcentagem permaneceu pouco acima de 20%.[33] Adicionalmente, a partir de meados dos anos 1980, os empréstimos rurais passaram a ser reajustados pela correção monetária; com isso, o custo do crédito tornou-se positivo e aumentou gradualmente até equiparar-se às demais taxas de mercado. Por fim, a necessidade de controlar a inflação induziu o governo a manipular permanentemente

[33] Banco Central do Brasil. Departamento de Regulação, Supervisão e Controle das Operações de Crédito Rural e do Proagro (Derop). Registro Comum de Operações Rurais (Recor).

o preço dos produtos no mercado interno, em especial para os alimentos. A política de preços mínimos e a compra de produtos agrícolas pelo governo foram reduzidas ou eliminadas em razão da necessidade de reduzir o gasto público. A maioria dessas medidas teve impacto negativo sobre o produtor e pouco impacto positivo sobre a inflação. Analogamente, a sucessão de políticas recessivas e os planos heterodoxos foram generalizadamente ineficazes para conter a inflação crescente, o que criou incerteza considerável e afetou negativamente a agricultura, que operava com ciclos de produção longos.

Quando comparamos a evolução do crédito concedido com a quantidade produzida, encontramos ao mesmo tempo uma queda sistemática no valor do crédito concedido e um crescimento contínuo da quantidade produzida. Isso ensejou uma diminuição expressiva na média de crédito por tonelada (US$ por tonelada). Segundo um estudo do BNDES, nos primeiros anos da década de 1980, o financiamento por tonelada superou todos os preços internacionais de grãos, configurando um quadro de superabundância de recursos financeiros, frequentemente mal aplicados. Já na década de 1990, o crédito por tonelada passou a ser escasso. Como a produção média anual, no período 1999-2001, foi 70% maior do que no início dos anos 1980, o desembolso por tonelada diminuiu 80% no período (Favaret Filho, 2002:34).

Entretanto, apesar de afetar fortemente a agricultura, assim como os outros setores da economia, o ajuste dos anos 1980 proporcionou oportunidades. A crise internacional do petróleo e suas consequências para as contas externas, que culminariam com a moratória de 1987, deram à agricultura um novo papel, pois o governo promoveu a substituição do petróleo por álcool. Além disso, diante de gargalos externos, o governo passou a estimular exportações agrícolas. Foram criadas políticas diferenciadas para produtos destinados ao mercado externo (por exemplo, café, açúcar, soja, suco de laranja, cacau, algodão e tabaco) e os destinados ao mercado interno (como arroz, batata, feijão, milho, mandioca, cebola). Os desta segunda categoria foram protegidos da concorrência estrangeira por tarifas e cotas de importação.

No caso dos produtos de consumo interno, a maior preocupação era o impacto dos preços sobre níveis inflacionários explosivos. Como vimos, para controlar os preços, o governo regulou a oferta de vários modos. Contudo, esses controles dispendiosos do mercado interno logo passaram a ser ameaçados pelo déficit público crescente. A manutenção de preços baixos para controlar o custo de vida também serviu para estimular o consumo. No entanto, o custo da política de subsidiar o consumidor e proteger a renda do produtor onerou as contas públicas. Com a deterioração dos recursos públicos, houve pressão crescente para que esses subsídios fossem abolidos, em especial por parte de instituições internacionais como o Banco Mundial e o FMI. A importância do trigo na dieta básica e o potencial impacto político de adotar preços reais postergaram a decisão de cortar os subsídios. Em 1987, porém, eles finalmente foram abolidos, e em 1990 instituiu-se o livre mercado para todas as etapas de produção e comercialização do trigo. Embora no período protecionista a produção do trigo brasileiro aumentasse, com o fim dos subsídios ao produto as safras locais não puderam competir com as importações. Em 1987, a produção interna chegou a 6,2 milhões de toneladas e atendeu 90% da demanda interna. Em 1995, a produção de trigo caíra para 1,4 milhão de toneladas e supria apenas 17% do mercado. Além do impacto sobre a produção com a eliminação do incentivo aos produtores, a retirada dos subsídios aos consumidores afetou o consumo interno, que permaneceu praticamente estável, em torno de 6 milhões de toneladas anuais, durante toda a década de 1980.[34]

Com a crise do petróleo, implementou-se o ambicioso Proálcool para promover a produção interna de etanol para uso como combustível de automóveis. O programa, lançado em 1975, expandiu-se em 1979, após o segundo choque do petróleo. Além de adicionar álcool à gasolina vendida no país, o governo concedeu incentivos à fabricação de carros movidos exclusivamente a álcool hidratado. As metas de produção de combustível haviam sido estipuladas em 3 bilhões de litros por ano na primeira fase, e na segunda, a partir de 1979, foram elevadas para 7,7 bilhões de litros. Para promover o programa foram disponibilizados numerosos incentivos fiscais, juntamente com financiamento governamental. A gasolina vendida no Brasil já continha 20% de álcool; em 1980, a porcentagem aumentou para 22%. Os primeiros carros movidos a etanol no mercado eram apenas veículos a gasolina adaptados, mas a partir do começo dos anos 1980 surgiram motores totalmente novos e muito eficientes, projetados para o uso de álcool combustível. Implementou-se uma política que remunerava eficientemente os produtores de álcool e, ao mesmo tempo, tornava esse combustível competitivo. Embora o novo programa fosse dispendioso para o governo, o Proálcool mostrou-se eficaz, pois o mercado adotou quase exclusivamente os veículos movidos a álcool: em 1984, 95% dos carros fabricados no Brasil tinham motor a álcool.

Naquela década, o programa foi criticado por ser caro e priorizar a cana-de-açúcar em detrimento de outras culturas, em especial as direcionadas para o consumo interno. A cana para produção de etanol era plantada nos melhores solos do país, e seu cultivo mecanizado era extremamente eficiente. Desenvolveu-se uma tecnologia nacional de processamento da cana comparável às

[34] Cole (1998), Fernandes Filho (1995:443-474) e Tomasini e Ambrosi (1998:59-84).

melhores do mundo. No entanto, com o subsequente declínio dos preços internacionais do petróleo, o programa tornou-se caro demais para o governo, e o álcool deixou de ser competitivo com os preços da gasolina. Em 1985, o Proálcool começou a enfrentar uma crise, com declínio progressivo das vendas de carros com motor a álcool; em meados dos anos 1990, essas vendas haviam quase cessado. Mas o governo ainda determinava a mistura do álcool com o combustível comum. E então choques do petróleo contínuos e um aumento de recursos governamentais levaram a um novo programa revitalizado no século XXI.[35]

Consequentemente, com a longa crise econômica no país, os anos 1980 foram turbulentos para a agricultura. Naquela década, o setor teve crescimento anual médio de 3%, acima do aumento médio do PIB no período. No entanto, foi um desempenho errático que alternou anos positivos com fases de crescimento nulo ou negativo, e produtos de exportação mostraram resultados melhores do que gêneros de consumo interno. Considerando a instabilidade e as políticas recessivas do país, somadas à redução de incentivos fiscais para o setor e especialmente à perda do crédito subsidiado barato e abundante, concluímos que o desempenho da agricultura foi melhor do que se poderia esperar. O surgimento de alternativas de financiamento para o setor, envolvendo outros segmentos do agronegócio, foi fundamental para ensejar esse desempenho razoável. Fornecedores de insumos e equipamentos começaram a financiar produtores rurais diretamente, e intensificou-se a integração financeira e operacional com o outro extremo do processo produtivo, por exemplo, com indústrias de processamento, canais de distribuição atacadistas e varejistas (incluindo redes de supermercados) e empresas comerciais exportadoras. Foram usadas novas fontes de recursos para financiar o processo produtivo na agricultura. A integração entre produtor, fornecedor e cliente, que começou nos anos 1980 devido à súbita retirada do crédito governamental, seria na década seguinte a principal fonte de crédito rural, e ainda hoje é o sistema de financiamento do agronegócio brasileiro.

Juntamente com essa importante mudança nas fontes de crédito, a pesquisa agrícola financiada pelo governo foi fundamental para a revolução subsequente na agricultura. As atividades da Embrapa e outros centros de pesquisa — por exemplo, o Instituto Agronômico de Campinas, que montou um arquivo histórico dos principais produtos da agricultura brasileira e suas características regionais — estão entre os principais fatores que explicam o relativo dinamismo

[35] No Brasil eram vendidos três tipos de gasolina: comum, comum aditivada e premium. Por lei, todas as três tinham de conter álcool em proporção de 20% a 25%, dependendo da disponibilidade desse combustível no mercado. Sobre esse programa, ver Melo e Gianetti (1981), Melo (1983) e Lopes (1992).

da agricultura, inclusive durante a crise que devastou o Brasil por mais de 15 anos. Nas duas últimas décadas tem havido um aumento constante na produtividade de todas as culturas e uma expansão progressiva da fronteira agrícola graças à introdução de novas variedades de semente, compatíveis com as condições locais de clima e solo. Nos anos 1980, o Cerrado começou a ser economicamente explorado e várias culturas (especialmente a soja) adaptaram-se muito bem às terras antes improdutivas. A expansão da fronteira agrícola para os solos virgens da região Centro-Oeste também teve impacto positivo, pois permitiu o uso de áreas novas e (agora) muito produtivas. Por outro lado, isso onerou o Estado, pois gerou a necessidade de investir em infraestrutura para que essas novas zonas pudessem ser exploradas com eficiência, em detrimento da alocação desses recursos para zonas produtoras tradicionais. Considerando a expansão progressiva da fronteira agrícola nos últimos 25 anos, podemos dizer que o caráter itinerante da agricultura brasileira ainda se mantém. Em grande medida graças aos investimentos públicos que acompanham a abertura de novas regiões agrícolas, áreas antes não lucrativas estão adquirindo valor.

O que podemos considerar a segunda fase da modernização da agricultura brasileira ocorreu nos anos 1980, quando a perda de subsídios governamentais forçou a agricultura a integrar-se ao mercado. Naqueles anos, o agricultor brasileiro alcançou um nível de modernização e eficiência que lhe permitiu sobreviver e prosperar na economia de mercado. Para isso, o setor precisou de grandes ajustes. As culturas que se destinavam ao mercado externo e ainda recebiam incentivos do governo (entre eles uma taxa de câmbio favorável) mostraram, de início, desempenho melhor do que as culturas voltadas para o consumo interno. Entre 1980 e 1989, a produtividade das culturas exportáveis aumentou 1,98% ao ano, em comparação com um crescimento de 1,18% na produtividade das culturas de consumo interno. No agregado, a agricultura alcançou um aumento médio de produtividade de 1,78% ao ano, uma porcentagem substancialmente maior que 0,43% da década anterior.

CAPÍTULO 2

A NOVA ECONOMIA AGRÍCOLA PÓS-1960

Em 1960 o Brasil ainda era um país com níveis elevados de fome e subnutrição, apesar de importar alimentos em quantidades significativas.[36] Hoje a subnutrição e a fome já não afligem a população brasileira,[37] e o Brasil não é mais um grande importador de alimentos. A produção agrícola por habitante aumentou consideravelmente, sobretudo a partir de 1990. Em 1960, a produção de grãos por habitante era de 376 kg, a de carne, 26 kg, e a de leite, 70 litros; em 1990 essa produção *per capita* mostrava um ligeiro aumento: 384 kg, 35 kg e 100 litros, respectivamente. Em 2015 esses indicadores por habitante eram mais de duas vezes e meia maiores que os valores de 1960: 1.004 kg de grãos por habitante, 118 kg de carne e 171 litros de leite.[38]

Em 1960 o café representava mais da metade do valor de todas as exportações, como vinha ocorrendo desde os anos 1840, mas em 2016 compunha apenas 3% do valor total exportado.[39] A soja, que só foi introduzida como cultura comercial em fins dos anos 1950, agora compõe 30% do total das exportações agrícolas. Em 1961 o valor das exportações agrícolas brasileiras foi inferior a 1/10 do valor correspon-

[36] Sobre a crise de subnutrição anterior aos anos 1970, ver Castro (1984).

[37] Sobre o declínio recente da subnutrição medida em alturas e pesos de crianças, ver Batista Filho e Rissin (2003:181-191) e Monteiro e Conde (2000: 52-61). Embora esses dois estudos destaquem iniciativas em saúde pública — vacinação e assistência pré-natal — como fatores importantes para o aumento da estatura das crianças, não há dúvida de que a disponibilidade de alimento barato e abundante também foi crucial. Isso é claramente reconhecido em um segundo estudo de Monteiro. Ver Monteiro, Mondini e Costa (2000: 251-258).

[38] Dados da Ipeadata. Para grãos, consideramos algodão, arroz, feijão, soja, milho, trigo e amendoim. Para a carne, computamos a produção de carcaças de bovinos, suínos e aves.

[39] Para as exportações agrícolas e totais em 2016, ver MAPA. Balança comercial do agronegócio — síntese... Disponível em: <www.agricultura.gov.br/internacional/indicadores-e-estatisticas/balanca-comercial>. Acesso em: 30 maio 2017. Para 1960, ver *AEB*, 1962, tabela 1.6, p. 164-169.

dente dos Estados Unidos, e entre os países exportadores o Brasil classificou-se em 19º lugar. Naquele ano, o Brasil produziu 15 milhões de toneladas de cereais e era o nono maior produtor mundial, atrás de países como França, Alemanha e Japão; sua fatia no total mundial foi de apenas 2%. Em 2014, o país produziu 101,4 milhões de toneladas de cereais e foi o quinto maior produtor mundial, atrás da China, Estados Unidos, Índia e Federação Russa. Em 1961 o Brasil produziu apenas o equivalente a 9% dos cereais produzidos nos Estados Unidos, mas em 2014 a porcentagem aumentou para 23%.[40] Em 2016, o Brasil era o quarto produtor mundial em valor total das exportações agrícolas, depois dos Estados Unidos, Holanda e Alemanha. No entanto, como suas importações de alimentos eram irrisórias, o país foi o primeiro do mundo no valor líquido de seu comércio agrícola mundial, superando em mais de duas vezes os valores de Canadá e Holanda, seus concorrentes mais próximos. Os Estados Unidos, maior exportador agrícola do planeta, exportaram o dobro do valor brasileiro em produtos agrícolas naquele ano, mas o saldo positivo de sua balança de comércio agrícola foi de apenas 1,9 bilhão de dólares, em comparação com o superávit líquido de 69 bilhões de dólares alcançado pelo Brasil.[41]

Essa transformação ocorreu ao longo deste último meio século e é um processo ainda em curso: nestas duas décadas mais recentes, o Brasil aumentou espetacularmente sua parcela da produção e exportação mundiais em numerosas culturas tradicionais e novas. Hoje é o maior exportador mundial de carne processada de bovinos e aves, laranja, açúcar e soja, e o segundo em exportações de milho. O Brasil expandiu sua produção e tornou-se competitivo internacionalmente enquanto a indústria nacional declinou e perdeu sua capacidade de competir em mercados internacionais. Este capítulo explicará como se deu essa revolução agrícola e em que áreas as mudanças aconteceram.

A agricultura passou por vários ciclos de crescimento, inclusive no período moderno. Durante a maior parte do século XX, essa trajetória seguiu um padrão tradicional. A produção maior de todas as culturas foi impulsionada pela expansão da área cultivada, e não por um aumento de produtividade. A partir de 1920 há dados disponíveis sobre terras cultivadas e unidades agrícolas, e eles mostram que ocorreu no país um grande crescimento das terras dedicadas ao cultivo e também do número de unidades agrícolas em produção; esse padrão de crescimento manteve-se até meados dos anos 1980. Entretanto, o número de unidades agrícolas, assim como seu tamanho e produtividade, começou a mudar a partir daquele ano. Hoje o cres-

---

40 WORLD BANK. World Development Indicators. *World cereal production*. Disponível em: <http://data.worldbank.org/indicator/AG.PRD.CREL.MT>.

41 WTO. *Time series on international trade*. Disponível em: <http://stat.wto.org/StatisticalProgram/WsdbExport.aspx?Language=E>. Acesso em: 10 fev. 2018.

cimento da produção é menos dependente da expansão de terras e do aumento do número de unidades agrícolas, e baseia-se mais no aumento da produção em terras já em cultivo. Assim, o número de unidades agrícolas, que vinha crescendo constantemente, chegou ao auge em 1985 e passou a declinar lentamente desde então. Do mesmo modo, o tamanho médio da unidade agrícola diminuiu desde os anos 1970. Os latifúndios de baixa produtividade vêm sendo pouco a pouco substituídos por unidades de tamanho médio com uma porcentagem muito maior de suas terras usadas no cultivo, e essas unidades empregam sistematicamente máquinas, inseticidas e fertilizantes, que até meados do século XX eram pouco utilizados.

As terras dedicadas à agricultura, que em 1920 ocupavam 6,6 milhões de hectares, em 1985 atingiram sua área máxima, 62,0 milhões de hectares; reduziram-se depois para 59,8 milhões de hectares por ocasião do censo agrícola de 2006, e desde então diminuíram ainda mais, chegando a 58,3 milhões de hectares, segundo estimativas, na safra de 2016 (IBGE, 2016:18, tabela 3). O número de estabelecimentos agrícolas culminou em 5,9 milhões nos anos 1980 e diminuíra para 5,2 milhões na época do censo agrícola de 2006; a estimativa atual é em torno de 5 milhões de estabelecimentos, e provavelmente assim permanecerá no futuro previsível (Dieese, 2014:6).

O número de trabalhadores na agricultura seguiu padrão semelhante. Aumentou de 17,6 milhões em 1970 para 23,4 milhões em 1985, seu auge histórico, e então caiu consistentemente no período coberto pelos dois censos agrícolas seguintes, chegando a apenas 16,6 milhões em 2006 (IBGE, 2006: tabela 1.1). Pelos dados preliminares do censo de 2017, o total diminuíra ainda mais, atingindo 15 milhões, e há previsões de que até 2050 caia para 8,2 milhões.[42] Consequentemente, houve declínio na média de trabalhadores por estabelecimento agrícola, que passou de 9,7, em 1930, para apenas 3,2, em 2006, e essa redução foi acompanhada por uma queda no tamanho médio da unidade agrícola nacional, que passou de 270 hectares para apenas 64 hectares por ocasião do censo de 2006.[43]

Uma combinação de modernização das técnicas de cultivo e declínio dos solos virgens explica essas tendências. No período pós-1960 houve aumento sistemático no emprego de melhores sementes, inseticidas, fertilizantes e máquinas nos estabelecimentos agrícolas brasileiros. Paralelamente à diminuição das terras virgens disponíveis, terras mais antigas e antes negligenciadas em áreas tradicionais passaram a produzir em volumes significativos. Nas duas últimas décadas do século XX, a maioria das terras fronteiriças remanescentes já estava ocupada, enquanto

---

[42] Dieese (2014:6, gráfico 3). Veja também IBGE (2017:46).

[43] Gasques et al. (2010:4, tabela 1). Os dados preliminares de 2017 indicam pequeno crescimento na área média, que resultou em 69 hectares.

regiões como o Cerrado, que abrangiam vastas porções de regiões mais antigas, estavam sendo mais bem exploradas, com novas sementes e novo tratamento do solo. O consumo de fertilizantes aumentou constantemente de 1960 a 2015, e o uso de fósforo, nitrogênio e potássio cresceu de 243 mil toneladas, em 1960, para 13,7 milhões de toneladas, em 2015.[44] Em 2015 o Brasil produziu 9 milhões de toneladas de fertilizantes processados e importou 21 milhões de toneladas.[45] Apesar de ser um país tropical e de sua heterogeneidade na qualidade dos solos, o consumo brasileiro de fertilizantes por terra cultivável (176 quilos por hectare em 2013) ficou em 52º lugar no mundo e muito abaixo de outros países latino-americanos.[46]

O uso de máquinas de todos os tipos entre os recursos agrícolas também passou de raro a comum. Em 2013, a indústria brasileira produziu 98% das 77 mil máquinas agrícolas vendidas no país.[47] Naquele ano foram vendidos 65 mil tratores, ou 3% do total de tratores vendidos no mundo. Essa quantidade foi duas vezes maior que a dos tratores vendidos no Canadá naquele ano, e superou as da Federação Russa, Turquia e de qualquer país europeu.[48] Em 2014, por exemplo, os agricultores brasileiros compraram 68 mil máquinas, das quais 82% eram tratores de rodas, 9% colheitadeiras, 6% escavadeiras, 2% cultivadores motorizados e 1% tratores de esteiras. Esses números equivaleram a cerca de 40% da produção de máquinas nos Estados Unidos naquele ano, mas não chegaram sequer perto da produção da Índia e da China, os dois maiores produtores de máquinas agrícolas do mundo.[49] Na época, a maioria dos principais fabricantes de equipamentos agrícolas já operava no Brasil, e exportadores americanos informaram que mais de metade do equipamento agrícola vendido para o Brasil na segunda década do século XXI compunha-se de peças, enquanto nas exportações mundiais totais as

[44] INTERNATIONAL PLANT NUTRITION INSTITUTE. Evolução do consumo aparente de N, P, K e total de NPK no Brasil. Disponível em: <http://brasil.ipni.net/article/BRS-3132#evolucao>.

[45] ANDA. Associação Nacional para Difusão de Adubos. Dados disponíveis em: <http://anda.org.br/index.php?mpg=03.00.00>.

[46] São quantidades muito inferiores às encontradas em países da União Europeia, e baixas para os padrões sul-americanos. A Colômbia usou 649 kg por hectare; o Chile, 428; o Equador, 229. A Argentina foi a exceção notável, pois usou apenas 36 kg, muito abaixo do padrão mundial, de 125 kg. WORLD BANK. World Development Indicators. *Fertilizer consumption* (kilograms per hectare of arable land). Disponível em: <http://data.worldbank.org/indicator/AG.CON.FERT.ZS?view=chart>.

[47] Emis (2014:18). Disponível em: <www.emis.com/sites/default/files/EMIS%20Insight%20-%20Brazil%20Machinery%20and%20Equipment%20Sector.pdf>.

[48] CEMA. *Economic committee tractor market report calendar year 2014*. Disponível em: <cema-agri.org/sites/default/files/publications/2015-02%20Agrievolution%20Tractor%20Market%20Report.pdf>.

[49] VDMA Agricultural Machinery Report 2015. Disponível em: <http://lt.vdma.org/documents/105903/8575467/VDMA%20Economic%20Report%202015%20public%20version.pdf/a25a564f-614e-4e67-95f2-6f16b7604f9b>.

peças representavam apenas um terço.[50] Isso se deve às grandes fábricas que se estabeleceram no Brasil. A maior dessas fabricantes multinacionais em 2015 foi a empresa americana AGCO, responsável por 21% da produção, seguida pela John Deere (18% da produção), pela Valtra, uma subdivisão da AGCO, que produziu 17% em uma única fábrica em São Paulo, e pela divisão New Holland da empresa italiana CNH-Industrial (15% da produção). Outras fabricantes de tratores, colheitadeiras e pulverizadores são Agrale (único produtor nacional), Caterpillar e Komatsu. O maior centro de produção de máquinas agrícolas era o Rio Grande do Sul (que produziu 74% das máquinas), seguido por São Paulo (26%), Paraná (23%) e Minas Gerais (5%). Todas essas empresas produziam apenas máquinas agrícolas, com exceção da Agrale, que também fabricava caminhões e ônibus. Em 2016, cerca de 80% dos insumos usados no Brasil para produzir essas máquinas eram fabricados no país. Embora o Brasil exporte em média 18% das máquinas que fabrica, essas exportações costumam ser transações entre empresas de um mesmo grupo, e apenas 2% das máquinas vendidas no país naquele ano foram importadas.[51]

Houve também mudanças significativas na quantidade de terras dedicadas a culturas específicas. A área plantada com grãos, por exemplo, expandiu-se constantemente, passando de 49,8 milhões de hectares na safra de 2010-11 para 58,3 milhões de hectares, segundo estimativa, na safra de 2015-16. Uma análise mais detalhada das áreas cultivadas juntamente com terras de pastagens mostra que o aumento no uso da terra foi influenciado pela introdução de novas culturas e também pelo emprego de tecnologias agrícolas modernas em culturas mais antigas. Isso se evidenciou principalmente em culturas sazonais, que aumentaram progressivamente sua participação nas terras cultiváveis em detrimento de culturas permanentes mais tradicionais. Assim, terras dedicadas a culturas permanentes como café, banana e cítricos permaneceram relativamente estáveis no período a partir de 1970 (quando dados comparáveis tornaram-se disponíveis) até o presente. Essas terras usaram entre 8 e 10 milhões de hectares até 2006, e desde então se reduziram para 5,7 milhões de hectares em 2015.[52] Em contraste, houve grande crescimento na área ocupada por culturas temporárias como cana-de-açúcar, arroz, milho, feijão e trigo, além de algodão, soja e girassol, que de 26 milhões de

[50] U. S. DEPARTMENT OF COMMERCE, INTERNATIONAL TRADE ADMINISTRATION, INDUSTRY & ANALYSIS. *2015 Top markets report agricultural equipment* — a market assessment tool for U.S. exporters july 2015, p. 26.

[51] BRADESCO. Departamento de Pesquisas e Estudos Econômicos (Depec). Sector e regional/informações setoriais. *Tratores e máquinas agrícolas, janeiro de 2017*. Disponível em: <www.economiaemdia.com.br>.

[52] IBGE; SIDRA. Produção Agrícola Municipal (doravante PAM). Tabela 1613 — Área destinada à colheita, área colhida, quantidade produzida, rendimento médio e valor da produção das lavouras permanentes. Disponível em: <https://sidra.ibge.gov.br/tabela/1613>.

hectares passou para 48 milhões de hectares em 2006 e 71 milhões de hectares em 2015.[53] Houve igualmente uma mudança básica nas terras de pastagens, graças ao crescimento e à modernização dos rebanhos; as pastagens cultivadas já eram mais importantes que as naturais na época do censo de 1995, e continuaram a crescer enquanto as pastagens naturais continuaram a declinar.

Essas mudanças no uso da terra decorreram, em grande medida, tanto da mudança na participação relativa de culturas — especialmente com o declínio relativo da cultura permanente do café e a ascensão de novos cultivos sazonais como a soja — como do crescimento explosivo de culturas tradicionais como o milho. Em terras usadas para culturas temporárias, o Brasil produziu na safra de 1975-76, por exemplo, 47 milhões de toneladas de grãos; em 1990 produziu 58 milhões de toneladas, ultrapassou 100 milhões de toneladas em 2000-01 e alcançou 225 milhões de toneladas na safra de 2016-17.[54]

Embora o tamanho médio dos estabelecimentos agrícolas mudasse com o tempo, houve pouca mudança na distribuição da posse da terra. De 1920 a 2006, o índice de Gini para a distribuição de terras permaneceu praticamente o mesmo, entre 0,832 e 0,872.[55] Embora esses valores sejam elevadíssimos pelos padrões mundiais, é próximo do usual para a maioria dos países latino-americanos, a região de maior desigualdade na distribuição de terras (Vollrath, 2007:204, tabela 1). No entanto, houve variação por culturas, sendo o índice de Gini para culturas de gêneros básicos muito inferior à média, e o mais elevado para a soja e, sobretudo, o açúcar (0,88) (Martinelli et al., 2010:433, tabela 1).

Apesar dessa grande desigualdade na posse da terra, a produção de culturas comerciais não se limita aos estabelecimentos maiores. Há uma participação significativa de pequenos e médios estabelecimentos na produção de culturas comerciais, ainda que esteja crescendo a importância de grandes fazendas de 1.000 hectares ou mais. Assim, vemos em artigo baseado no censo de 2006, que efetuou um cruzamento dos estabelecimentos por valor bruto da produção e tamanho, que dos estabelecimentos que obtiveram um valor bruto da produção superior a 10 salários mínimos, 20% eram estabelecimentos na faixa de cinco a 20 hectares; 37% estabelecimentos na faixa de 20 a 100 hectares e 22% de estabelecimentos na faixa de 100 a 500 hectares.

[53] Todos os dados foram atualizados até os mais recentes números revistos encontrados em: IGBE. *Censo agropecuário 2006, Brasil, grandes regiões e unidades da Federação segunda apuração*. Rio de Janeiro, 2012, e aparecerão em todas as tabelas como "revistos" juntamente com o número da tabela.

[54] CONAB. Séries históricas. *Brasil-Safras 1976/77 a 2016/17 em mil toneladas*. Disponível em: <www.conab.gov.br/conteudos.php?a=1252&>; e CONAB. *Acompanhamento da safra brasileira, grãos, v. 5 Safra 2017/18 — Quinto levantamento*. Brasília, fev. 2018. p. 8. Disponível em: <www.conab.gov.br/OlalaCMS/uploads/arquivos/18_02_08_17_09_36_fevereiro_2018.pdf>.

[55] Veja Reydon (2014:736, tabela 3).

No total, 89% desses estabelecimentos tinham menos de 500 hectares. As unidades que obtiveram esse valor bruto da produção somavam 491 mil estabelecimentos, de um universo de 5,1 milhões (Helfand, Pereira e Soares, 2014:543, tab. 1).

Nesse aspecto da dominância de uma pequena porcentagem de estabelecimentos agrícolas que são responsáveis pela maior parte da produção, o Brasil não difere dos Estados Unidos. Nos EUA, apenas cerca de 600 mil estabelecimentos de um total de 2 milhões, ou seja, 30%, têm produção comercial significativa, e desses apenas cerca de 120 mil estabelecimentos, ou 6% do total, geram 3/4 de toda a produção comercial americana. Em 2007, os estabelecimentos que venderam acima de 1 milhão de dólares por ano foram responsáveis por 59% do total de vendas da agricultura (Sumner, 2014:147-149).

Outra mudança importante que se poderia esperar com a modernização de um grande número de estabelecimentos agrícolas é a crescente legalização dos títulos de propriedade e o declínio do número de posseiros, rentistas e parceiros. A partir de 1970 encontramos uma porcentagem crescente de estabelecimentos explorados diretamente pelo proprietário e com plenos direitos sobre a terra (tabela 2.1). Segundo o censo agrícola de 2006, mais de 3/4 dos estabelecimentos agrícolas pertenciam ao agricultor produtor; pelos resultados preliminares de 2017, esse percentual superava 80%.

Tabela 2.1: Número de estabelecimentos, por condição legal das terras no Brasil, 1970-2017

Condição legal das terras	1970	1975	1980	1985	1995	2006*	2017 (**)
Terras próprias	62,9	64,1	65,7	64,6	74,2	76,2	81,0
Terras arrendadas	12,9	11,4	11,4	9,9	5,5	4,7	6,3
Regime de parceria	7,7	6,0	6,2	7,7	5,7	2,9	3,5
Terras ocupadas	16,5	18,5	16,8	17,8	14,6	8,4	7,9
Soma	100,0	100,0	100,0	100,0	100,0	92,2	98,7
Total dos estabeleci-mentos	4.919.089	4.993.251	5.159.850	5.802.206	4.859.865	5.175.489	5.072.152

Fontes: Para 1970 a 2006: Mapa. Sec. de Política Agrícola, baseado em IBGE. Censo agropecuário 1995-96, e tabela 1.3 do IBGE, Censo agropecuário, Brasil, Grandes regiões e unidades da federação, segunda apuração
Notas: * Em 2006 a categoria sem terras foi incluída e representava 4,9% de todos os estabelecimentos.
** IBGE. Sidra. Censo agropecuário 2017, resultados preliminares. Tabela 6635. Ocupante: inclui terras concedidas sem título defitivo.

A modernização da agricultura brasileira também pode ser vista na crescente produtividade de todas as culturas e na introdução de novas culturas comerciais importantes. É notável o fato de que, além das culturas voltadas principalmente para a exportação, até mesmo culturas destinadas sobretudo ao mercado interno apresentaram produtividade crescente. Só o cacau sofreu uma diminuição na produção no período 1950-2015, e, em razão de pragas locais, apenas a laranja deixou de pelo menos duplicar seu nível de produtividade com relação ao ano de 1950. Houve também culturas que se extinguiram em determinada região devido a uma praga específica. Isso ocorreu no Nordeste, onde o bicudo-do-algodoeiro destruiu a produção do algodão de fibra longa nos anos 1980 e 1990, e uma praga também provocou uma crise na produção de cacau nesse mesmo período.[56] Todas as outras culturas aumentaram de duas a quatro vezes sua produção em quilogramas por hectare nesse período de 65 anos (tabela 2.2). Também vale a pena ressaltar que muitas das culturas tradicionais, como arroz, feijão e milho, aumentaram sua produção recentemente sem que houvesse alguma tendência secular de crescimento até os anos 1980. Até o trigo, uma planta difícil de cultivar no Brasil, que precisou de subsídios governamentais para prosperar durante a maior parte do século XX, apresentou aumento de produção por hectare e passou de 926 quilos por hectare, em 1970, para 2.672 quilos, em 2016-17. Apesar de a produção nacional atingir a média de 5-6 milhões de toneladas em meados dos anos 2010, os agricultores brasileiros atenderam só metade das necessidades nacionais. Assim, até hoje o trigo permanece como o produto agrícola importado mais significativo no Brasil, porém, mesmo nesse produto, as importações, que supriam 85% do consumo nos anos 1990, quando o subsídio foi extinto, passaram a suprir apenas 50% nos anos 2010.[57] Quase todo o trigo importado ainda provém da vizinha Argentina, que sempre foi para o Brasil a principal fornecedora desse produto desde o século XIX.[58]

---

[56] Sobre a praga do cacau em 1989, ver Araújo, Silva e Midlej (2005). Sobre o impacto do bicudo-do--algodoeiro sobre a produção tradicional do Nordeste, ver Eliana M.G. Fontes et al. (2006:21-66).

[57] CONAB. Tabela "Brasil: oferta e demanda de produtos selecionados. Disponível em: <www.agricultura.gov.br/vegetal/estatisticas>.

[58] A Argentina é a principal fonte de produtos agrícolas importados para o Brasil; fornece aproximadamente 1/4 do total das importações agrícolas, embora essa parcela venha declinando lentamente, à medida que aumenta a produção de trigo brasileiro. Por sua vez, os cereais, sobretudo a farinha de trigo, são a principal importação agrícola do Brasil, representando entre 20% e 25% do valor do total de importações agrícolas na segunda década do século XXI. Dados de MAPA. Agrostat. Estatísticas de comércio exterior do agronegócio brasileiro. Disponível em: <http://indicadores.agricultura.gov.br/agrostat/index/htm>.

Tabela 2.2: Índice de variação da produtividade da terra das principais culturas 1970-2015 (1970=100)

	Ano inicial							
	kg/ha	1970	1975	1980	1985	1995	2006	2015
Café	523	100	158	124	201	225	304	290
Cacau	484	100	135	153	126	73	79	83
Laranjas	15.323	100	122	116	126	111	132	169
Uvas	5.674	100	123	109	148	138	156	229
Arroz	1.287	100	109	116	142	222	321	471
Feijão	626	100	110	107	101	138	143	290
Milho	1.254	100	112	127	123	204	301	463
Trigo	706	100	73	99	164	184	188	241
Soja	862	100	179	190	206	271	302	351
Cana-de-açúcar	26.861	100	108	134	151	155	172	186
Algodão	878	100	109	132	125	157	352	457

Fonte: Gasques et al. (2010:4, tab. 1 para 1950 a 2006); IBGE, Sidra, PAM. Tabelas 1612 e 1613.

Recentemente também ocorreu uma mudança significativa no valor dos produtos agropecuários. A economia cafeeira, antes dominante, deixou de ser o carro-chefe da agricultura no Brasil. Como podemos ver pelo valor dos produtos em 2015, o café foi substituído por soja, açúcar e milho, e o valor de sua produção foi inferior ao do milho. As culturas temporárias e permanentes compõem 65% do valor da produção agrícola, e produtos da pecuária representam 35% do valor bruto total em 2015 (tabela 2.3).

Tabela 2.3: Valor bruto da produção por produto, 2015 (em bilhões de R$)

Produtos	Valor bruto da produção	%
Soja	113,84	21,5%
Bovinos	76,94	14,6%
Aves	53,13	10,1%
Cana-de-açúcar	52,71	10,0%
Milho	43,68	8,3%
Leite	29,17	5,5%
Café	20,56	3,9%
Suínos	15,55	2,9%

▶

Produtos	Valor bruto da produção	%
Tomate	15,07	2,9%
Algodão	13,87	2,6%
Ovos	12,60	2,4%
Laranjas	11,60	2,2%
Arroz	10,96	2,1%
Bananas	10,17	1,9%
Feijão	8,79	1,7%
Fumo	7,97	1,5%
Mandioca	7,50	1,4%
Batata	5,77	1,1%
Outros	18,47	3,5%
TOTAL	528,36	100%

Fonte: MAPA. Valor bruto da produção – principais produtos agropecuários – jul. 2016. Disponível em: <www.agricultura.gov.br/ministerio/gestao-estrategica/>.

Todas essas mudanças significaram que o Brasil foi capaz não só de suprir a demanda interna, o que resultou em uma queda bastante significativa da subnutrição no país a partir dos anos 1970, mas também pôde exportar quantidades significativas de produtos agrícolas para o mercado mundial. Até mesmo alguns produtos voltados principalmente para o mercado local recentemente ganharam importância no mercado internacional, como é o caso do milho. O extraordinário crescimento da produtividade na agricultura brasileira trouxe não apenas a autossuficiência para o Brasil em quase todos os gêneros alimentícios e em muitas culturas destinadas à exportação, mas também permitiu que o país se transformasse em um celeiro mundial, exportando e vendendo grande variedade de produtos agrícolas. E tudo isso foi alcançado apesar de os custos com a infraestrutura e tributários (o chamado "Custo Brasil") serem altos pelos padrões do mundo desenvolvido (Barros, 2014:15-22).

Já na década de 1970 o Brasil exportava quantidades expressivas de produtos agrícolas. Em 1980, por exemplo, o país exportou 7,4 bilhões de dólares em produtos agrícolas e já era superavitário no comércio agrícola mundial. Esse excedente vinha crescendo à taxa de 6,6% ao ano desde aquela data (gráfico 2.1). Em 2016, as exportações agrícolas brasileiras chegavam a 76,9 bilhões de dólares, que agora representavam 42% do valor total das exportações brasileiras.[59] Em

[59] Os dados sobre o comércio agrícola brasileiro provêm de MAPA. Tabela "Balança comercial brasileira e balança comercial do agronegócio: 1985 a 2015". Disponível em: <www.agricultura.gov.br/internacional/indicadores-e-estatisticas/balanca-comercial> e WTO. *Time series on internacional trade*. Disponível em: <http://stat.wto.org/StatisticalProgram/WSDBStatProgramHome.aspx>.

2015, e em todos os anos subsequentes, o Brasil teve a maior balan agrícola positiva do mundo.[60]

Gráfico 2.1: **Balança comercial do agronegócio do Bra**
1980-2016

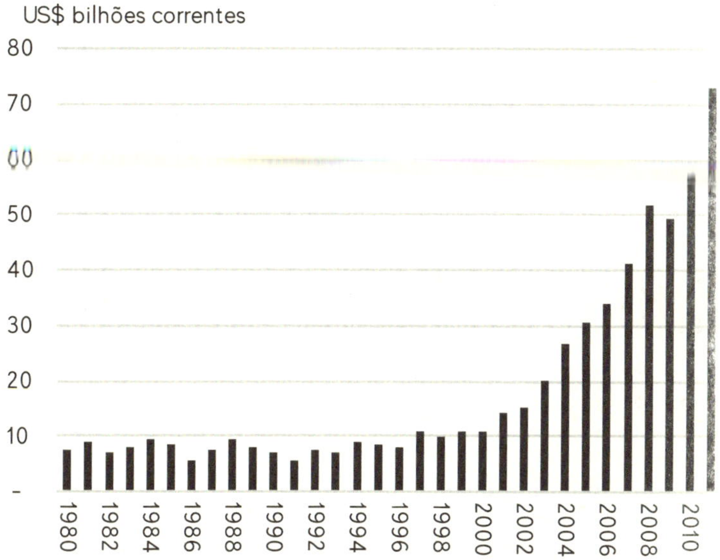

Fontes: WTO. Time series on international trade; MAPA. Balança comercial do agronegócio.

Inquestionavelmente, o produto que melhor representa essa agricultura brasileira é a soja. Embora o Brasil exportasse pequen des de soja a partir de 1950, eram quantidades limitadas e não inc e óleos de soja. Em 1952, por exemplo, o país usou apenas 60 mil h produzir 29 mil toneladas desse grão. Só em 1972 o Brasil começo farelo de soja, e também nesse ano as exportações do grão mostra bita expansão. A partir de então, o crescimento foi explosivo (grá safra de 1976-77 foram plantados 6,9 milhões de hectares de soja, alcançou 12 milhões de toneladas. Em 2015, as principais zonas p tavam bem definidas, concentradas no Centro-Oeste, na região do Sudeste (mapa 2.1).

[60] Já em 2010 o Brasil foi o líder mundial e seu superávit foi duas vezes a d mais importante. WTO. *Time series on international trade*. Disponível em: <htt StatisticalProgram/WsdbExport.aspx?Language=E>.

Gráfico 2.2: **Crescimento da produção de soja no Brasil, 1976-77 a 2015-16**

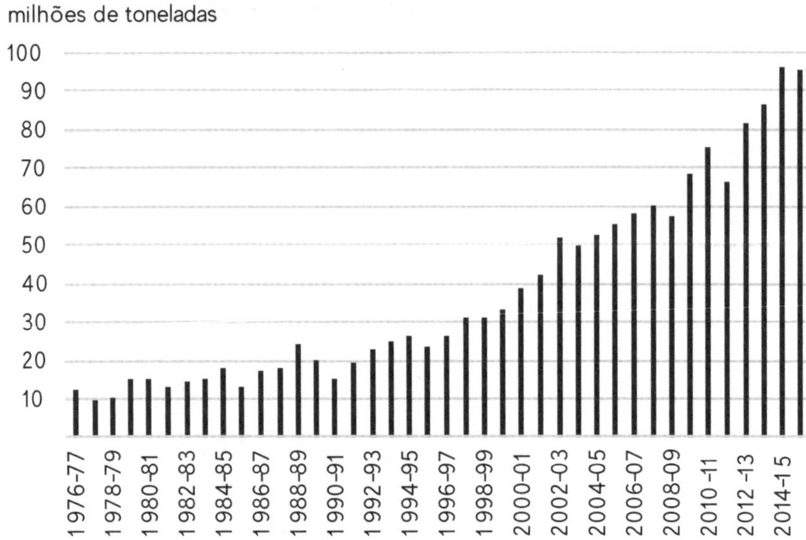

Fonte: Conab: Soja - Brasil... 1976-77 a 2016-17.

Na safra de 2016-17, estimativas indicam que a produção de soja chegou a 113 milhões de toneladas, cultivadas em 33,8 milhões de hectares. A produtividade também cresceu sistematicamente nesse período, e assim a produção aumentou a um ritmo mais acelerado que o do uso de novas terras, passando de 1.748 quilos por hectare para 3.338 quilos na safra de 2016-17, segundo estimativa.[61]

Só em 2000 o volume exportado da soja em grão finalmente excedeu o do farelo de soja, e a partir de então expandiu-se a um ritmo ainda mais rápido, atingindo 54 milhões de toneladas de grãos em 2015. As exportações de farelo de soja, por sua vez, permaneceram relativamente estáveis desde aquele período, com média entre 13 e 14 milhões de toneladas.[62] Em 2015, 60% da soja em grãos foram exportados diretamente, e 40% foram usados para fabricar farelo e óleo de soja. O Brasil consome 50% do farelo de soja e 80% do óleo de soja produzidos no país. Isso explica por que os grãos compuseram 74% das exportações em 2015, o farelo 23% e o óleo 3%.[63] Além disso, países como a China, que consumiram 75% da

[61] CONAB. Soja — Brasil, Série histórica de produção safras 1976/77 a 2016/17. Disponível em <www.conab.gov.br/conteudos.php?a=1252>.

[62] IPEADATA. Exportações — farelo de soja — qde.; Exportações — soja em grão — qde.; e Área colhida — soja — hectare. Disponível em: <www.ipeadata.gov.br/>.

[63] BRADESCO. Depec. Informações setoriais e regionais. Soja, janeiro 2017. Disponível em: <www.economiaemdia.com.br>.

soja exportada pelo Brasil em 2015, tendem a adquirir de preferência produtos agrícolas em bruto, para beneficiá-los em seu próprio território.

Mapa 2.1: **Produção de soja no Brasil 2015 (toneladas por município)**

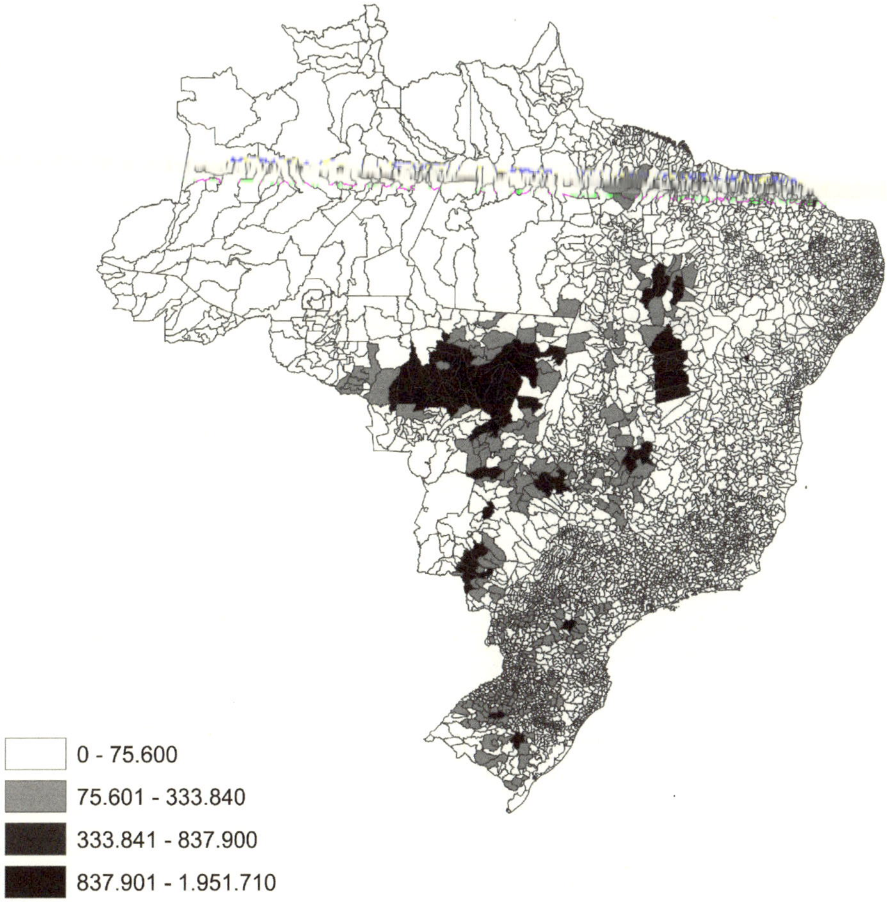

Todo esse crescimento mudou o papel do Brasil no mercado internacional de oleaginosas. Nos anos 1980, a produção brasileira foi em média de 16 milhões de toneladas de grãos, e o país exportou aproximadamente a mesma quantidade que a Argentina, que só recentemente começara a produzir. Nos anos 1990, a produção média chegou a 24 milhões de toneladas e as exportações aumentaram para mais de 5 milhões de toneladas; na primeira década do século XXI, o Brasil ultrapassou a Argentina e se tornou um concorrente de peso para os Estados Unidos como exportador mundial desse produto. Na primeira déca-

éculo, a produção média foi de quase 50 milhões de toneladas, e as chegaram a 20 milhões de toneladas.[64] Na safra de 2000-01, o Brasil ra a Argentina e era responsável por 22% da produção mundial, milhões de toneladas ainda equivaliam apenas a pouco menos de odução americana, e o país estava em segundo lugar nas exporta- nos mais tarde, em 2005-06, a produção brasileira era apenas 37% ericana, mas as exportações agora igualavam às dos Estados Uni- .3). Em 2016-17, o Brasil finalmente atingiu o nível de produção ada um desses dois países produziu pouco mais de 100 milhões de soja. Na safra 2017-18 o Brasil foi não só o maior exportador mun- ões de toneladas), como o maior produtor mundial (121 milhões , ultrapassando neste ano os Estados Unidos. Nessa safra o Brasil r metade das exportações mundiais do produto.[65]

Volume de soja exportada por Argentina, Brasil e Estados Unidos, 1961-2013 (milhões de toneladas)

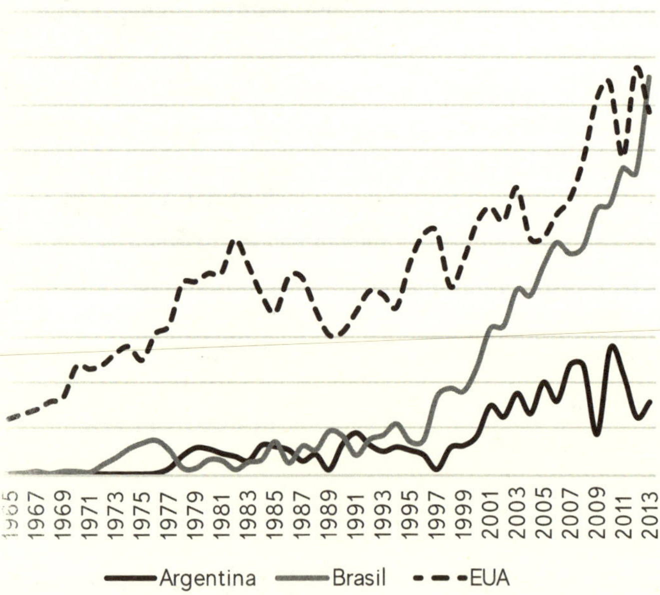

ados sobre produção e exportação do Brasil, Argentina e Estados Unidos provêm ficiais reproduzidas pela Faostat da ONU. Disponíveis em: <http://faostat.org/ C>.

Oilseeds: world market and trade. Relatório de fev. 2019, tabela 7.

O Brasil também reviveu a produção de cana-de-açúcar e derivados como o etanol. Embora o açúcar tivesse sido a exportação básica do Brasil a partir de fins do século XVI, foi substituído pelo café no começo do século XIX. Apesar disso, continuou a ser um produto agrícola fundamental em muitas regiões, e o Brasil continuou a abastecer seu mercado interno e a exportar pequenas quantidades até o século XX, quando a principal região produtora era o Nordeste. Em meados do século XX, porém, a produção de açúcar voltou para São Paulo, que rapidamente se tornou o maior produtor brasileiro; em 1931, o estado produziu 7% do total nacional, e na segunda metade dos anos 1950 já era responsável por um terço da produção brasileira. Em fins dos anos 1980, metade da produção brasileira provinha de São Paulo, e essa parcela aumentou para 60% nas primeiras décadas do século XXI. Por sua vez, em meados do século XX o Brasil tornou-se incomparavelmente o maior produtor mundial de açúcar, dominando inclusive a produção da mais avançada tecnologia de refino. Se em 1930 o país produziu menos de 20 milhões de toneladas de cana, nos anos 1990 cultivou em média 296 milhões de toneladas, aumentou sua produção média para 408 milhões de toneladas na primeira década do século XXI e, em 2015, alcançou 666 milhões de toneladas. Essa cana, depois de beneficiada, produziu 33,5 milhões de toneladas de açúcar refinado e 30,4 milhões de metros cúbicos de etanol. Dependendo dos preços e da demanda, entre 40% e 45% da cana-de-açúcar brasileira são usados na produção de etanol, e o restante no fabrico de açúcar refinado. As 39 milhões de toneladas de açúcar refinado que o Brasil produziu em 2016-17 representaram 23% da produção mundial e, como a produção excedeu o consumo nacional, o país pôde exportar 28,5 milhões de toneladas. Essas exportações representaram 48% do total mundial de exportações de açúcar refinado, enquanto a Tailândia, o segundo maior exportador, foi responsável por apenas 14% do total.[66] Em valor, as exportações brasileiras de açúcar alcançaram 5,9 bilhões de dólares em 2015, e as de etanol, 880 milhões.[67] Além de sua dominância como exportador, o Brasil também foi líder em usinas integradas de processamento da cana-de-açúcar, produtoras de açúcar e álcool. Essas usinas são capazes de produzir rapidamente uma proporção maior de açúcar ou de álcool, dependendo do preço e da lucratividade desses dois produtos.

Em resposta à primeira crise mundial do petróleo em 1973-74, o governo criou em 1975 o Proálcool, um programa destinado a reduzir a dependência nacional do petróleo importado. O programa apoiou a construção de refinarias

---

[66] USDA, FAS. Sugar: world markets and trade, nov. 2017.

[67] MDIC. Tabela BCE014, Exportação brasileira, principais produtos — ordem decrescente janeiro/dezembro — 2015. Disponível em: <www.mdic.gov.br/comercio-exterior/estatisticas-de-comercio-exterior/balanca-comercial-brasileira-acumulado-do-ano?layout=edit&id=1185>; e MAPA. Estatísticas e dados básicos de economia agrícola, setembro 2016, p. 37.

especiais próximas de fazendas de cana, nas quais se produzia etanol anidro, usado como aditivo da gasolina (que, na época, obrigatoriamente devia conter 24% de etanol), sem necessidade de mudança nos motores dos veículos.[68] Porém, em resposta à segunda crise internacional do petróleo, o governo propôs a construção de motores movidos totalmente a etanol no Brasil; em 1984, 94% dos carros novos eram movidos apenas a etanol hidratado, mas o declínio dos preços mundiais do petróleo levou ao abandono dos carros a álcool nos anos 1990, embora o governo ainda requeresse o etanol anidro na mistura da gasolina. No novo século, o governo novamente se interessou em promover o etanol como combustível básico, mas desta vez com motores especiais "flex", capazes de usar tanto gasolina como etanol, e também em promover a conversão das usinas em integradas, capazes de produzir tanto açúcar como álcool. Os primeiros carros com motor "flex" foram fabricados em 2002, e em 2009 mais de 90% dos novos carros eram equipados com esse tipo de motor. Todos eles consumiam gasolina misturada a etanol anidro ou etanol puro (etanol hidratado) (Kohlhepp, 2010:226, 228). Com essas mudanças recentes dos motores "flex", uma porcentagem crescente de etanol passou a ser de etanol hidratado, cuja produção ultrapassou a de etanol aditivado apenas em 2005, mas agora compõe mais de 60% da produção de etanol.[69] A produção de etanol expandiu-se com tamanha rapidez que o Brasil logo foi capaz de se tornar o segundo maior exportador de etanol combustível, exportando 7 milhões de galões em comparação com 14,8 milhões de galões exportados pelos Estados Unidos.[70] Estimativas da ONU indicam que a produção americana de biocombustível, baseada em metanol produzido com milho, permanecerá relativamente estagnada nos próximos anos, enquanto a produção brasileira terá grande expansão. Assim, estimativas da FAO são de que a produção brasileira, que hoje equivale à metade da produção americana de etanol, equivalerá a 3/4 até 2024, crescendo 3,7% ao ano em comparação com a taxa de crescimento de 0,41% nos Estados Unidos. Prevê-se que, até aquele ano, de 1/4 da produção de etanol, o Brasil passará a gerar quase 1/3. Ainda mais significativamente, a parcela brasileira das exportações mundiais passará dos 39% atuais para 82% até 2024, segundo estimativas, pois a maioria dos países produtores consumirá porcentagens maiores de sua produção própria.[71]

[68] Essa porcentagem é modificada frequentemente, dependendo da disponibilidade de etanol no mercado.

[69] MAPA. Estatísticas e dados básicos de economia agrícola, setembro 2016, p. 37.

[70] Dados da Renewable Fuels Association, disponíveis em: <www.ethanolrfa.org/resources/industry/statistics/#1454098996479-8715d404-e546>.

[71] OECD-FAO Commodity snapshots n. 3: biofuels, p. 141, Tabela 3.A1.8. "Biofuel projections: ethanol". Disponível em: <www.fao.org/fileadmin/templates/est/COMM_MARKETS_MONITORING/Oilcrops/Documents/OECD_Reports/OECD_biofuels2015_2024.pdf>.

Outra cultura tradicional, a da laranja, existe no Brasil desde o período colonial, depois de ter sido importada da Ásia. Nos anos 1970, o Brasil produziu em média 114 milhões de caixas de 40,8 quilos de laranja. Em meados daquela década, a produção brasileira ultrapassou a espanhola, e o Brasil tornou-se o segundo maior produtor, atrás dos Estados Unidos. No começo dos anos 1980, a produção brasileira superou a americana e chegou a 267 milhões de caixas; aumentou depois para 397 milhões de caixas em média nos anos 1990 e para 425 milhões de caixas nos primeiros anos do novo século. Já nos anos 1920, o Brasil começou a exportar laranja, e a primeira fábrica de suco de laranja foi fundada no país em 1959. Em meados dos anos 2010, o Brasil tinha mais de 200 mil laranjeiras, plantadas em cerca de 600 mil hectares e produzia em torno de 400 milhões de caixas de laranja com 40,8 quilos por caixa; dessa produção, 70% provinham do estado de São Paulo e do Triângulo Mineiro. O país exportou em torno de 5 milhões de caixas de laranja *in natura*, a maior parte para os 28 países da União Europeia.[72] Juntamente com o volume, a produtividade cresceu constantemente. Árvores melhoradas em viveiros protegidos permitiram aos produtores brasileiros aumentar a densidade de 250 laranjeiras por acre em 1980 para 850 por hectare em 2010 (Neves e Trombin, 2011:13).

No entanto, o Brasil exportava principalmente suco de laranja concentrado, e não laranja *in natura*. A exportação de suco teve início em 1962, ano em que uma forte geada na Flórida abriu os mercados mundiais para o suco de laranja brasileiro (Lohbauer, 2011:113). Como os brasileiros consomem apenas a laranja *in natura*, que absorvia cerca de 30% da produção nacional desse cítrico, o Brasil pôde destinar 70% da produção da fruta para a fabricação de suco, da qual 98% podiam ser exportados. Graças à quantidade que o país era capaz de produzir e exportar, o Brasil tornou-se o maior exportador no mercado internacional. O Brasil é responsável por 50% da produção mundial de suco de laranja, mas domina 85% do comércio internacional desse produto, pois a maioria dos outros produtores consome o que fabrica. O estado de São Paulo, sozinho, fornece 53% do suco de laranja mundial, e a Flórida e São Paulo, juntos, suprem 81% da produção mundial.[73] De início, a produção foi dominada pelo suco de laranja concentrado congelado, conhecido por sua sigla em inglês FCOJ. Mas em 2002 o Brasil também começou a exportar suco não concentrado (conhecido por sua sigla em inglês NFC). Esse novo produto requereu grande investimento para o processamento, armazenagem e transporte para o exterior; estimativas indicam que sua produção custa três vezes mais que a de

[72] USDA; FAS. Brazil, citrus annual (BR15012) 12/15/2015.

[73] Neves (2010: s.p., tabelas 9 e 10). Disponível em: <www.citrusbr.com/>.

uma quantidade equivalente de suco concentrado congelado (Neves e Trombin, 2011:50-51). Mas o NFC é mais bem aceito nos mercados internacionais por sua qualidade e gosto, e no final da primeira década do século XXI o suco NFC já se tornara um produto de exportação significativo. Hoje, com alguma variação de ano a ano, esse produto representa aproximadamente metade do valor das exportações de suco de laranja, embora componha menos de metade do volume dessas exportações (gráfico 2.4).[74] Em 2015, o NFC compôs apenas 28% do volume das exportações, mas representou 48% do valor das exportações de suco de laranja.[75] Além disso, em contraste com o concentrado, que se distribui mais amplamente pelos mercados mundiais, o NFC é consumido principalmente pela Europa (cerca de 70%, enquanto a América do Norte consome em torno de 30%) (Neves e Trombin, 2011:29, tab. 6).

Gráfico 2.4: **Exportações brasileiras de suco de laranja, 1961-2015**

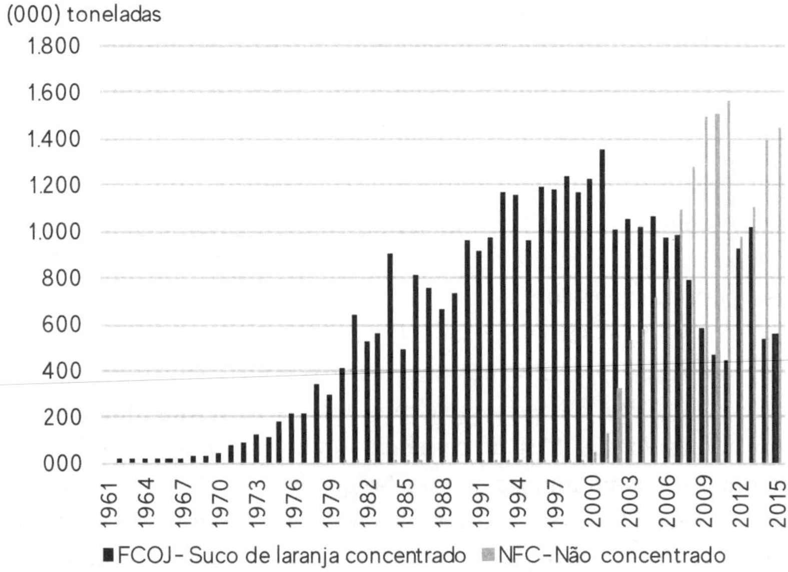

Fontes: Faostat; MDIC. Tabela BCE010a para 2014-15.

[74] Zulian, Dörr e Almeida (2013:2298-2299). Ver também Coltro et al. (2009:656).

[75] MDIC. Tabela BCE009a "Exportação brasileira, produto por fator agregado janeiro/dezembro", para 2014-15. Disponível em: <www.mdic.gov.br/comercio-exterior/estatisticas-de-comercio-exterior/balanca-comercial-brasileira-acumulado-do-ano?layout=edit&id=1185>.

Outra cultura tradicional que recentemente entrou para o elenco das exportáveis importantes é o milho. Produzido no Brasil desde o período colonial, só depois de 1960 esse grão alcançou um crescimento explosivo que ultrapassou as necessidades nacionais, sobretudo quando o plantio passou a ocorrer em um ciclo de duas safras por ano. A segunda safra anual de milho começou a ser explorada substancialmente a partir dos anos 1990, quando os agricultores passaram a plantar após a colheita um segundo lote nos campos sem limpar os talos das plantas colhidas nem arar a terra. A segunda safra finalmente ultrapassou o volume total da primeira em 2011-12 (gráfico 2.5). O ciclo de duas safras permitiu ao Brasil superar sua produtividade mais baixa por hectare no primeiro plantio em comparação, por exemplo, com os Estados Unidos, e aumentar rapidamente seu volume de exportações.

Gráfico 2.5: **Produção total de milho na primeira e segunda safra, 1976-77/2015-16**

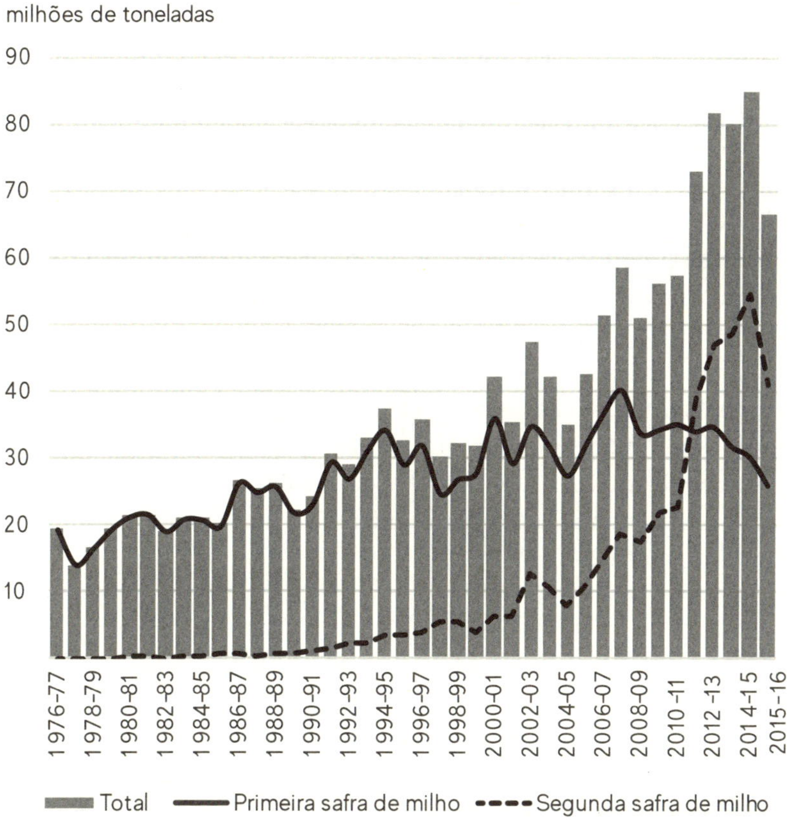

Fonte: Conab. Brasil Série Histórica de Produção, Safras 1976-77 a 2015-16.

O Brasil ingressou tardiamente nos mercados internacionais de milho, e suas importações permaneceram modestas até fins dos anos 1990. Embora a produção crescesse com o tempo, de início quase toda a safra foi consumida no próprio país. O grande produtor e exportador mundial de milho eram os Estados Unidos. Mas o Brasil logo surgiu como concorrente e, na safra de 2016-17, a produção de milho brasileira foi só 1/3 menor que a americana, e a terceira maior do mundo, atrás da americana e da chinesa.[76] Além disso, a partir dos anos iniciais da primeira década do novo século, o Brasil foi capaz de exportar parte de seu excedente desse grão. O resultado foi um crescimento lento e constante da importância do país no comércio internacional de milho. O Brasil passou de pequeno exportador a segundo maior exportador mundial, atrás apenas dos Estados Unidos, tomando o lugar da Argentina em 2012-13, e sua fatia nas exportações mundiais, antes inferior a 10%, cresceu para mais de 20% na segunda década do século. Na safra de 2016-17, saíram do Brasil 22% das exportações mundiais de milho.[77] Esse crescimento das exportações brasileiras de milho, combinado aos níveis tradicionais das exportações argentinas, acarretou um declínio na participação dos Estados Unidos no mercado mundial. Tudo isso ocorreu apesar do aumento da demanda no mercado interno brasileiro por milho destinado a rações animais, que a essa altura eram produzidas cada vez mais para o mercado internacional.

Além disso, o milho vinha sendo produzido com eficiência crescente, e a produção aumentava mais depressa do que a área dedicada ao cultivo. Em 1976, o Brasil produziu 19,3 milhões de toneladas de milho em 11,8 milhões de hectares. A safra de 2016-17 gerou 66,7 milhões de toneladas em 15,9 milhões de hectares. Portanto, a produção de milho cresceu nesse período a 3,2% ao ano, em comparação com apenas 0,8% do aumento anual das terras dedicadas a essa cultura. Nesse período, estimativas indicam que a produtividade passou de 1.632 quilos por hectare a 4.189 quilos por hectare.[78] Embora o milho seja cultivado em todas as partes do Brasil, sua produção principal em 2015 concentrou-se no Centro-Oeste, na região do Cerrado e nos estados do Sul e Sudeste (mapa 2.2).

[76] USDA; FAS. World Agricultural Production, fev. 2018, tabela “World corn production”.

[77] USDA; FAS. World Agricultural Production, fev. 2018, tabela “World corn trade”.

[78] CONAB. Safras: séries históricas, “Milho 1ª e 2ª safra”. Disponível em: <www.conab.gov.br/conteudos.php?a=1252&>.

Mapa 2.2: **Produção de milho no Brasil 2015 (toneladas por município)**

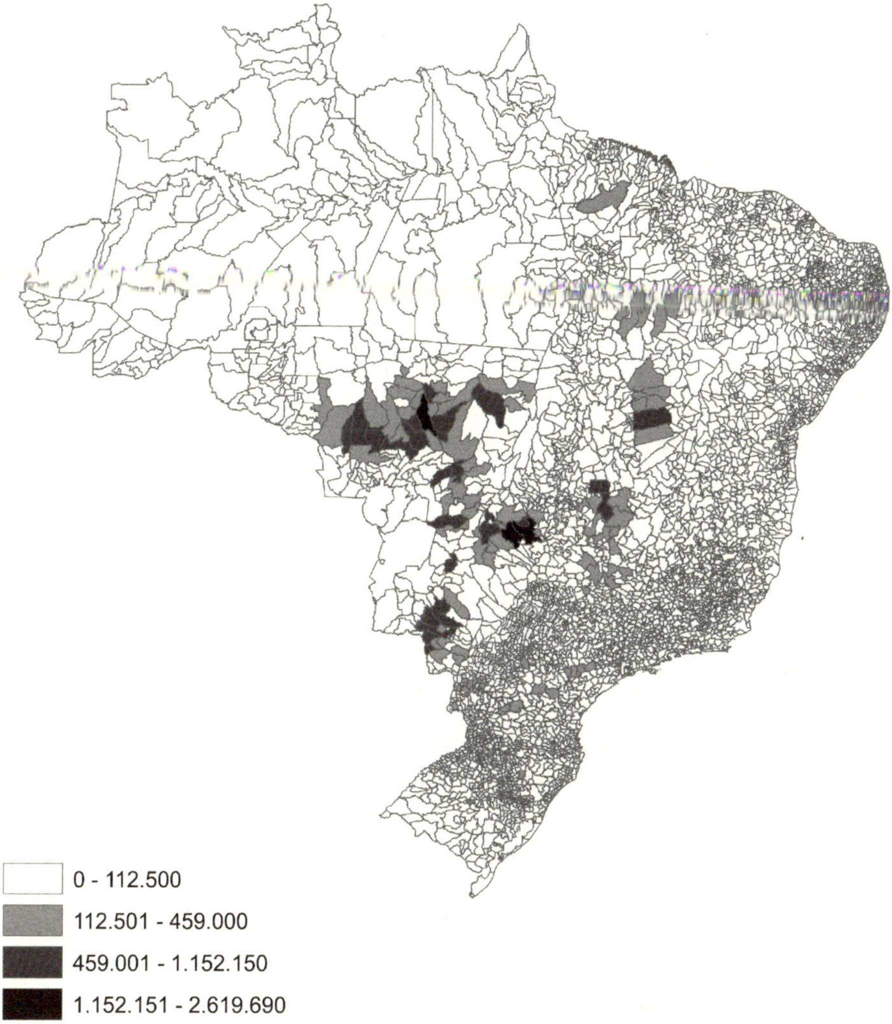

Juntamente com culturas temporárias como soja, milho e açúcar, o Brasil tornou-se um produtor significativo até mesmo dos cereais classificados como *coarse grains* (aveia, cevada, sorgo, centeio e triticale — um híbrido de centeio e trigo).[79] Embora esses cereais ocupassem menos de 2% das terras destinadas a culturas

[79] Para a definição da OCDE, ver: <https://stats.oecd.org/glossary/detail.asp?ID=369>. A definição do USDA inclui ainda o milho nessa categoria; ver USDA; FAS. Grain: World Markets and Trade, nov. 2016.

temporárias e representassem menos de 0,5% do valor dessas culturas, as terras utilizadas no plantio dessa categoria crescem à taxa anual de 3,8% desde 1990, e sua produção aumentou 6,6% ao ano, passando de menos de meio milhão de toneladas em 1990 para 2,9 milhões de toneladas em 2015. Nem todos os cereais dessa categoria cresceram ao mesmo ritmo. O centeio e a cevada avançaram pouco nesse período, enquanto a aveia passou de 178 mil toneladas para meio milhão de toneladas, um crescimento de 4,3% ao ano. Ainda mais espetacular foi o progresso do sorgo, que passou de 236 mil toneladas em 1990 a 2,1 milhões em 2015, à taxa de 9,2% ao ano — o crescimento mais rápido entre as culturas do Brasil nesse período. Em contraste, o triticale, que só começou a ser produzido em 2005, apresentou um declínio sistemático, e pelo visto sua cultura logo será abandonada no país.[80]

A maior parte desses cereais destina-se ao consumo nacional e é suficiente para suprir os mercados locais. O Brasil é autossuficiente em centeio desde os anos 1960 e, embora nos anos 1990 ainda importasse aveia, hoje não tem mais essa necessidade.[81] No entanto, o Brasil importa mais cevada do que produz, e consumiu 500 mil toneladas de cevada importada, enquanto produziu apenas 186 mil toneladas em 2015.[82]

É notável o fato de que até mesmo o café, a exportação clássica do Brasil durante a maior parte dos séculos XIX e XX, ainda se expandiu no período pós-1960, embora seu valor já não dominasse nem mesmo as exportações agrícolas. Em 2016-17, o Brasil produziu 56 milhões de sacas de 60 quilos de café e exportou 35 milhões de sacas, nesse ano que teve a maior produção de café e foi o segundo maior ano de exportações na história brasileira, perdendo apenas para as exportações de 2015-16. No entanto, essa volumosa exportação de café em grãos e solúvel, que alcançou 6,1 bilhões de dólares em 2015, representou apenas 3,2% do valor das exportações totais do Brasil naquele ano e, além disso, foi inferior aos 6,2 bilhões de dólares obtidos com exportações de carne de frango, aos 6,7 bilhões de dólares gerados com exportações de açúcar e etanol, e aos extraordinários 26,7 bilhões de dólares provenientes das exportações de soja em grãos e farelo em 2015.[83]

---

80 IBGE; SIDRA; PAM. "Tabela 1612 — Área plantada, área colhida, quantidade produzida, rendimento médio e valor da produção das lavouras temporárias". Disponível em: <https://sidra.ibge.gov.br/tabela/1612>.

81 FAOSTAT. Trade: crops and livestock products. Disponível em: <www.fao.org/faostat/en/#data/TP>.

82 USDA; FAS. Grain: World Markets and Trade, tabela "World Barley Trade", dez. 2016.

83 83 MDIC. Tabela BCE014 "Exportação brasileira principais produtos — ordem decrescente janeiro/dezembro — 2015, US$ F.O.B. Disponível em: <www.mdic.gov.br/comercio-exterior/estatisticas-de-comercio-exterior/balanca-comercial-brasileira-mensal?layout=edit&id=1184>.

Os dois maiores exportadores mundiais de café no mercado mundial atualmente, Brasil e Vietnã, concentram-se em produzir tipos diferentes do produto. Em 2016/2017, nada menos que 81% do café produzido no Brasil foram grãos da variedade Arábica, e apenas 29% da variedade Robusta; no Vietnã deu-se o oposto: 96% do total das 27 milhões de sacas de café ali produzidas foram da variedade Robusta. A importância relativa do Vietnã nas exportações globais deveu-se ao seu consumo interno menor que as 27 milhões de sacas produzidas na safra 2015-16. Os vietnamitas consumiram 6% do café que produziram, enquanto o Brasil, segundo maior consumidor mundial do produto, absorveu 48% da sua safra daquele ano no consumo interno.[84] Também significativo na produção atual de café no Brasil é o fato de que esse grande aumento na produção total e as exportações subsequentes desde fins dos anos 1980 ocorreram apesar de ter diminuído a área total plantada com cafeeiros. Em 1961, os produtores brasileiros precisavam de 4,4 milhões de hectares para produzir 2,2 milhões de toneladas de café, mas em 2016 os produtores usaram menos de metade dessa quantidade de terra — apenas 1,9 milhão de hectares — para produzir 3 milhões de toneladas de café, um volume histórico (tabela 2.4).

Outra característica importante da economia agrícola nesse período foi o crescimento da pecuária, em especial a criação de bovinos, suínos e aves, que começaram a destacar-se nas exportações a partir dos anos 1980 à medida que a produção crescente ultrapassou as necessidades internas e a indústria sofreu grande transformação em suas condições sanitárias e na produção. Esses animais foram criados em todas as regiões do Brasil em todos os períodos, frequentemente nas mesmas fazendas que plantavam culturas comerciais e gêneros alimentícios de consumo interno. Os animais criados para consumo local foram parte da agricultura brasileira desde o início da colonização, e a maioria dessas espécies foi originalmente trazida do Velho Mundo pelos portugueses e implantada nas Américas. Também se estabeleceu, já nos anos 1920, uma indústria moderna de processamento de carnes, cujas fábricas forneciam carne fresca, congelada, resfriada e enlatada de bovinos, suínos e outros animais. Muitos desses frigoríficos começaram com capital estrangeiro, e em 1924 já havia quatro deles só em São Paulo; o maior era a Companhia Armour do Brasil, pertencente a americanos, instalada na cidade de São Paulo com 700 empregados, e em segundo lugar vinha a Continental Products Company, sediada em Osasco, com 600 empregados.[85]

---

84 USDA; FAS. Coffee: World Markets and Trade, dez. 2017.

85 SÃO PAULO. Boletim de Indústria e Comércio, São Paulo, v. 15, n. 11, p. 185, nov. 1924.

Tabela 2.4: Área plantada de café e quantidade produzida, 1961-2018

Ano	Área hectares	Produção toneladas	Produção por área (t)	Ano	Área hectares	Produção toneladas	Produção por área (t)
1961	4.383.820	2.228.704	0,51	1990	2.908.960	1.464.856	0,50
1962	4.462.657	2.190.303	0,49	1991	2.763.440	1.520.382	0,55
1963	4.286.129	1.650.527	0,39	1992	2.500.320	1.294.373	0,52
1964	3.696.281	1.042.013	0,28	1993	2.259.330	1.278.760	0,57
1965	3.511.079	2.294.047	0,65	1994	2.097.650	1.307.289	0,62
1966	3.057.470	1.202.868	0,39	1995	1.869.980	930.135	0,50
1967	2.791.650	1.507.500	0,54	1996	1.920.250	1.369.196	0,71
1968	2.622.885	1.057.700	0,40	1997	1.988.190	1.228.513	0,62
1969	2.570.899	1.283.500	0,50	1998	2.070.410	1.689.366	0,82
1970	2.402.993	754.800	0,31	1999	2.222.925	1.631.852	0,73
1971	2.390.345	1.551.462	0,65	2000	2.267.968	1.903.562	0,84
1972	2.265.695	1.495.705	0,66	2001	2.336.031	1.819.569	0,78
1973	2.079.745	872.897	0,42	2002	2.370.910	2.649.610	1,12
1974	2.155.017	1.615.309	0,75	2003	2.395.501	1.987.074	0,83
1975	2.216.921	1.272.298	0,57	2004	2.368.040	2.465.710	1,04
1976	1.121.015	375.985	0,34	2005	2.325.920	2.140.169	0,92
1977	1.941.473	975.385	0,50	2006	2.312.157	2.573.368	1,11
1978	2.183.673	1.267.661	0,58	2007	2.264.129	2.249.011	0,99
1979	2.406.239	1.332.772	0,55	2008	2.222.224	2.796.927	1,26
1980	2.433.604	1.061.195	0,44	2009	2.135.508	2.440.056	1,14
1981	2.617.836	2.032.210	0,78	2010	2.159.785	2.907.265	1,35
1982	1.895.486	957.931	0,51	2011	2.148.775	2.700.540	1,26
1983	2.346.007	1.671.588	0,71	2012	2.120.080	3.037.534	1,43
1984	2.505.435	1.420.281	0,57	2013	2.085.522	2.964.538	1,42
1985	2.533.762	1.910.646	0,75	2014	1.947.200	2.720.500	1,40
1986	2.591.461	1.041.406	0,40	2015	1.922.074	2.594.100	1,35
1987	2.875.641	2.202.708	0,77	2016	1.950.678	3.082.151	1,58
1988	2.951.493	1.348.014	0,46	2107	1.863.126	2.698.200	1,45
1989	3.041.387	1.532.335	0,50	2018 (est.)	1.916.145	3.266.484	1,70

Fontes: Faostat para 1961-2013; Conab para 2014-18.

Portanto, a agricultura local vinha suprindo a demanda interna de carne e couros desde o período inicial, e no começo do século XX começara a exportar carne. Mas só nos últimos 30 ou 40 anos foram introduzidos sistematicamente procedimentos modernos de criação de animais e desenvolvidos novos métodos de abrigá-los e alimentá-los; daí resultaram um aumento na produtividade e um grande crescimento no estoque de animais, sem que houvesse aumentos importantes na área das terras dedicadas à pecuária. Além disso, houve uma importante mudança de pastagens naturais para pastagens plantadas, especialmente à medida que as terras usadas como pastos naturais foram sendo incorporadas para o plantio de culturas comerciais. Finalmente, houve um aumento sistemático no estoque de animais. Entre 1920 e 2015 o número de bovinos sextuplicou, com um crescimento anual de 2,2%, o de suínos cresceu 1,1% e o de aves aumentou espetacularmente a 4,8% anuais entre 1940 e 2015 (gráfico 2.6). Em 2015 o rebanho bovino chegou a 215 milhões de cabeças.

Gráfico 2.6: **Crescimento do estoque de animais, 1920-2015**

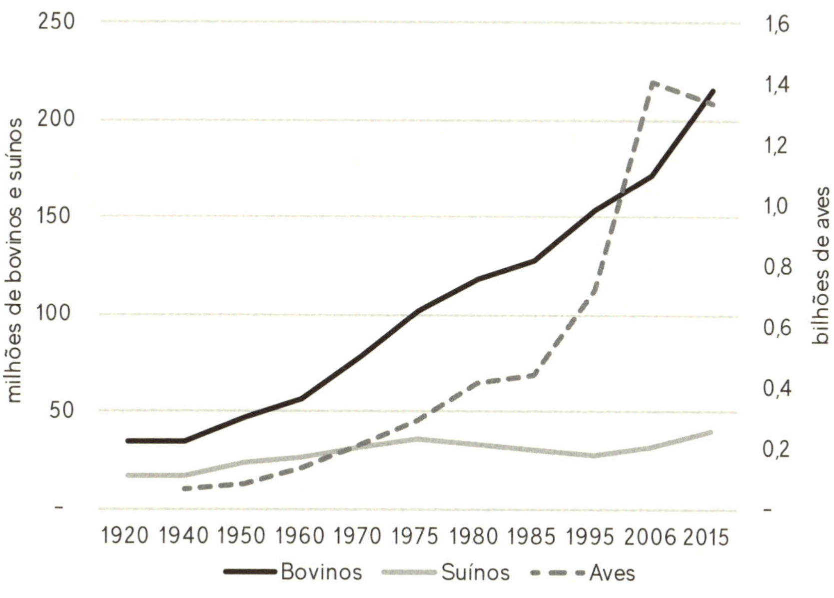

Fontes: Gasques et. al. (2010:4, tab. 1); IBGE. Tabela 3939.

Já em 1980 o Brasil possuía o maior rebanho bovino do mundo, com cerca de 90 milhões de cabeças. No entanto, o país estava nos últimos lugares entre os exportadores mundiais em razão de graves problemas sanitários na criação dos animais. O Brasil só entrou para o rol dos grandes exportadores de carne depois de tomar medidas sistemáticas para melhorar as raças, reduzir doenças e modernizar a produção. O crescimento dos rebanhos e a melhora na saúde dos animais mudaram a posição do Brasil como exportador internacional de carne bovina processada. Em 2000 o país ainda era apenas o sexto maior exportador mundial de carne bovina. Em 2001 passou a segundo maior, e em 2004 assumiu a liderança (Moita e Golani, 2014:775). Frigoríficos brasileiros também se tornaram líderes mundiais. Três dos maiores frigoríficos do mundo são empresas brasileiras; o maior é a JBS, que hoje tem a maior capacidade de abate do planeta (Urso, 2007:3-4). Em 2007 o grupo Friboi comprou a americana Swift, mudou o nome para JBS e se tornou o maior produtor de carne do mundo. Em 2009 o grupo comprou o segundo maior produtor, a Bertin, e aumentou sua participação para 35% do mercado. Em 2013, comprou a Seara Brasil, o que deu ao grupo um papel importante na produção de carne de aves. Os frigoríficos brasileiros Minerva e Marfrig — terceiro e quarto maiores em 2007 — também se tornaram empresas internacionais e se expandiram. Em 2009 a Marfig comprou a Margen e o Mercosul e em 2013 adquiriu a Independência (que em 2007 tinha sido o quinto maior produtor). Em 2017 a Marfig tornara-se o segundo maior produtor de carne do Brasil e terceiro do mundo.[86] Nas exportações brasileiras de produtos avícolas, é impressionante o papel da carne preparada segundo preceitos religiosos. A primeira exportação significativa de carne de aves pelo Brasil, em 1975, destinou-se principalmente ao Oriente Médio, uma região que até hoje é uma das maiores consumidoras de carne de aves *halal* exportada pelo Brasil (Díaz, 2007:34-35). Em 2015, 46% das 3,9 milhões de toneladas de carne de aves exportada pelo Brasil consistiram em animais abatidos segundo o sistema *halal*, e por essa razão os dois principais importadores de carne de frango do Brasil são a Arábia Saudita e os Emirados Árabes.[87] Apesar de todo esse êxito inicial e atual, as condições sanitárias que dependem de inspeções governamentais continuam a ser um grande problema para essa indústria. Em 2017 constatou-se que padrões de inspeção pouco rigorosos permitiram uma exportação significativa de carne adulterada. Isso acarretou uma proibição temporária às importações de carne brasileira da JBS e outros produtores em vários dos principais países importadores.[88] Devido à importância das exportações de carne

[86] Moita e Golani (2014:775-776); para a história da Marfig, ver: <www.marfrig.com.br/en/marfrig-global-foods/business-unit/marfrig-beef>. Acesso em: 13 fev. 2017.

[87] Informado em http://www.aviculturaindustrial.com.br/imprensa/brasil-domina-as-exportacoes-de-frango-halal/20130426-085601-e600.

[88] Veja, 17 mar. 2017, "Carne fraca: entenda o que pesa contra cada frigorífico". Disponível em: <https://veja.abril.com.br/politica/carne-fraca-entenda-o-que-pesa-contra-cada-frigorifico/>.

brasileira nos mercados mundiais, a maioria dos países consumidores retomou as importações, porém com controles mais rigorosos e a exigência contínua de que o governo brasileiro melhore seu sistema de inspeção. Como resultado dessa crise e de outras atividades, os proprietários da JBS foram presos, e a empresa foi forçada a vender a maior parte de suas atividades não relacionadas com a produção de carne para preservar a companhia; no momento, a JBS continua a ser a maior empresa mundial nesse ramo, com vendas sempre crescentes.[89]

Com esses aumentos de volume e produtividade, o Brasil não apenas supriu as necessidades de sua população nacional em rápido crescimento, mas também começou a exportar produtos animais, e se destacou na segunda década do século XXI como o principal produtor e exportador mundial de carne bovina, recentemente deixando para trás a Índia e a Austrália no comércio internacional desses produtos; hoje está muito à frente de Canadá e Estados Unidos. O número de bovinos abatidos cresceu de 1,3 milhão nos anos 1960 para 9 milhões em média, segundo a FAO, nos anos 2010.[90] Esses números refletem um grande crescimento no estoque de animais. Em 1974, por exemplo, o Brasil tinha um rebanho bovino com 92 milhões de cabeças, além de 203 mil de búfalos-asiáticos. Em 1976, o rebanho bovino continha 218 milhões de cabeças, e o de búfalos, 1,3 milhão.[91]

O Brasil consome 80% da carne bovina que produz, mas ainda assim foi capaz de exportar 2,02 milhões de toneladas em 2018, superando a Índia, até então o maior exportador de produtos de carne bovina.[92] Com o aumento do volume das exportações, países de várias partes do mundo tornaram-se os principais importadores. Em 2016, por exemplo, os maiores importadores da carne bovina brasileira foram China, Egito e Rússia (gráfico 2.7). Em contraste com outras exportações agrícolas, a carne também foi uma importação de vulto para vários países latino-americanos, assim como para países do Oriente Médio e da Europa.[93]

---

89 Sobre as vendas e a estratégia atual da JBS, ver *Veja*, 10 fev. 2017, "Irmãos Batista vendem quase metade do grupo para preservar a JBS". Disponível em: <https://veja.abril.com.br/politica/carne-fraca-entenda-o-que-pesa-contra-cada-frigorifico/>.

90 Para estes e todos os demais números sobre abates no Brasil, baseamo-nos em estimativas da FAO. Os dados oficiais fornecidos pelo IBGE são sempre inferiores àquelas estimativas, provavelmente porque, segundo informa esse instituto, "Os dados divulgados são oriundos de estabelecimentos que estão sob inspeção federal, estadual ou municipal". Disponível em: <www.ibge.gov.br/home/estatistica/indicadores/agropecuaria/producaoagropecuaria/abate-leite-couro-ovos_201503_1.shtm>.

91 IBGE; SIDA. Pesquisa Pecuária Municipal [doravante PPM], "Tabela 3939 — Efetivo dos rebanhos, por tipo de rebanho". Disponível em: <https://sidra.ibge.gov.br/pesquisa/ppm/tabelas>.

92 USDA; FAS. Livestock and Poultry: World Markets and Trade, abr. 2017.

93 MDIC. Tabela BCE020A "Exportação brasileira: principais produtos e países — ordem decrescente janeiro/dezembro — 2015/2016". Disponível em: <www.mdic.gov.br/comercio-exterior/estatisticas-de-comercio-exterior/series-historicas>.

Gráfico 2.7: **Valor da carne congelada exportada para os principais países importadores, 2016 (em US$ milhões)**

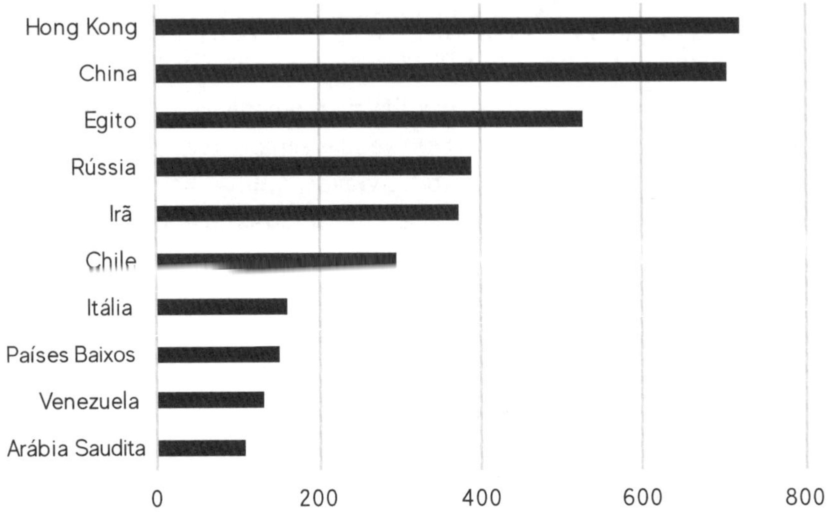

Fonte: MDIC. Tabela BCE020a "Exportação brasileira... jan./dez. 2016".

Embora hoje o Brasil exporte diversos produtos de carne bovina, entre eles invólucros de embutidos, vísceras e charque, mais de 94% do valor das exportações de carne bovina provêm de carnes processadas e *in natura*. Em fins dos anos 1990, esses dois setores exportaram menos de 300 mil toneladas de carne por ano; em 2002, chegaram a meio milhão de toneladas e a partir de 2004 seu volume anual permaneceu bem acima de um milhão de toneladas. O valor dessas exportações passou de menos de 1 bilhão de dólares em fins dos anos 1970 para mais de 5 bilhões na segunda década do novo século. Por sua vez, a carne bovina *in natura* começou compondo metade do valor das exportações de carne, mas atingiu 80% em fins dos anos 2010.[94]

O crescimento da avicultura de carne de frango foi um dos mais espetaculares entre os novos produtos de exportação, e hoje seu valor supera o total das exportações de carne bovina. A produção anual de carne de frango abatido passou de 300 mil toneladas nos anos 1960 para mais de 5 milhões de toneladas anuais na segunda metade da primeira década do século XXI. Só em fins dos anos 1970 o volume de carne de frango processada ultrapassou a marca de 1 milhão e finalmente atingiu 12,5 milhões de toneladas em 2014. Em 1974 o

[94] MDIC. Tabela "Grupos de produtos: exportação (janeiro 1997 — outubro 2016)". Disponível em: <www.mdic.gov.br/comercio-exterior/estatisticas-de-comercio-exterior/series-historicas>.

estoque de aves no Brasil era de apenas 274 milhões de animais, dos quais 41% eram galinhas de postura, e em 2016 o estoque chegou a 1,3 bilhão de animais, dos quais apenas 17% eram poedeiras.[95]

Toda essa produção crescente excedeu acentuadamente as necessidades nacionais, permitindo assim que exportações significativas começassem em fins dos anos 1990. Em 1997 o Brasil detinha 12% do mercado de exportação mundial, e era o terceiro maior exportador, atrás de Estados Unidos e União Europeia. Em 2016, o Brasil já liderava na produção e exportação de aves (a maioria frangos de corte). O país é responsável por 15% do total da produção mundial, ou 14 milhões de toneladas, consome 9,6 milhões de toneladas e, segundo estimativas, exportou 4,4 milhões de toneladas em 2016-17 — o que representa 38% do total das exportações mundiais e é o quádruplo da quantidade exportada por seu concorrente mais próximo, os países da União Europeia.[96] Essa foi a quinta mais importante exportação do Brasil e gerou 5,9 bilhões de dólares em 2016, em contraste com o valor de todas as exportações de carne vermelha, que chegou a 4,3 bilhões de dólares naquele ano.[97] Ao contrário da variedade dos produtos bovinos exportados, desde o início a carne de frango *in natura* compôs mais de 90% do volume e do valor do total das exportações de aves. A exportação de carne de frango passou de apenas meio milhão de toneladas em fins dos anos 1990 para mais de 3 milhões em fins dos anos 2010.

Enquanto as exportações brasileiras de carne bovina distribuíram-se pelas várias partes do mundo, a maioria dessas exportações de carne de frango destinara-se a regiões bem específicas. Com exceção da Venezuela, a maioria dos países americanos e europeus era capaz de suprir suas próprias necessidades. Em 2015, todos os principais países que importaram carne de frango do Brasil eram do Oriente Médio ou da Ásia (gráfico 2.8).

---

[95] IBGE; SIDRA; PPM. Tabela 3939.

[96] USDA; FAS. Livestock and Poultry: World Markets and Trade, out. 2016.

[97] MDIC. Tabela BCE020 "Exportação brasileira: principais produtos e países — ordem decrescente janeiro/dezembro — 2015 US$ F.O.B.".

Gráfico 2.8: **Valor das exportações de carne de frango congelada, fresca e refrigerada, pelos principais países importadores, 2016 (em US$ milhões)**

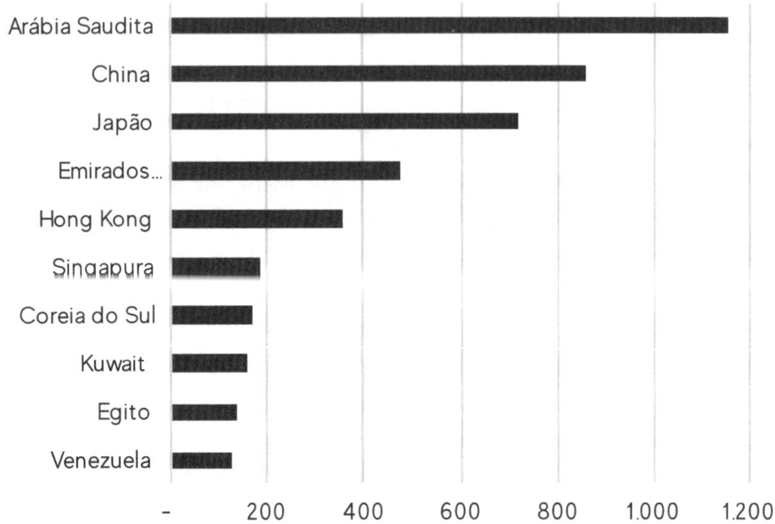

Fonte: MDIC. Tabela BCE020a "Exportação brasileira: principais produtos e países, ordem decrescente jan./dez. 2016.

Atualmente, a maior parte do ramo de frango de corte compõe um mercado integrado, no qual os frigoríficos firmam contratos de longo prazo com criadores, em vez de adquiri-los no mercado aberto. Esse chamado sistema vertical originou-se nos Estados Unidos em meados do século XX e foi adotado pela primeira vez no ramo avícola nos anos 1960 em Santa Catarina pelo gigantesco frigorífico Sadia (Coelho e Borges, 1999:5). Tornou-se comum também em São Paulo desde então.[98] Nesse sistema, o frigorífico fornece aos criadores a ração e outros insumos para produzir os frangos de corte, e os criadores têm a obrigação de vender seus animais ao frigorífico (Nogueira e Zylbersztajn, 2003). Foi fundamental para o desenvolvimento da avicultura no Brasil o fornecimento de ração barata graças ao aumento explosivo na produção de soja e milho no último quarto do século XX, pois o farelo de soja e o milho são os principais componentes da ração consumida na avicultura. Essa disponibilidade, combinada com a criação de novas linhagens de animais, permitiu que a indústria reduzisse de 100 para 40 dias o tempo de crescimento

[98] Embora esse sistema represente um importante apoio para os criadores, Martins explica que também tem seus aspectos negativos em razão da assimetria nas relações entre criadores e frigoríficos avícolas, que agora estão altamente concentrados, com apenas quatro dominando o mercado. Martins (1996:11-12).

dos frangos para abate e quase duplicasse o peso dos animais, de 1,5 kg para 2,4 kg.[99]

A suinocultura, por sua vez, cresceu significativamente no período pós-1960. A produção de carne suína aumentou de 9 toneladas em média nos anos 1960 para 35 milhões de toneladas em média nos anos 2010. No começo do século XX, o Brasil produzia 2,6 milhões de toneladas de carne suína e consumia quase 2 milhões, o que deixava para exportação apenas um modesto excedente de 590 mil toneladas, muito inferior ao volume exportado pela União Europeia e Canadá.[100] Como no caso de outros produtos da pecuária, o novo nível de produção excedeu a demanda nacional e permitiu ao Brasil tornar-se um produtor e exportador significativo de carne suína, em 2016, o rebanho suíno brasileiro continha 40 milhões de cabeças, e o país exportou mais de 900 mil toneladas de produtos suínos, passando a ser o terceiro maior exportador, atrás da União Europeia e Canadá.[101]

Os animais usados para outros fins que não a produção de carne mostraram padrões de crescimento variados nesse período. O número de vacas leiteiras, por exemplo, quase duplicou nos 41 anos entre 1974 e 2016, passando de 10,8 milhões para 19,7 milhões de animais.[102] O número de galinhas de postura aumentou de 113 milhões para 219 milhões de animais nesse período; também se registrou um grande crescimento no número de codornas, de meio milhão para 22 milhões de animais nesse mesmo período, e os ovos de codorna tornaram-se um importante produto agropecuário.[103] Por sua vez, os rebanhos de outros animais mudaram apenas moderadamente no período de 1975 a 2016 ou até mesmo declinaram significativamente. Os caprinos mostraram um leve crescimento, porém com variações significativas por década, oscilando entre 9 e 10 milhões de animais. Embora o rebanho ovino como um todo permanecesse relativamente estável com aproximadamente 18 milhões de animais, o número de ovinos tosquiados diminuiu de 12,3 milhões em 1974 para apenas 3,3 milhões de animais em 2016,[104] o que explica o declínio de longo prazo na produção de lã.

Outros produtos importantes do setor pecuarista são leite, manteiga, ovos e queijos, fornecidos principalmente ao mercado nacional. Embora a produção

[99] Coelho e Borges, O Complexo Agro-industrial (CAI) da Avicultura, p. 3.

[100] USDA; FAS. Livestock and Poultry: World Markets and Trade, nov. 2006.

[101] USDA; FAS. Livestock and Poultry: World Markets and Trade, out. 2016; IBGE. "Tabela 1 — Efetivo dos rebanhos em 31.12 e variação anual, segundo as categorias — Brasil — 2014-2015".

[102] IBGE; SIDRA; PPM. Tabela 94.

[103] IBGE; SIDRA; PPM. Tabela 3939.

[104] IBGE; SIDRA; PPM. Tabela 95.

brasileira de leite seja notável pelos padrões mundiais e corresponda a 75% do valor de todos os produtos animais (isto é, leite, ovos, mel, lã ovina e bicho-da-seda), o Brasil não é um exportador significativo de leite em razão de sua baixa produtividade pelos padrões mundiais. Em dezembro de 2016, o Brasil tinha 17,4 milhões de vacas leiteiras, o maior rebanho do hemisfério ocidental e terceiro maior do mundo, atrás de Índia e União Europeia. A parcela brasileira do rebanho mundial de vacas leiteiras era 12%. Atualmente o país produz 35 milhões de toneladas de leite, em contraste com apenas 5 milhões de toneladas em 1961.[105] Ao mesmo tempo, a produtividade duplicou em relação aos 7.068 hectogramas por animal em 1961.[106] No entanto, esse padrão ainda é inferior aos de produtores sul-americanos como Argentina e Uruguai. A maior parte desse leite é consumido no país e, apesar de o Brasil ter começado a exportar laticínios, é importador líquido de outros países. O produto principal da indústria de laticínios é o leite integral, embora em 2013 tenham sido produzidos 2,2 milhões de toneladas de leite desnatado, além de 57 mil toneladas de leite condensado.[107] O Brasil só começou a exportar leite em pó integral em 2013; em 2016 o país exportou 41 mil toneladas desse produto, porém ao mesmo tempo importou 55 mil toneladas, além de importar 35 mil toneladas de leite em pó desnatado.[108] O Brasil é também o segundo maior produtor de manteiga do hemisfério; produziu 92 mil toneladas em 2011, porém foi um produtor relativamente menor de queijo em comparação com outros países latino-americanos. As 45 mil toneladas produzidas em 2011 representaram menos de um terço da produção mexicana naquele ano, e ficaram muito aquém da quantidade de queijo fabricada na Colômbia e Chile.[109]

O Brasil, além da sua importância no segmento de aves para abate, produziu um total de 3,8 bilhões de dúzias de ovos em 2016.[110] O país é o sétimo produtor de ovos do mundo, logo atrás do México, destinando sua produção basicamente

[105] IBGE. "Tabela 74 — Produção de origem animal, por tipo de produto". Disponível em: <https://sidra.ibge.gov.br/tabela/74>; FAOSTAT. Livestock processed. Disponível em: <www.fao.org/faostat/en/#data/QP>.

[106] FAOSTAT. Livestock processed.

[107] FAOSTAT. Livestock processed.

[108] USDA; FAS. Dairy: World Markets and Trade, jul. 2016; FAOSTAT. Livestock primary. Disponível em: <www.fao.org/faostat/en/#data/QL>.

[109] UM; FAO. Statistical yearbook 2014: Latin America and the Caribbean, food and agriculture. p. 118, tabela 34.

[110] IBGE; SIDRA; PPM. Tabela 74; IBGE. "Tabela 1 — Efetivo dos rebanhos em 31.12 e variação anual, segundo as categorias — Brasil — 2014-2015" e "Tabela 2 — Quantidade e valor dos produtos de origem animal e variação anual — Brasil — 2014-2015". Disponíveis em: <www.ibge.gov.br/home/estatistica/economia/ppm/2015/default_xls_brasil.shtm>.

ao abastecimento do mercado interno.[111] Outro tipo de ovo produzido é o de codorna, também consumido, sobretudo, no próprio país. A produção de ovos de codorna cresceu 12,5% ao ano entre 1974 e 2016, e hoje alcança 273 milhões de dúzias.[112] Vários outros produtos animais também ganharam importância no agronegócio brasileiro. Em 2016 o Brasil produziu 40 mil toneladas de mel,[113] situando-se entre os cinco maiores produtores mundiais. As exportações significativas de mel começaram apenas neste século, mas já na segunda década o Brasil exportava 2/3 da produção nacional. Em 2016, o país foi o nono maior exportador de mel do mundo.[114]

Apesar do crescimento explosivo de numerosos novos produtos agropecuários desde os anos 1990, a abertura do mercado brasileiro à concorrência mundial acarretou a perda de competitividade de alguns produtos; além disso, pragas e outros desastres naturais desaceleraram ou até eliminaram a produção de algumas culturas outrora importantes, impelindo agricultores a mudar para cultivos mais lucrativos. Por exemplo, a produção do bicho-da-seda passou por uma arrancada em seu crescimento em 1974, chegou ao auge em 1993, mas desde então entrou em forte declínio, caindo em 2016 para 16% do seu pico. Ainda assim, o Brasil é o único produtor comercial de seda do Ocidente.[115] Esse mesmo padrão evidencia-se na produção de fibra de sisal, que entrou em grave declínio e agora parece não ser mais do que um produto marginal, mesmo no Nordeste, sua região de origem. O cacau também apresenta um padrão de altos e baixos, embora recentemente tenha havido alguma recuperação na produção. Apesar de seu declínio, a produção de amêndoa de cacau continua a ser valiosa (em torno de 4% a 5% do total da produção agrícola), porém não mostra aumento de produtividade e entrou em um declínio secular de longo prazo de 1990 a 2001 devido ao impacto de doenças dos cacaueiros. Apesar do crescimento recente, a produção atual ainda está 2/5 abaixo do nível de 1990.[116]

Outras culturas tradicionais, porém, reviveram depois de um forte declínio ou continuaram a ser produzidas apesar de um declínio limitado de produtividade; e houve também as que apresentaram níveis sempre crescentes de produtividade por hectare apesar de se destinarem apenas ao mercado interno. Por fim,

111 FAO. Statistical pocketbook 2015, p. 30.

112 IBGE; SIDRA; PPM. Tabela 74.

113 IBGE; SIDRA; PPM. Tabela 74.

114 ABEMEL. Associação Brasileira dos Exportadores de Mel. Disponível em: <http://brazilletsbee.com.br/INTELIG%C3%8ANCIA%20COMERCIAL%20ABEMEL%20-%20DEZEMBRO.pdf>. Acesso em: 11 fev. 2018.

115 CONAB. Indicadores da Agropecuária, Brasília, a. XXV, n. 10, p. 7, out. 2016. O Brasil exportou 440 toneladas em 2015, com receita de US$ 33 milhões.

116 IBGE; SIDRA; PAM. Tabela 1613.

há várias que atravessaram longos períodos de declínio secular mas ressurgiram como produtos agrícolas importantes. Um exemplo de reavivamento no grupo das culturas tradicionais é a borracha natural, que fora um produto de crescimento súbito e explosivo em fins do século XIX e começo do século XX e tivera outro breve *boom* durante a Segunda Guerra Mundial. Nestes últimos 25 anos, a borracha natural mostrou grande crescimento, com duplicação da área explorada, maior produtividade por hectare e um aumento de produção de 24 mil toneladas de borracha de látex em 1990 para 316 mil toneladas em 2016.[117] O algodão é outra cultura significativa que recentemente reviveu. Embora o Brasil tenha sido grande produtor no século XIX e começo do século XX, a produção variou consideravelmente, com períodos de declínio acentuado seguidos por fases de crescimento explosivo. Recentemente, nos anos 1990, ocorreu uma grave queda na produção, novamente causada por doenças. Mas no novo século a produtividade triplicou em relação à de 1990, levando a uma redução da área total dedicada ao cultivo, e a produção passou de 1,8 milhão de toneladas para 3,4 milhões de toneladas em 2016.[118] Esse crescimento permitiu que o Brasil se tornasse um importante exportador de algodão, pois consome apenas metade da produção nacional. Na safra de 2015-16, o país foi o terceiro maior exportador de algodão do mundo.[119] Surpreendentemente, sua produção por hectare é maior que a dos Estados Unidos.[120]

Uma cultura tradicional voltada para o consumo interno com excelentes resultados recentemente é a da banana, que desde 1990 teve um aumento de produtividade de 1.128 kg por hectare naquele ano para 14.380 kg em 2015. Com isso, a produção de banana multiplicou-se por 12 entre 1990 e 2016, com taxa de crescimento de 11% ao ano, embora a área dedicada ao cultivo tenha permanecido a mesma, cerca de meio milhão de hectares, durante todo o período. O feijão, que é uma cultura sazonal, também mostrou aumento extraordinário de produtividade, passando de 477 kg a 1.079 kg por hectare nesse período de 25 anos. Ao mesmo tempo, a área dedicada ao cultivo de feijão diminuiu 1 milhão de hectares, enquanto a produção aumentou 1 milhão de toneladas. No entanto, considerando o valor crescente de algumas das culturas de exportação, a participação do feijão no total da produção agrícola diminuiu de 6% para 2%

---

117 Dados sobre essas culturas extraídos de: IBGE; SIDRA; PAM. Tabela 1613. Disponível em <https://sidra.ibge.gov.br/tabela/1613>; e IBGE; SIDRA; PAM. Tabela 1612.

118 IBGE; SIDRA; PAM. Tabela 1612.

119 USDA; FAS. Cotton: World Markets and Trade Nov 2016. Table 02 Cotton World Supply, Use, and Trade (Season Beginning August 1) (1000 Bales).

120 USDA; FAS. Cotton: World Markets and Trade Nov 2016 Table 04 Cotton Area, Yield, and Production.

no período. Esse mesmo padrão evidencia-se em outras culturas tradicionais destinadas ao mercado interno. Dois exemplos são a produção de arroz e a de algodão. O arroz teve um aumento de produção de 2% ao ano nesse período de 25 anos, e sua produção por hectare triplicou nesse tempo, porém o valor da sua produção atual, 12 milhões de toneladas, corresponde a apenas 4% do total da produção agrícola, o que é metade do valor de 1990.[121]

Tradicionalmente, o Brasil é um importante exportador de madeiras tropicais e não tropicais. Nestes últimos anos, tornou-se também um fornecedor cada vez mais significativo de polpa de madeira processada e papel para a economia mundial. Desde o período colonial até hoje, a vasta reserva florestal do Brasil tem sido uma fonte de madeiras exóticas. Essas madeiras brasileiras já foram usadas até para fabricar violinos Stradivarius no século XVII e começo do XVIII. Mas só a partir dos anos 1980 e 1990 temos visto um esforço sistemático de fábricas modernas para plantar florestas destinadas à produção de madeira e produtos de polpa de madeira. A indústria de celulose resultante cresceu tão depressa recentemente que hoje o Brasil é o segundo maior exportador mundial de polpa de madeira e o primeiro na produção de papéis kraft (produzidos com pasta sulfato branqueada) (Sperotto, 2014:86). O Brasil produziu 12% do total mundial de polpa de madeira para papel e papelão em 2014 e está em segundo lugar como produtor mundial, logo atrás dos Estados Unidos. Em 2013 assumiu a liderança nas exportações desse produto, com 17% das exportações mundiais. Em papel e papelão, o Brasil tem 5% da capacidade de produção mundial e é o quarto maior produtor do planeta.[122] O Brasil produz polpa de celulose de fibra curta, principalmente de eucalipto. Essa polpa é usada para produzir jornais, fraldas e cédulas de dinheiro. A polpa de fibra longa provém, sobretudo, de pinheiros e é usada na produção de embalagens e papéis finos. Em outros países, o pinheiro é a principal fonte de celulose, mas no Brasil a principal árvore usada é o eucalipto, que precisa de apenas sete anos para produzir.[123] Desde os anos 1960, a produção de celulose cresceu 7,5% ao ano, e a de papel e papelão a 6% anuais; essas duas taxas são bem superiores à do aumento na produção mundial (Funchal, 2014). Boa parte desse crescimento ocorreu no período mais recente e se deve, sobretudo, à produção de papel e polpa quimicamente branqueada. Hoje o Brasil possui 1,7 milhão de hectares de árvores plantadas para fins industriais, das quais 78% são eucaliptos e 19% pinheiros. O Brasil foi o pioneiro na produção de celulose a partir do eucalipto. O país importou essas árvores da

[121] IBGE; SIDRA; PAM. Tabela 1612.

[122] FAO. Pulp, paper and paperboard capacity survey 2013-2018, p. 33, 64; para a classificação das exportações, ver: FAO. Forest products 2009-2013, p. A-5.

[123] The Economist, 26 mar. 2016. "Pulp producers in Brazil: money that grows on trees".

Austrália e, depois de intensas pesquisas por agrônomos nacionais, adaptou a planta às condições locais para produzir celulose com eficiência. Agora fábricas brasileiras produzem 12,8 milhões de toneladas de celulose e exportam 7 milhões de toneladas. Também produzem 9,1 milhões de toneladas de papel, das quais 1,9 milhão são exportadas, sobretudo para a América Latina.[124] Em 2017 as exportações de celulose renderam 6,4 bilhões de dólares e ficaram em sétimo lugar em valor no total das exportações brasileiras. Os principais consumidores da celulose exportada pelo Brasil foram a China, que absorveu 40% dessas exportações, seguida por Estados Unidos, Holanda e Itália — esses quatro países foram o destino de 77% do total exportado pelo Brasil.[125]

O crescimento dinâmico de uma complexa produção agropecuária e florestal, juntamente com a exportação de minérios, trouxe grandes mudanças no elenco dos principais parceiros comerciais do Brasil. Por quase um século, os Estados Unidos foram o maior consumidor da maior parte das exportações brasileiras, em grande medida devido ao seu expressivo consumo de café brasileiro. Agora, porém, a China destaca-se como o principal parceiro comercial do Brasil. A Holanda absorveu constantemente por volta de 5% a 6% do total brasileiro exportado, enquanto a parcela adquirida pela Argentina variou entre 7% e 11%, com um lento declínio ao longo do tempo. Já as exportações brasileiras para a China aumentaram espetacularmente, de apenas 1% dos 48 bilhões exportados pelo Brasil, em 1999, para 13% dos 153 bilhões, em 2009, ano em que os chineses substituíram os americanos como os mais importantes parceiros comerciais do Brasil. A parcela americana das exportações brasileiras agora geralmente alcança metade do valor das exportações brasileiras para a China. Em 2017, a China adquiriu 22% do total exportado pelo Brasil em comparação com apenas 12% dos Estados Unidos (gráfico 2.9). Além disso, a China foi o principal comprador de quase todos os principais produtos exportados. Naquele ano, consumiu 79% das exportações brasileiras de soja, 54% das de minérios e até 44% dos derivados de petróleo.[126]

---

[124] DINISCOR AGRIBUSINESS. Industry of paper, cellulose and forest products. Disponível em: <http://diniscor.com.br/agronegocio/en/index.php/about-brazil/item/128-industry-of-paper-and-cellulose-and-forest-products.htm>.

[125] Dados para 2017 extraídos de: MDIC. Balança comercial: janeiro-dezembro 2017. Seção III: "Principais produtos e países". Disponível em: <www.mdic.gov.br/index.php/comercio-exterior/estatisticas-de-comercio-exterior/balanca-comercial-brasileira-acumulado-do-ano?layout=edit&id=3056>.

[126] Dados de 2017 extraídos de MDIC. Balança comercial: janeiro-dezembro 2017 Seção III "Principais produtos e países". Disponível em: <www.mdic.gov.br/index.php/comercio-exterior/estatisticas-de-comercio-exterior/balanca-comercial-brasileira-acumulado-do-ano?layout=edit&id=3056>.

Gráfico 2.9: Exportações brasileiras para os principais países importadores, 1999-2017

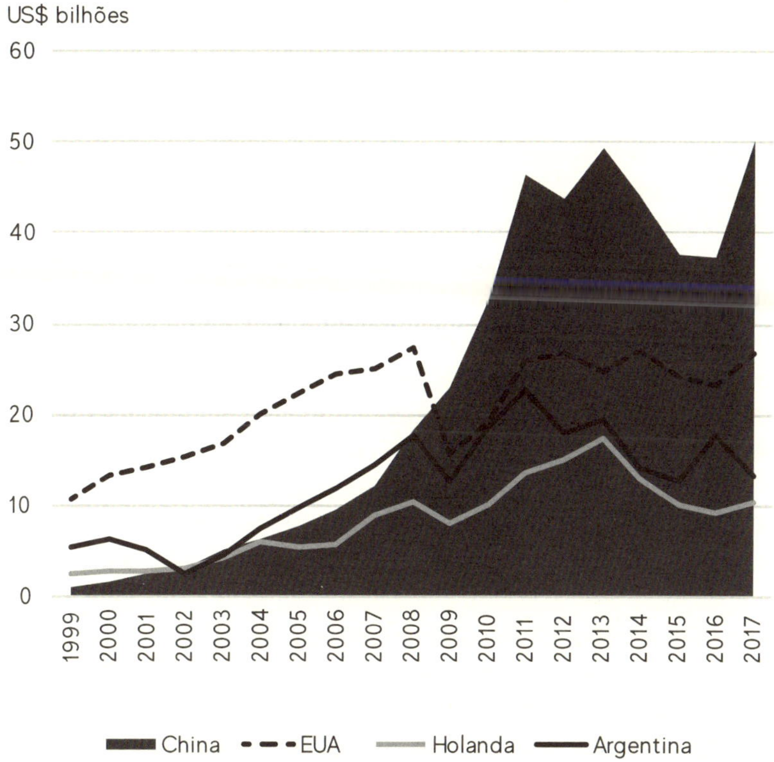

Fonte: MDIC. Tabela BCE020. Disponível em: <www.mdic.gov.br/comercio-exterior/estatisticas-de-comercio-exterior>.

Considerados conjuntamente, os 28 países da União Europeia, os Estados Unidos e a Federação Russa absorveram mais de 50% das exportações agrícolas brasileiras. A União Europeia foi o "país" importador dominante até 2013, quando a China tornou-se o principal destino das exportações agrícolas do Brasil. Juntos, China, União Europeia, Estados Unidos e Federação Russa adquiriram cerca de 70% do valor total das exportações do agronegócio, enquanto vários países do Oriente Médio e Ásia, juntamente com o caso singular da Venezuela, absorveram o restante, cada um deles recebendo, em média, apenas 1% ou 2% do total exportado pelo Brasil. Também houve variações consideráveis em razão de mudanças tarifárias, defesa de indústrias locais, proibições diretas — em geral a carnes, por determinações sanitárias ou outras exigências — e redução na produção nacional local; tudo isso afetou a composição dos países consumidores das exportações agrícolas brasileiras e seu nível de consumo.

Quando decompomos as exportações agrícolas brasileiras para cada país individualmente considerado, surgem certos padrões gerais. Embora os países das Américas fossem importantes parceiros comerciais do Brasil, a maior parte das exportações agrícolas brasileiras destinou-se a países da Europa, Oriente Médio e Ásia. Países americanos foram grandes importadores de minérios, aviões e partes fabricadas de veículos e outras máquinas brasileiras, e, com exceção da Venezuela, não foram importadores significativos de produtos agrícolas do Brasil, pois eles próprios eram também produtores agrícolas importantes. Isso explica por que apenas 11% das exportações brasileiras para os Estados Unidos, ou 9% das que foram para o Chile, foram produtos agrícolas. Por outro lado, mais da metade do que a China importou do Brasil consistiu em produtos agrícolas, e muitos dos outros países asiáticos tiveram uma parcela significativa de suas importações brasileiras composta de produtos agrícolas, geralmente mais de metade do valor total dessas importações. No caso excepcional da Rússia e do Vietnã, as importações agrícolas representaram mais de 85% do valor total dos produtos adquiridos do Brasil.[127]

Com essa história de produção agrícola, vemos por que o Brasil importa relativamente pouco em produtos do agronegócio. Além disso, as importações agrícolas cresceram lentamente ao longo do tempo, a uma taxa muito inferior à do aumento das exportações. O principal produto agrícola importado é o trigo da Argentina e, em menor grau, do Uruguai. Isso ocorre desde o século XIX, e explica a parcela constantemente significativa das importações adquiridas da Argentina. Até hoje esse país é o que mais exporta produtos agropecuários para o Brasil: 1/5 do valor total importado, seguido pelos países da União Europeia, Estados Unidos e, agora, China. O clima tropical e semitropical do Brasil torna ecologicamente menos viável produzir uma cultura de clima temperado como o trigo, e essa é a razão da tradicional dependência brasileira de importações da vizinha Argentina.

A segunda maior importação de alimento em 2015 foi a de malte não torrado feito com cevada, seguida por salmão do Atlântico. O valor das importações desses dois produtos, juntamente com as de trigo, atingiu 2,3 bilhões de dólares — apenas 1,7 do valor de todas as importações. Máquinas e combustíveis foram as importações mais vultosas.[128] Nesta década, a média global das importações de alimentos pelo Brasil está entre 2% e 3% do valor total das exportações brasileiras.[129]

---

[127] MDIC. Tabela BCE018: "Exportação brasileira: principais países e produtos". Disponível em: <www.mdic.gov.br/component/content/article?layout=edit&id=1185>.

[128] MDIC. Importação brasileira: principais produtos, PPIMP 2014-2015. Disponível em: <www.mdic.gov.br/comercio-exterior/estatisticas-de-comercio-exterior/base-de-dados-do-comercio-exterior-brasileiro-arquivos-para-download>.

[129] FAOSTAT. Brazil, country indicators. Value of food imports over total merchandise exports. Disponível em: <www.fao.org/faostat/en/?#country/21>.

Depois desse recente crescimento rápido da agricultura brasileira, a pergunta é: o que esperar na próxima década? O Ministério da Agricultura recentemente apresentou uma série de projeções sobre o mutável elenco de produtos gerados pelas unidades agrícolas nacionais. As estimativas (projeções com estimativa por baixo) indicam que a área de terra cultivável dedicada aos 15 principais grãos (algodão, amendoim, arroz, aveia, canola, centeio, cevada, feijão, girassol, mamona, milho, soja, sorgo, trigo e triticale) crescerá 1,5% ao ano entre as safras de 2016-17 e 2026-27. A produção, porém, aumentará ainda mais rápido, a 2,6% ao ano.[130] Dos principais grãos, apenas três — milho, soja e trigo — continuarão a expandir a respectiva área cultivada, enquanto os outros dois grãos mais importantes, o arroz e o feijão, declinarão. A estimativa é de que aqueles três grãos (milho, soja e feijão) usam atualmente 91% do total das terras dedicadas ao cultivo dos principais grãos, e que sua parcela aumentará para 96% na próxima década, ao mesmo tempo que a quantidade de terras dedicadas ao plantio de arroz e feijão declinará sistematicamente.[131] É interessante o fato de que as projeções do Ministério da Agricultura supõem que haverá relativamente pouca mudança na produtividade de soja por hectare, mas que a produção de arroz por hectare terá um extraordinário crescimento de 7,8% ao ano, a do algodão aumentará 2,7% e a do milho 1,8% anuais.[132] Quanto à produção animal, a estimativa é de que entre 2016-17 e 2026-27 a produção de avícola crescerá 2,9% ao ano, chegando a 17,8 milhões de toneladas, a de suínos aumentará 2,6% ao ano até 4,9 milhões de toneladas, e a de carne bovina subirá apenas 1,9% ao ano até atingir 11,4 milhões de toneladas no fim da próxima década. Embora o crescimento da população nacional implique que o consumo de todos os tipos de carne aumentará no país, o ministério estima que o crescimento das exportações excederá o do consumo nacional e que as exportações crescerão a mais de 3,2% anuais para os três tipos de carne, atingindo 5,9 milhões de toneladas de carne de frango, 1,3 milhão de toneladas de carne suína e 2,4 milhões de toneladas de carne bovina exportadas.[133]

As estimativas indicam que a produção de celulose, a quarta maior exportação agrícola, também aumentará. Em 2000 foram produzidos 71,7 milhões de metros cúbicos de madeira; em 2013 a produção aumentou para 130,8 milhões de metros cúbicos, dos quais 81% foram provenientes das regiões não fronteiri-

[130] MAPA. Projeções do Agronegócio — Brasil 2016/17 a 2026/27, Brasília, ago. 2017. p. 17. Produtos considerados: algodão, amendoim, arroz, aveia, canola, centeio, cevada, feijão, girassol, mamona, milho, soja, sorgo, trigo e triticale.

[131] MAPA. Projeções, p. 18, tabela 3.

[132] MAPA. Projeções, p. 19, tabela 4.

[133] MAPA. Projeções, p. 65, tabela 17 e p. 70, tabela 19.

ças do Sul e Sudeste naquele ano. Em 2016-17 a produção de celulose alcançou 20 mil toneladas, das quais foram exportadas 13,9 mil toneladas. Para 2026-27, a estimativa é que a produção total chegará a 26,3 mil toneladas, com um crescimento anual de 2,8%. Estima-se que as exportações chegarão a 19,1 mil toneladas nesse ano, com um crescimento anual de 3,3% no período. Assim, as exportações absorverão 73% da produção brasileira.[134]

Entretanto, todo esse crescimento da produção nacional não se traduz em um aumento da parcela das exportações para o mercado mundial. Uma projeção recente para 10 anos, feita pelo Departamento de Agricultura dos Estados Unidos, estima que em 2025-26 o Brasil terá aumentado seu papel nos mercados de exportação em apenas três produtos: a soja, que terá então 48% de participação brasileira nas exportações mundiais; a carne de frango, com 45% das exportações mundiais, em comparação com 42% atuais; e o algodão, que corresponderá a 17% das exportações mundiais, em comparação com os atuais 12%. O Brasil continuará a ser o principal produtor mundial de soja e carne de frango, e provavelmente também de açúcar, laranja e café (estes três últimos não constam nas projeções do Departamento de Agricultura dos Estados Unidos, pois neles os americanos não são grandes concorrentes). Em razão do consumo crescente no Brasil, estima-se que o óleo de soja declinará para apenas 9% do mercado mundial, em comparação com os atuais 14%, e que as exportações de farelo de soja crescerão mais devagar do que o consumo nacional; assim, o Brasil permaneceria no mesmo nível, com aproximadamente 24% do comércio mundial. Em contraste, as estimativas do Mapa e da OCDE-FAO indicam que o Brasil será responsável por 25% da produção mundial total de soja, enquanto o Departamento de Agricultura americano estima que as exportações alcançarão quase o dobro dessa porcentagem. O Departamento de Agricultura americano estima que as exportações brasileiras de milho, que crescerão a 4,2% ao ano, ainda assim manterão a mesma fatia de 1/5 das exportações mundiais. Em 2025, a OCDE estima que a produção mundial de milho crescerá apenas 1,4%, enquanto a do Brasil aumentará 2,4% ao ano e representará aproximadamente 9% da produção mundial. O Brasil produz hoje 20% do açúcar bruto no mundo e aumentará sua parcela para 22%.[135]

Assim, a crescente produção mundial em outras regiões do planeta afetará as futuras exportações agrícolas brasileiras, enquanto o crescimento demográfico e o consumo nacional cada vez mais acelerados reduzirão o papel do Brasil em

---

134 MAPA. Projeções, p. 73, tabela 20.

135 USDA Long-term Projections, fev. 2016, tabelas 26, 27, 32-38; a parcela da produção mundial foi extraída de: MAPA. Projeções, p. 33 e 55, tabelas 8 e 15; e OECD-FAO Agricultural Outlook 2016-2025, by commodity. Disponível em: <http://stats.oecd.org/index.aspx?queryid=71240>.

algumas dessas principais culturas de exportação. A OCDE fez uma estimativa de quanto dessa produção total irá para o mercado global: apenas 11% da carne de frango e 12% do milho produzidos em 2025 estarão disponíveis para o Brasil exportar. Em contraste, 1/3 da produção de açúcar e 41% da soja produzidos naquele ano, também segundo a estimativa, entrarão no comércio internacional.[136] Outro conjunto de projeções estimadas feito pelo Ministério da Agricultura brasileiro (Mapa) indica que em 2026-27 aproximadamente 30% do milho, 58% da soja, 87% do açúcar e 1/3 da carne de frango produzidos estarão disponíveis para exportação.[137] Mudanças climáticas e condições de mercado dificultam determinar quais dessas estimativas se concretizarão. Todas, porém, sugerem que o crescimento continuará e que o Brasil ainda será um participante de peso no mercado agrícola internacional ao longo da próxima década.

Como mostrou esse rápido levantamento, só recentemente o Brasil entrou no mercado mundial como importante produtor e exportador agrícola em um amplo conjunto de produtos. Entre eles, apenas o açúcar e o café são produtos tradicionais, e mesmo o açúcar passou por períodos de relativo declínio a partir de fins do século XIX até bem pouco tempo atrás. Como observaram muitos analistas, o Brasil é um caso único na rapidez de seu crescimento agrícola recente em comparação com o resto do mundo. Sua transição para o *status* de potência agrícola moderna agora está assegurada, e o país continuará a ser um dos mais importantes do mundo nesse setor até um futuro próximo. No entanto, cabe salientar que essa produção nacional provém de uma pequena parcela de unidades agrícolas e de distritos, estados e regiões muito específicos, que grandes partes da atividade agrícola ainda são principalmente de subsistência e que vastas áreas do país só recentemente e de modo parcial incorporaram-se ao setor comercial quando a produção agrícola moderna disseminou-se por áreas mais tradicionais do país. Portanto, é essencial examinar essa extraordinária revolução na agricultura nos níveis regional, estadual e local para possibilitar uma avaliação e compreensão plenas dos padrões de mudança encontrados.

---

[136] OECD-FAO Agricultural Outlook 2016-2025. Paris, p. 44, figura 1.10, 2016.

[137] MAPA. Projeções do agronegócio Brasil 2016/17 a 2026/27. Brasília, ago. 2017. p. 33, tab. 8 e p. 43, tab. 10. Esses números diferem das projeções da OCDE, mas, por terem origem no governo do Brasil, nós os consideramos mais confiáveis.

CAPÍTULO 3

CAUSAS DA MODERNIZAÇÃO DA AGRICULTURA BRASILEIRA

Como se deu o crescimento fenomenal da agricultura após 1960 apesar de todos os eventos negativos ocorridos nos anos 1980 e 1990? Essa é a questão básica que analisaremos neste capítulo. É praticamente certo que o colapso do apoio governamental nos anos 1980 e a abertura da economia nacional ao comércio mundial nos anos 1990 forçaram uma reorganização profunda e implacável na economia do país. Das duas principais áreas de apoio governamental sistemático nas décadas anteriores, a indústria e a agricultura, somente a segunda sobreviveu ao choque, prosperou e por fim se tornou competitiva no mercado internacional. Esse é um resultado surpreendente com muitas causas nacionais e internacionais, mas também é explicado por uma série de políticas, instituições e eventos externos que tiveram um efeito profundo sobre a agricultura brasileira desde fins dos anos 1960 até fins dos anos 1990. Entre esses fatores incluíram-se a introdução em grande escala de créditos agrícolas governamentais subsidiados, a sustentação de preços pelo governo, o impacto das crises internacionais do petróleo, o crescimento dos supermercados modernos, a entrada de *trading companies* estrangeiras, o desenvolvimento de um sistema agroindustrial de bases nacionais e estrangeiras, o crescimento colossal do mercado chinês e o impacto das pesquisas científicas sobre os solos e plantas do Brasil realizadas principalmente pela Embrapa, a empresa pública de pesquisa agrícola criada em 1973. Outra razão foi a ação de uma classe extraordinariamente empreendedora de agricultores que passou a dominar a agricultura nacional, liderada, sobretudo, por agricultores do sul e sudeste que tiveram de lutar contra um ambiente econômico competitivo e implacável e contra a descontinuidade do apoio governamental, e que fizeram isso criando o que se conhece como as suas próprias "cadeias de valor". Estas compunham-se das organizações verticais e horizontais estruturadas pelos agricultores para, coletivamente, reduzir custos, compensar a falta de programas de extensão agrícola e capacitar os agricultores para aplicarem rapidamente a tecnologia mais avançada às suas propriedades e às de seus associados. Essa tendência ensejou até mesmo cadeias de valor organizadas por novas cooperativas compostas de membros selecionados, que se baseiam tanto em modelos recentes como tradicionais de cooperativa e incluem empresas de processamento de produtos agrícolas, *trading companies* e outras empresas que forneciam insumos e apoio aos agricultores para, em troca, comprarem os produtos agrícolas resultantes (Chaddad, 2016:14-15).

Para entender o processo de modernização da agricultura brasileira, podemos dividir o período em duas fases. Na primeira, a agricultura manteve uma importância fundamental na geração de exportações ao mesmo tempo que também abastecia com eficiência e a preços baixos os mercados locais, fornecendo não só matérias-primas como o algodão, mas também alimentos. A crescente classe trabalhadora nas cidades em expansão gastava uma parcela significativa de sua renda com a alimentação. Por isso, os preços dos produtos agrícolas tinham influência direta sobre os índices de custo de vida, a renda real dos trabalhadores e o decorrente reajuste de salários. Manter os preços baixos reduzindo os custos, subsidiando os agricultores ou controlando os preços era a prática habitual do governo. Ao mesmo tempo, contudo, a agricultura era consumidora de matérias-primas, máquinas e equipamentos. Estes eram produzidos a custos elevados pela indústria nacional ineficiente e fortemente protegida — uma base industrial criada pelas políticas de substituição de importação adotadas no Brasil a partir dos anos 1940 e completadas no período militar.

O problema para os formuladores de políticas era: como vender produtos agrícolas nacionais a preços baixos se o setor agrícola só poderia modernizar-se e aumentar sua produtividade usando insumos caros produzidos por uma indústria nacional ineficiente e dispendiosa cujos produtos precisavam modernizar-se e ganhar eficiência? A solução foi implementar políticas modernas de proteção à agricultura como o estabelecimento de preços mínimos e a regulação de estoques, mas, principalmente, a criação de um amplo sistema de crédito altamente subsidiado para financiamento que estimulasse a modernização da agricultura fornecendo dinheiro a baixo custo para a compra de máquinas e equipamentos e para o emprego de insumos modernos, como fertilizantes, sementes e inseticidas. Esse sistema beneficiou essencialmente os agricultores integrados ao mercado, e tinham maior potencial para modernizar-se (Buainain et al., 2014:1159-1182).

Foi esse complexo sistema de subsídios que permitiu à agricultura aumentar rapidamente sua produtividade com o uso de novos insumos industriais, fornecidos em grande parte por produtores nacionais.[138] O sistema funcionou relativamente bem enquanto houve estabilidade econômica. Porém, com a crise fiscal do Estado e a inflação galopante de fins dos anos 1980 e começo da década seguinte, o sistema de crédito abundante, subsidiado e oferecido a taxas de juro negativas ruiu e teve de ser substituído por formas alternativas de financiamento. Foi necessário também integrar melhor a agricultura com outras partes do processo de produção, substituindo a atuação ampla do Estado por relacionamentos na cadeia de valor, como empresas privadas que fornecessem insumos para a agricultura (por exemplo, sementes, pesticidas e fertilizantes), processassem produtos agrícolas (como as indústrias de beneficiamento de soja, os moinhos e as fábricas de acondicionamento e enlatamento) e distribuíssem os produtos agrícolas (por exemplo, cadeias de supermercados e *trading companies*). Por outro lado, a crise estimulou a abertura da agricultura brasileira ao mercado mundial. O setor agrícola perdeu seus subsídios governamentais, mas em compensação beneficiou-se da abertura da economia, pois passou a ser capaz de adquirir seus insumos em mercados competitivos e ganhou acesso aos mercados internacionais para vender sua produção.

No entanto, quando foi retirada a proteção generalizada à produção nacional, a própria agricultura passou a enfrentar a concorrência externa. Para sobreviver, foi preciso aumentar a produtividade, e agricultores brasileiros empreendedores conseguiram isso com nova tecnologia, melhores sementes e uma aplicação mais sistemática de fertilizantes, inseticidas e mecanização. Boa parte dessa adaptabilidade deve-se aos frutos de anos de pesquisas patrocinadas pelo governo, que forneceram aos agricultores brasileiros as sementes e a tecnologia para transformar regiões inteiras do Brasil em prósperos centros de produção agrícola moderna. Esse é o elemento dinâmico que explica a revolução na agricultura brasileira, ocorrida em uma fase de crise prolongada na economia do país e muitas vezes a um custo elevado para os produtores menos eficientes. Só com muita relutância e sob pressão significativa de seus credores internacionais o Brasil acabou por abrir sua economia. A partir de meados dos anos 1980, intensificaram-se no Brasil, assim como no resto da América Latina, as discussões sobre a liberalização do mercado e a natureza da intervenção governamental na atividade econômica, bem como sobre toda a viabilidade do modelo de substituição de importações. Em razão da crise na balança de pagamentos e da necessidade de reduzir os gastos públicos, as autoridades governamentais

[138] E também foi essencial para resolver problemas de curto prazo como altos preços dos fertilizantes, geadas em cafezais, choques do petróleo e crises da dívida para os agricultores dos anos 1990. Araújo et al. (2007:29).

foram forçadas por seus credores internacionais a reduzir as fontes públicas de financiamento. Nessa redução incluiu-se a multiplicidade de subsídios ligados diretamente ao setor agrícola, incluindo aqueles destinados aos monopólios do trigo e do açúcar. A liberalização de produtos agrícolas e seus insumos no mercado foi um tema importante nesse debate e afetou vários agentes públicos e privados envolvidos diretamente no processo. O governo foi fortemente pressionado pelo FMI e pelo Banco Mundial a liberalizar a economia nacional e expô-la à concorrência internacional, e também a suspender todos os subsídios. Acordos externos e empréstimos contraídos junto a essas entidades impuseram severas restrições aos gastos governamentais em todas as áreas, mas em especial na agricultura.

Em fins dos anos 1980 e por toda a década seguinte, a maior parte do mundo foi tomada por uma maré neoliberal, fomentada por todas as agências internacionais de empréstimo. A abertura da economia brasileira refletiu com atraso esse processo de liberalização. O movimento, conhecido como "consenso de Washington", preconizava a desregulamentação, o equilíbrio fiscal e a liberalização do comércio, entre outras medidas liberais (Williamson, 2002:7-20). Em 1986 teve início a Rodada Uruguai do Gatt; as negociações, encerradas em 1993, incluíram um importante acordo sobre a agricultura. Além disso, resultaram na criação da Organização Mundial do Comércio (OMC). O Acordo sobre Agricultura concentrou-se em três aspectos principais: acesso ao mercado, subsídios a exportações e apoio doméstico à agricultura. Além disso, definiu o objetivo de reduzir tarifas sobre alimentos importados. Esse acordo contribuiu eficazmente para a liberação do comércio e a entrada de grandes grupos multinacionais em países subdesenvolvidos (Albano, 2001:126-151). Nesse período foi criada uma zona regional de livre mercado em 1991 pelo Tratado de Assunção, estabelecendo o Mercado Comum do Sul (Mercosul), que permitia a livre circulação de bens, serviços e fatores produtivos entre os países sul-americanos signatários. Em 1994, pelo Protocolo de Ouro Preto, foi definida uma Tarifa Externa Comum para os membros do Mercosul.[139]

Em meio a crises no orçamento do governo, pressões internacionais e, finalmente, o amadurecimento do setor rural nos anos 1980, teve início a abertura do mercado agrícola. Uma vez iniciado, o processo não se reverteu, e essa abertura para o mercado mundial seria reforçada pelas políticas de liberalização adotadas no governo Fernando Collor (1990-92). Os subsídios agrícolas sofreram drástica redução. Em 1997, os subsídios totalizaram 5,3 bilhões de dólares,

[139] Para uma discussão sobre o contexto da criação do Mercosul e uma avaliação de seus resultados, ver Bastos (2008). Sobre políticas agrícolas no Mercosul, ver Carvalho e Silva (2009).

e apenas dois anos mais tarde o apoio total do governo à agricultura caiu para 1 bilhão de dólares.

Para dar uma noção desses subsídios pré-1990, podemos examinar o financiamento de 1987. Nesse ano, quase US$ 2 bilhões destinaram-se a apoiar a cultura do trigo; US$ 1,5 bilhão foi usado nas Aquisições do Governo Federal (AGF) e na compra de estoques reguladores pelo governo; o segmento de açúcar e álcool recebeu US$ 1 bilhão; o crédito rural ficou com US$ 700 milhões (tabela 3.1). Esses valores representam os subsídios efetivos, e não o valor total dos recursos mobilizados por essas políticas, que envolveram números muito maiores. Porém, depois daquela data, a maior parte desses fundos governamentais deixou de ser disponibilizada (Silva, 1996)

Tabela 3.1: Estimativa dos subsídios governamentais para a agricultura, 1986-89 (em milhões de US$)

	1986	1987	1988	1989
Trigo	2.249	2.104	91	108
Crédito rural	54	742	261	455
Estoques reguladores	473	381	1	22
Aquisições do governo federal	162	1.108	159	80
Açúcar e álcool	675	1.028	1.256	269
Total	3.615	5.363	1.803	1.058

Fonte: Silva (1998:116).
Nota: US$ milhões de 1990.

Com o fim dos subsídios veio também o fim da proteção tarifária ao setor. Em 1988 foi decretada uma grande redução nas tarifas, reforçada depois em 1990, quando foram eliminadas todas as restrições às importações de produtos agrícolas. No ano seguinte, a reforma foi concluída com o estabelecimento de um prazo para a redução e simplificação tarifária. A tarifa média cairia de 32% para 14%, e a alíquota máxima de 105% para 35%. Quando o sistema foi completado, a maioria dos produtos passou a ser tributada em apenas 10%. O caso extremo foi o do algodão, com tarifa zero devido à intenção do governo de apoiar a indústria têxtil. A nova estrutura tarifária também abrangia fertilizantes e outros insumos agrícolas, que podiam ser importados com tarifa zero. A indústria de máquinas, equipamentos e tratores, o segmento menos eficiente da nova economia agrícola, era a mais protegida, e mesmo assim teve uma redução das tarifas de importação para 20%. Entre 1991 e 1992 foram eliminadas as licenças prévias para importar e exportar produtos agrícolas, e também as taxas sobre a exportação de vários produtos agrícolas. Até o segmento de açúcar e álcool, cujas exportações eram reguladas por um complexo sistema de cotas, começou a operar no livre mercado.

Como ocorreu até nos Estados Unidos, as reformas neoliberais não liquidaram todos os programas governamentais de apoio à agricultura. Assim, embora com modificações importantes, foram mantidas tanto a política de garantia de preços mínimos (PGPM) quanto a operação de estoques reguladores. Até os anos 1980, as safras de algodão, arroz, feijão, milho e soja foram largamente financiadas por empréstimos do governo federal (EGF) e adquiridas por meio das aquisições do governo federal (AGF) (tabela 3.2). Com os produtos comprados, o governo formava os estoques reguladores e os disponibilizava quando havia a necessidade de intervir no mercado para controlar os preços. Inicialmente não existiam regras claramente definidas para guiar essas intervenções. O acúmulo de estoques sem uma política de vendas clara para sua colocação gerava incertezas no mercado. Só em 1988, com a fixação de preços para a liquidação de estoques, definiram-se regras para pautar essas intervenções. Para cada produto, calculava-se a média móvel dos preços. Quando o preço excedia a média em 15%, o governo vendia seus produtos agrícolas estocados. Em 1993, para reduzir os gastos com EGF e transferir parte do estoque para o setor privado, foi estabelecido um preço de venda garantido para esses estoques. Quando o preço garantido excedia o preço de mercado, o produtor tinha o direito de vender o produto no mercado e o governo pagava a diferença entre o valor obtido e o preço garantido. Desse modo, o governo evitava adquirir diretamente o produto, o que, além de requerer recursos monetários vultosos, também envolvia a administração de grandes volumes de estoques. Sem contar os benefícios tributários e monetários decorrentes da restrição à compra, havia a redução dos custos de administrar os estoques, algo que geralmente era feito de modo ineficiente.

O governo também foi obrigado a compensar de algum modo o abandono de seu apoio à agricultura. Como havia escassez de crédito na economia e os produtores não podiam honrar seus compromissos financeiros, o governo, após longas negociações e sob forte pressão política, renegociou as dívidas do setor agrícola em condições extremamente favoráveis aos produtores. Isso ocorreu graças ao crescente poder dos produtores rurais, que contavam com uma grande "bancada ruralista" no Congresso Nacional. O poder político desse mundo rural passara dos velhos latifundiários para os modernos produtores rurais, e, embora esses agricultores recém-dotados de poder fossem modernos da perspectiva econômica, politicamente eram conservadores.

Tabela 3.2: Aquisições do governo federal (AGF) e empréstimos do governo federal (EGF), 1975-92

A: Aquisições do Governo Federal como porcentagem da produção das principais culturas					
	Algodão	Arroz	Feijão	Milho	Soja
1975	9,7	0	1,7	0,6	0
1985	6	17,3	22,8	15,2	12
1987	11	28,1	43,4	29,5	5
1988	1,5	18,8	4,8	6,6	0
1989	0,2	7,9	0	[illegible]	0
1990		1,1	0	2	0
1991		0	0,4	0	0
1992		0,8	0,2	1,1	0

B: Empréstimos do Governo Federal como porcentagem da produção das principais culturas					
	Algodão	Arroz	Feijão	Milho	Soja
1975	51	12	3	5,4	32,4
1985	13	21	5	7,9	17,2
1987	42	30	5	6,9	25
1988	38	31	7	15,6	18,7
1989	15	27	2	14,1	4,4
1990	4	4	3	2,2	3,9
1991	7	3	3	3,6	1,2
1992	3	38	17	19,6	9,5

Fonte: WORLD BANK. Brazil the management of agriculture. 1994. p. 48.
Nota: AGF (Aquisições do Governo Federal); EGF (Empréstimos do Governo Federal)

A transformação da economia brasileira desde os anos 1990 também foi fortemente influenciada pelo Plano Real, que finalmente controlou a elevadíssima inflação no Brasil. Depois de quase meio século de instabilidade política e inflação crescente, e a despeito de vários planos de estabilização anteriores, o êxito do Plano Real implementado em 1994 criou um novo padrão de estabilidade que duraria cerca de 20 anos. Juntamente com o controle da inflação, os regimes de meados até fins dos anos 1990 estenderam as medidas de liberalização do governo Collor, incluindo um abrangente programa de privatização de empresas estatais. Ironicamente, tanto o governo de Itamar Franco (1992-94), um dedicado nacionalista defensor de monopólios públicos, como o de Fernando

Henrique Cardoso (1994-2002), respeitado intelectual de esquerda e um dos proponentes da teoria da dependência, promoveram a privatização e a liberalização da economia nacional.

A estabilidade alcançada com o Plano Real baseou-se em três medidas fundamentais: uma âncora monetária, a manutenção de uma moeda sobrevalorizada, o real, e a ampla abertura da economia. Em contraste com planos anteriores, foi possível usar a âncora cambial porque o Brasil havia renegociado sua dívida externa; isso franqueou ao país o acesso ao mercado financeiro internacional, com uma oferta abundante de recursos de alta liquidez e baixas taxas de juro. Ao mesmo tempo, no mercado interno as taxas de juros do real eram altíssimas, o que atraiu capital estrangeiro e, com isso, gerou a abundância de dólares que sobrevalorizou a moeda nacional.

O aprofundamento do processo de liberalização do comércio, outro elemento básico do Plano Real, também teve impacto significativo sobre a economia brasileira, que tinha sido uma das mais fechadas do mundo até o fim dos anos 1980. A rápida abertura da economia, sua exposição à concorrência internacional e a manutenção de uma moeda sobrevalorizada tiveram um efeito positivo sobre a estabilidade dos preços. As mercadorias importadas ou as *commodities* brasileiras com preços internacionais tiveram seus preços controlados pela competição, o que ajudou na fase inicial do plano. A ideia era expor o Brasil à concorrência internacional para gerar um impacto modernizador sobre a economia, em especial sobre a indústria nacional. Para isso, todas as políticas governamentais foram arquitetadas de modo a expor a indústria à concorrência de empresas estrangeiras que entraram no Brasil no processo de globalização da produção e fluxos de capital internacionais. O resultado foi um marcante aumento no grau de internacionalização da produção nacional e uma drástica redução na integração vertical da indústria brasileira, juntamente com maior produtividade graças ao uso maior de tecnologia estrangeira. A continuidade dessa política só foi possível graças ao enorme afluxo de capital estrangeiro para o país, financiando o comércio e o déficit em conta-corrente.

Como ocorreu por ocasião de todos os outros planos de controle da inflação, houve uma explosão da demanda, em grande medida graças à eliminação imediata da taxa de inflação, mas também devido à redução de preços de mercadorias nacionais e importadas. A estabilização também estimulou a expansão do crédito ao consumidor e às empresas. Como resultado, o nível de atividade aumentou e o PIB cresceu 4,9%, em 1993, e 5,3%, em 1994. A taxa de câmbio, que começou com a paridade entre real e dólar, caiu em março para 0,83 real por dólar. Isso ocorreu em razão do grande afluxo de capital estrangeiro para o país, particularmente capital de curto prazo, atraído pela política de valorização do real e pelas altas taxas de juros vigentes no país. Desse modo, investidores estrangeiros puderam lucrar na arbitragem das taxas de juros.

O preço de toda essa expansão da demanda e dos gastos foi uma inversão na balança comercial. O superávit na balança comercial, que havia permanecido acima do nível de US$ 10 bilhões entre 1987 e 1994, tornou-se negativo em novembro daquele ano, atingindo um déficit mensal de US$ 1 bilhão entre fevereiro e março de 1995. Nesse contexto de expansão, abertura do mercado e crescente dependência de recursos externos para o Brasil, eclodiu a crise mexicana em dezembro de 1994. Em resposta a essa crise, o governo adotou uma série de medidas drásticas. Aumentou as taxas de juro para mais de 60% ao ano, o que representava uma taxa de juros real superior a 40%. Restringiu o crédito ao consumidor, elevou tributos sobre numerosos produtos importados e instituiu cotas para a importação de carros. Além disso, mudou o regime da taxa cambial para promover a desvalorização gradual do real, que ainda permanecia sobrevalorizado. No entanto, o cenário externo continuou conturbado por uma sucessão de crises, entre elas a asiática (1997) e a russa (1998). Os esforços do governo para lidar com a série de crises externas não foram suficientes para acalmar os mercados, pois o Brasil era considerado muito vulnerável em suas bases econômicas. O país acumulara uma dívida vultosa, cujo serviço requeria US$ 15 bilhões por ano, o equivalente a um terço das exportações nacionais. Além disso, em 1998 o déficit em conta-corrente chegou a 4,3% do PIB. Todos os indicadores internacionais de vulnerabilidade mostravam que o país estava em uma condição crítica. As reservas, que haviam atingido um pico de US$ 70 bilhões em 1998, reduziram-se depressa e, em outubro daquele ano, haviam diminuído 40%. Ainda assim, o real valia US$ 1,18 e continuava sobrevalorizado. A abertura financeira promovida pelo governo, que permitiu a relativa mobilidade de capital barato e o afluxo de dólares, ensejou a fuga de capitais e a enorme saída de recursos do país para o exterior em tempos de crise.

Com o agravamento da crise, o Brasil acabou por receber ajuda de emergência do FMI e de vários países desenvolvidos. O tamanho e a dívida do país traziam o temor de que a deterioração de suas condições externas faria a crise irradiar-se para outros países emergentes. Assim, não tardou que fosse assinado um acordo com o FMI; assinado em dezembro de 1998, concedia ao Brasil um crédito de US$ 41,5 bilhões. O acordo com o FMI envolveu compromissos quanto ao comportamento do governo em várias áreas importantes, como a redução do déficit público, a necessidade de gerar uma balança positiva na conta-corrente e a aprovação de várias medidas fiscais. Além disso, como medida de ajuste à crise, o governo federal instituiu o Plano de Estabilização Fiscal e apresentou a lista das medidas já implementadas, entre elas, reformas constitucional e jurídica que permitiram a continuidade da privatização de estatais. Em 1998 o crescimento do país foi zero, o desemprego aumentou e a instabilidade e a perda de reservas continuaram, apesar das reformas e do acordo com o FMI. Os mercados financeiros internacionais vivenciaram então o momento da "crise brasileira", com a recusa do governo a alterar sua política cambial — uma medida que poderia ter sido tomada em um período de maior tranquilidade, com planejamento adequado. Agora, em janeiro de 1999, em meio a uma grave crise externa, o governo era forçado a fazer essas mudanças e permitir a livre flutuação do real. O país abandonou a âncora cambial, e o real depreciou mais de 60% em relação ao dólar.

Foi nesse contexto de crise fiscal, abertura da economia, implementação do Plano Real, intensificação do processo de liberalização e crises internacionais sucessivas que se deu a modernização da economia agrícola. Contudo, em face das seguidas crises internas e externas que marcaram os anos 1980 e 1990, dificilmente teria sido possível prever as transformações e modernizações subsequentes que ocorreriam na agricultura brasileira.

A mudança mais radical aconteceu na área do crédito rural e financiamento de operações agrícolas. As transformações começaram em meados dos anos 1980. Quando a política de crédito rural foi implementada nos anos 1970, havia duas fontes principais de crédito. O crédito oficial baseava-se essencialmente na chamada conta movimento do Banco do Brasil, que tinha o poder de emitir moeda para atender as necessidades do Tesouro Nacional e seus principais programas, incluindo o crédito agrícola em suas várias modalidades. Porém, quando emitia títulos da dívida pública para neutralizar os problemas monetários gerados pela conta movimento, o Tesouro por fim assumia o ônus desses créditos concedidos pela conta movimento. Esses subsídios e ônus aumentaram com a escalada da inflação, pois as taxas pagas pelos agricultores geralmente eram apenas taxas de juros, sem correção monetária. A necessidade de controlar as contas públicas levou à extinção da conta movimento em 1986.[140] Além disso, o setor privado financiava o setor agrícola com crédito direto, as chamadas exigibilidades. Elas provinham do setor bancário. Parte dos depósitos à vista recebidos pelos bancos comerciais era aplicada em crédito rural a taxas de juros altamente subsidiadas. Embora negativas do ponto de vista do tomador de empréstimo, em geral inferiores à

[140] No processo de melhorar a administração fiscal do governo, três orçamentos públicos da União (o fiscal, o monetário e o das estatais) foram unificados em 1986, e além disso foi extinta a conta movimento, que havia persistido apesar de representar um problema monetário difícil de controlar. Ver Barbosa Filho (2016) e Ramos e Martha Junior (2010:17-19).

própria inflação, elas eram positivas do ponto de vista da instituição bancária, que captava a um custo financeiro zero, embora houvesse custos operacionais normais para a instituição e a cobertura de inadimplências sobre empréstimos ao setor agrícola.

No caso do crédito oficial, geralmente concedido pelo Banco do Brasil, havia grande pulverização das operações em inúmeros pequenos empréstimos. Já o crédito concedido por bancos comerciais era mais concentrado, para evitar o custo de processar transações de baixo valor e a necessidade de proteger-se contra inadimplência. Embora o banco operasse com *spread* positivo entre a taxa de captação e a taxa de aplicação, evitava emprestar a agricultores financeiramente menos seguros, pois a inadimplência representava um custo direto da operação, apesar da vigência de taxas altamente subsidiadas.

Estudos mostraram que as fazendas mais modernas no mercado eram as principais tomadoras desses empréstimos e que esses recursos eram menos disponíveis a agricultores não dedicados a culturas comerciais. O Banco do Brasil e bancos privados reduziram as operações de crédito nos anos 1980. Com o fim da conta movimento do Banco do Brasil em 1986 e a aceleração inflacionária na segunda metade dos anos 1980, houve uma drástica redução no volume de depósitos à vista e, portanto, dos recursos provenientes das exigibilidades. O valor estimado dos subsídios de crédito rural entre 1970 e 1986 foi R$ 80,48 bilhões (a preços de agosto de 1995) transferidos para o setor agrícola, o que representou 11,4% do PIB agrícola no mesmo período.[141] Com a extinção da conta movimento e a drástica redução dos recursos para o programa de exigibilidades, o crédito rural agrícola praticamente desapareceu ou foi substituído por novos instrumentos creditícios a preços de mercado, e o resultado foi uma redução brutal na disponibilidade de crédito.[142]

Segundo Helfand e Rezende, a drástica redução na oferta de crédito rural no começo dos anos 1990 não foi expressão de uma decisão política de reduzir a participação do governo no financiamento da agricultura. Ela foi um efeito colateral de decisões macroeconômicas destinadas a combater a inflação. Independentemente das causas dessa mudança de política, a consequência foi uma forte pressão sobre a agricultura e os setores industriais e comerciais a ela associados para que desenvolvessem mecanismos alternativos de financiamento da produção e comercialização dos produtos agrícolas (Helfand e Rezende, 2001:4-5).

---

[141] Bacha, Danelon e Del Bel Filho (2006:43-69). Ver também Bacha (2004:170).

[142] Sayad (1978) fez uma interessante análise crítica do modelo de crédito rural adotado originalmente e seus problemas.

Essa criação de mecanismos alternativos já havia começado nos primeiros anos da década de 1990, quando houve um aumento no fluxo de recursos internacionais privados para a agricultura. Além disso, quando o governo adotou várias medidas para liberalizar as operações externas do país, o setor agrícola beneficiou-se desproporcionalmente da nova situação de acesso ao mercado internacional porque pôde contar com taxas de juro relativamente baixas, e os agricultores dedicados à exportação eram menos vulneráveis a empréstimos externos denominados em dólares (Helfand e Rezende, 2001:4-5). Adicionalmente, em 1986, o mesmo ano em que foi encerrada a conta movimento, foi criada a Caderneta de Poupança Rural, cujos recursos deviam ser destinados exclusivamente à agricultura.

Essa nova Caderneta de Poupança Rural direcionada era um tipo de atividade tradicional. Existe no Brasil a tradição de aplicar partes da Caderneta de Poupança em outras atividades direcionadas. Em geral, são recursos destinados ao financiamento do setor habitacional, e sempre estiveram entre os principais instrumentos de captação da poupança das famílias e envolveram uma grande parcela da população brasileira. A Caderneta de Poupança Rural, seguindo o mesmo modelo, teve ampla aceitação e logo se tornou um importante instrumento de captação de recursos. Já em 1987 ela representava mais de um quinto dos recursos alocados para a agricultura e, com variações no decorrer do tempo, até hoje fornece uma parte significativa do financiamento à agricultura. Na nova Constituição aprovada em 1988, foram criados os Fundos Constitucionais de Financiamento para as regiões Norte, Nordeste e Centro-Oeste, dando-se prioridade aos pequenos produtores rurais e industriais dessas áreas.[143] A partir de meados dos anos 1980, foram introduzidas gradualmente as regras de correção monetária para o crédito rural. No entanto, a correção monetária não era sempre total, e variava de acordo com as características regionais dos produtores (Santiago e Silva, 1999:47-69).

Em 1991 foi promulgada a chamada Lei Agrícola, que criou o sistema de pagamento por equivalência em produto nas operações de crédito. A lei determinava uma série de procedimentos governamentais para impedir que o pequeno produtor fosse prejudicado por mudanças no valor da moeda ou nos preços pagos pelos seus produtos quando o agricultor obtivesse um empréstimo junto ao governo. Assim, ao financiar pequenos produtores agrícolas, o governo deveria garantir que fosse mantida uma dada correspondência entre os preços da produção financiada e os custos financeiros do produtor, a fim de evitar disparidade entre o preço

143 Ver o excelente estudo de Araújo (2001).

garantido e a dívida junto ao agente financeiro.[144] Como a correção monetária já havia sido introduzida nos empréstimos agrícolas, corrigir pelo mesmo índice de inflação os preços garantidos nas aquisições do governo federal eliminava o risco de disparidade entre os indicadores, risco esse que aumentava quando a inflação atingia níveis excepcionais.[145] Produtos agrícolas também podiam ser usados para pagar empréstimos, atrelando-se a correção das quantias emprestadas à evolução dos preços dos produtos financiados (Araújo, 2001:29-33).

Naquele mesmo ano, 1991, o Banco Nacional de Desenvolvimento Econômico e Social (BNDES) intensificou sua atividade no setor agrícola, introduzindo no agronegócio várias linhas de financiamento tradicionalmente voltadas para o setor industrial. O Banco criou gradualmente linhas especiais de crédito para o setor agrícola, essencialmente recursos para investimento em maquinário básico e outros insumos produtivos. Em 1994 foi instituída a Cédula de Produtor Rural (CPR). O sistema consistia na emissão de certificados em dólares, que funcionavam como um instrumento representando a promessa de entrega futura de produtos agrícolas e podiam ser emitidos por produtores e cooperativas.[146] Esse foi um instrumento fundamental que permitiu integrar a agricultura ao mercado internacional, porque viabilizou a venda direta de parte da produção. Em 2001 a lei foi suplementada para permitir o ajuste financeiro do certificado em adição às determinações da lei original, que só autorizava a liquidação em produtos. Em 1998 uma resolução criou a chamada "63 caipira", autorizando a captação de recursos externos em dólares para conceder empréstimos em moeda nacional destinados a financiar atividades rurais e agroindustriais.[147] Isso ensejou a abertura do mercado do agronegócio ao capital estrangeiro. Foi mais um passo em direção à internacionalização das atividades do agronegócio no Brasil e, como outros instrumentos pós-1990 criados no período, esse operava a taxas de mercado.

Em 1996 foi criado o Programa Nacional de Fortalecimento da Agricultura Familiar (Pronaf) para promover o desenvolvimento sustentável do segmento

---

[144] Art. 4º da Lei nº 8.174, 30 de janeiro de 1991.

[145] Quando a inflação atingia níveis elevados, o uso de preços médios podia implicar grandes variações. Assim, a adoção do mesmo índice para o financiamento do crédito rural e para o preço garantido de produtos agrícolas eliminava esse risco. Sayad e Luna (1987:189-204).

[146] A Lei nº 8.929, de 22 de agosto de 1991, criou o Certificado de Produto Rural (CPR). Qualquer produto de origem agrícola pode ser associado a um CPR, porém os mais comuns são os que têm maior liquidez no mercado. Ruiz (2015).

[147] Trata-se de um mecanismo tradicional (a Resolução nº 63) para que bancos no Brasil tomem empréstimos no mercado internacional e invistam esses recursos concedendo empréstimos a setores nacionais estratégicos. O termo "caipira" é uma referência ao destino rural desses empréstimos especiais.

rural da agricultura familiar e elevar a capacidade produtiva, gerar empregos e aumentar a renda desses agricultores.[148] Nesse mesmo ano, o governo autorizou o uso de fundos dos substanciais recursos do Fundo de Amparo ao Trabalhador (FAT) no financiamento do Pronaf. O BNDES usava esses recursos para empréstimos industriais e, na época, permitiu-se adicionalmente que o banco disponibilizasse esses fundos para empréstimos rurais a pequenos e miniprodutores rurais.[149] Essas reformas contaram com o apoio dos movimentos sociais e políticos associados aos pequenos produtores rurais e do movimento pela reforma agrária Movimento dos Sem-Terra (MST) que ganharam força política nesse período.

Em 2004 foram criados vários instrumentos financeiros novos para o setor agrícola, dando-lhe uma flexibilidade semelhante à existente em outros setores econômicos e aumentando as opções de instrumentos de crédito, vendas para entrega futura e financiamento baseado em depósitos de produto. Esses novos instrumentos consolidaram novas formas alternativas de financiamento agrícola à medida que a atividade tornou-se mais complexa e se formaram cadeias de valor envolvendo todas as etapas do processo de produção no agronegócio, desde o agricultor e seus fornecedores até o processador industrial e distribuidor de produtos *in natura* e processados.

Antes, o crédito com apoio governamental, fosse ele concedido diretamente ou na forma de crédito direcionado por meio do vasto sistema de subsídios, sempre incluíra taxas de juro negativas. Porém, em meados dos anos 1980 e na década seguinte, o governo finalmente abandonou essa política e passou a adotar taxas de juros positivas na agricultura. Desde então, esses créditos e subsídios governamentais passaram a ter taxas de juros comparáveis com as do livre mercado ou as de outros fundos públicos, que operavam com taxas de juros positivas, porém inferiores aos juros cobrados no livre mercado, tradicionalmente muito elevados no Brasil. Vários estudos analisaram essa fase de transição entre taxas de juro negativas e positivas no crédito rural. Um estudo de 2006 analisa vários estudos anteriores e apresenta suas próprias estimativas.[150] Ele mostra

148 Art. 1º, Decreto nº 1.946, de 28 de junho de 1996.

149 Resolução nº 109 de 1º de julho de 1996 do Conselho Deliberativo do Fundo de Amparo ao Trabalhador. Os recursos podiam ser usados para financiar pequenos e miniprodutores rurais individual ou coletivamente.

150 Bacha, Danelon e Del Bel Filho (2006:43-69). Os autores analisam as taxas praticadas em relação ao IGP-DI e ao INPC. Em nosso gráfico, usamos a relação com o INPC. Por outro lado, no gráfico usamos uma das comparações apresentadas pelos autores, obtida em: GOLDIN, I.; REZENDE, G. C. de. *A agricultura brasileira na década de 80:* crescimento numa economia em crise. Rio de Janeiro: Ipea, 1993.

claramente que essa transição para taxas positivas ocorreu em fins dos anos 1980 e começo dos anos 1990 e continua desde então. Como as taxas de juro reais no Brasil são muito altas, inclusive para o crédito rural que é relativamente privilegiado em comparação com outros setores econômicos, em vários anos a agricultura foi onerada com taxas de juro de aproximadamente 10% acima da inflação (gráfico 3.1).

Gráfico 3.1: **Taxa de juros reais no crédito rural, 1970-2003**

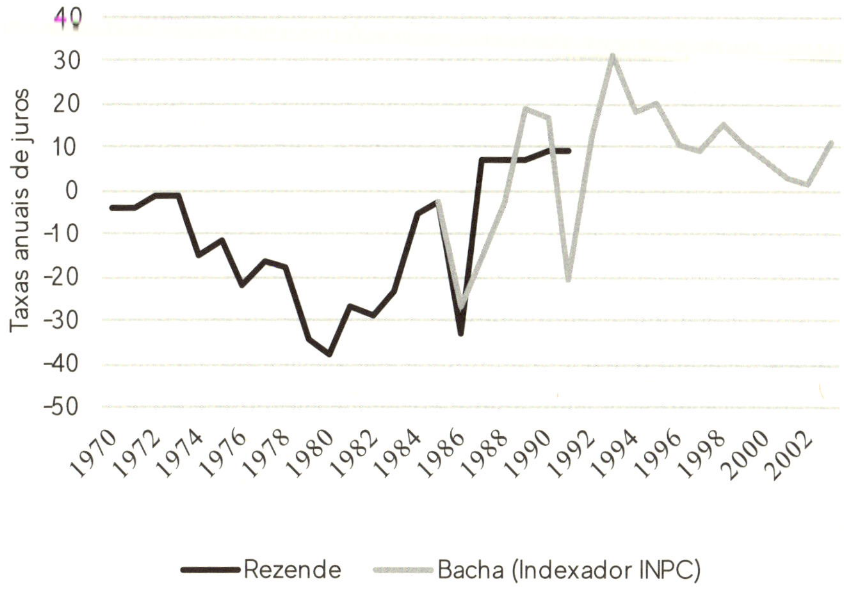

Fonte: Bacha et al. (2006:69).

A disponibilidade relativa de crédito, as flutuações nas taxas de juro reais e as flutuações de preços para todas as culturas agrícolas geraram frequentes crises de endividamento e altas taxas de inadimplência na agricultura. Essas crises de endividamento periódicas implicam um potencial de risco relativo aos empréstimos concedidos à agricultura. Assim, em 1995 foi instituído o Programa de Securitização Agrícola para beneficiar produtores com dívidas de até R$ 200 mil por um prazo de sete a 10 anos, com taxas de juros de 3% ao ano mais a variação do preço mínimo. Essa foi uma das várias negociações de dívida de produtores rurais em geral ou de grupos específicos de produtores, por exemplo, os de açúcar ou etanol, que ocorreram periodicamente no Brasil. As taxas de juros positivas que se tornaram comuns desde fins dos anos 1980 também refletem uma composição diferente das principais fontes de fundos, alternativas que foram criadas ou modificadas após o esgotamento do modelo inicial de financiamento agrícola pelo governo. Essas fontes tradicionais escassearam com a retração dos depósitos à vista no período de inflação alta que precedeu o Plano Real. Embora escassos, os recursos das exigibilidades, hoje chamados depósitos compulsórios, nunca desapareceram. Desde a implementação do Plano Real e a estabilização subsequente da economia, houve uma rápida recuperação dos depósitos à vista em bancos comerciais. Continuou a exigência de que esses depósitos financiassem o crédito rural, porém agora a taxas de juros positivas, apesar de inferiores ao do livre mercado. A Caderneta de Poupança Rural também adquiriu importância como fonte de crédito desde meados dos anos 1990. Nestes últimos 20 anos, recursos das contas de transferência compulsória e da caderneta de poupança rural representaram cerca de 2/3 dos recursos investidos para financiar a atividade agrícola no Brasil. Ao mesmo tempo, os empréstimos externos à agricultura foram perdendo importância. O BNDES, cujos recursos são voltados basicamente para investimentos estruturais, manteve uma posição menor, mas importante, no financiamento da atividade rural, concedendo em média 10% do total dos empréstimos rurais (tabela 3.3).

Apesar da recuperação significativa do crédito rural após o Plano Real graças a vários instrumentos, quando comparamos o valor total do crédito rural com o PIB agrícola vemos que a recuperação não atingiu a proporção dos anos 1970, quando todo esse crédito tinha taxas de juros negativas. No entanto, esse crédito subsidiado compensou a transferência de renda da agricultura para os outros setores da economia por meio de controles de preço, impostos e compras de insumos e equipamento no mercado interno altamente protegido. Um estudo de 1990 estimou que aproximadamente 8,9% do PIB agrícola (média do período 1975-83) foi transferido para outros setores. Em compensação, a estimativa é de que o crédito rural tenha representado em torno de 8% do PIB agrícola nesse mesmo período. É importante salientar que, como essa compensação se deu por meio de crédito rural, que foi usado para adquirir insumos modernos como fertilizantes e máquinas, ela estimulou a modernização da agricultura brasileira (gráfico 3.2).[151]

[151] Araújo (2001). Ver também Brandão e Carvalho (1990).

Tabela 3.3 – Fonte de recursos do crédito rural – 1994-2013 (participação percentual)

	1994-95	1995-96	1996-97	1997-98	1998-99	1999-2000	2000-01	2001-02	2002-03
Recursos do Tesouro	29%	12%	1%	2%	1%	0%	0%	2%	1%
Recursos obrigatórios	11%	13%	39%	39%	40%	45%	52%	51%	51%
Poupança rural	31%	32%	6%	9%	16%	16%	12%	12%	14%
Recursos livres	16%	14%	7%	6%	5%	5%	4%	4%	5%
Fundos constitucionais	6%	13%	9%	8%	6%	6%	5%	6%	6%
Fundo de Amparo ao Trabalhador	0%	5%	19%	17%	16%	15%	11%	10%	8%
BNDES/Finame	0%	0%	2%	4%	6%	7%	11%	13%	13%
Funcafé	0%	0%	1%	4%	5%	4%	2%	1%	2%
Recursos externos	0%	0%	0%	1%	3%	1%	1%	0%	0%
Outros recursos	6%	11%	16%	9%	2%	1%	2%	2%	1%
Total	100%	100%	100%	100%	100%	100%	100%	100%	100%
Valor (milhões Reais)	9.092	6.762	7.748	10.118	10.818	13.356	16.355	19.843	28.041

▶

	2003-04	2004-05	2005-06	2006-07	2007-08	2008-09	2009-10	2010-11	2011-12	2012-13
Recursos do tesouro	2%	5%	1%	1%	1%	0%	0%	0%	0%	0%
Recursos obrigatórios	39%	37%	40%	48%	58%	45%	39%	52%	36%	41%
Poupança rural	22%	27%	24%	19%	17%	26%	29%	27%	38%	27%
Recursos livres	6%	5%	5%	4%	3%	6%	3%	2%	5%	3%
Fundos constitucionais	5%	7%	9%	8%	7%	9%	7%	8%	9%	9%
Fundo de Amparo ao Trabalhador	8%	3%	9%	7%	2%	1%	1%	1%	1%	1%
BNDES/Finame	16%	13%	8%	7%	7%	8%	13%	7%	7%	11%
Funcafé	1%	2%	3%	4%	3%	3%	2%	2%	1%	1%
Recursos externos	0%	0%	1%	1%	1%	1%	1%	1%	1%	1%
Outros recursos	0%	0%	1%	1%	1%	1%	0%	0%	0%	6%
Total	100%	100%	100%	100%	100%	100%	100%	100%	100%	100%
Valor (milhões Reais)	35.233	44.137	44.146	46.816	61.046	69.148	88.8[illegible]7	87.252	96.971	124.407

Fontes: BANCO CENTRAL. Anuário estat. crédito rural: Mapa/SPA/Deagri; Política de crédito rural no Brasil. Disponível em: <www.sober.org.br/palestra/2/138.pdf>.

Gráfico 3.2: Crédito rural em relação ao PIB da agricultura, 1960-2011

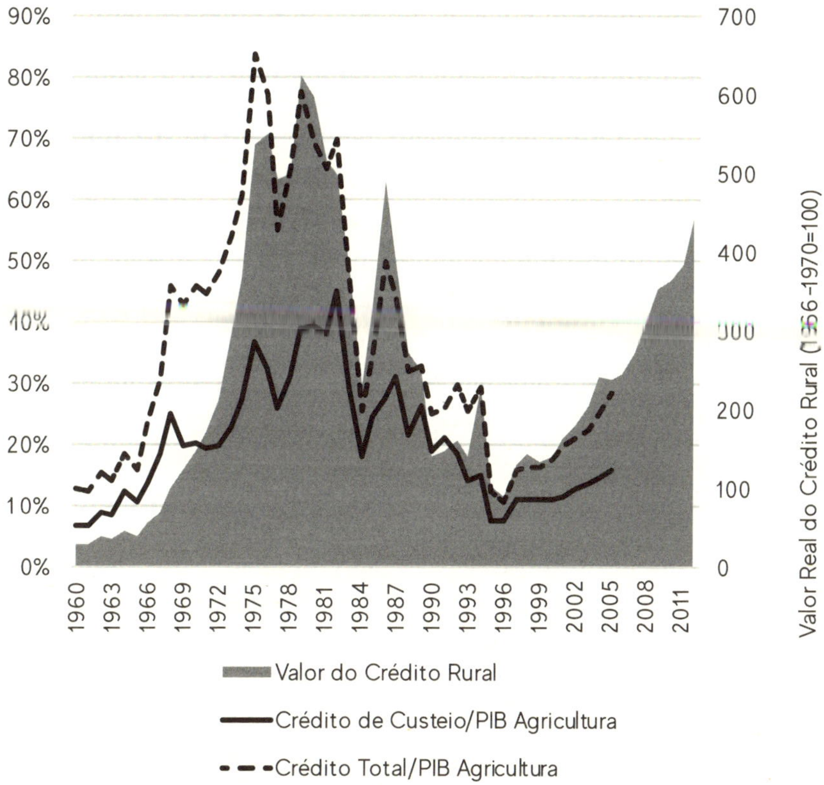

Fontes: Araújo et al. (2007:30); BCentral.

Quando analisamos a relação entre os preços recebidos e os preços pagos pelos produtores, evidencia-se a importância da liberalização do mercado. O índice dessa relação flutuou em torno de 70 até 1992, mas desde então aumentou extraordinariamente, chegando ao pico de 111 logo após o Plano Real em dezembro de 1994, indicando, assim, ganhos crescentes para os produtores. Em 1995, porém, houve uma queda acentuada nessa razão, que permaneceu em torno de 80 até 2005, quando termina a série disponível (gráfico 3.3). Ainda assim, claramente a liberalização do mercado foi positiva para os agricultores, pois seus custos diminuíram mais depressa que os preços das suas mercadorias vendidas. Esse índice não inclui o impacto da produtividade crescente, que obviamente também reduziu os custos do agricultor, pois os mesmos insumos produziram volumes cada vez maiores, como veremos adiante.

Esse novo sistema de crédito rural pós-Plano Real foi menos dependente do setor público e contou com menos recursos fiscais e subsídios. Como o sistema ainda contava com inúmeras fontes de crédito específicas, as taxas, embora positivas, geralmente foram inferiores às taxas de juro do livre mercado cobradas no Brasil. Além disso, a existência de numerosos e variados instrumentos de financiamento permitia escolher a modalidade de crédito mais adequada ao produtor, permitindo reduzir os riscos de uma atividade dependente de um longo processo produtivo que vende seus produtos em mercados altamente competitivos.

Com o Plano Real houve mais estabilidade econômica e criou-se uma grande variedade de fontes alternativas de crédito, sobretudo a partir da primeira década do século XXI. Houve também uma demanda internacional por *commodities* agrícolas, com uma correspondente alta histórica de preços. Ainda assim, a agricultura brasileira enfrentou algumas crises conjunturais significativas nesse período que tiveram causas diversas, algumas relacionadas diretamente com o setor, como endividamento e condições climáticas, e outras derivadas de problemas macroeconômicos, por exemplo, a desvalorização do real e as altas taxas de juro praticadas no Brasil. Entre as várias crises conjunturais que ocorreram na agricultura brasileira, uma das mais graves foi a de 2004-05. Segundo o ministro da Agricultura, Roberto Rodrigues, uma conjunção de fatores de grande impacto provocou essa crise. Entre esses fatores estiveram o declínio dos preços mundiais, o aumento do endividamento dos agricultores e a redução da área plantada, além da sobrevalorização do real. Os produtores rurais destacaram o aumento nos custos de produção, a queda nos preços agrícolas, a perda de produção por problemas climáticos, a falta de seguro rural, a defasagem cambial, dificuldades para estender o financiamento bancário, prazos de pagamento para a compra de pesticidas, fertilizantes, máquinas e outros insumos agrícolas de fornecedores privados, além das deficiências na infraestrutura de transportes e armazenamento. Houve forte pressão pela renegociação de dívidas bancárias, que vinha ocorrendo periodicamente desde que as taxas de juro de mercado haviam sido implementadas nas operações de crédito agrícola.[152] De 2001 a 2013, o crescimento anual médio do PIB agrícola foi superior a 4%. Mas em 2004 e 2005 o PIB agrícola aumentou apenas 2,6%.[153]

[152] CONFEDERAÇÃO DA AGRICULTURA E PECUÁRIA DO BRASIL (CNA). Tratoraço. As razões da crise. O alerta do campo. Disponível em: <www.arrozeirosdealegrete.com.br/arroz/memorialdoarroz/movimentos/crise_no_campo_tratoraco.pdf>. Acesso em: 29 jan. 2018.

[153] IPEADATA. PIB — agropecuária — var. real — ref. 2000 — (% a.a.) — Instituto Brasileiro de Geografia e Estatística, Sistema de Contas Nacionais Referência 2000 (IBGE/SCN 2000 Anual) — SCN_VAAGRO.

Gráfico 3.3: Relação entre preços recebidos e preços pagos pelos agricultores, 1986-2004

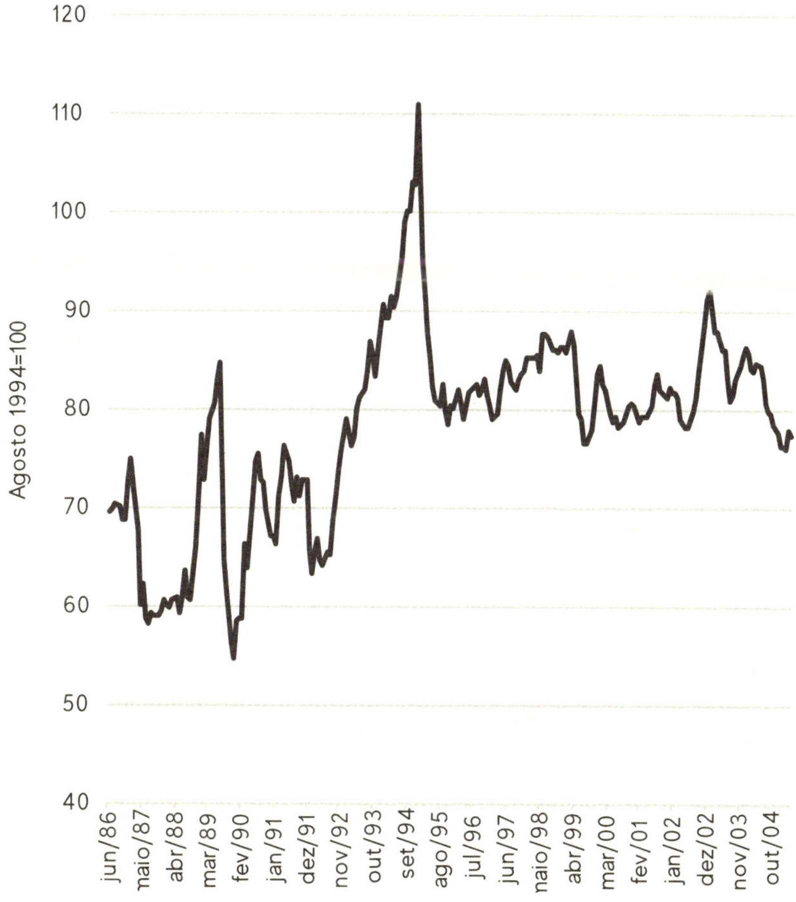

Fontes: Conab (www.conab.gov.br) e Fundação Getulio Vargas (www.fgv.br).

Na safra de 2013-14, o crédito agrícola totalizou R$ 180 bilhões (correspondentes a US$ 77 bilhões) — um aumento de 29% em relação à safra 2012-13. A chamada agricultura comercial recebeu 88% do crédito total concedido, e o programa governamental Pronaf, voltado para a agricultura familiar, recebeu 12% do crédito naquele ano. Do crédito corporativo, 73% foram direcionados aos custos operacionais e comercialização e 27% a investimentos. No segmento do crédito para agricultura comercial, 60% foram concedidos com juros controlados, e o restante emprestado a taxas de juros livres. As principais fontes de fundos foram Recursos Obrigatórios (27%), Poupança Rural (14%), BNDES (14%), Banco do Brasil Agroindustrial (8%). Dos recursos para investimento, cerca de 2/3 provieram dos vários programas administrados pelo BNDES (tabela 3.4). O Plano Agrícola e Pecuário de 2018-19 prevê um total de R$ 194,3 bilhões, correspondente a US$ 50 bilhões, com base na cotação média de dezembro de 2018.

Tabela 3.4: Financiamento rural – programação e aplicação de recursos – safras 2012-13 e 2013-14

	Financiamentos		
Fontes de fundos e programas	**jul./12 a jun./13**	**jul./13 a jun./14**	**Participação**
1. Custeio e comercialização	89.292,0	115.540,6	64%
1.1 Juros controlados	69.363,8	90.021,0	50%
1.2 Juros livres	19.928,2	25.519,6	14%
2. Investimentos	31.075,5	41.768,6	23%
2.1 Programas do BNDES	17.720,2	24.972,3	14%
2.2 Demais fontes/programas	13.355,2	16.796,3	9%
3. Agricultura empresarial (1+2+3)	120.367,5	157.309,1	88%
4. Agricultura familiar (Pronaf)	18.634,7	22.283,4	12%
5. TOTAL AGRICULTURA (3+4)	139.002,2	179.592,5	100%
Percentagem da agricultura familiar	13%	12%	

Fontes: Recor/Sicor/Bacen, BNDES, BB, BNB, Basa, Bancoob e Sicredi; elaboração: Mapa/SPA/Dagri, 17-7-2014.

A partir dos anos 1980 também houve novos mecanismos de financiamento criados para a agricultura por fornecedores e distribuidores de insumos, por exemplo, empresas que vendem sementes, fertilizantes ou pesticidas, e também por *trading companies* nacionais e internacionais, cerealistas, agroindústrias e exportadoras. O sistema funciona de vários modos. Um deles é por meio do adiantamento de fundos para a compra antecipada da safra por fornecedores e distribuidores de insumos. Esse crédito só é quitado após a colheita. Além disso, há transações de permuta [*barter*] que envolvem a possibilidade de entregar a produção depois da colheita como forma de pagar pelos insumos comprados para uso na safra correspondente, a uma paridade predefinida. Segundo um estudo recente, a parcela do crédito bancário é maior no Sul do país, embora no Centro-Oeste haja maior uso de crédito de fornecedores de insumos e *trading companies* para financiar a produção (gráfico 3.4) (Silva, 2012:61-66).

Gráfico 3.4: Composição das fontes de crédito para agricultura, regiões Sul e Centro-Oeste (safra 2011)

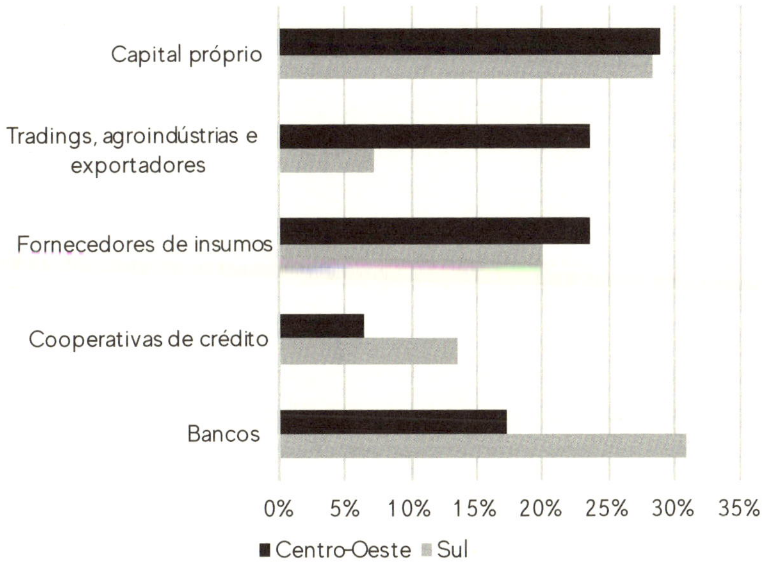

Fonte: Agrosecurity. In: Silva (2012).

O crédito tradicional funciona por meio de bancos comerciais, incluindo o Banco do Brasil e as cooperativas de crédito. O crédito comercial é fornecido pelas *trading companies* que oferecem uma espécie de permuta [*barter*], provendo os recursos por meio do adiantamento de fundos. Os fornecedores e distribuidores de insumos concedem um crédito comercial por um período compatível com a duração da safra correspondente, ou fazem operações de *barter* (Silva, 2012:61-66).

Portanto, o declínio do modelo de financiamento pelo governo ensejou o desenvolvimento do crédito comercial, envolvendo a integração das várias partes do setor agrícola no chamado agronegócio. O agricultor teve que tornar-se um empreendedor para sobreviver e crescer nesse novo ambiente onde o produtor pode comprar e vender seus insumos e produtos no mercado global livre e aberto, porém precisa competir nesse mercado. Agora é o mercado internacional quem determina os preços agrícolas, o que gera a dinâmica, a viabilidade e a lucratividade da produção. Se há vantagens, também há riscos (Buainain et al., 2014:1176).

Além das despesas normais a que a agricultura está sujeita, há o chamado Custo Brasil — os custos adicionais para quem faz negócios no país —, que é bem elevado. Assim, apesar da relativa abundância de crédito, o custo financeiro no Brasil é maior do que no mercado internacional. Há também a volatilidade da taxa cambial e a tendência de sobrevalorização do real. Adicionalmente, costumam existir taxas ocultas sobre as exportações, sem falar nos custos de transporte elevados em razão da má qualidade da infraestrutura nacional. Assim, como explicar o dinamismo do setor que transformou o Brasil em um dos participantes mais importantes e competitivos do mercado internacional de produtos agrícolas?

Em primeiro lugar, é importante destacar essa fase inicial de modernização, sem a qual não existiria o agronegócio no Brasil. É a produtividade que explica a contínua competitividade da agricultura brasileira apesar das dificuldades estruturais enfrentadas em todas as áreas. Mas se foi a produtividade que permitiu ao país ter um papel significativo no mercado agrícola internacional, também foi o mercado internacional que permitiu o contínuo aumento da produtividade, pois o mercado agrícola internacional era quase ilimitado para um produtor competitivo. Um processo de aumento contínuo da competitividade teria sido impossível em um mercado local fechado, por mais amplo que este fosse. Nesse caso, a expansão da oferta teria causado uma queda nos preços agrícolas, impedindo aumentos sequenciais na produção por meio de maior produtividade agrícola (Paiva, Schattan e Freitas, 1973:17-27).

São impressionantes a magnitude dos avanços na produtividade agrícola e o tamanho que o agronegócio alcançou no Brasil. Quando consideramos a área plantada no Brasil nos últimos 40 anos, vemos que o total das terras cultivadas cresceu modestamente, de 40 milhões de hectares em média nos anos 1980 para 45 milhões na primeira década do século XX: um aumento de 12%. Em 2010 essas terras perfaziam 50 milhões de hectares, e na safra de 2017-18 a estimativa é de que alcançaram 62 milhões de hectares. Em contraste com esse aumento relativamente acanhado na área cultivada, houve um enorme crescimento na produção, que passou de aproximadamente 50 milhões de toneladas para 238 milhões na safra de 2016-17. Esse crescimento excepcional das safras deveu-se basicamente ao aumento da produtividade, que passou de aproximadamente 1.400 quilos por hectare nos anos 1980 para cerca de 3.500 quilos nas oito primeiras safras de 2010: um crescimento de 150% no período (gráfico 3.5).

Gráfico 3.5: **Área (ha), produção e produtividade (kg/ha, 1976-2018)**

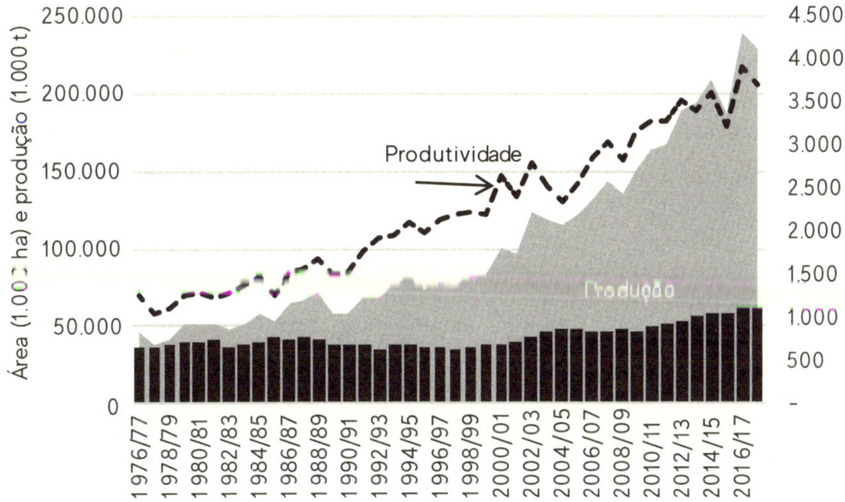

Fonte: Conab – Séries históricas (safra 2017-18 estimativa).
Disponível em: <www.conab.gov.br/conteudos.php?a=1252&t= http://www.conab.gov.br/conteudos.php?a=1252&t=>.

Embora esse aumento de produtividade tenha ocorrido em todas as regiões brasileiras, não houve redução significativa na disparidade histórica que existe entre as regiões Norte-Nordeste em relação às outras áreas do país. Nas oito safras mais recentes, a produtividade média da zona Norte-Nordeste foi de aproximadamente 2.100 quilos por hectare, em comparação com 3.800 quilos no Centro-Oeste, Sul e Sudeste. Apesar disso, a diferença declinou lentamente à medida que a modernização da agricultura tornou-se mais intensa no Norte-Nordeste do que no Centro-Oeste, Sul e Sudeste. Em anos recentes, a produtividade dobrou no Centro-Oeste, Sul e Sudeste, mas quadruplicou nas regiões Norte e Nordeste. Por exemplo, na safra de 2016-17 a média do Norte e Nordeste foi de 2.569 quilos, e nas regiões do Centro-Sul foi de 4.197 quilos. A razão, obviamente, é que as regiões setentrionais começaram com níveis de produtividade muito baixos e precisaram de menos insumos para elevar sua produtividade. O segundo fator, talvez mais importante, foi a criação de importantes polos de agricultura comercial no Nordeste — por exemplo, na área de Petrolina e Barreiras — e no Norte, com o desenvolvimento de agricultura comercial nas margens do Amazonas em regiões de alta produtividade (gráfico 3.6).

Gráfico 3.6: **Produtividade do Brasil e regiões (t/ha), 1976-2018**

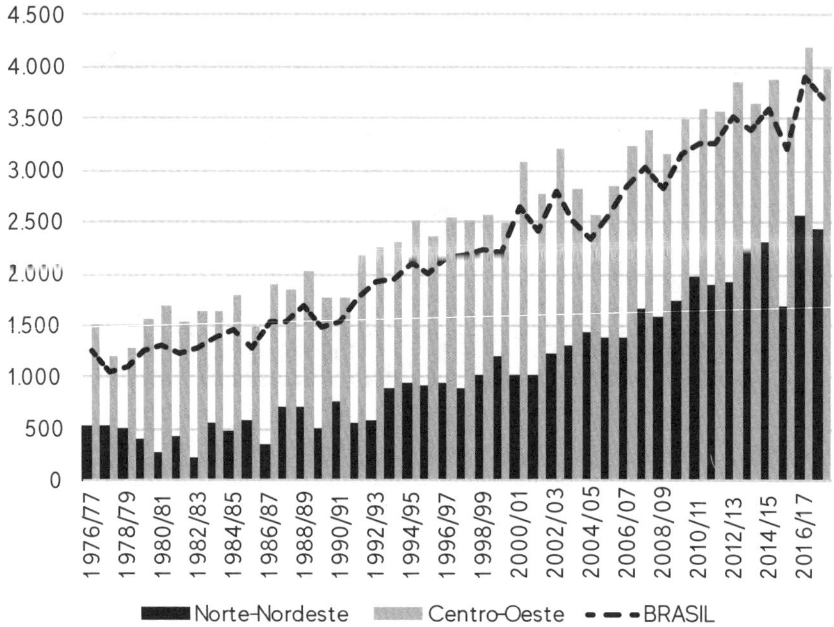

Fonte: Conab. Séries históricas (safra 2017-18 estimativa).
Disponível em: <www.conab.gov.br/conteudos.php?a=1252&t=>.

Podemos confirmar esse crescimento generalizado da agricultura brasileira analisando alguns dos produtos mais importantes. O gráfico 4.8 mostra a produção de milho, trigo e soja. É evidente que houve maior aumento na produtividade do milho e do trigo em comparação com a de soja. O milho é tradicionalmente o cultivo agrícola mais disseminado na zona rural brasileira. É produzido em unidades pequenas, médias e grandes, e em muitas unidades para consumo próprio. Com a intensificação da produção, aumentou a porcentagem dos produtores comerciais e, com isso, houve crescimento significativo da produtividade. Porém, embora a produtividade média como um todo tenha aumentado, ainda se vê maior dispersão da produtividade em torno da média. A maioria das unidades agrícolas no Brasil continua a ser de agricultura de subsistência ou pequenas unidades que produzem apenas um pequeno excedente para venda. Isso se evidencia quando comparamos a produtividade média de grãos nos vários estados do Nordeste, como Ceará e Rio Grande do Norte, que é inferior a 600 kg/hectare, com os mais de 4 mil kg/hectare nos vários estados do Centro-Oeste, Sul e Sudeste.[154]

O trigo, como já mencionamos, foi um produto acentuadamente controlado e subsidiado até os anos 1980. Com o advento do livre mercado para o trigo, a produção nacional caiu de aproximadamente 6 milhões de toneladas em fins dos anos 1980 para cerca de 2 milhões nos primeiros anos da década seguinte, pois os produtores brasileiros não eram competitivos para concorrer no mercado livre. O recente aumento gradual na produção tritícola, que por fim retornou aos níveis dos anos 1980, mostra que agora os triticultores brasileiros são competitivos com os dos países temperados como a Argentina, mais apropriados ao cultivo dessa planta. Quanto à soja, seu cultivo desde a introdução da planta sempre se deu em propriedades modernas, voltadas para a comercialização e, portanto, com níveis relativamente elevados de produtividade; isso explica o fato de sua produtividade crescer a taxas menores que as do trigo e milho, os quais apresentavam baixos níveis de produtividade no final do século XX (gráfico 3.7).

Gráfico 3.7: **Produtividade do trigo, milho e soja, 1976-2018 (t/ha) (1976-80=100)**

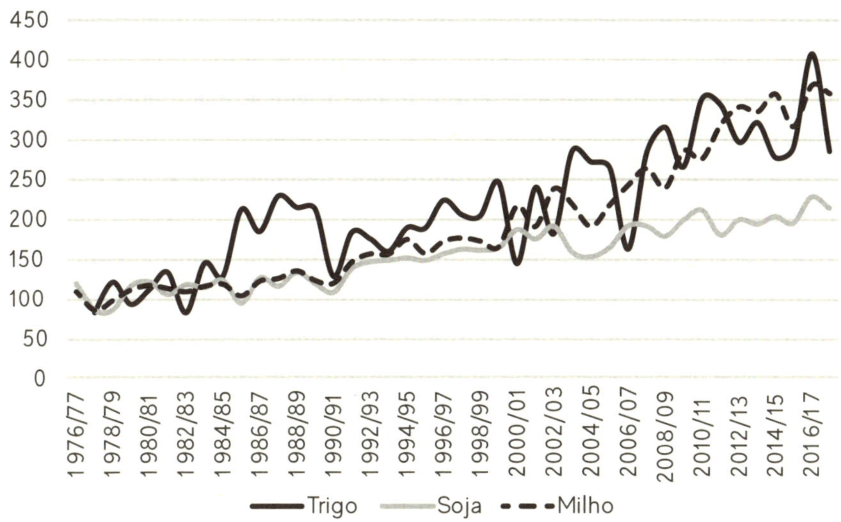

Fonte: Conab. Tabelas disponíveis em: <www.conab.gov.br/conteudos.php?a=1252&t=>.

[154] Conab — Companhia Nacional de Abastecimento. Acompanhamento da safra brasileira de grãos. V. 4 — Safra 2016/17 — N. 8 — Oitavo levantamento, maio de 2017.

A produtividade histórica do arroz, do feijão e do algodão — três produtos tradicionais da agricultura brasileira — aumentou em diferentes tipos de unidade agrícola. O feijão sempre se caracterizou pela produção em pequenas unidades, o mais das vezes para subsistência. Embora o Brasil fosse um grande produtor de feijão, esporadicamente precisava complementar a oferta interna com importações, em geral de países vizinhos. A produtividade tradicionalmente foi muito baixa, mas também cresceu significativamente no período pós-1990. Em contraste, o arroz era produzido em áreas especiais, por exemplo, nos arrozais irrigados da região Sul do país, e sempre se concentrou no cultivo comercial. No entanto, a rizicultura também mostrou aumentos significativos de produtividade no período mais recente.

Em comparação com outras culturas importantes para o mercado interno, como milho e feijão, o algodão apresentava níveis relativamente elevados de produtividade. Isso explica o fato de o aumento da sua produtividade ter sido inferior à do feijão. Cultura tradicional do Nordeste, por um longo período foi praticamente abandonada nessa região devido à praga do bicudo-do-algodoeiro, que reduziu a produção de algodão em todo o Brasil nos anos 1980 e 1990. Só nos últimos 20 anos a área cultivada com algodão alcançou uma relativa recuperação. Assim, na safra de 1976-77, o algodão foi plantado em 3,2 milhões de hectares no Norte-Nordeste e em 850 mil hectares no Centro-Oeste, Sul e Sudeste. Na safra de 2017-18, a cotonicultura ocupou apenas 311 mil hectares no Norte-Nordeste e 739 mil hectares no Centro-Sul (gráfico 3.8).

A produtividade brasileira em importantes culturas comerciais hoje é próxima da encontrada em países mais avançados. A produção média de soja por hectare do Brasil em 2014 foi superior à da Argentina e correspondeu a 90% da obtida nos Estados Unidos. Na cultura do milho, as maiores produções por hectare, encontradas no estado de Goiás, no Centro-Oeste, não são tão avançadas, mas ainda assim alcançaram 77% da registrada nos Estados Unidos e 89% da registrada no Canadá naquela safra.[155]

[155] FAOSTAT. Acesso em: 19 maio 2017; CONAB, Milho Total (1ª e 2ª safra), BRASIL. Safras 1976-77 a 2015-16.

Gráfico 3.8: **Produtividade do algodão, arroz e feijão, 1976-2018 (t/ha) (1978-80=100)**

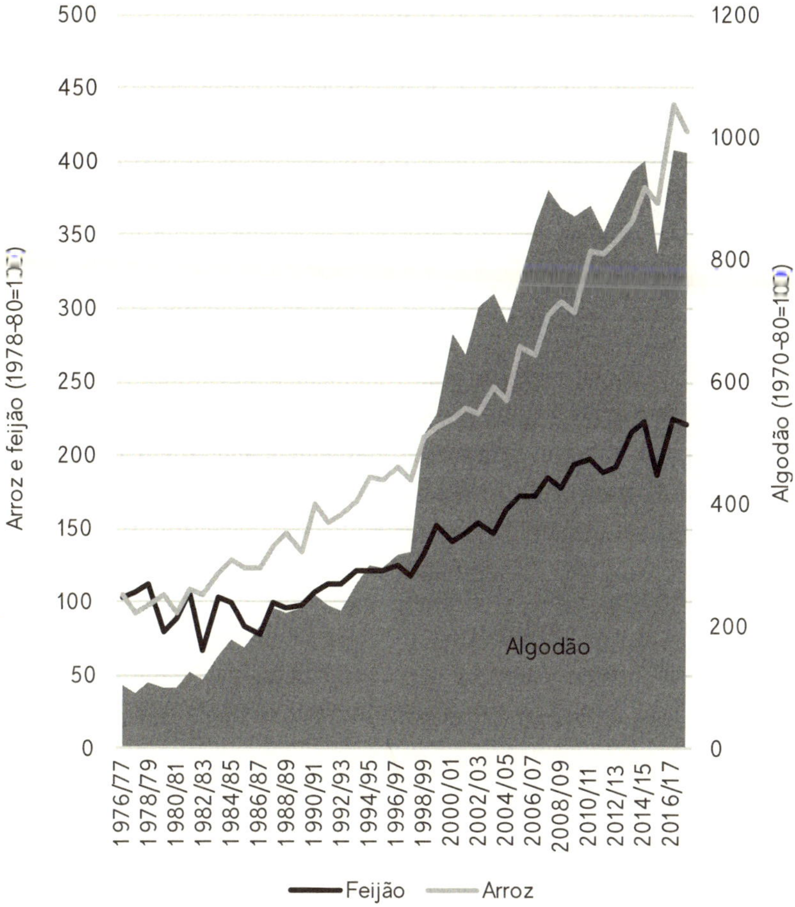

Fonte: Conab. Tabelas disponíveis em: <www.conab.gov.br/conteudos.php?a=1252&t=>.

Embora os indicadores de produção por área sejam um modo prático de medir e comparar a produtividade agrícola, o melhor é analisar a Produtividade Total dos Fatores (PTF), que mede a relação entre a quantidade produzida e a quantidade de insumos usados, como terra, mão de obra e capital. Vários estudos mostram que o Brasil teve um desempenho excepcional na PTF quando comparado aos países com o elevado desempenho na agricultura.[156] Em um

[156] Gasques et al. (2010:19-44), Gasques (2012:83-92), Gasques et al. (2014:87-98), Mendes (2010), Mendes et al. (2010), Negri e Cavalcanti (2014), Freitas (2014:373-410) e Silva e Ferreira (2016:4-15).

estudo de 2012, Gasques, um dos principais estudiosos nesse tema, juntamente com colegas, estimou a produtividade da mão de obra, terra e capital e o resultante cálculo da Produtividade Total dos Fatores para o período de 1975 a 2011. A produtividade da terra, mão de obra e capital mostraram crescimento significativo no período 1975-2001, porém o maior crescimento foi o da mão de obra, 4,29% ao ano, seguido pela terra, com 3,77% anuais. Além disso, todos os três fatores intensificaram-se após 2000. Segundo o estudo, a produtividade da terra aumentou sistematicamente em todos os anos analisados. Parte desse crescimento deveu-se à incorporação de terras novas e mais produtivas e à adoção de novas práticas de cultivo, mas o maior efeito foi resultado de investimentos em pesquisa, serviços de extensão e novas tecnologias (tabela 3.5).

Tabela 3.5: Fontes de crescimento da agricultura brasileira, 1975-2011 (taxas anuais)

Indicadores	1975-2011	1975-79	1980-89	1990-99	2000-09	2000-11
Índice de produto	3,77	4,37	3,38	3,01	5,18	4,85
Índice de insumos	0,20	2,87	2,20	0,36	-0,51	-0,80
Produtividade total dos fatores	3,56	1,46	1,16	2,64	5,72	5,69
Produtividade da mão de obra	4,29	4,25	2,13	3,52	5,86	5,71
Produtividade da terra	3,77	3,15	2,91	3,25	5,61	5,32
Produtividade do capital	3,05	2,77	2,87	1,89	4,62	4,35

Fonte: Gasques et al. (2012:89).

A Produtividade Total dos Fatores entre 1975 e 2011 cresceu 3,56% ao ano, um resultado excepcional para um período tão longo. Esse crescimento deve-se à contínua melhora da qualidade dos insumos usados na produção e às profundas transformações tecnológicas, administrativas, comerciais e financeiras na agricultura comercial brasileira. O impressionante é que, nos últimos anos do estudo, a PTF aumentou, atingindo a média anual de 5,6%. Ou seja, a produção continua a crescer a um ritmo acelerado, embora a quantidade de insumos permaneça praticamente estável. Essa intensificação da produtividade, especialmente nos últimos 10 anos, é ainda mais relevante, já que não mais se baseia em indicadores de produtividade originais extremamente baixos, como os existentes nos anos 1960. Agora podemos dizer que o Brasil tem produtividade suficiente para ser altamente competitivo no mercado agrícola mundial (gráfico 3.9).

Gráfico 3.9: **Produtividade total dos fatores (PTF), índice de produto e índice de insumos (1975=100)**

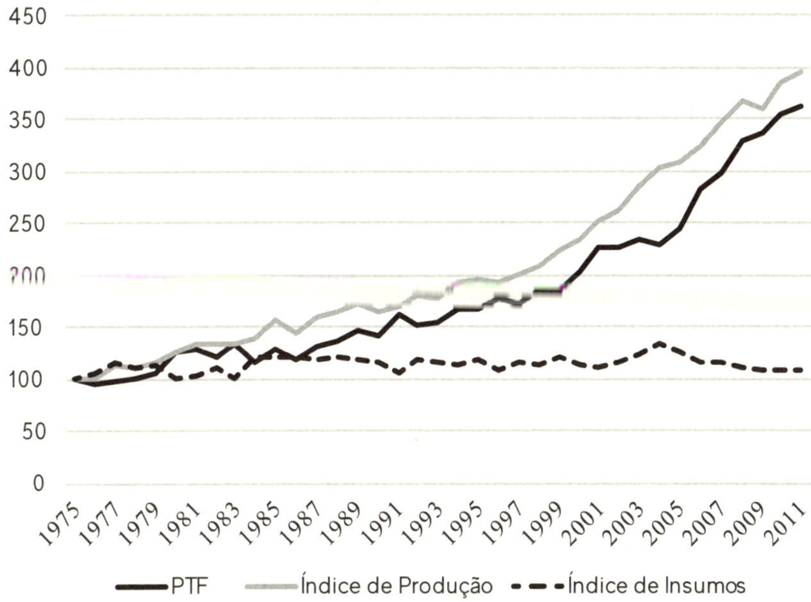

Fonte: Gasques et al. (2012).

Gasques e colaboradores também analisam os efeitos de políticas públicas sobre a produtividade. Concluem que o crédito é um fator essencial para a produção e a modernização. Como o processo produtivo requer tempo, a disponibilidade de crédito fornece a liquidez necessária para adquirir insumos de melhor qualidade e acelerar a adoção de melhores tecnologias. Além disso, o crédito permite aumentar a escala de produção mediante a incorporação de terras e equipamentos. As exportações influenciam a produtividade, pois requerem que os produtos sejam melhorados; também estimulam a expansão da escala de produção e exigem competitividade, a qual só é possível com aumentos constantes na produtividade e redução de custos (Gasques et al., 2012:83-92).

Helfand e Levine analisaram a produção agrícola na região Centro-Oeste e concluíram que o acesso a instituições e bens frequentemente providos pelo setor público — por exemplo, o acesso ao mercado por meio da criação de infraestrutura e eletrificação rural — foi um dos determinantes mais importantes das diferenças em eficiência. Outros determinantes importantes foram o uso de insumos como irrigação e fertilizantes e as diferenças na composição da produção. Esses resultados identificam os tipos de políticas e práticas de produção que podem ter contribuído para aumentar a eficiência técnica nessa região. Os autores encontraram também uma relação em U entre o tamanho da unidade agrícola e a eficiência técnica. Para as unidades de mil a 2 mil hectares, a eficiência diminuiu conforme aumentou o tamanho da unidade, mas a partir desse tamanho a eficiência voltou a crescer. Isso se explica principalmente pelo acesso preferencial das unidades agrícolas muito grandes a instituições e serviços como eletricidade rural, assistência técnica e acesso a mercados, os quais, juntamente com o uso mais intensivo das tecnologias e insumos, elevaram sua produtividade. Essas grandes unidades agrícolas podem ser parcialmente responsáveis pelo excepcional crescimento da produtividade total dos fatores no Centro-Oeste em comparação com o resto do Brasil. No entanto, os autores supõem que, se as unidades com menos de 2 mil hectares tivessem o mesmo acesso aos fatores que aumentam a produtividade, também poderiam produzir com mais eficiência do que as unidades de mais de 2 mil hectares (Helfand e Levine, 2004:248-249).

A pesquisa básica também é essencial ao crescimento da produtividade, sobretudo em um país tropical, pois traz a possibilidade de descobrir novas variedades que sejam mais resistentes e produtivas, desenvolve melhores técnicas de gestão e novas formas de cultivo, melhora a qualidade de insumos e estuda problemas que frequentemente são exclusivos dos trópicos. Os efeitos da pesquisa não são imediatos, e sim cumulativos, e além disso variam com o tempo, dependendo da cultura e do solo. Juntamente com a pesquisa, também são significativos os resultados dos serviços de extensão rural e assessoria fornecidos pelos centros de pesquisa públicos e privados ou por empresas de processamento ou comercialização. Nesse aspecto, o papel da Embrapa e de outras entidades públicas e privadas foi crucial, pois elas deram aos agricultores os meios e o conhecimento para adotar mudanças tecnológicas e inovações em sua produção e adaptá-las às condições específicas do clima e solo locais. Segundo o estudo dos resultados sobre a produtividade total dos fatores, o mais forte efeito sobre a produtividade relaciona-se com o gasto em pesquisa. Um aumento de 1% no gasto com pesquisa gera um aumento de 0,35% na PTF; seguem-se em importância o crédito e as exportações (Gasques et al., 2012:83-92).

Além dos estudos sobre PTF em nível nacional, existem dados para estados no período de 1970 a 2006. Nesse período, o indicador cumulativo da PTF mostrou um aumento de 2,27% ao ano. No entanto, houve grande volatilidade nas médias dos estados. Se compararmos os períodos de 1970 a 2006 com o período final, 1995-2006, essas disparidades refletem o processo de modernização mais recente e a incorporação de novas áreas ao processo produtivo. Neste último período, destacam-se os estados do Espírito Santo, Amapá, Maranhão e Bahia. Os estados com agricultura consolidada, como São Paulo, Paraná e Rio Grande do Sul, tiveram resultados mais modestos nesse período (tabela 3.6).

Tabela 3.6: Produtividade total de fatores da agricultura, taxas anuais de crescimento, por estado, 1970-2006

	2006-1970	2006-1995
Brasil	**2,27**	**2,13**
Acre	0,70	4,12
Amapá	2,32	8,59
Amazonas	-0,90	2,07
Pará	0,83	1,99
Rondônia	1,13	4,62
Roraima	3,29	5,81
Tocantins		-3,58
Alagoas	3,43	6,19
Bahia	1,65	5,55
Ceará	3,86	4,63
Maranhão	2,50	6,37
Paraíba	2,47	1,39
Pernambuco	3,17	4,32
Piauí	2,57	3,30
Rio Grande do Norte	3,19	2,09
Sergipe	2,18	3,74
Espírito santo	3,06	9,49
Minas Gerais	1,72	2,77
Rio de Janeiro	1,64	1,32
São Paulo	1,71	1,09
Paraná	3,48	1,72
Rio Grande do Sul	1,43	1,03
Santa Catarina	3,53	2,96
Distrito Federal	3,02	1,07
Goiás	2,97	0,95
Mato Grosso	4,67	3,87
Mato Grosso Sul		0,32

Fonte:: Gasques et al. (2010).

Outro estudo abrangente sobre a produtividade agrícola e as disparidades entre produtores prediz que a produtividade na agricultura pode crescer nos próximos anos com a mesma quantidade de insumos e tecnologias, porém com maior eficiência técnica. Políticas públicas e agrícolas podem contribuir para esse crescimento e promover o aumento da PTF, especialmente em estados com pouca eficiência (Mendes, 2010:87-88).

Hoje o Brasil é líder mundial na produção e exportação de vários produtos agrícolas. Na média dos anos 2006-09, o país foi o quarto maior produtor em valor, logo abaixo da China, Estados Unidos e Índia. Além disso, de modo geral o desempenho do Brasil na agricultura tem sido muito elevado em comparação com produtores agrícolas mundiais importantes como China, Estados Unidos, Índia, Austrália, Canadá e Argentina. Ao todo, o crescimento do Brasil em produção e valor da produção supera o de outros países, exceto a China, também com desempenho excepcional. A partir dos anos 1980, o mesmo se deu com a estimativa da Produtividade Total dos Fatores. Entre os principais países produtores, Brasil e China mantiveram inquestionavelmente a liderança. No período de 2001 a 2009, por exemplo, o Brasil teve crescimento anual médio de 4% em comparação com 2,8% da China, 2,3% dos Estados Unidos e 2,1% do Canadá e Índia. Argentina e Austrália mostraram taxas de crescimento da PTF significativamente inferiores. A China e a Índia não são concorrentes do Brasil, e cada qual constitui seu próprio mercado principal. A competição do Brasil é com os outros grandes produtores e exportadores de carnes e grãos como Estados Unidos, Austrália e Canadá. Nesse sentido, o desempenho brasileiro tem sido excepcional desde os anos 1980 (tabela 3.7).[157]

[157] Fuglie (2012: cap. 6). Ver também Fuglie e Wang (2012:1-6), Fuglie e Schimmelpfennig (2010:169-172) e Ludena et al. (2006).

Tabela 3.7: Produção agrícola por países e grupos de países: valor da produção e produtividade total de fatores (PTF), 1961-2009 – variação anual

Países e grupos de países	Valor da produção	Valor da produção agrícola (variação anual)					PTF da agricultura (variação anual)				
	US$ milhões	1961-70	1971-80	1981-90	1991-00	2001-09	1961-70	1971-80	1981-90	1991-00	2001-09
Todos os países em desenvolvimento		6,2	3,0	3,4	3,6	3,3	0,7	0,9	1,1	2,2	2,2
Todos os países desenvolvidos		2,1	1,9	0,7	1,4	0,6	1,0	1,6	1,4	2,2	2,4
Economias de transição		3,3	1,3	0,9	-3,5	2,0	0,6	-0,1	0,6	0,8	2,3
Brasil	127	3,6	3,9	3,4	3,7	4,5	0,2	0,5	3,0	2,6	4,0
EUA	229	2,0	2,3	0,6	1,9	1,4	1,2	1,8	1,2	2,2	2,3
China	487	4,9	3,3	4,5	5,3	3,4	0,9	0,6	1,7	4,2	2,8
Argentina	41	1,8	3,0	0,5	3,2	2,7	0,2	3,1	-1,0	1,5	1,2
Austrália	23	3,0	1,8	1,7	3,6	-0,8	0,6	1,7	1,3	2,9	0,6
Índia	205	1,7	2,8	3,4	2,5	3,3	0,5	1,0	1,3	1,2	2,1
Canadá	28	2,8	2,3	1,3	2,5	2,0	1,4	-0,4	2,7	2,6	2,1

Fonte: Fuglie (2012: tab. A 16.2).
Valor da produção – média período 2006-2009 – US$ – valores constantes de 2005.

A análise de vários estudos sobre produtividade agrícola e PTF mostra o extraordinário desempenho da agricultura brasileira em uma fase na qual a economia como um todo no país não teve bons resultados. A produtividade total no Brasil é baixa, mesmo em comparação com países similares, e está estagnada desde os anos 1980. Essa estagnação da produtividade pode ser atribuída a vários fatores, entre eles custos elevados para os negócios, complexa e onerosa estrutura tributária, elevados impostos e tarifas de importação, infraestrutura inadequada, baixos investimentos públicos e privados em P&D e baixos níveis educacionais. Entretanto, o desempenho excepcional da agricultura brasileira em produção e produtividade permite ao Brasil ter um papel importante no mercado internacional de produtos do agronegócio. Hoje o país é o maior produtor mundial de café, suco de laranja e açúcar; o maior exportador mundial de carne de bovinos e aves; o principal produtor mundial de cana-de-açúcar e o maior exportador de açúcar e etanol. Além disso, o Brasil em alguns anos tem superado os Estados Unidos e ocupado a liderança na produção mundial de soja. Embora o setor agrícola tenha participação pequena na composição do PIB nacional, em torno de 5%, o chamado agronegócio inclui uma fatia maior da economia, pois não abrange apenas a produção agrícola em si, mas também o processamento de produtos agrícolas, os canais de distribuição e a oferta de máquinas, sementes, fertilizantes e outros produtos consumidos pelos produtores, além de serviços de apoio como logística, pesquisa, assistência técnica, serviços financeiros e outras atividades afins. Esse complexo mais abrangente conhecido como agronegócio brasileiro — que, segundo estimativas, é responsável por 20% do PIB — tem grande impacto sobre a economia brasileira, e um dos seus principais elementos dinâmicos. Representará um setor essencial para a futura recuperação da economia.

Na metodologia adotada pelo Centro de Estudos Avançados em Economia Aplicada da Universidade de São Paulo (Cepea/USP/CAN), o setor agrícola em si representa cerca de 25% do valor total do PIB do agronegócio, a mesma porcentagem de contribuição da indústria de processamento de produtos agrícolas; 40% provêm dos serviços necessários ao processo de produção. Os insumos usados no cultivo e comercialização das culturas compõem cerca de 5% do PIB do agronegócio. A decomposição do agronegócio em setores de produção mostra a preponderância da agricultura (pouco mais de 2/3), ficando a pecuária com aproximadamente 1/3 (tabela 3.8).

Tabela 3.8: PIB do agronegócio, composição e participação no PIB da economia brasileira, 1996-2017

			Agronegócio					
	Agricultura (1)	Agronegócio (2)	Composição do agronegócio				Setores do agronegócio	
Anos	% do PIB	% do PIB	Insumos	Produção agropecuária	Indústria	Serviços	Agricultura	Produção animal
1996	5,5%	28,3%	2%	14%	37%	46%	75%	25%
1997	5,4%	25,8%	2%	15%	37%	46%	75%	25%
1998	5,5%	24,7%	3%	16%	36%	46%	76%	24%
1999	5,5%	24,7%	3%	16%	36%	45%	77%	23%
2000	5,6%	25,5%	3%	15%	36%	46%	77%	23%
2001	6,0%	25,7%	3%	17%	35%	45%	75%	25%
2002	6,6%	26,2%	4%	19%	33%	43%	77%	23%
2003	7,4%	27,0%	4%	22%	32%	42%	79%	21%
2004	6,9%	24,2%	5%	21%	33%	41%	78%	22%
2005	5,7%	21,4%	4%	18%	35%	42%	77%	23%
2006	5,5%	20,6%	4%	21%	34%	41%	81%	19%
2007	5,6%	20,1%	4%	21%	33%	42%	75%	25%
2008	5,9%	20,2%	5%	22%	31%	41%	72%	28%
2009	5,6%	19,1%	5%	20%	33%	43%	73%	27%
2010	5,3%	19,2%	4%	23%	31%	42%	73%	27%
2011	5,5%	18,6%	5%	26%	30%	40%	75%	25%
2012	5,3%	17,2%	5%	24%	30%	40%	76%	24%
2013	5,7%	17,0%	5%	25%	30%	40%	72%	28%
2014	5,0%	16,9%	5%	25%	30%	41%	69%	31%
2015	5,0%	18,2%	5%	24%	30%	42%	68%	32%
2016		20,0%	4%	25%	29%	42%	70%	30%
2017			4%	25%	29%	41%	70%	30%

Fonte: Cepea-USP/CNA.

Disponível em: <www.cepea.esalq.usp.br/br/pib-do-agronegocio-brasileiro.aspx>.

Notas:

(1) representa o setor agrícola nas contas nacionais.

(2) inclui os insumos utilizados pela agricultura, o processamento industrial dos produtos da agricultura e serviços associados.

Quando analisamos a produção agrícola da perspectiva do valor bruto, a soja destaca-se como o produto mais importante, com cerca de 32% do valor bruto da agricultura e 20% do valor bruto da produção agropecuária. Os outros produtos são: cana-de-açúcar (14% da agricultura), milho (11%), laranja (7%) e café (6%). O café, que até os anos 1950 foi o elemento mais representativo da economia brasileira, hoje tem o mesmo nível de importância da banana e do tomate, que representam cerca de 4%. Na pecuária, bovinos e aves têm a liderança, com aproximadamente 1/3 cada um, seguidos pela produção de leite (15%), suínos e ovos (tabela 3.9).

Tabela 3.9: Valor bruto da produção – lavouras e pecuária (2015)

Lavouras	R$ milhões	% no ramo	% no valor total
Soja (em grão)	93.607	32%	20%
Cana-de-açúcar	42.363	14%	9%
Milho (em grão)	32.125	11%	7%
Laranja	20.130	7%	4%
Café (em grão)	18.322	6%	4%
Banana	12.661	4%	3%
Tomate	11.167	4%	2%
Algodão herbáceo (caroço)	10.658	4%	2%
Arroz (em casca)	9.535	3%	2%
Feijão (em grão)	7.595	3%	2%
Mandioca	7.241	2%	2%
Fumo (em folha)	7.233	2%	2%
Batata-inglesa	5.448	2%	1%
Trigo (em grão)	3.978	1%	1%
Uva	3.741	1%	1%
Maçã	3.450	1%	1%
Cebola	1.046	0%	0%
Cacau	881	0%	0%
Pimenta-do-reino	833	0%	0%
Amendoim (em casca)	830	0%	0%
Mamona (baga)	114	0%	0%
TOTAL LAVOURAS	292.956	100%	61%
Bovinos	70.389	38%	15%
Frango	63.044	34%	13%
Leite	27.524	15%	6%
Suínos	12.760	7%	3%
Ovos	10.876	6%	2%
TOTAL PECUÁRIA	184.592	100%	39%
VBP TOTAL	477.548		100%

Fonte: SPA/Mapa.

O desempenho do agronegócio tem sido fundamental na balança de pagamentos brasileira. As exportações do agronegócio vêm crescendo constantemente desde o começo do século XXI. Eram aproximadamente US$ 20 bilhões em 2000 e atingiram US$ 94 bilhões em 2011, com taxa de crescimento anual de 15%; desde então, estabilizaram-se em torno de US$ 100 bilhões na segunda década do século. A maior importância do desempenho do agronegócio na área externa não está só na quantidade exportada, mas também em sua parcela no valor total das exportações brasileiras (42% em 2018). O resultado mais importante é que, na balança comercial do agronegócio, o país exporta em média 80% mais produtos do agronegócio do que importa. Como a balança comercial brasileira, excluindo o agronegócio, é acentuadamente negativa, foram essas exportações agrícolas que possibilitaram a geração de excepcionais saldos positivos nas balanças de comércio na maioria dos anos a partir de 2004, ou que permitiram ao Brasil evitar maiores desequilíbrios em anos problemáticos, por exemplo, 2014. Nesse ano, o agronegócio gerou uma balança positiva de US$ 83 bilhões, mas, ainda assim, o saldo da balança comercial foi negativo em US$ 4 bilhões, o que demonstra o desequilíbrio estrutural existente no comércio exterior brasileiro quando se exclui o agronegócio. Em 2018 as exportações do agronegócio alcançaram US$ 101,7 bilhões, com saldo recorde de US$ 87,7 (tabela 3.10).

Esse desempenho excepcional da agricultura brasileira também se beneficiou de mudanças no mercado internacional de *commodities*, em especial o de *commodities* agrícolas. Após longo período de relativa estabilidade nos anos 1980 e 1990, no começo do século XXI os preços de *commodities* agrícolas cresceram rapidamente, em grande medida influenciados pelo forte crescimento da China e de sua crescente penetração no mercado das *commodities* em geral. O Índice de Preços de Alimentos da FAO, baseado na média dos anos 2002-04, alcançou um pico em 230 no ano 2011.[158] Isso representou um crescimento de 130% em uma década. Desde 2011 houve uma redução significativa nesse índice, que chegou a 169 no começo de 2018: uma queda de 27% (gráfico 3.10). Apesar desse forte declínio, as exportações do agronegócio brasileiro conseguiram permanecer relativamente estáveis até 2014; em 2015 e 2016 tiveram um declínio significativo e em 2017 e 2018 mostraram excelente recuperação. A penetração do Brasil no mercado internacional foi fundamental para permitir um crescimento sistemático da produção, sem as limitações impostas pelo tamanho do mercado doméstico. No entanto, isso só foi possível graças ao extraordinário

[158] FAO food price index. Disponível em: <www.fao.org/worldfoodsituation/FoodPricesIndex/en/>. Acesso em: 8 jan. 2017.

aumento da produtividade agrícola local, sem o qual o Brasil não se tornaria competitivo no mercado internacional, especialmente no longo prazo, quando teria de enfrentar períodos de preços em queda sem sair do mercado. O único modo de manter a posição brasileira no mercado mundial, ocupando posições de liderança em muitos produtos, seria aumentar sistematicamente a produtividade (Buainain et al., 2014:193).

É importante salientar que a transformação do Brasil em grande exportador de produtos agrícolas ocorreu ao mesmo tempo que o país alcançou altos níveis de produção e aumentou a produtividade, inclusive em culturas de gêneros alimentícios tradicionais. Isso permitiu que a agricultura brasileira abastecesse adequadamente o mercado interno, o que, por sua vez, levou a uma queda sistemática nos preços de alimentos no país. Segundo um estudo recente, entre fevereiro de 1976 e agosto de 2006 o valor de uma cesta básica de alimentos declinou 3,13% ao ano. Os autores concluem que os principais beneficiários foram os consumidores mais pobres e que, sem essa queda nos preços da alimentação, os programas de transferência de renda implementados pelos presidentes Fernando Henrique Cardoso e Lula não teriam êxito (Alves et al., 2013b:22).

Tabela 3.10: Valor das exportações totais e do agronegócio no Brasil, 1989-2018

	Exportações (US$ bilhões)			Importações (US$ bilhões)			Saldo (US$ bilhões)	
Anos	Total Brasil (a)	Agro-negócio (b)	% b/a	Total Brasil (a)	Agro-negócio (b)	% b/a	Total Brasil	Agro-negócio
1989	34,4	13,9	40%	18,3	3,1	17%	16,1	10,8
1990	31,4	13,0	41%	20,7	3,2	15%	10,8	9,8
1991	31,6	12,4	39%	21,0	3,6	17%	10,6	8,8
1992	35,8	14,5	40%	20,6	3,0	14%	15,2	11,5
1993	38,6	15,9	41%	25,3	4,2	16%	13,3	11,8
1994	43,5	19,1	44%	33,1	5,7	17%	10,5	13,4
1995	46,5	20,9	45%	50,0	8,6	17%	-3,5	12,3
1996	47,7	21,1	44%	53,3	8,9	17%	-5,6	12,2
1997	53,0	23,4	44%	59,8	8,2	14%	-6,8	15,2
1998	51,1	21,6	42%	57,8	8,0	14%	-6,6	13,5
1999	48,0	20,5	43%	49,3	5,7	12%	-1,3	14,8
2000	55,1	20,6	37%	55,9	5,8	10%	-0,7	14,8
2001	58,3	23,9	41%	55,6	4,8	9%	2,7	19,1

▶

Anos	Exportações (US$ bilhões)			Importações (US$ bilhões)			Saldo (US$ bilhões)	
	Total Brasil (a)	Agro-negócio (b)	% b/a	Total Brasil (a)	Agro-negócio (b)	% b/a	Total Brasil	Agro-negócio
2002	60,4	24,8	41%	47,2	4,5	9%	13,2	20,4
2003	73,2	30,7	42%	48,3	4,8	10%	24,9	25,9
2004	96,7	39,0	40%	62,8	4,8	8%	33,8	34,2
2005	118,6	43,6	37%	73,6	5,1	7%	45,0	38,5
2006	137,8	49,5	36%	91,4	6,7	7%	46,5	42,8
2007	160,7	58,4	36%	120,6	8,7	7%	40,0	49,7
2008	167,9	71,8	43%	173,2	11,8	7%	-5,3	60,0
2009	153,0	64,8	42%	127,7	9,9	8%	25,3	54,9
2010	201,9	76,4	38%	181,6	13,4	7%	20,3	63,1
2011	256,0	94,6	37%	226,3	17,1	8%	29,8	77,5
2012	242,6	95,8	39%	223,1	16,4	7%	19,4	79,4
2013	242,2	100,0	41%	239,6	17,1	7%	2,6	82,9
2014	225,1	100,0	44%	229,1	16,6	7%	-4,0	83,4
2015	191,1	88,2	46%	171,5	13,1	8%	19,7	75,2
2016	185,2	84,9	46%	137,5	13,6	10%	47,7	71,3
2017	217,7	96,0	44%	150,7	14,2	9%	67,0	81,8
2018	239,9	101,7	42%	181,2	14,0	8%	58,7	87,7

Fonte: Até 2015: Agrostat Brasil baseado nos dados do Secex/MDIC. Elaborado DAC/SRI/Mapa, 2016: Agrostat e Mices.

Gráfico 3.10: **FAO índice de preços nominais, 1961-2017 (2002-04=100)**

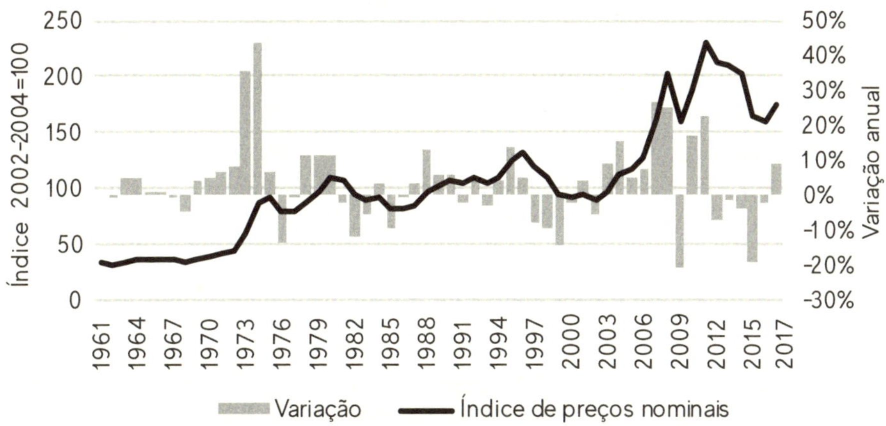

Fonte: FAO. Disponível em: <www.fao.org/worldfoodsituation/FoodPricesIndex/en/>.

Quando comparamos a agricultura e a indústria no Brasil, que sofreram os efeitos de uma série de crises nacionais e internacionais e do impacto da exposição desses dois setores à competição no mercado mundial, vemos que tanto a agricultura como a indústria foram forçadas a transformar-se para sobreviver à concorrência internacional. No entanto, os resultados observados nesses dois setores da economia são bem diferentes. A indústria modernizou-se, aumentou sua produtividade, mas nunca alcançou padrões internacionais de competitividade que lhe permitissem participar significativamente do mercado mundial. Apenas em alguns setores excepcionais, como a aeronáutica, representada pela Embraer, a indústria foi capaz de criar cadeias de valor para competir no mercado global. A Embraer é uma das poucas companhias industriais nas quais se deu essa integração, e hoje tem condições de competir com as maiores companhias aeronáuticas do mundo. De modo geral, porém, a indústria brasileira hoje, mais de 20 anos depois de iniciado o processo de abertura da economia brasileira, é um setor de baixa competitividade, que ainda conta com elevado nível de protecionismo, e que tem apenas um impacto pequeno nas exportações brasileiras.

Inegavelmente, a indústria sofreu os efeitos perversos do chamado Custo Brasil nos negócios e de políticas econômicas perversas para a produção local. Embora não existam medidas objetivas para definir o "Custo Brasil", numerosos estudos demonstram a existência de fatores que aumentam o custo de produção no país. Um estudo recente da Federação das Indústrias do Estado de São Paulo aponta o Custo Brasil como principal causa da perda de competitividade na economia, em especial na indústria de transformação (Fiesp/Decomtec, 2013). O estudo aponta seis fatores que geram o diferencial de custo na produção brasileira: os custos do capital de giro, da energia e matérias-primas, da infraestrutura e logística, das despesas com serviços e funcionários, dos serviços *non tradable* e da tributação (os tributos propriamente ditos e os custos burocráticos).

Um exemplo das dificuldades do ambiente de negócios enfrentadas pelas empresas no Brasil é a complexidade do pagamento de impostos, que corresponde a 2,6% dos custos industriais totais. Segundo o Banco Mundial, no Brasil gastam-se 2.600 horas anuais para preparar, registrar e pagar impostos, em comparação com 179 horas em países desenvolvidos, 255 em países emergentes, 227 em parceiros comerciais e 338 horas na China. Se a esse custo somarmos o custo diferencial da carga tributária, obtemos um aumento de 15,5% nos custos industriais em comparação com os parceiros comerciais e de 16,1% com os países desenvolvidos.

O segundo item em importância do Custo Brasil é o custo financeiro. Tradicionalmente o Brasil tem uma das taxas de juro mais altas do mundo; ela começa com uma taxa de juros básica nos papéis oferecidos pelo Banco Central, à qual é adicionado um alto *spread* bancário. Mesmo depois da estabilização gerada pelo

Plano Real em 1994, o Banco Central sempre manteve taxas de juros elevadas, em torno de 5% nos últimos 10 anos (gráfico 3.11). No entanto, além da alta taxa de juros básica paga por títulos públicos federais, pratica-se no Brasil um alto *spread* bancário que remunera os custos operacionais, impostos e risco de crédito dos bancos. Segundo um relatório do Banco Central do Brasil, a taxa de juros média em operações de crédito do sistema financeiro chegou a 32% ao ano em março de 2016. Contudo, essa taxa variou muito entre as várias categorias de crédito. Em operações de crédito com recursos livres, a taxa média em março de 2016 chegou a 51% ao ano, enquanto para empréstimos direcionados foi de 10% ao ano. Em março de 2016, a inflação em 12 meses chegou a 9,4%, e a taxa de juros básica (Selic) foi de 14,25% ao ano. A taxa livre média, 51%, representou um *spread* de aproximadamente 32% sobre a taxa básica e uma taxa de juros real de 38% ao ano. Agregando os vários fatores que influenciam negativamente os custos de industrialização domésticos, o estudo obteve resultados que variam de 22,6% em relação a países desenvolvidos até 30,9% em relação à China, hoje o principal parceiro comercial do Brasil (tabela 3.11).

Gráfico 3.11: **Taxa básica de juros e taxa real de juros, 2000-16**

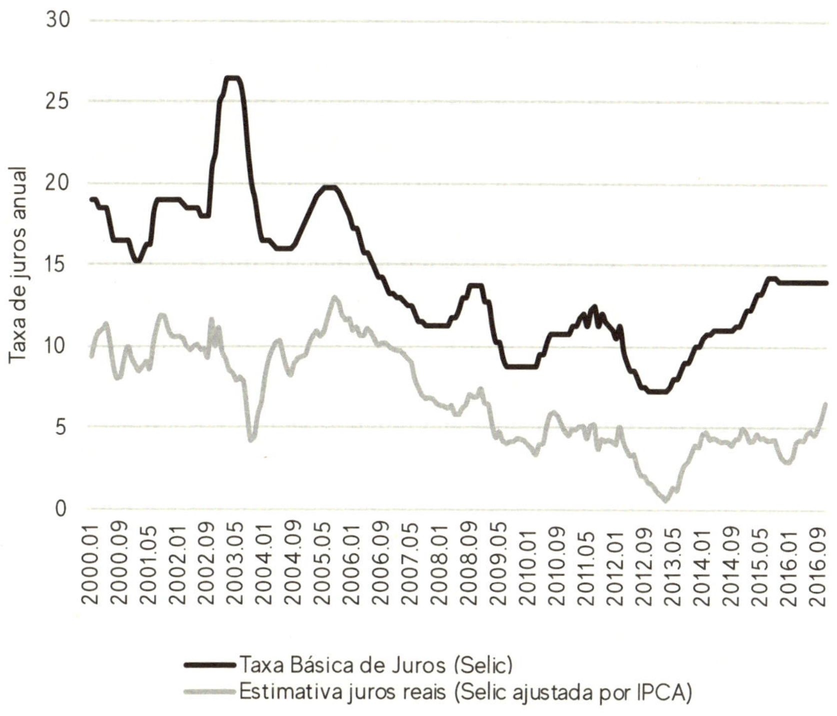

Fontes: BCB e Ipeadata.

Tabela 3.11: Diferencial de Custo Brasil, em relação a vários blocos de países (2012)

	Diferencial em relação a países:			
	Parceiros	Desenvolvidos	Emergentes	China
Tributação e carga tributária	15,50%	16,10%	14,50%	14,10%
Capital de giro	4,50%	5,30%	3,20%	4,40%
Energia e matérias-primas	2,90%	0,10%	6,20%	7,70%
Infraestrutura logística	1,50%	1,60%	1,10%	1,20%
Custos extras de serviços a funcionários	0,70%	0,80%	0,90%	1,00%
Serviços não comercializáveis	0,20%	0%	2,40%	2,40%
Total	25,40%	22,60%	28,30%	30,90%

Fonte: Fiesp/Decomtec. "Custo Brasil" e a taxa de câmbio na competitividade da indústria de transformação brasileira. São Paulo, mar. 2013.

Além do Custo Brasil, ao longo dos anos o país manteve uma taxa de câmbio sobrevalorizada na maior parte do tempo, o que reduziu a competitividade da produção local. A taxa de câmbio efetiva de exportações industrializadas em 1994 atingiu um índice médio de 146 e permaneceu nesse nível por muitos anos. A partir de 2007, o real também foi sobrevalorizado, com um índice médio inferior a 110, prejudicando as exportações e estimulando as importações. A razão entre salários e câmbio seguiu um padrão similar, tolhendo a competitividade da produção no Brasil. Finalmente, as políticas governamentais compensatórias de proteção de mercado, aumentos de tarifas e subsídios diretos, além de desestimular a produtividade da indústria no país, foram questionadas por entidades internacionais como a OMC. Há várias causas para a sobrevalorização da taxa cambial, mas a manutenção de taxas de juros extremamente altas sem dúvida é uma delas e, talvez, a mais importante (gráfico 3.12).

Gráfico 3.12: **Taxa efetiva de câmbio, exportações de manufaturados e relação câmbio salário, 1994-2016 (2010=100)**

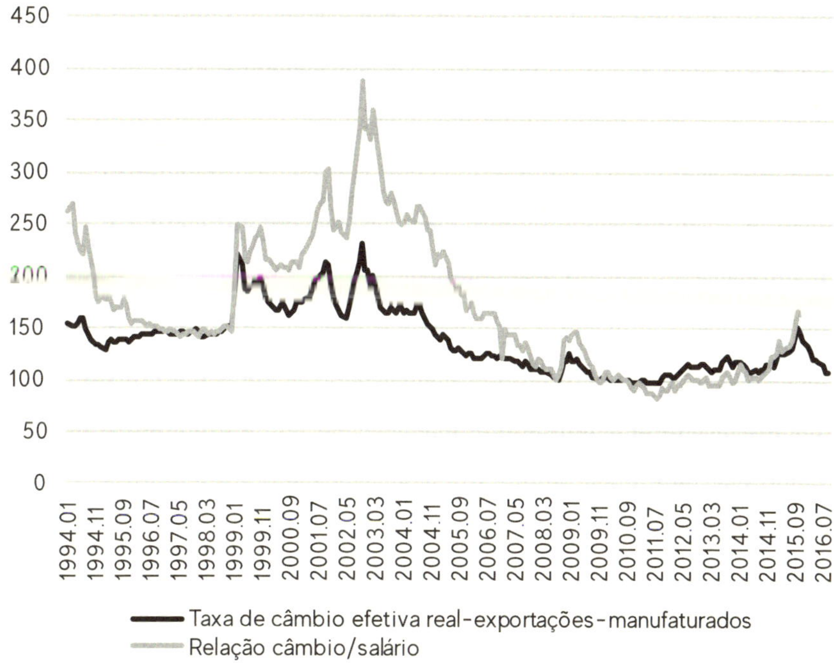

Fonte: Ipeadata.

A sobrevalorização da moeda nacional e a deterioração da relação entre câmbio e salários dificultaram a competitividade da indústria nacional, que perdeu importância na economia do país. A indústria, que havia consolidado o processo de substituição de importações e completado sua integração produtiva em fins dos anos 1980, originava aproximadamente um terço do PIB, e agora (2014) sua fatia é de apenas 12%. Essa é uma tendência que, segundo muitos estudiosos, indica o começo de um processo de desindustrialização prematura, pois antecipa um caminho seguido por país maduro, porém não corresponde ao atual estágio de desenvolvimento econômico e social do Brasil.[159] A perda de importância da indústria também pode ser atestada pela redução significativa da participação de produtos industrializados nas exportações brasileiras. Essa fatia, que permane-

[159] O debate sobre a desindustrialização é abrangente e há vários anos recebe atenção especial do mundo acadêmico. Ver Oreiro e Feijó (2010:219-232), Bonelli e Pessoa (2010). Cabe notar que, quando dividimos a produção industrial pelos serviços, as estatísticas eliminam parte do valor adicionado anteriormente atribuído à indústria e agora incorporado aos serviços, distorcendo as comparações intertemporais.

cera em torno de 55% desde o começo dos anos 1980, despencou nos últimos 15 anos e desde 2010 tem permanecido abaixo de 40% (gráfico 3.13).

Gráfico 3.13: **Participação da indústria no PIB e participação dos manufaturados nas exportações, 1964-2015 (%)**

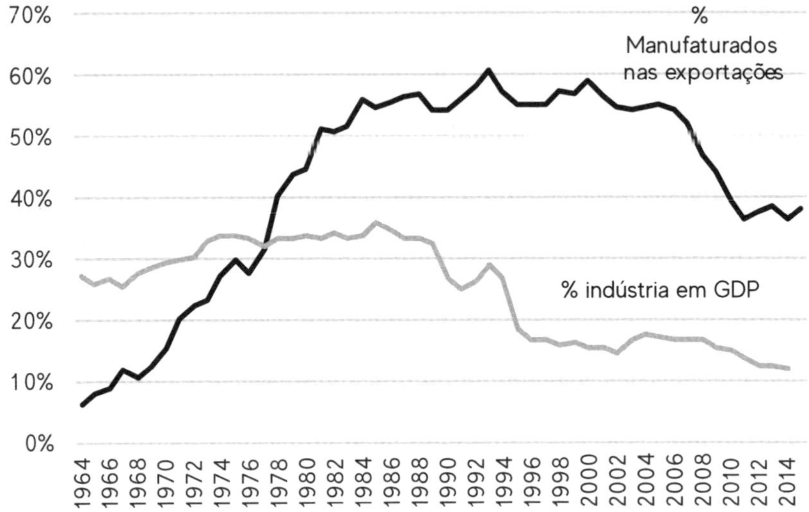

Fontes: Ipeadata; Ministério da Indústria e Comércio.

No entanto, não são apenas fatores externos como o Custo Brasil e o comportamento da taxa cambial que solapam a competitividade da indústria brasileira. De modo geral, a economia brasileira, que inclui indústria, serviços e agricultura, tem apresentado um desempenho desfavorável quando analisamos sua produtividade com base na Produtividade Total dos Fatores.[160] No período de 1982 a 2003, a PTF na economia brasileira permaneceu praticamente estável, com um crescimento relativo de 2004 a 2010, estabilizando-se em 2013, o último ano para o qual há dados disponíveis. Mesmo se considerarmos esses anos iniciais do século XXI, nos quais a PTF foi um indicador mais favorável da economia como um todo, ainda assim veremos um desempenho muito inferior

[160] Para o período 1982 a 2012 usamos a série ajustada por Barbosa Filho e Pessoa (2014). O ajuste corresponde ao uso de dados horários para calcular a produtividade da mão de obra, em contraste com estudos anteriores, que se basearam na população empregada. O autor identifica nesse período uma tendência de redução das horas médias trabalhadas por empregados, o que, se não for levado em consideração, distorce os resultados. Barbosa Filho e Pessoa (2014:149-169). Para 2013 baseamo-nos em Barbosa Filho (2014). Ver também Menezes Filho, Campos e Komatsu (2014) e Ferreira (2013).

da economia em geral quando comparado ao da agricultura no mesmo período. Entre 2000 e 2011, a PTF agrícola aumentou 78%, enquanto a economia nacional cresceu apenas 16% (gráfico 3.14).

Gráfico 3.14: **Produtividade total de fatores na economia brasileira 1982-2013 (2002=100)**

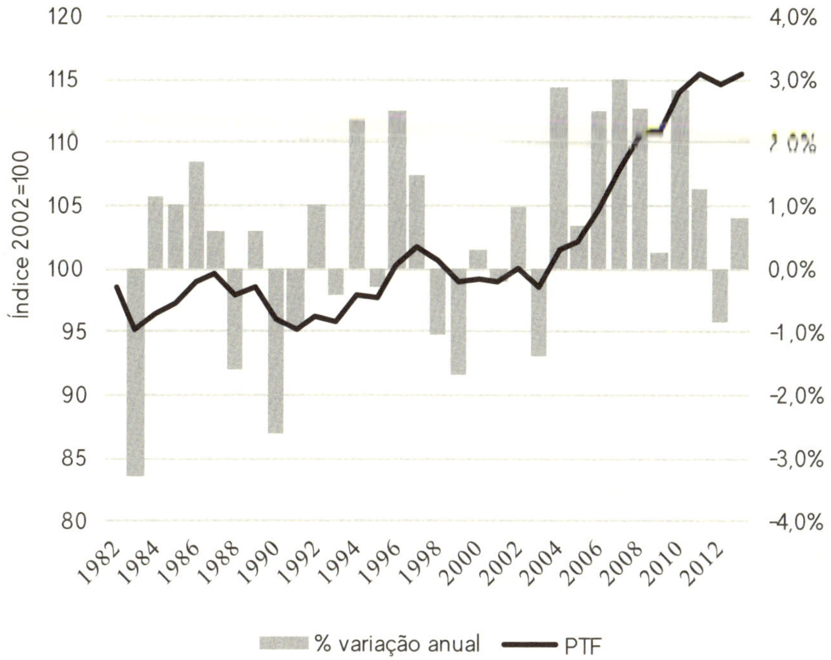

Fontes: Anos 1982-2012, Barbosa Filho e Pessoa (2014); ano 2013, Barbosa Filho (2014).

Se isso ocorreu com a indústria, como explicar o contrastante fortalecimento da agricultura brasileira nesse período? A agricultura enfrenta a concorrência externa e sofre os mesmos efeitos do Custo Brasil e os efeitos perversos da sobrevalorização cambial; mesmo assim, foi capaz de tornar-se altamente competitiva e, em grau extraordinário, aumentar sua competitividade e inserir-se fortemente nas cadeias de valor nacional e internacional. Usando mecanismos modernos de financiamento, distribuição e proteção para contrapor-se aos riscos inerentes da atividade, o agronegócio também consegue integrar a agricultura e a indústria de um modo orgânico. Outra causa foi a existência de um pequeno, mas dinâmico setor de agricultores empreendedores, que respondeu a todos os novos incentivos encontrados tanto em suas áreas tradicionais como na abertura à agricultura comercial moderna de fronteiras imensas como o

Cerrado. Em suas associações e cooperativas, esses agricultores apoiaram fortemente a pesquisa pública e privada, promoveram a pesquisa agrícola e desenvolveram novos estilos de operações comerciais para expandir seu alcance além das fronteiras nacionais.

Contudo, apesar de seu desempenho excepcional, a agricultura ainda enfrenta desafios significativos. Entre eles podemos citar fatores que não estão diretamente sob seu controle, como o chamado custo de fazer negócios no Brasil. A infraestrutura deficiente é o mais maléfico desses custos. Outro fator fora de seu controle é a proteção periódica à indústria nacional pelo governo brasileiro. Essa política pode dificultar o comércio internacional, no qual a reciprocidade é a regra básica. Assim, os países importadores podem mostrar-se hostis a uma economia que protege em excesso sua indústria nacional e proíbe que eles exportem para o Brasil. Existem ainda outros grandes problemas para a agricultura brasileira, dos quais trataremos nos capítulos seguintes, entre eles problemas de sustentabilidade e proteção ao meio ambiente, a necessidade de aumentar a produtividade para manter a posição que a agricultura brasileira já alcançou no mercado — o que envolve elevar todas as regiões aos padrões de competitividade — e a persistência de uma parcela majoritária da população rural que não participa dessa economia altamente competitiva.

CAPÍTULO 4

INSUMOS, TECNOLOGIA, PRODUTIVIDADE E SUSTENTABILIDADE

Embora anteriormente houvesse transformações, foi no período pós-Segunda Guerra Mundial que o setor público implementou políticas efetivas destinadas a modernizar a agricultura brasileira. Essa modernização baseou-se na intensificação do uso de tratores e fertilizantes na agricultura, primeiro por meio de importações e depois com o desenvolvimento de uma agroindústria nacional capaz de fornecer esses insumos essenciais. Além disso, como iniciativas governamentais anteriores que remontam à era Vargas, essas políticas voltadas para transformações foram tímidas até os anos 1960.

É importante reconhecer que a história da modernização da agricultura brasileira ocorreu depois da chamada "revolução verde" de meados do século XX (Conway, 2003:69-74). Esse conjunto de reformas promoveu a modernização da produção agrícola por meio de pacotes tecnológicos de aplicação geral que aumentaram a produção e permitiram expandi-la em diferentes ambientes ecológicos. Os pacotes tecnológicos replicaram processos tecnológicos bem-sucedidos criados em países avançados e também em países subdesenvolvidos e em desenvolvimento. Envolviam não apenas métodos de transportar produtos de países ricos para países pobres, mas também a adaptação de métodos desenvolvidos em países temperados a países tropicais e subtropicais (Matos, 2010:1-7). A primeira experiência com esse modelo deu-se no México nos anos 1940 (Gonzáles, 2006:40-68; Perkins, 1997: cap. 5).

No Brasil, a reprodução desse modelo é vista a partir dos anos 1960. A política de crédito então adotada baseou-se em vultosos subsídios públicos que levaram à modernização da agricultura no contexto da intensificação da industrialização por meio do processo de substituição de importações. Isso permitiu que se consolidassem a indústria petroquímica e seu setor de fertilizantes e que se expandisse acentuadamente a produção local de tratores e máquinas agrícolas. O governo também forneceu crédito abundante e subsidiado e garantiu um nível mínimo de lucro, porém requereu a implementação de práticas de produção modernas. Crédito governamental e exigibilidades do sistema bancário, política de preços mínimos, estoques reguladores e forte intervenção pública, fixando preços, regulando mercados, limitando importações de máquinas e insumos necessários à agricultura, mas também protegendo a produção agrícola da concorrência externa, resultariam em um rápido processo de modernização ao ampliar-se o uso de tratores, máquinas, equipamentos e insumos agrícolas, particularmente fertilizantes. No entanto, nem todos os agricultores beneficiaram-se ou puderam aproveitar esse apoio aos preços e ao crédito, pois isso requeria acesso a informações e ensino. Por isso, a modernização da agricultura acarretou crescente segmentação do mercado entre produtores capazes de usar aqueles créditos e subsídios e produtores sem acesso a essas vantagens. Com baixo grau de instrução e apenas pequenos lotes de terra, muitos pequenos agricultores não conseguiram obter esses recursos e usá-los na transformação da sua unidade produtiva.

Fertilizantes vinham sendo produzidos no Brasil já nos anos 1940, quando as fábricas usavam matéria-prima importada para misturar o NPK. No entanto, mesmo nesse período inicial já se estavam adaptando as formulações às especificidades dos solos brasileiros. Até 1960, a produção local de fertilizantes limitou-se à exploração de uma mina de fosfato existente em São Paulo em 1940, à produção de algumas fábricas químicas da Petrobras e a alguns produtores de superfosfato simples. Em 1971, a fábrica localizada em Camaçari estabelecida pela Nitrofértil usava gás natural para produzir amônia e ureia; a empresa depois construiu outra fábrica no Nordeste e, com isso, consolidou a produção de nitrogênio no país. Nessa época o governo criou o Primeiro Programa Nacional de Fertilizantes e Calcário Industrial (PNFCA) com o objetivo de expandir e modernizar o setor de fertilizantes. O PNFCA era parte do Segundo Plano Nacional de Desenvolvimento lançado pelo governo Geisel (1974-79), e visava tornar o Brasil independente nessa área, implantando uma série de complexos industriais para produzir matérias-primas e fertilizantes no país.[161] Entre 1987 e 1995 foi implementado o Segundo Plano Nacional de Fertilizantes, que completou o processo de consolidação da indústria de fertilizantes no Brasil. No fim desse período, essas empresas foram privatizadas com a venda de participações

[161] Os investimentos no primeiro PNFCA foram de 2,5 bilhões, segundo estimativa, e contaram com substancial apoio do BNDES. Dias e Fernandes (2006).

minoritárias em duas empresas e o controle de outras três empresas, e por fim criou-se a Fertifos, uma empresa privada para controlar grande parte do setor (Dias e Fernandes, 2006).

Estabelecida a produção nacional, o consumo de fertilizantes aumentou significativamente. Até 1965, o consumo de fertilizantes (NPK) era baixíssimo no Brasil: naquele ano foram consumidas 257 mil toneladas. Em 1970 o total aumentou para 990 mil toneladas, cresceu rapidamente até 1980. A disponibilidade de crédito subsidiado permitiu aos agricultores comprar esses fertilizantes produzidos no país, embora fossem oferecidos a preços superiores aos praticados no mercado internacional. Durante a crise dos anos 1980, que continuou até a consolidação do Plano Real em meados dos anos 1990, o consumo de fertilizantes permaneceu praticamente estável. Mas a recessão, a inflação alta e a crise fiscal reduziram drasticamente o crédito público e os subsídios relacionados, afetando por algum tempo a agricultura nos aspectos da área plantada e uso de fertilizantes.

Com a abertura da economia, a privatização do setor de fertilizantes e a estabilização econômica, o uso de fertilizantes voltou a expandir-se, enquanto o mercado tornava-se aberto e competitivo tanto na colocação dos produtos agrícolas como na compra de seus insumos. Desde meados dos anos 1990, a agricultura tornou a crescer, e o ritmo de aumento do uso de fertilizantes superou o da área cultivada. Entre 1995 e 2016 houve um aumento de 50% na área cultivada, enquanto o crescimento do uso de fertilizantes triplicou, duplicando o consumo de fertilizante por unidade de área cultivada (tabela 4.1 e gráfico 4.1). Atualmente, o maior consumo de fertilizantes ocorre no cultivo de soja (43%), milho (16%), cana-de-açúcar (13%) e café (5%). Regionalmente, o Centro-Oeste domina o consumo (34%), seguido pelo Sul (27%) e o Sudeste (24,5%).

Atualmente o mercado é acentuadamente concentrado.[162] A Vale Fertilizantes, que comprou a Fertifos em 2010, controla quase 60% da capacidade produtiva, seguida pela Anglo American Fosfatos, com 12%, e pela Petrobras, com 8%.[163] Apesar do forte crescimento da produção nacional de fertilizantes e da concentração em grandes companhias, o Brasil ainda depende de importações. Para o compos-

---

[162] Kulaif (2009), Costa e Silva (s.d.) e Dias e Fernandes (2006).

[163] A Vale Fertilizantes era controlada pela Vale S.A., antes chamada Companhia Vale do Rio Doce, que foi privatizada em 1997. Mais tarde a companhia consolidou o setor de fertilizantes e assumiu posição majoritária por meio da Vale Fertilizantes. No fim de 2016, a empresa foi vendida para a americana The Mosaic Company, uma das maiores produtoras de fertilizantes do mundo.

to NPK, que contém nitrogênio, fósforo e potássio,[164] o Brasil, como a maioria dos países, precisa importar os três componentes do produto. Como a principal fonte de hidrogênio é o gás natural, cujo preço é alto no Brasil, o país importou mais de 90% do que consumiu. Os maiores produtores mundiais são China, Estados Unidos e Rússia. O fósforo provém de rocha fosfática e é produzido na China, Estados Unidos, Índia, Rússia e Brasil. Embora o Brasil ocupe a quinta posição no mundo, produzindo cerca de 5% do total mundial, ainda depende acentuadamente de importações, que fornecem em torno de 2/3 do que o país consome. O potássio, obtido do cloreto de potássio, é encontrado em camadas sedimentares. Canadá, Rússia, Belarus e Alemanha foram os maiores produtores mundiais. O Brasil depende quase totalmente de importações para abastecer seu mercado interno.

Gráfico 4.1: Índice de área cultivada e uso de fertilizantes, 1950-2016 (1979-1981=100)

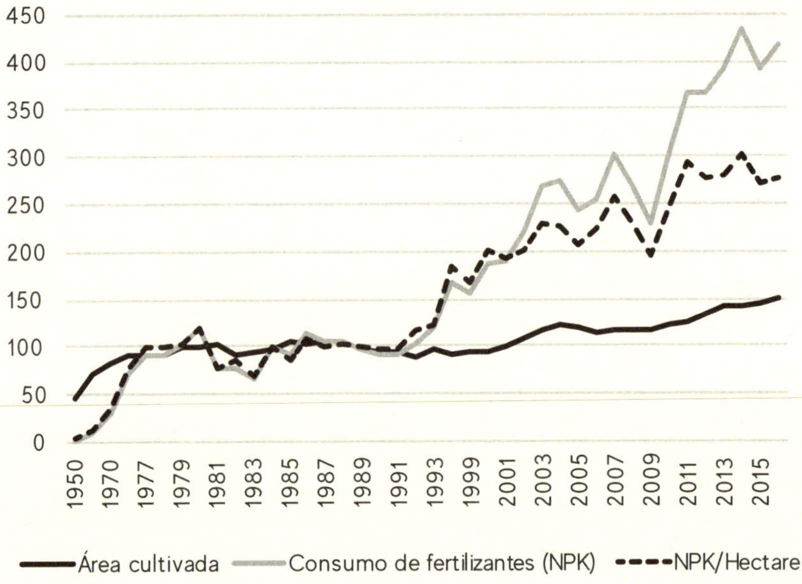

Fontes: Anda (2009),. Disponível em: <anda.org.br>; Conab (2018). Disponível em: <www.conab.gov.br/conteudos.php?a=1252&t=&Pagina_objcmsconteudos=1#A_objcmsconteudos>; IPNI (2017). Disponível em: <http://brasil.ipni.net/article/BRS-3132#evolucao>.

---

[164] Os principais macronutrientes para as plantas são nitrogênio (N), fósforo (P) e potássio (K). O nitrogênio contribui para o crescimento da planta e a formação de aminoácidos e proteínas. O fósforo ajuda nas reações químicas em vegetais, interferindo no processo da fotossíntese, respiração, armazenamento e transferência de energia, divisão e crescimento das células. O potássio é importante para a manutenção hídrica da planta, a formação de frutos e a resistência ao frio e a doenças. Costa e Silva (s.d.) e Kulaif (2009:10-15).

Tabela 4.1: Consumo aparente de fertilizantes (NPK), 1950-2016 (em t)

	Nitrogenados	Fosfato	Potássio	Total (NPK)
1950	14	48	24	86
1955	24	71	30	125
1960	63	74	106	243
1965	71	87	100	257
1970	276	407	307	990
1975	506	913	558	1.977
1980	906	1.854	1.307	4.066
1985	828	1.238	1.062	3.127
1990	914	1.177	1.202	3.292
1995	1.216	1.583	1.764	4.564
2000	2.027	2.492	2.920	7.439
2001	1.731	2.592	2.882	7.205
2002	1.928	2.777	3.068	7.773
2003	2.483	3.653	3.994	10.130
2004	2.457	3.896	4.326	10.679
2005	2.428	3.350	3.465	9.243
2006	2.338	3.172	3.546	9.056
2007	3.079	4.316	4.457	11.852
2008	2.594	3.674	4.341	10.609
2009	2.536	2.940	2.517	7.993
2010	2.872	3.533	4.145	10.550
2011	3.643	4.297	4.933	12.872
2012	3.539	4.484	4.843	12.866
2013	3.935	4.876	4.975	13.786
2014	4.151	5.188	5.855	15.193
2015	3.647	4.661	5.383	13.691
2016	4.576	5.005	5.008	14.589

Fonte: International Plant Nutrition Institute.

Disponível em: <http://brasil.ipni.net/article/BRS-3132#evolucao>. Acesso em: 22 jan. 2017.

Ao tornar-se cada vez mais importante como fornecedor mundial de produtos agrícolas, o Brasil também se tornou um dos grandes consumidores mundiais de fertilizantes, porém não foi capaz de aumentar proporcionalmente sua produção desse insumo para atender as necessidades domésticas.[165] Segundo um estudo do BNDES, a indisponibilidade de matérias-primas básicas, além de problemas logísticos, fiscais e ambientais, criou um gargalo para novos investimentos. Por exemplo, a produção nacional de potássio, um nutriente com grande demanda pelo setor agrícola brasileiro, atende apenas uma pequena porção do consumo. O Brasil possui apenas uma mina de potássio explorável. As outras são economicamente inviáveis ou representam grandes riscos ambientais. O Brasil, que hoje é o quarto maior consumidor de fertilizantes do mundo (7% do total mundial consumido), depende, portanto, de importações provenientes dos maiores produtores mundiais, como Rússia, Canadá, China e Estados Unidos.

Os custos de fertilizantes absorvem 20% dos gastos totais do agricultor rural, embora haja grandes diferenças por produto. A razão entre fertilizantes e produtos agrícolas, que representa a quantidade de produtos agrícolas necessária para adquirir uma tonelada de fertilizante, permite-nos ver a evolução econômica dessa relação (Costa e Silva, s.d.:46). Analisando a soja e o milho, os dois produtos mais representativos na demanda por fertilizantes no Brasil, vemos que, no caso do milho, são necessárias aproximadamente 60 sacas para adquirir uma tonelada de fertilizante, enquanto para a soja a relação é de aproximadamente 20 sacas. Mais importante, porém, é a tendência dessa relação. Para a soja, a razão permanece relativamente estável, mas para o milho tem aumentado bastante, em especial a partir de 2007 (gráfico 4.2). Essa variabilidade está relacionada com parâmetros técnicos da quantidade de fertilizante por tonelada de produção (que depende do produto e das condições físicas no local do plantio) e também com o preço relativo entre o tipo de fertilizante necessário e o preço do produto final. Pelos padrões mundiais, o Brasil é um consumidor médio e há grande variabilidade no consumo de fertilizantes por país, dependendo do tipo de cultivo, solo etc. Assim, o Brasil, com um consumo anual de 175 quilos por hectare de área cultivada, consome aproximadamente a mesma quantidade que a Índia, mas em média consome mais do que Estados Unidos, França, Espanha, Itália, Austrália, Canadá e Argentina, e menos do que China, Alemanha, Reino Unido, Chile e Colômbia.[166]

---

165 Em 2016 o Brasil importou 73% dos fertilizantes com nitrogênio que consumiu, 34% do fosfato e 67% do potássio. Costa e Silva (s.d.:41-47), International Plant Nutrition Institute. Disponível em: <http://brasil.ipni.net/article/BRS-3132#evolucao>, BRADESCO. Depec. Fertilizantes, junho 2017.

166 WORLD BANK. World Development Indicators. Fertilizer consumption (kilograms per hectare of arable land). Disponível em: <http://databank.worldbank.org/data/reports.aspx?source=2&series=AG.CON.FERT.ZS&country=#>. Acesso em: 3 jan. 2017.

Gráfico 4.2: Relação de troca entre sacas de soja e de milho por toneladas de fertilizantes, 2000-17

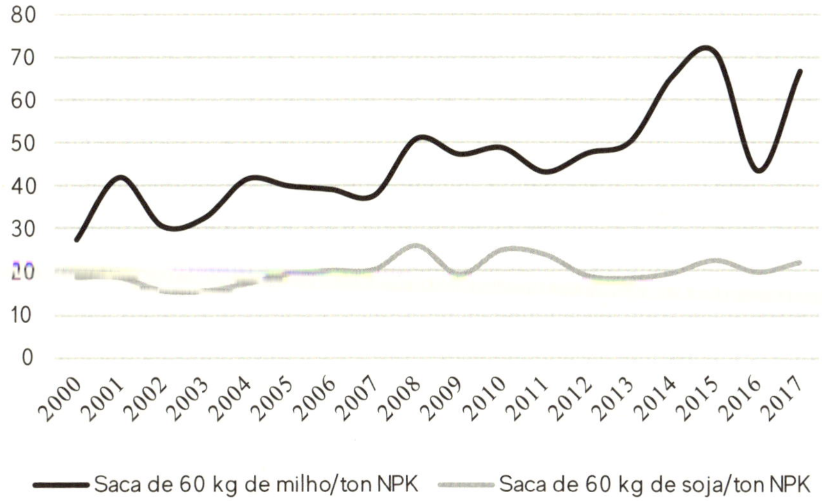

Fonte: Anda. Disponível em: <www.anda.org.br/estatistica/Principais_Indicadores_2017.pdf>.

A indústria de tratores foi outro segmento do agronegócio que se expandiu em grau significativo graças ao estímulo do crédito abundante e fortemente subsidiado. Ela foi criada já no governo Juscelino Kubitschek, nos anos 1950, paralelamente com a indústria de automóveis.[167] Em 1959 o Grupo Executivo da Indústria Automobilística criou os padrões a serem seguidos pelas indústrias que se estabeleceram no Brasil; seis fábricas de tratores foram construídas rapidamente, cinco delas estrangeiras. Em 1961 essas fábricas produziram inicialmente 1.679 tratores, mas logo alcançaram o nível de 10 mil tratores ao ano em 1963. A produção tornou a aumentar até 1976, atingindo um recorde de 64 mil unidades, que só seria ultrapassado em 2008.

A crise dos anos 1980 também afetou a indústria de tratores, que reduziu drasticamente sua produção nos 20 anos seguintes. Essa crise e a abertura para a concorrência de produtores estrangeiros forçaram uma reorganização da produção nacional. Os fabricantes que conseguiram sobreviver desenvolveram uma tecnologia de produção sofisticada, eliminaram modelos mais antigos e criaram novas linhas de produção. Além disso, durante a crise dessa década,

[167] Amato Neto (1985:57-69), Vian e Andrade Júnior (2010), Céleres (2014), Vegro, Ferreira e Carvalho (1997:11-26), BRADESCO. Depec. Tratores e máquinas agrícolas (dezembro 2016). Disponível em: <www.economiaemdia.com.br/EconomiaEmDia/pdf/infset_tratores_e_maquinas_agricolas.pdf>. Acesso em: 24 jan. 2017, Kopf e Brum (2015). Sobre a mecanização do Nordeste, ver Vasconcelos, Silva e Melo (2013:207-222).

eles passaram a exportar para mercados internacionais, e a indústria brasileira, apoiada por linhas de crédito especiais e por acordos bilaterais de comércio, desenvolveu a diferenciação de modelos, a inclusão de novos dispositivos e acessórios opcionais que atenderam as demandas dos clientes internacionais (Kopf e Brum, 2015).

Desde o começo do século XXI, depois da recuperação da demanda interna e do crescimento das exportações de tratores, houve uma retomada de níveis de produção anteriores, atingindo um máximo de 77 mil unidades em 2013. A produção de colheitadeiras de grãos permaneceu no nível de 6 a 10 mil unidades por ano nesse período, com exportações de mil a 2 mil unidades. As importações desse tipo de equipamento já não são importantes (tabela 4.2).

Quatro estados — São Paulo, Rio Grande do Sul, Paraná e Mato Grosso — supriram cerca de 60% dos tratores para o mercado em 2015. Por região, o Sul representa 37%, o Sudeste 32% e o Centro-Oeste 16%. Três produtores — John Deere, AGCO/Valtra e New Holland —, que estão entre os maiores produtores mundiais de máquinas agrícolas, fornecem 80% da produção no Brasil.

Ao longo dos anos houve um crescimento expressivo do uso de tratores, alcançando 1,2 milhão de unidades nos resultados preliminares de 2017, representando um relação de 51 hectares de área cultivada por trator (gráfico 4.3). Embora o uso de tratores tenha aumentado notavelmente, pelos padrões mundiais o Brasil ainda era um usuário moderado de tratores em 2006. Nesse ano havia no país 117 tratores por 100 km de área cultivável. Em outros países de vasta área territorial, a razão era duas vezes maior. Por exemplo, os Estados Unidos tinham 276 tratores para a mesma quantidade de terra cultivável; no Canadá eram 162 tratores a cada 100 km^2; na Argentina, porém, a razão foi apenas de 88 por 100 (a partir de 2002). Em países menores da União Europeia (em 2005) a razão foi em média 708 tratores por 100, e no Chile 399 tratores em 2006.[168] Se considerássemos apenas as áreas de agricultura comercial no Brasil, os índices seriam próximos dos encontrados nos outros países. Vale a pena ressaltar que qualquer indicador médio por hectare usado para comparação no Brasil é enganoso. O Brasil tem uma agricultura acentuadamente segmentada com um setor comercial poderoso, mas minoritário, e na maioria das unidades agrícolas ainda vigora uma agricultura tradicional de pouco capital e baixa produtividade. Em nenhum dos outros países mencionados anteriormente existe disparidade na estrutura da produção agrícola como no Brasil, onde coexistem dois segmentos produtivos totalmente diferentes.

[168] WORLD BANK. Agricultural machinery, tractors per 100 sq. km of arable land. Disponível em: <http://data.worldbank.org/indicator/AG.LND.TRAC.ZS>. Acesso em: 3 jan. 2017.

Tabela 4.2: Vendas, produção, importação e exportação de tratores de pneus e colheitadoras de grãos, 1961-2017

Anos	Tratores de rodas					Colhedeiras de grãos				
	Vendas totais	Vendas nacionais	Vendas importados	Produção	Exportação	Vendas totais	Vendas nacionais	Vendas importados	Produção	Exportação
1961-70	89,097	89,097		88,752	94					
1971-80	443,136	443,136		471,627	28,173	24,396	24,396		24,673	857
1981-90	319,075	319,075		373,085	54,853	45,899	45,899		50,997	5,383
1991-2000	191,564	189,952	1,612	228,712	38,764	23,748	23,374	374	33,911	10,500
2001-10	334,434	329,571	4,863	494,803	164,040	38,556	38,142	414	63,293	24,876
2001	28,203	28,090	113	34,781	5,814	4,098	4,054	44	5,196	1,202
2002	33,217	33,186	31	40,352	7,945	5,648	5,616	32	6,851	1,199
2003	29,476	29,405	71	46,435	16,589	5,440	5,434	6	9,195	3,232
2004	28,803	28,636	167	52,768	23,553	5,605	5,598	7	10,443	4,533
2005	17,729	17,543	186	40,871	23,968	1,534	1,533	1	4,229	3,001
2006	20,435	20,141	294	35,586	16,532	1,030	1,030		2,314	1,867
2007	31,300	30,691	609	50,719	20,068	2,377	2,347	30	5,148	2,783
2008	43,414	41,966	1,448	66,504	23,056	4,458	4,340	118	8,407	3,567
2009	45,437	44,206	1,231	55,024	12,344	3,817	3,683	134	4,503	1,231
2010	56,420	55,707	713	71,763	14,171	4,549	4,507	42	7,007	2,261
2011	52,296	50,966	1,330	63,427	12,620	5,343	5,306	37	7,630	2,390
2012	55,819	53,893	1,926	64,456	12,167	6,278	6,187	91	7,485	1,238
2013	65,089	63,786	1,303	77,570	11,182	8,539	8,285	254	9,948	1,140
2014	55,612	55,230	382	64,783	9,418	6,448	6,433	15	7,623	1,026
2015	37,381	36,959	422	44,349	7,338	3,917	3,907	10	3,889	383
2016	35,956	35,874	82	43,360	6,277	4,498	4,491	7	4,869	431
2017	36,964	36,881	83	42,429	8,473	4,537	4,536	1	5,513	1,011

Fonte: Anfavea. Disponível em: <www.anfavea.com.br/estatisticas-2017.html>.

Gráfico 4.3: Relação entre área cultivada (ha) por trator, 1920-2017

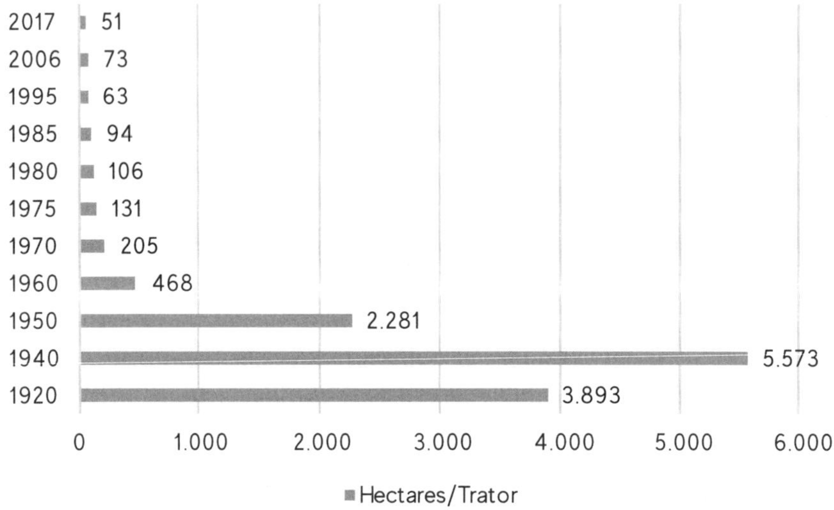

Fonte: IBGE. Censos agrícolas. Dados de 2017 preliminares.

A introdução de fertilizantes e equipamentos agrícolas seria muito importante no processo de modernização da agricultura brasileira, mas o setor não teria atingido sua atual competitividade no mercado mundial do agronegócio sem grandes transformações tecnológicas e sem a difusão de noções modernas de cultivo. Nessa área, tiveram papel fundamental a Embrapa e outras instituições públicas e privadas, assim como empresas agrícolas multinacionais. Em fins dos anos 1960 e começo da década seguinte havia um consenso sobre a necessidade de promover a pesquisa agrícola e a extensão rural. No período 1950-70, os responsáveis pela formulação de políticas deram ênfase à extensão rural e negligenciaram a pesquisa agrícola. Pensavam que já existia um grande conjunto de tecnologias à disposição para serem usadas no Brasil. No começo dos anos 1970, porém, eles perceberam que não era possível adotá-las em razão da natureza semitropical e tropical da agricultura brasileira. Teve início, então, um grande esforço de pesquisa sobre a agricultura tropical; com isso, tecnologias de bases científicas passaram a impulsionar o serviço de extensão (Martha Jr., Contini e Alves, 2012). Nesse contexto, a concessão de crédito agrícola pelo governo vinha associada à assistência técnica pública e privada. A ideia era preparar o capital humano a fim de que pudesse utilizar melhor os investimentos que eram disponibilizados para a aquisição de bens de capital e insumos modernos. Nos anos 2000 essa associação só ficou obrigatória para algumas linhas de crédito; desde então, a maioria dos agricultores que são bem integrados aos mercados recorre à assistência técnica privada (Martha Jr., Contini e Alves, 2012:204-226).

Tanto a extensão rural como a pesquisa agrícola têm uma longa história no Brasil. Segundo um estudo recente, tradicionalmente o processo de transferência de informação entre produtores rurais se caracteriza por uma troca de informação cooperativa, livre e interpessoal. Os produtores obtêm as informações em diversas fontes, como parentes, amigos, produtores vizinhos, grupos informais de produtores, associações comunitárias, sindicatos e cooperativas de produtores. No entanto, também recebem informações por meio de serviços públicos e privados de extensão rural. Assim, por gerações, a difusão de tecnologias foi uma importante fonte de mudança econômica. Embora a extensão rural moderna tenha surgido já no século XIX, na maioria dos países esses serviços começaram nos anos 1950 e 1960. Além disso, o sistema cooperativo de extensão rural entre governo e universidades agrícolas estabelecido nos Estados Unidos no começo do século XX não pôde ser reproduzido em países em desenvolvimento, porque nos anos 1950 suas universidades rurais eram frágeis ou inexistentes. Por essa razão, muitos serviços de extensão rural nasceram ligados a ministérios da agricultura, mas sem uma coordenação significativa com a pesquisa agrícola.[169]

O modelo de extensão rural adotado no Brasil seguiu o padrão americano e foi parte dos acordos de cooperação técnica firmados entre Estados Unidos e Brasil nos anos 1940 e 1950.[170] Em 1948 foi assinado em Minas Gerais um acordo com uma entidade ligada a Nelson Rockefeller, a Associação de Crédito e Assistência Rural (Acar-MG). Desde sua fundação, a entidade condicionou o crédito rural supervisionado à aceitação de serviços de extensão rural, e foi organizada em colaboração com a Caixa Econômica do Estado de Minas Gerais.[171] O alvo dessa extensão eram preferencialmente pequenos agricultores, individualmente ou em uma dada comunidade. O programa de extensão tinha essencialmente um caráter biológico ou físico, introduzindo sementes melhoradas ou fornecendo informações úteis de cultivo como técnicas apropriadas de aração e modo

[169] Peixoto (2014:891-924). Ver também Peixoto (2008), Caporal (1991), Sepulcri e Paula (s.d.) e Bergamasco (2017:353-364). Para a história do sistema de cooperativas nos Estados Unidos, ver: <https://nifa.usda.gov/cooperative-extension-history>.

[170] Em 1948 foi assinado um acordo entre o estado de Minas Gerais e a International American Association, presidida por Nelson Rockefeller, do qual resultou a fundação da Associação de Crédito e Assistência Rural (Acar), com o objetivo de estabelecer um programa de assistência técnica e financeira. Caporal (1991) e Silva (2013:1696-1711).

[171] O crédito rural supervisionado, destinado a atender um grande conjunto de proprietários de terra rurais marginalizados, combinava crédito rural e serviços educacionais. Souza e Caume (2008).

adequado de empregar fertilizantes. Do ponto de vista familiar, as recomendações envolviam a economia doméstica, educação formal, vestuário, saúde e alimentação (Bergamasco, 2017:353-364; Caporal, 1991: cap. 3). Nos anos 1950 foram criadas numerosas entidades similares em outros estados brasileiros e, por fim, em 1956 fundou-se a Associação Brasileira de Crédito e Assistência Rural (Abcar), que reuniu as entidades estaduais existentes e muitas outras entidades públicas e financeiras. O modelo para as ações da nova entidade, que incluía a orientação da política de crédito rural, não se concentrava mais na unidade agrícola como um todo e dava maior destaque às atividades produtivas (Souza e Caume, 2008:3).

Foi durante o período do governo militar que se estabeleceram vários sistemas de intervenção. Criou-se o Sistema Brasileiro de Extensão Rural (Siber), e a estrutura da Abcar foi descentralizada. Agora esses serviços abrangiam mais de 2 mil municípios; eles foram, por sua vez, encampados pela Empresa Brasileira de Assistência Técnica e Extensão Rural (Embrater), criada em 1974. Seu objetivo era promover e coordenar programas de assistência técnica e fornecer extensão rural. A lei que criou a Embrater estipulou que a entidade devia trabalhar em estreita associação com a Embrapa, a nova empresa de pesquisa agrícola. Nessas mesmas linhas, cada estado criou sua própria empresa de extensão rural, vinculada a organizações locais de pesquisa agrícola. Em 1980 o Sibrater compunha-se de 22 empresas estatais de Assistência Técnica e Extensão Rural. Ao todo, mais de 10 mil técnicos foram adicionados ao sistema público e aproximadamente 7 mil outros trabalhavam em agências privadas credenciadas.[172]

No entanto, em 1990, durante o processo de liberalização da economia e redução do estado, a Embrater e muitas outras empresas públicas foram extintas. Na ausência da atividade coordenadora da Embrater, o sistema ruiu. Foi criada uma nova organização, a Associação Brasileira de Entidades Estaduais de Assistência Técnica e Extensão Rural (Asbraer), porém só muitos anos mais tarde ela se tornaria eficaz. Assim, a extinção da Embrater levou a fusões ou até extinções dos serviços de extensão agrícola em muitos dos estados e criou uma grave desconexão entre pesquisa e educação (Peixoto, 2008:26).

---

172 O estado de São Paulo mantinha um sistema paralelo de assistência técnica e extensão rural, implementado no começo do século XX pela Lei nº 678 de março de 1900, que criou o Serviço Agronômico do estado. Desde o início, esse sistema destinou-se a melhorar a produção e aumentar a oferta de produtos agrícolas. Mais tarde ocorreram várias mudanças na estrutura formal do serviço de assistência e extensão, mas as ações tiveram uma continuidade, levada a cabo pela Coordenadoria de Assistência Técnica Integral (Cati), por meio da rede de centros existentes em todos os municípios.

No começo dos anos 2000, o governo voltou a envolver-se mais em ações de assistência técnica. Em 2004 uma lei determinou que o Ministério do Desenvolvimento Agrário se responsabilizasse pela extensão agrícola. Em 2010 foi aprovada a Lei Geral de Assistência Técnica e Extensão Rural (Ater), que estabeleceu a Política Nacional de Assistência Técnica e Extensão Rural para Agricultura Familiar e Reforma Agrária (Pnater) e o Programa Nacional de Assistência Técnica e Extensão Rural na Agricultura Familiar e Reforma Agrária (Pronater), que dirigia os órgãos públicos de Ater, reforçando também todas as entidades estatais de extensão.[173] A lei definiu a Ater como um serviço de educação não formal, de caráter não continuado, no meio rural, que promove processos de gestão, produção, beneficiamento e comercialização das atividades e dos serviços agropecuários e não agropecuários. Contudo, essa assistência técnica patrocinada pelo governo federal limitava-se à agricultura familiar e a grupos específicos de produtores rurais, além de grupos minoritários como indígenas.[174] Finalmente, em 2013 foi criado um órgão federal para administrar o programa, a Agência Nacional de Assistência Técnica e Extensão Rural (Anater), que podia credenciar outras entidades públicas e privadas para a promoção de atividades de extensão.[175]

Portanto, o sistema público de assistência técnica e extensão rural no Brasil gradativamente concentrou-se no pequeno produtor, uma tendência vista também em outros países, e os produtores comerciais maiores passaram a obter serviços desse tipo de fontes privadas. Estudos financiados pela FAO e Banco Mundial mostram que a modernização tecnológica da agricultura, a especialização de produtores e a expansão da escala de produção favoreceram o surgimento de

---

173 A Lei nº 12.188, de 11 de janeiro de 2010, instituiu a Política Nacional de Assistência Técnica e Extensão Rural para Agricultura Familiar e Reforma Agrária (Pnater), cuja formulação e supervisão estão a cargo do Ministério do Desenvolvimento Agrário (MDA); determina a lei que a destinação dos recursos financeiros deve priorizar o Pnater e apoiar as entidades oficiais de Assistência Técnica e Extensão Rural (Ater). Esse também é o principal instrumento de implementação do Programa Nacional de Assistência Técnica e Extensão Rural em Agricultura Familiar e Reforma Agrária (Pronater).

174 A Lei nº 11.326, de 24 de julho de 2006, instituiu o Programa Nacional de Agricultura Familiar e Empreendimentos Familiares Rurais para agricultores que possuam menos de quatro módulos fiscais de terra, usem predominantemente mão de obra familiar e tenham uma porcentagem mínima de sua renda originada de atividades econômicas de seu estabelecimento agrícola. Além disso, seus beneficiários incluem silvicultores, aquicultores, extrativistas, pescadores, povos indígenas e quilombolas.

175 A Lei nº 12.897, de 18 de dezembro de 2013, autorizou o Poder Executivo a instituir a Anater, sob a forma de um Serviço Social Autônomo destinado a promover o desenvolvimento da assistência técnica e extensão rural. Determinou também que, por seu tamanho e importância, a Embrapa tivesse papel fundamental na operacionalização da Anater. Disponível em: <www.mda.gov.br/portalmda/sites/default/files/user_img_193/Anater.pdf>. Acesso em: 29 jan. 2017.

um mercado privado de informação agrícola. Em países onde houve especialização e aumento na escala de produção agropecuária, viu-se uma tendência a um mercado de informações agrícolas especializadas, que agora é atendido por entidades privadas como fornecedores agrícolas e fabricantes de equipamentos, agroindústrias, profissionais autônomos e empresas de assistência técnica. Esse tipo de informação adquire um valor que lhe confere características de bem privado, o que estimula o surgimento de serviços privados para fornecer informações agrícolas especializadas. No entanto, os produtores que não atuam em escala comercial de produção não são o público-alvo da extensão privada, e ainda necessitam de serviços gratuitos ou subsidiados para obterem mais informações gerais; esses são mais bem atendidos pelo governo, organizações não governamentais ou associações de produtores. Vários modelos ou sistemas de extensão rural podem, portanto, coexistir, com fontes bem diferentes de financiamento, sobretudo em países onde há grande heterogeneidade de perfis de produção e produtores.

Embora em anos recentes tenha havido aumento nos recursos orçamentários destinados a fornecedores de serviços de extensão rural nos estados, a demanda por esses serviços é maior do que a oferta entre os 4,36 milhões de estabelecimentos agrícolas familiares identificados no Censo Agrícola de 2006. Em contraste, as necessidades de informação e educação dos produtores comerciais parecem ser bem atendidas por esquemas produtivos com fabricantes de máquinas e equipamentos, fornecedores de insumos como sementes e fertilizantes e consultorias privadas, como se evidencia no uso disseminado de insumos modernos no Brasil, inclusive das chamadas culturas transgênicas.

A área da pesquisa agrícola também tem uma longa história no Brasil, com estabilidade institucional desde a criação da Embrapa em 1972.[176] Até os anos 1950 houve pouca pesquisa agrícola pública ou privada no país, e a coordenação entre os poucos centros existentes era pequena. Existiam na época alguns centros de pesquisa e serviços de extensão, públicos e privados, fundados no século XIX e começo do século XX, entre eles algumas das escolas de agronomia que surgiram no Brasil nessa época e mais tarde, em fins do século XX, se destacariam como universidades dotadas de modernas instalações de ensino

[176] Segundo Rodrigues e Alves (2005:3-4), a pesquisa em ciências agrárias tem uma longa história no Brasil. Remonta à criação do Instituto Agronômico de Campinas na segunda metade do século XIX. Vieram em seguida centros no Rio Grande do Sul, Pernambuco e Minas Gerais. No Ministério da Agricultura, Pecuária e Abastecimento (Mapa), seguindo o exemplo de São Paulo, foram criados vários institutos, mais tarde coordenados pelo Departamento Nacional de Pesquisa Agropecuária (DNPEA).

e pesquisa. Devido à competição com a indústria por capital, um fator escasso no Brasil, foi mais conveniente que a agricultura se baseasse nos fatores abundantes: terra e mão de obra. Isso acarretou baixa capitalização, baixa intensidade de capital e pouca produtividade na agricultura. Diante da demanda crescente por produtos agrícolas em razão do crescimento da população, da renda e da urbanização, a tendência natural foi abrir novas áreas agrícolas e aumentar o número de trabalhadores. Enquanto houvesse uma fronteira aberta e economicamente viável, haveria aumento da produção com a exploração de novas áreas produtivas. No entanto, essa fronteira desapareceu lentamente em muitas regiões do Brasil. Nos estados onde a fronteira agrícola se fechava, como São Paulo e Rio de Janeiro, começaram a estabelecer-se redes de pesquisa, assistência técnica e ensino em ciências agrárias. São Paulo, que liderava o processo de industrialização no Brasil e representava o estado que mais produzia valor na agricultura, seria o estado mais voltado para a modernização agrícola. No entanto, de modo geral, a responsabilidade pela pesquisa e ensino de ciências agrárias permanecia na esfera federal, e de início as iniciativas em pesquisa não tiveram impacto positivo na produtividade dos fatores terra e mão de obra (Alves e Pastore, 1977:9-19). De início, os institutos e centros de pesquisa estaduais foram tão importantes quanto os centros federais. Entre eles incluíam-se o Instituto Agronômico de Campinas e centros universitários como a Escola Superior de Agricultura Luiz de Queiroz (Esalq), a Escola Superior de Agricultura de Lavras e a Faculdade de Medicina Veterinária de Viçosa, que são agora universidades federais ou estaduais. De modo geral, os conhecimentos eram ligados ao ensino ou pesquisa acadêmicos, porém, sem uma infraestrutura nacional a difusão das descobertas científicas pelo mundo rural costumava ser limitada. Ainda assim, os conhecimentos acumulados, como no caso da cafeicultura, foram essenciais para a duradoura liderança do Brasil na produção mundial de café, e seriam fundamentais para avanços futuros na pesquisa e produção agrícola no Brasil assim que a infraestrutura foi criada após a fundação da Embrapa.[177]

Como em outras áreas de atividade, após a Revolução de 1930 encabeçada por Vargas aconteceram grandes transformações na estrutura formal dos

[177] Segundo o Instituto Agronômico de Campinas (IAC), a melhora genética do café começou em 1932, e esses vários cultivares de café foram usados em todas as regiões brasileiras e em vários países latino-americanos. No Registro Nacional de Cultivares há 67 registrados pelo IAC, dos quais 66 da variedade Arábica e um da Robusta. Dois desses cultivares compõem 90% do café Arábica plantado no Brasil. Ver Embrapa, disponível em: <www.embrapa.br/busca-de-noticias/-/noticia/13774138/instituto-agronomico-iac-comemora-129-anos-de-relevantes-contribuicoes-para-desenvolvimento-da-agricultura>. Acesso em: 1º fev. 2018.

órgãos relacionados com a agricultura. A primeira tentativa de centralizar a pesquisa agrícola deu-se em 1933, com a criação da Diretoria Geral de Pesquisas Científicas, mas a instituição teve vida curta. Teve mais êxito a criação, em 1938, do Centro Nacional de Ensino e Pesquisas Agronômicas (Cnepa), destinado a coordenar a pesquisa, o ensino e a experimentação em agricultura.[178] Em 1943 o Cnepa foi reorganizado e criou-se o Serviço Nacional de Pesquisas Agronômicas (SNPA). O SNPA compunha-se de várias entidades preexistentes de pesquisa e ensino em agricultura, como o Instituto de Ecologia e Experimentação Agrícolas, o Instituto de Química Agrícola, o Instituto Nacional de Óleos, o Instituto de Fermentação, o Instituto Agronômico do Nordeste, o Instituto Agronômico do Sul, o Instituto Agronômico do Oeste. Sob o SNPA, junto a cada um dos institutos regionais o governo federal, diretamente ou mediante acordo com os respectivos governos estaduais, criaria centros regionais de ensino nos moldes da Universidade Rural do Centro Nacional de Ensino e Pesquisas Agronômicas.[179] Apesar dos resultados significativos alcançados pelo SNPA, a evolução da pesquisa agrícola foi lenta e desarmoniosa. Além disso, áreas importantes relacionadas com agricultura e pecuária, especialmente a pesquisa em zootecnia e veterinária, não foram integradas ao SNPA. Essa falha só seria corrigida em 1962, quando o SNPA foi substituído pelo Departamento de Pesquisas e Experimentação Agropecuárias (DPEA) (Rodrigues, 1987b:205-254).

São Paulo, cujo preço da terra aumentava devido ao fechamento de sua fronteira e ao crescimento contínuo de sua agricultura, foi o primeiro estado onde uma parte significativa do crescimento da agricultura deveu-se a ganhos de produtividade obtidos pelo uso de tecnologias biológicas, químicas e de mecanização.[180] A relativa escassez de terra em São Paulo vista a partir de 1940-50 começou a manifestar-se no Brasil como um todo em 1960, em especial no fim da década. As terras acessíveis e de boa qualidade já estavam ocupadas, e isso gerou pressão para que aumentasse a produtividade por hectare. Consequentemente, os dados dos anos 1960 e 1970 indicam ganhos de produtividade em todo o Brasil com exceção do Nordeste, e também uma redução constante do uso de mão de obra na agricultura. Em busca de níveis de produtividade maiores, tentou-se primeiro usar o conhecimento tecnológico já existente, canalizando-o para os produtores por meio de serviços de exten-

[178] Rodrigues (1987a:129-153). Cnepa foi criado pelo Decreto-Lei nº 982 de 23 de dezembro 1938.

[179] Decreto-Lei nº 6.155, de 30 de dezembro de 1943.

[180] Segundo Alves e Pastore (1975:55-84), a escassez relativa de terra e mão de obra que afetou São Paulo foi fator que promoveu a pesquisa agrícola enquanto o resto do país continuou a usar os fatores de produção tradicionais.

são e assistência técnica. Esse foi um período no qual o Brasil e outros países do mundo investiram mais em extensão rural do que em pesquisa agrícola (Alves e Pastore, 1975:65-66).

No entanto, esses esforços não tiveram os resultados pretendidos. Primeiro, houve dificuldade para transferir os conhecimentos agrícolas de outros países, sendo necessário adaptá-los às condições específicas locais. Além disso,

> constatava-se que o estoque interno de conhecimentos no Brasil era em muitas regiões e para a maioria dos produtos, pobre e inadequado, tendo-se em vista a diversidade geoclimática do país. Em suma, o próprio serviço de extensão tomou consciência, nos primeiros anos da década de 70, que pouco podia fazer com seus métodos, dada a pobreza tecnológica do país. [Alves e Pastore, 1975:66]

Também se evidenciou que só o governo federal tinha os recursos necessários para resolver esses problemas. A criação do DPEA, em 1962, resultou desse processo de reformulação da pesquisa agrícola. Mas as grandes transformações ocorreriam sob o regime militar, a partir de fins dos anos 1960. Após várias reorganizações, criou-se em 1971 o programa federal de pesquisa com seus órgãos estaduais associados, o Departamento Nacional de Pesquisa Agropecuária (DNPEA).[181]

Em 1972 o Ministério da Agricultura formou um grupo de trabalho para definir os principais objetivos e funções da pesquisa agrícola.[182] Esse grupo criou um modelo que serviu de guia para a criação da Embrapa, uma entidade que traria uma configuração inédita e diferente para a estrutura da pesquisa agrícola no Brasil e teria importância fundamental no desenvolvimento

---

[181] Segundo Mengel, antes da criação da Embrapa, a pesquisa agrícola em nível nacional era dirigida e realizada por um departamento do Ministério da Agricultura. Recebeu várias denominações ao longo do tempo: SNPA, DPEA, EPE e DNPEA. Em 1962, o Serviço Nacional de Pesquisa Agronômica (SNPA), pela Lei Delegada nº 9 de 11 de outubro de 1962, foi transformado no Departamento de Pesquisa e Experimentação Agropecuária (DPEA). Em 1967, pelo Decreto-Lei nº 200 de 25 de fevereiro de 1967, o DPEA passou a chamar-se Escritório de Pesquisa e Experimentação Agropecuária (Epea). Em 1971, pelo Decreto nº 68.593, criou-se o Departamento Nacional de Pesquisa Agropecuária (DNPEA) para substituir o Epea. O último nome dessa instituição de pesquisa antes de Embrapa foi DNPEA. Assim, quando aludimos à velha instituição, referimo-nos à estrutura da pesquisa agrícola que começou com o nome SNPA e terminou como DNPEA. Mengel (2015:12).

[182] Em 1971 criou-se um grupo de trabalho dirigido por José Pastore, professor da Universidade de São Paulo (USP), para investigar por que a produtividade agrícola não aumentava apesar dos investimentos em extensão e crédito rural. Após dois anos de estudo, o grupo concluiu que a tecnologia que vinha sendo produzida até então não estava chegando aos agricultores. A Embrapa nasceu em resposta a essa falta de integração entre ciência e agricultura no Brasil. Alves, Souza e Comes (2013a:22).

do agronegócio no país.[183] O grupo reconheceu que já existia uma apreciável rede de pesquisa e experimentação e que esses centros poderiam ser expandidos, já havendo uma estrutura para disseminar os resultados das pesquisas. Também mencionou a existência de um pequeno grupo de administradores e profissionais qualificados, porém ressalvou que a falta de coordenação nos trabalhos correntes impedia que esse grupo tivesse algum impacto sobre a agricultura e que os resultados das pesquisas afetassem as práticas agrícolas. Além disso, não havia um sistema adequado para avaliar os resultados das pesquisas em curso.

O relatório apresentou uma série de sugestões de princípios básicos a serem usados na reestruturação do setor. Salientou que a necessidade de adaptar tecnologias estrangeiras requeria reformas educacionais, com programas de formação no exterior e o desenvolvimento de programas de pós-graduação no Brasil, bem como o emprego de técnicos estrangeiros capazes de trabalhar com equipes brasileiras nas pesquisas. Também se ressaltou que os projetos de pesquisa deveriam relacionar-se diretamente com programas bem definidos por produto ou região. Essa talvez seja uma das ideias mais significativas derivadas do estudo, e representa o modelo que seria adotado pela Embrapa. Todas as unidades de pesquisa seriam interdisciplinares e teriam de trabalhar com regiões, por exemplo, o Cerrado, ou com um dado produto, como o milho. Portanto, não seria um centro de pesquisa dividido por áreas de conhecimento, como os habitualmente encontrados em universidades. O estudo também frisou a necessidade de associar os trabalhos de extensão com os de pesquisa e preparar um grupo adequadamente especializado para ir a campo e transferir aos agricultores esses pacotes tecnológicos. Por fim, o documento propôs um singular modelo institucional de empresa estatal autônoma dotada das condições essenciais para ter flexibilidade e eficiência, sobretudo na gestão das finanças e dos recursos humanos.

Esse documento serviu de diretriz para a estrutura e os objetivos da Embrapa, fundada em 1972.[184] Caberia à empresa promover a pesquisa em agricultura e assessorar o Poder Executivo federal na formulação de políticas nacionais relacionadas com a agricultura. Para suas atividades, a empre-

---

[183] O relatório foi publicado como "Embrapa Informação Tecnológica. Sugestões para a formulação de um Sistema Nacional de Pesquisa Agropecuária. Memória Embrapa, edição especial do documento original de junho de 1972, reimp. Brasília: Embrapa, 2006. O documento era conhecido como o "Livro Preto" em razão de sua capa de cartolina dessa cor. Cabral (2005: cap. 2).

[184] A Lei nº 5.875, de 7 de dezembro de 1972, autorizou o Poder Executivo a instituir uma empresa pública denominada Empresa Brasileira de Pesquisa Agropecuária (Embrapa), vinculada ao Ministério da Agricultura, com personalidade jurídica de direito privado, patrimônio próprio e autonomia administrativa e financeira.

sa poderia assinar acordos e contratos com entidades públicas ou privadas, nacionais, estrangeiras ou internacionais. A Embrapa existe até hoje, e tem sido fundamental para o desenvolvimento da pesquisa agrícola no Brasil. Sua estrutura incomum deu-lhe grande autonomia administrativa e flexibilidade operacional, além de permitir a implementação de uma política de relativa liberdade na contratação de funcionários e no pagamento de salários do mercado privado.

Alguns queriam uma instituição de menor porte cuja agenda de pesquisas fosse dirigida por institutos e universidades locais. Essa opção foi rejeitada, pois logo se evidenciou que, em um país de dimensões continentais, o êxito da Embrapa dependeria de seu tamanho e de uma massa crítica de pesquisadores diversificados em todas as partes do território nacional. Compreendeu-se que a Embrapa precisava ser proporcional ao tamanho do Brasil e possuir sua própria rede de pesquisas, a fim de que pudesse ser diretamente responsável pelos resultados. Esse modelo também permitiria a cooperação com universidades, institutos de pesquisa públicos e privados de outros países, porém em pé de igualdade. Finalmente, o governo dispunha-se a aplicar recursos significativos para fundar essa nova organização (Alves, 2010).

Talvez o fator mais importante para o êxito subsequente da Embrapa seja sua política de recursos humanos e formação de pessoal. Eliseu Alves, o primeiro diretor da Embrapa, doutor pela Purdue University, comentou: "se tivéssemos de apontar uma única razão para o sucesso da Embrapa, ela seria o programa de pós-graduação" (Mengel, 2015:86-87). Esse programa de formação permitiu que o Brasil expandisse a oferta de pesquisadores dotados de uma visão global do desenvolvimento brasileiro, sendo, portanto, capazes de selecionar seus projetos de pesquisa baseados nesse modelo. Assim, a Embrapa rapidamente contratou e formou centenas de pesquisadores em instituições de ensino no Brasil e no exterior, contando com recursos próprios e apoio financeiro de numerosas entidades nacionais e internacionais como Finep, Bird, BID e Usaid.[185] No Brasil, as instituições de ensino predominantes no primeiro período entre 1974 e 1979 foram as escolas agrícolas e universidades locais, entre elas a Escola Superior de Agricultura e Veterinária de Viçosa, a Escola Superior de Agricultura Luiz de Queiroz, a Universidade Federal do Rio Grande do Sul e a Universidade Federal de Minas Gerais. Os alunos que partiram para estudar no exterior fo-

[185] Segundo Mengel (2015:127), o governo brasileiro, através da Finep, foi o maior incentivador e parceiro do programa de pós-graduação da Embrapa, e também o responsável pelos recursos investidos pela própria Embrapa em pagamento de salários quando os pesquisadores retornaram. A contribuição do Bird e do BID, nas esferas nacional e internacional, também foi muito significativa, juntamente com a contribuição da Usaid para o ensino dos pesquisadores na área internacional.

ram quase exclusivamente para universidades norte-americanas, por opção dos principais chefes dos programas de formação e também em razão da origem dos recursos externos recebidos.[186] Esse foi um programa de grande alcance. Como observou um ex-diretor da Embrapa, quando ele chegou, em junho de 1975, toda a Embrapa, em todos os seus centros no Brasil, contava com apenas 28 pesquisadores com doutorado, e em 1988 eram mais de mil. A maioria desses doutores estudou no exterior, e a Embrapa, na época, empregava entre 300 e 400 pesquisadores com mestrado, a maioria deles formada no Brasil.[187] Em março de 2016, a Embrapa empregava 2.444 pesquisadores, dos quais 330 tinham mestrado e 1.829 tinham doutorado, além de 285 pós-doutorandos (Embrapa comunicações, 2016:32).

Apesar de algumas flutuações, principalmente na segunda metade dos anos 1990 e no começo da década seguinte, houve sempre aumento nas alocações orçamentárias do governo federal para a Embrapa. Em 2015, o orçamento totalizou US$ 870 milhões. Uma das críticas ao orçamento da Embrapa é a grande porcentagem de custos fixos, em especial salários. Em 1983, uma década depois da criação da Embrapa, os custos com pessoal representaram 53% do orçamento, enquanto os gastos de capital foram 16%. Em 2015, os custos de pessoal consumiram 83% do orçamento, e os gastos de capital, apenas 2% (tabela 4.3). Por outro lado, a Embrapa estimou o valor de suas pesquisas em R$ 26 bilhões, em comparação com seus gastos de R$ 3 bilhões.[188]

186 Entre 1974 e 1979, dos 484 pesquisadores que foram estudar no exterior, 380 estavam nos Estados Unidos, 29 na Inglaterra e 23 na França. Cabral (2005:142). Como observou Fernando Campos, as fontes de financiamento (BID, Bird e Usaid) foram cruciais na escolha das universidades. Mengel (2015:140).

187 Depoimento de Levon Yeganiantz, assessor do primeiro conselho executivo, citado em Mengel (2015:123).

188 EMBRAPA. Balanço social 2015. Disponível em: <http://bs.sede.embrapa.br/2015/balsoc15.html>. Acesso em: 25 fev. 2017. Para uma avaliação da metologia adotada nessas estimativas, ver Cruz, Palma e Avila (1982), Avila et al. (2005:86-101), Bonelli e Pessôa (1998).

Tabela 4.3: Orçamento e despesas da Embrapa, 1975-2015

Ano	Participação nas despesas							Orçamento Total Preços: 2000-2002=100
	Pessoal	Outras despesas	Despesas correntes	Despesas de capital	Total	Dívida	Total	
1975	41%	55%	96%	4%	100%	0%	100%	27
1980	53%	31%	84%	16%	100%	0%	100%	42
1985	63%	27%	90%	10%	100%	0%	100%	55
1990	75%	20%	96%	4%	100%	0%	100%	71
1995	69%	17%	86%	9%	95%	5%	100%	82
2000	68%	23%	91%	3%	95%	5%	100%	91
2001	69%	21%	90%	3%	93%	7%	100%	101
2002	69%	20%	89%	3%	92%	8%	100%	99
2003	70%	19%	89%	3%	91%	9%	100%	95
2004			89%	9%	98%	2%	100%	87
2005			90%	9%	99%	1%	100%	91
2006			91%	8%	99%	1%	100%	100
2007			92%	8%	100%	0%	100%	98
2008			90%	10%	100%	0%	100%	95
2009			88%	12%	100%	0%	100%	94
2010	66%	20%	86%	14%	100%	0%	100%	103
2011	74%	18%	91%	8%	100%	0%	100%	103
2012	72%	17%	90%	10%	100%	0%	100%	102
2013	77%	16%	92%	8%	100%	0%	100%	95
2014	79%	16%	95%	5%	100%	0%	100%	102
2015	83%	16%	98%	2%	100%	0%	100%	115

Fontes: Para 1975-2003, Eliseu e Oliveira (2006:73-85); 2004-14, balanços da Embrapa.

O Brasil gasta atualmente uma quantia significativa em pesquisa agrícola se comparado a países de mesmo perfil ou até mesmo aos gastos totais do país em ciência e tecnologia. A porcentagem de gastos em pesquisa agrícola permaneceu em torno de 2% do PIB do setor agrícola — uma fatia grande quando comparada ao 1% do PIB que o Brasil gasta em ciência e tecnologia (tabela 4.4).[189] Os gastos do Brasil com ciência em geral são bem inferiores aos de países industriais avançados. Segundo o Banco Mundial, os países que estão na liderança — Israel e Coreia do Sul — gastaram 4% de seus respectivos PIB em pesquisa e desenvolvimento em meados dos anos 2010. Os principais países escandinavos gastaram na faixa de 3% a 4%, e os Estados Unidos, 2,7%. O Brasil, com 1,2%, ficou logo abaixo da Itália, com 1,3%, e bem acima da média de 0,8% dos países latino-americanos e caribenhos em 2013.[190]

Segundo o Ministério da Ciência, Tecnologia e Inovações, a agricultura brasileira é uma das mais eficientes e sustentáveis do mundo. Em grande medida, isso se deve ao trabalho em pesquisa e desenvolvimento de centros independentes como a Embrapa, as Organizações Estaduais de Pesquisa Agropecuária (Oepas) e algumas entidades privadas nacionais como o Centro de Tecnologia Canavieira (CTC) da Coopersucar e a Fundação Mato Grosso. Hoje o país tem um setor agropecuário tropical genuinamente brasileiro e superou as barreiras que limitavam a produção de alimentos, fibras e energia.[191] O setor agrícola incorporou uma grande área de terra do Cerrado à produção nacional, e hoje essa zona, antes quase abandonada, fornece aproximadamente 50% da produção nacional de grãos. O Brasil também quadruplicou a oferta de carne bovina e suína, além de multiplicar por 22 a oferta de carne de aves. Essas são algumas das realizações que levaram o país a passar de importador a um dos maiores produtores e exportadores mundiais de gêneros básicos (Ministério da Ciência, Tecnologia e Inovação, 2016:90).

[189] "O sistema de pesquisa agrícola brasileiro é, incomparavelmente, o maior da região tanto em capacidade como em gastos. Quase metade dos pesquisadores agrícolas trabalha para a Embrapa, que é uma empresa do governo federal, e um quarto trabalha para organizações estaduais de pesquisa agropecuária (Oepas). No período 2006-2013, o gasto com P&D agrícola aumentou 46% devido ao crescimento da Embrapa e no setor do ensino superior, em especial entre universidades federais. O gasto como porcentagem do PIB agrícola, 1,82%, é o maior na América Latina. O Brasil emprega o maior número de pesquisadores agrícolas com grau de doutor na região, e sua parcela de pesquisadores com doutorado, 73%, é incomparavelmente a maior." INTERNATIONAL FOOD POLICY RESEARCH INSTITUTE (IFPRI). Disponível em: <www.asti.cgiar.org.brazil>. Acesso em: 23 fev. 2017.

[190] WORLD BANK. Research and development expenditure (% of GDP). Disponível em: <http://data.worldbank.org/indicator/GB.XPD.RSDV.GD.ZS>. Acesso em: 3 jul. 2017.

[191] Como observou Chaddad (2016:21), "O Brasil foi o primeiro país a investir fortemente em tecnologias agrícolas e sistemas de produção adaptados a condições tropicais".

Tabela 4.4: Dispêndio na pesquisa agrícola, como % do PIB agrícola, Brasil e países selecionados, 1981-2013

	Brasil	Dispêndio na pesquisa agrícola, como % do PIB agrícola				
	US$ milhões (1)	Brasil	Argentina	Chile	China	Índia
1981	1.217,8	1,1%	1,6%	1,7%		
1982	1.461,1	1,6%	0,8%	1,8%		
1983	1.194,3	1,1%	0,8%	1,7%		
1984	1.129,3	1,0%	0,8%	1,5%		
1985	1.260,3	1,0%	1,5%	1,3%		
1986	1.314,5	1,0%	1,3%	1,6%		
1987	1.466,4	1,2%	1,3%	1,8%		
1988	1.381,2	1,1%	1,2%	1,5%		
1989	1.543,7	1,3%	1,0%	1,6%		
1990	1.543,8	1,7%	1,4%	1,2%		
1991	1.781,7	1,9%	1,5%	0,9%		
1992	1.536,5	1,6%	1,4%	0,9%		
1993	1.745,2	1,8%	2,0%	1,0%		
1994	1.717,1	1,3%	2,0%	1,2%		
1995	1.624,2	2,1%	1,8%	1,1%		
1996	1.815,5	2,4%	1,5%	2,0%		0,2%
1997	1.644,8	2,1%	1,5%	2,0%		0,3%
1998	1.587,8	2,0%	1,5%	1,6%		0,3%
1999	1.513,2	1,9%	1,6%	1,7%		0,3%
2000	1.552,9	1,9%	1,4%	1,4%	0,4%	0,3%
2001	1.579,4	1,8%	1,3%	1,6%	0,4%	0,3%
2002	1.518,3	1,5%	0,5%	1,5%	0,5%	0,4%
2003	1.525,3	1,3%	0,7%	1,3%	0,5%	0,3%
2004	1.577,1	1,4%	0,9%	1,3%	0,4%	0,4%
2005	1.555,2	1,7%	1,0%	1,3%	0,4%	0,4%
2006	1.624,8	1,8%	1,2%	1,5%	0,5%	0,3%
2007	1.652,4	1,7%	1,0%	1,6%	0,5%	0,3%
2008	1.847,9	1,7%	1,2%	1,8%	0,5%	0,3%
2009	2.205,2	2,1%	1,5%	1,9%	0,6%	0,3%
2010	2.179,3	2,1%	1,0%	1,8%	0,6%	0,3%
2011	2.173,3	1,9%	1,1%	1,6%	0,6%	0,3%
2012	2.326,7	2,0%	1,3%	1,8%	0,6%	0,3%
2013	2.377,9	1,8%	1,3%	1,6%	0,6%	0,3%

Fonte: ASTI. International Food Policy Research Institute (IFPRI). Disponível em: <www.asti.cgiar.org/>.
Nota: (1) Dispêndio, total (milhões a preços constantes de 2011).

Nesse processo, a Embrapa teve papel fundamental.[192] Por exemplo, a empresa foi líder na resolução do problema da baixa fertilidade e alta acidez naturais do solo do Cerrado, bem como na descoberta de novas variedades de sementes, o que viabilizou comercialmente o uso do Cerrado. Segundo Alves, a conquista do bioma do Cerrado foi considerada uma das realizações mais importantes das ciências agrárias brasileiras. Na área do Cerrado, o investimento em tecnologias como a tropicalização de culturas, correção do solo, fixação de nitrogênio em leguminosas, a adubação e manejo de cultivos permitiu ao Brasil transformar as terras do Cerrado, muito ácidas e pobres em nutrientes, em 139 milhões de hectares de terras agriculturáveis. A região dos Cerrados, conhecida como Matopiba, que abrange parte dos estados do Maranhão, Tocantins, Piauí e Bahia, ganhou fama nacional pelo rápido crescimento ensejado pelo uso de tecnologias modernas, e hoje fornece grande parte da produção de grãos e fibras do Brasil.[193]

Hoje a Embrapa lidera uma rede nacional de pesquisa agrícola que, de modo cooperativo, faz pesquisas em diversas áreas geográficas e campos de conhecimento científico. Além das 46 Unidades de Pesquisa Descentralizadas, a rede compõe-se de 18 Organizações Estaduais de Pesquisa Agropecuária (Oepas), universidades e institutos de pesquisa em nível federal ou estadual, empresas privadas e fundações. Também mantém uma rede colaborativa com importantes instituições de pesquisa no exterior e laboratórios virtuais em vários países, como Estados Unidos, França, Alemanha, Reino Unido, Coreia e China. Adicionalmente, tem pesquisas e projetos em cooperação com um total de 40 países da África, Ásia, América Latina e Caribe (Embrapa Comunicações, 2016).

A Embrapa mantém o maior banco genético do Brasil e América Latina, um dos maiores do mundo, com 124 mil amostras de sementes de 765 espécies importantes para a agricultura, particularmente para alimentos. A empresa investe em pesquisas sobre conservação e uso sustentável de raças de animais de criação adaptadas regionalmente e na conservação de linhagens nativas de microrganismos que podem ser usadas pela comunidade científica em programas de pesquisa. As coleções de microrganismos mantêm espécies para o controle biológico de pragas e insetos vetores de doenças (Embrapa Comunicações, 2016).

---

[192] Embora a avaliação geral do desempenho da Embrapa seja positiva desde sua fundação, ao longo do tempo têm sido feitas críticas ao modelo de gestão. Ávila (1995:83-94). Mais recentemente, a Embrapa foi criticada por ser grande e burocrática demais e por perder espaço para grandes companhias multinacionais no fornecimento de tecnologias nas principais cadeias do agronegócio. Outra falha da empresa é não fornecer tecnologia a pequenos agricultores. Navarro (2018).

[193] Alves e Souza (2007:56-67), Embrapa Comunicações (2016). Sobre os desafios na exploração das savanas, veja o excelente livro editado pela Embrapa: Faleiro e Farias Neto (2008).

Uma das suas principais funções é fornecer novas sementes adaptadas a condições locais, um esforço que aumentou espetacularmente a produção e o rendimento de culturas tradicionais como arroz, feijão, milho, trigo e soja. A Embrapa desenvolveu 114 variedades de arroz, e essas sementes são usadas para produzir 22% do arroz brasileiro e 45% do arroz cultivado em terras secas. A empresa também desenvolveu cultivares de arroz irrigado em ambientes tropicais e subtropicais, com ênfase em resistência a doenças e qualidade dos grãos. Hoje a Embrapa é um dos líderes no mercado de feijão, pois mais de 40% da área plantada com feijão no Brasil usa os 65 cultivares dessa leguminosa criados pela Embrapa. O primeiro híbrido duplo brasileiro de milho com elevada tolerância a solos ácidos, o BR 201, foi desenvolvido pela Embrapa nos anos 1980 e possibilitado pelo cultivo de milho em vastas áreas do Cerrado. A Embrapa registrou 81 cultivares de milho, plantas selecionadas por características desejáveis que podem ser mantidas por propagação. Na safra de 2015-16 havia mais de 477 tipos de cultivares de milho a serem usados no plantio, dos quais 284 eram transgênicos, e os outros 193 de variedade convencional.

A soja transgênica denominada "Cultivance", resultado da parceria entre a Embrapa e uma empresa privada, é a primeira planta geneticamente modificada desenvolvida inteiramente no Brasil e marcou o início de uma nova era para a biotecnologia no país, com foco mais direcionado à sustentabilidade. A Embrapa, como principal instituição no mercado brasileiro de soja convencional, participa juntamente com a Abrange e a Aprosoja, entre outros parceiros, do Programa Soja Livre, que disponibiliza a produtores os cultivares convencionais da empresa. Hoje há mais de 30 cultivares comerciais da Embrapa à disposição, e eles podem ser cultivados em quase todas as regiões brasileiras.

O trigo também recebe forte apoio da Embrapa. Nos últimos 42 anos, a empresa gerou 117 cultivares de trigo, o que lhe permitiu dominar mais de 80% do mercado no Brasil central, onde a planta foi introduzida gradualmente pelos sistemas de plantio regular e com irrigação. A contribuição da Embrapa para o mercado de cultivares de trigo também se destaca pelo uso intensivo de sementes da "Embrapa Recursos Genéticos" por outras empresas de melhoramento genético. Do total de cultivares de trigo usados em 2012, cerca de 60% vieram da Embrapa.

Até o café tem sido alvo de pesquisas importantes. Desde 1999, o Consórcio Brasileiro de Pesquisa e Desenvolvimento do Café (CBP&D do Café), que hoje tem 103 instituições de ensino, pesquisa e extensão e mais de 700 pesquisadores, desenvolve cultivares resistentes a doenças. No mercado do algodão, técnicas avançadas de plantio, aliadas à utilização de cultivares mais bem adaptados ao tipo de solo e clima das regiões produtoras, fizeram do Brasil o quarto maior exportador de fibra de algodão de qualidade. Quatro cultivares de algodão transgênico que têm tolerância a herbicida glifosfato foram disponibilizados pela Embrapa a agricultores para plantio na safra de 2014-15. Esses novos cultivares têm maior flexibilidade no controle de plantas daninhas, pois permitem o uso desse herbicida em qualquer etapa do desenvolvimento do algodão sem danificar a planta colhida. O desenvolvimento de cultivares altamente produtivos para o Cerrado brasileiro marcou a consolidação da cotonicultura na região. A Embrapa também apostou no algodão colorido como um produto diferenciado para a região Nordeste (gráfico 4.4) (Embrapa Comunicações, 2016).

Gráfico 4.4: Número de cultivares registrados pela Embrapa (espécies com mais de 10 cultivares)

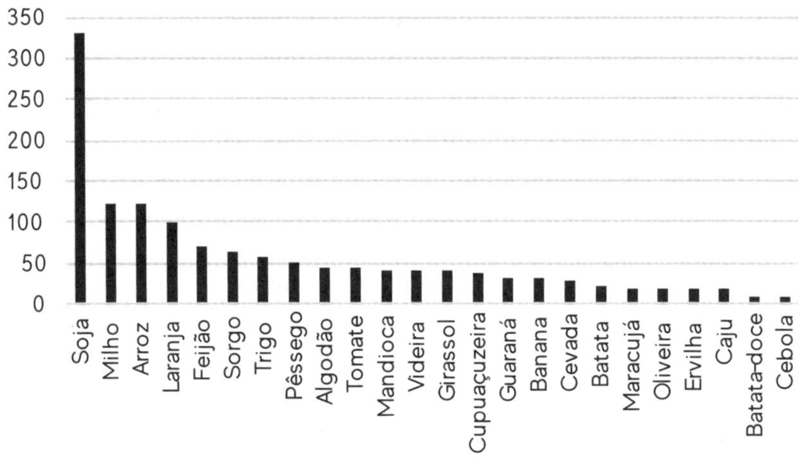

Fonte: Embrapa em números (2017).

A pecuária é outro setor extraordinariamente beneficiado pela Embrapa. Forrageiras para rações, por exemplo, são uma das contribuições das pesquisas para a pecuária nacional; apenas cinco cultivares de gramíneas recomendados pela Embrapa compõem quase 80% do mercado de sementes de forrageiras no Brasil. Com esse material, o Brasil também se tornou o maior exportador mundial de sementes de forrageiras tropicais. Com sua pesquisa sobre "suínos *light*", a Embrapa contribuiu para o desenvolvimento de animais com baixa porcentagem de gordura, que hoje são o padrão do rebanho nacional. Em 2012 a Embrapa lançou no mercado a terceira geração de suínos *light*, que compõe 7% do mercado de suínos híbridos. Avanços similares foram alcançados na produção de leite e frango de corte, graças a programas apoiados pela Embrapa. O Brasil domina a técnica de clonagem de animais desde 2001, quando nasceu a bezerra Vitória, da raça simental, o primeiro bovino clonado na América Latina. O método usado pela Embrapa foi parecido com o do primeiro animal clonado no mundo, a ovelha Dolly, de 1997, porém no caso brasileiro a célula germinada de Vitória não proveio de um animal adulto, e sim de um embrião de vaca. Aproximadamente 100 animais já foram copiados em laboratório com a técnica adotada pela Embrapa (Embrapa Comunicações, 2016).

Nos últimos 40 anos o Brasil desenvolveu tecnologias de manejo e conservação do solo, manejo integrado de pragas e doenças e fixação biológica do nitrogênio. Entre as várias tecnologias que contaram com a contribuição fundamental da Embrapa está a do plantio direto, ou sem aração, no qual cereais, legumes, oleaginosas e algodão são produzidos sem arar o solo. Em 2015 havia mais de 33 milhões de hectares de terras sob o sistema de plantio direto, e mais de 50% da área dedicada a cereais usa esse sistema (gráfico 4.5). Essa tecnologia tropical dispensa o uso de máquinas para gradar e arar a terra e possibilita enorme economia de combustível. A redução nas emissões de carbono é em torno de 40%. A dispensa da aração também desacelera a erosão e reduz a necessidade de fertilizante químico.[194]

Gráfico 4.5: Campos cultivados utilizando plantio direto no Brasil, 1985-2015 (milhões de hectares)

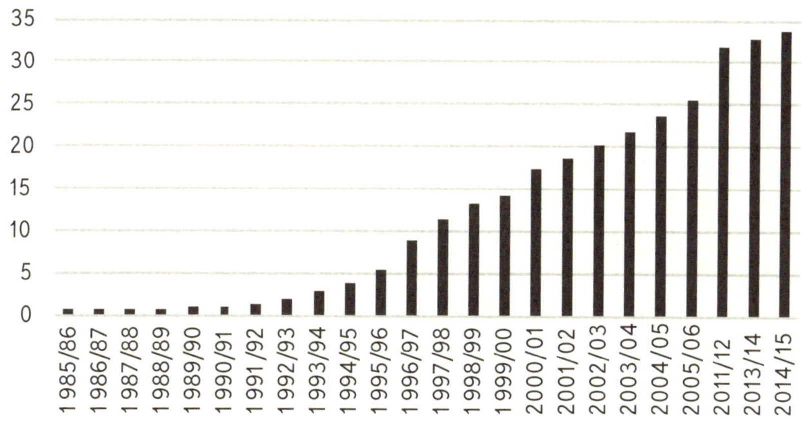

Fonte: Embrapa em números (2017).

[194] Sobre o plantio sem aração, ver Motter e Almeida (2015), Cruz et al. (2017), Melo Júnior, Camargo e Wendling (2011), Freitas (2017), Rosa (2009) e Cassol, Denardin e Kochhann (2007:333-369).

Em suas pesquisas, a Embrapa usa tecnologias de ponta como genômica, biotecnologia, nanotecnologia, geotecnologia, agricultura de precisão e automação e biofortificação. Na área de genômica, em parceria com várias instituições de pesquisa e universidades no Brasil e no exterior, a Embrapa faz pesquisas em sequenciamento genômico de espécies vegetais e animais importantes na agricultura e alimentação. Em 2004 o Brasil foi o pioneiro na conclusão da primeira etapa do sequenciamento de café, que resultou na formação do maior banco de dados do mundo para essa cultura. Hoje mais de 30 mil genes das 200 mil sequências que compõem o banco já estão identificados e são usados em pesquisas, por exemplo, sobre tolerância ao estresse climático e resistência a pragas e doenças. Em 2014 foi concluído o sequenciamento do genoma do eucalipto, uma espécie importante para a economia brasileira, cuja polpa é usada na fabricação de papel, aço e produtos de madeira. O estudo foi levado a cabo por mais de 80 cientistas de 30 instituições em nove países. Com liderança da Embrapa, também participaram desse projeto pesquisadores da Universidade Católica de Brasília, Universidade de Brasília, Universidade Federal de Viçosa, Universidade Federal do Rio de Janeiro e Universidade Federal do Rio Grande do Sul (Embrapa Comunicações, 2016).

Embora inegavelmente a Embrapa seja a principal entidade no processo de transformação da agricultura brasileira, existem outros centros governamentais de pesquisa agrícola importantes, e também vem crescendo o papel de entidades privadas no fornecimento de produtos e soluções para a modernização da agricultura brasileira. Na área pública, a Embrapa tem papel de coordenadora da rede nacional de pesquisas agrícolas, composta pela própria Embrapa, suas 46 unidades descentralizadas e 18 Organizações Estaduais de Pesquisa Agropecuária (Oepas), universidades e institutos de pesquisa em nível federal e estadual, empresas privadas e fundações. As 18 Oepas empregam 2.032 pesquisadores, dos quais 706 têm mestrado e 918 doutorado. Juntas, possuem 239 estações experimentais e 209 laboratórios. Embora essas outras entidades de pesquisa governamentais contem com uma equipe de tamanho similar ao da Embrapa, precisam trabalhar com metade do orçamento alocado para a empresa coordenadora. Especialmente em nível estadual, os recursos são escassos para muitos desses centros.[195] Apesar dessas limitações, eles têm participado intensamente em importantes atividades de pesquisa (Dalberto, 2015:12).

O Instituto Agronômico de Campinas (IAC), em São Paulo, é uma das mais importantes e tradicionais entre as entidades componentes da rede nacional de pesquisas coordenada pela Embrapa. Criado em 1887 pelo governo impe-

[195] Dalberto (2015), Dias e Silveira (2017) e Centro de Gestão e Estudos Estratégicos (2006).

rial, tornou-se uma instituição estadual em 1892. Desde sua fundação, o IAC tem papel fundamental na consolidação da hegemonia agrícola de São Paulo, sobretudo no desenvolvimento da cafeicultura. Segundo estimativa, 90% dos 4,5 bilhões de cafeeiros do Brasil provêm de cultivares desenvolvidos por esse instituto, e alguns desses cultivares são a base da cafeicultura de outros países. Em 1968 o IAC desenvolveu cultivares de porte baixo e alta produtividade, e isso modificou sistemas de produção e permitiu o plantio de cafeeiros em novas áreas não só em São Paulo, mas também no Triângulo Mineiro em Minas Gerais. O lançamento do cultivar Ouro Verde IAC H 5010-5, em 2000, deu aos cafeicultores brasileiros uma nova opção para plantios adensados (Fazuoli et al., 2017:488-493). O IAC também teve êxito em suas pesquisas sobre o algodão produzido em São Paulo. Toda a produção de algodão herbáceo no sul do país baseia-se em variedades criadas no Instituto Agronômico. Também graças a pesquisas do IAC foi introduzido em São Paulo o plantio de seringueira produtora de látex.[196] De importância quase igual é a Fundação de Apoio à Pesquisa Agropecuária de Mato Grosso (FMT), criada em 1993 com fundos fornecidos por 23 grandes fazendeiros da região. A fundação logo assinou um acordo com a Embrapa e, em 1996, lançou no mercado nove cultivares de soja resistentes ao nematoide de cisto e ao cancro da haste. Por fim, mais de 3/4 das sementes de soja produzidos no estado passaram a ser cultivares desenvolvidos pela FMT e a Embrapa. No entanto, conflitos sobre *royalties* impeliram o FMT a tornar-se independente, e a entidade agora usa seus *royalties* para criar novos cultivares resistentes para o plantio de soja e algodão (Chaddad, 2016:117-121).

No período pós-1950 as universidades brasileiras também se modernizaram. A primeira escola de agronomia no Brasil foi a Imperial Escola Agrícola da Bahia, fundada em 1877.[197] A segunda foi a Escola de Medicina e Veterinária Prática, criada em 1883. Apesar dessas duas iniciativas no século XIX, acredita-se que o ensino agrícola moderno começou com a Escola Prática Luiz de Queiroz, que foi fundada em 1901 pela iniciativa privada e hoje é parte da Universidade de São Paulo.[198] Em 1908 missionários presbiterianos americanos fundaram a Escola de Agricultura de Lavras. Desde o início, essa instituição concentrou-se na agronomia, e nos anos 1910 e 1920 foi reconhecida pelo estado de Minas Gerais como uma entidade do sistema de ensino estadual. A escola

---

[196] Instituto Agronômico de Campinas (IAC). Disponível em: <www.iac.sp.gov.br>. Acesso em: 25 fev. 2017.

[197] Depois de várias transformações, essa escola hoje é parte da Universidade Federal do Recôncavo Baiano. Sobre a evolução do ensino de engenharia agronômica, ver Marques (2009).

[198] A escola foi projetada e construída por Luiz de Queiroz, e mais tarde passou ao controle do estado de São Paulo. Molina e Jacomeli (2016:190-215).

possui fazendas experimentais, dedica-se a programas de extensão agrícola e, nos primeiros anos, seu enfoque foi em pesquisas sobre o milho. Em fins dos anos 1930, o governo federal reconheceu seus títulos e a instituição passou a chamar-se Escola Superior de Agricultura de Lavras. Nos anos 1960, sua ligação com a Igreja Presbiteriana estava desfeita, e em 1994 a escola tornou-se a Universidade Federal de Lavras (Ufla), um dos principais centros de ensino e pesquisa agrícola do Brasil.[199] Assim como a escola de Lavras, a escola de agricultura que o governo de Minas Gerais estabeleceu em Viçosa em 1920 baseou-se no modelo americano dos *land-grant colleges*, e teve professores americanos em seus anos iniciais. Também foi classificada como "Escola Superior", concedia títulos de nível superior em agronomia e passou depois a se chamar Universidade Federal de Viçosa (UFV).[200] Em 1961 teve início o primeiro curso de pós-graduação, com mestrado em horticultura e economia rural na UFV, em parceria com a Purdue University. Outras parcerias foram organizadas entre a Esalq/USP em Piracicaba e a Universidade do Estado de Ohio e entre a UFRGS e a Universidade de Wisconsin (Dias, 2001:47). Além disso, a criação da Embrapa expandiu extraordinariamente a formação de profissionais em cursos de pós-graduação no Brasil e no exterior (Silva, Vale e Jahnel, 2010:45).

Graças a essas mudanças no ensino, no século XXI o Brasil tem recursos para formar seus próprios agrônomos em todas as principais áreas de pesquisa e ciências aplicadas (Silva, Vale e Jahnel, 2010:45). Em 1999 havia 70 cursos de agronomia em universidades brasileiras, com 6 mil alunos (Dias, 2001:3). Em 2007 eram 48.307 estudantes matriculados em cursos de agronomia, 40.217 deles em instituições públicas. Regionalmente, a demanda por ensino de agronomia concentrou-se de início no Sul e Sudeste (54%), mas tem havido alta demanda nas novas universidades federais do Centro-Oeste (Oliveira et al., 2010:133-135). Entre 1998 e começo de 2017 foram escritas cerca de 8 mil teses de mestrado e 3 mil de doutorado nessa área em universidades brasileiras.

A agricultura brasileira também recebe apoio técnico significativo do setor privado, que intensificou suas atividades no Brasil em fins dos anos 1990, após a

[199] Sobre a história e evolução dessa famosa escola de agricultura, ver Rodrigues (2013: caps. 2 e 3); para os anos iniciais, ver Meira (2009) e Rossi (2010).

[200] Os *land-grant colleges* são instituições de ensino nos Estados Unidos para as quais o governo federal concede o terreno, segundo estipulado pelas Morrill Acts de 1862 e 1890, tendo em vista a promoção do ensino em várias áreas, entre elas a agronomia. Para os primeiros anos da escola, ver Silva (2007). Antes da Escola de Viçosa, outras escolas de agronomia já haviam sido estabelecidas no Rio Grande do Sul (hoje integram a Universidade Federal do Rio Grande do Sul), no Rio de Janeiro (hoje Universidade Federal Rural do Rio de Janeiro), em Pernambuco (Universidade Federal Rural de Pernambuco), Paraná (hoje parte da Universidade Federal do Paraná) e Ceará (hoje parte da Universidade Federal do Ceará).

aprovação da Lei nº 8.974/1995, que estabeleceu as regras de uso da engenharia genética e de organismos geneticamente modificados, e da Lei nº 9.279/1996, que regulamentou os direitos e obrigações relacionados com a propriedade industrial. Em 1997 foi aprovada a Lei nº 9.456 sobre a proteção de cultivares. Finalmente, em 2005 foi aprovada a Lei nº 11.105, com medidas sobre biossegurança.[201] A regulação da propriedade intelectual, incluindo os cultivares, favoreceu especialmente a atividade de pesquisa privada (Alves e Souza, 2007:56-67). Embora essas novas leis também beneficiassem a Embrapa, estimularam ainda mais os fornecedores de tecnologia privados. A nova legislação e o aumento da produtividade obtido com a introdução de plantas transgênicas alteraram profundamente o mercado interno de sementes, e a rápida introdução desses cultivares beneficiou grandes multinacionais que controlam o mercado internacional de transgênicos. Assim, a maior parte dessas culturas transgênicas, como soja, milho e algodão, vem sendo produzida por multinacionais em vez de por centros de pesquisa brasileiros. Essas empresas dominam uma grande fatia do mercado desses produtos. Por exemplo, foi a Monsanto quem criou as primeiras sementes de soja transgênica especialmente para o mercado brasileiro (Chaddad, 2016:24).

No entanto, existem produtos específicos de menor interesse para grandes empresas multinacionais nos quais pesquisadores brasileiros têm papel vital. A cana-de-açúcar e o café são dois exemplos. Nessas culturas, a pesquisa depende principalmente de instituições relacionadas com o respectivo setor, como o Centro de Tecnologia Canavieira (CTC), que desenvolveu grande parte das sementes usadas na agricultura brasileira e, em 2017, obteve a aprovação da primeira cana-de-açúcar transgênica do mundo.[202]

O mercado brasileiro de sementes, estimado em aproximadamente R$ 10 bilhões, é o terceiro maior do mundo, atrás apenas dos Estados Unidos e da China. Em 10 anos, cresceu de 1,8 milhão de toneladas de sementes na safra 2005-06 para 4 milhões de toneladas na safra 2015-16 (Galiotto, 2017; Barreto, 2015). Na safra de 2013-14, sementes de soja e milho foram os dois produtos mais vendidos, cada um com 37% do mercado de sementes, seguidas por forrageiras (11%) e hortigranjeiros (6%), enquanto sementes de trigo, arroz, feijão e algodão ficaram com uma porcentagem bem menor.

---

201 A Lei nº 11.105, de 24 de março de 2005, regulamenta os incisos II, IV e V do §1º do art. 225 da Constituição Federal, cria o Conselho Nacional de Biossegurança (CNBS), reestrutura a Comissão Técnica Nacional de Biossegurança (CTNBio), dispõe sobre a Política Nacional de Biossegurança (PNB). Yamamura (2006) e Carvalho, Salles Filho e Buainain (2005).

202 Disponível em: <http://revistagloborural.globo.com/Noticias/Agricultura/Cana/noticia/2017/06/primeira-cana-transgenica-e-aprovada-comercialmente-no-brasil.html>. Acesso em: 3 fev. 2018.

Há uma grande diferença entre as culturas no uso de sementes registradas. Por exemplo, o milho usa alta porcentagem de sementes registradas, com uma "taxa de utilização" de 90%. O mesmo ocorre com o sorgo (93%) e a cevada (87%). Já a soja tem uma taxa de utilização bem menor, por volta de 64%. O algodão e o arroz de sequeiro têm níveis ainda mais baixos, em torno de 50%. Notavelmente é baixo o nível de utilização de sementes registradas no cultivo de feijão, cuja taxa de utilização é de apenas 19%. A soja, embora com uma taxa de utilização inferior à do milho, é a cultura com a maior demanda por sementes registradas: cerca de 1,2 milhão de toneladas foram usadas para o plantio em 30 milhões de hectares.

As sementes usadas podem ser de dois tipos: registradas e não registradas. No primeiro caso, elas podem ser produzidas por empresas privadas ou públicas. Ambos os tipos podem ser vendidos diretamente pelos proprietários das patentes ou por multiplicadores. Estes últimos são empresas que compram os direitos de empresas proprietárias de patentes, públicas ou privadas, multiplicam as sementes e as vendem regionalmente. Até a Embrapa opera segundo esse sistema. Existem preços diferentes para o uso de sementes patenteadas, pois levam-se em conta o custo de reprodução das sementes, a logística e os custos de comercialização. Portanto, todas as sementes têm um preço, e o que pode variar é o custo dos *royalties*. Sementes geradas no setor público e sementes desenvolvidas há mais tempo têm usualmente custos de uso mais baixos. Já as sementes não registradas são produzidas pelo próprio agricultor. Sementes geneticamente modificadas não permitem a germinação em uma segunda colheita, mas as sementes naturais podem ser geradas pelo próprio produtor. Assim, os agricultores são a fonte principal de sementes não registradas.

Em 2015 foram desenvolvidos e registrados mais de 30 mil cultivares. Entre as principais culturas, existem 3.162 cultivares de milho[203] e 1.611 de soja. A grande maioria desses cultivares é de domínio público, e apenas pouco mais de 2 mil são cultivares protegidos (Barreto, 2015:29). A legislação brasileira permite registrar patente de cultivares, cuja produção pode ser feita diretamente pela entidade que desenvolveu o cultivar ou por produtores de sementes autorizados pelo proprietário da patente. É feito o licenciamento e o correspondente pagamento dos *royalties*.

A produção de sementes protegidas ocupa uma grande área de terras agrícolas. Existem mais de 3.700 produtores de sementes, desde os que produzem

203 Segundo Peske (2016), mais de 200 mil hectares de sementes são produzidos anualmente para abastecer agricultores com essa quantidade de sementes, envolvendo um complexo sistema de fazendeiros cooperativos, isolamento de campos de produção (200 metros no mínimo) e sistemas de irrigação (pivô central). Silmar Teichert Peske. O mercado de sementes no Brasil.

apenas alguns quilos (a maior parte para hortigranjeiros e flores) até os que produzem milhares de sacas. De modo geral, os pequenos produtores de sementes usam plantações próprias, e os maiores arrendam campos para produzir suas sementes (Peske, 2016:1-2). Os produtores de semente de soja, por exemplo, usam em torno de 1 milhão de hectares.

A chegada da biotecnologia à agricultura por meio de cultivares transgênicos introduziu um novo período na indústria brasileira de sementes, alterando significativamente a dinâmica do mercado e o relacionamento entre obtentores dos cultivares e os produtores de sementes. Durante o movimento de reestruturação do mercado, algumas das maiores empresas de agroquímicos passaram também a trabalhar com biotecnologia e sementes, o que ensejou um movimento sem precedentes em direção à convergência entre produtores importantes. Pesquisas que combinam conhecimentos das áreas de engenharia genética, sementes e produtos químicos para agricultura permitiram a essas empresas criar um ambiente único para a inovação e o desenvolvimento de novos produtos.[204] Em fins de 2016 havia 74 plantas transgênicas aprovadas para comercialização: 13 cultivares de soja, 46 de milho, 13 de algodão, um de feijão e um de eucalipto. Hoje o mercado é dominado por empresas multinacionais como a Monsanto, com 26 transgênicos, Syngeta e Dow com 11 cada uma, DuPont com 12 e Bayer com 10. Em 2007 a Embrapa lançou a soja Cultivance, desenvolvida em parceria com a Basf; é um produto com alta tolerância a herbicidas e adaptado às várias regiões brasileiras. Esse foi o primeiro vegetal transgênico desenvolvido totalmente no Brasil, fruto de mais de 10 anos de pesquisa conjunta entre as duas empresas.[205] Em 2011 a CTNBio aprovou o feijão transgênico desenvolvido pela Embrapa para cultivo comercial no Brasil. Esse feijão é resistente ao vírus do mosaico dourado, o pior inimigo dessa cultura no Brasil e América do Sul, e a decisão é um marco na ciência nacional, pois essa foi a primeira planta transgênica totalmente produzida por instituições públicas de pesquisa brasileiras.[206] O Brasil está entre os países que mais usam plantas transgênicas, juntamente com Estados Unidos, Argentina, Índia e Canadá. Segundo estimativas, na safra de 2015-16 foram plantados 44,2 milhões de hectares com sementes transgêni-

[204] ASSOCIAÇÃO BRASILEIRA DE SEMENTES E MUDAS. Anuário 2015. p. 11. Disponível em: <www.abrasem.com.br/wp-content/uploads/2013/09/Anuario_ABRASEM_2015_2.pdf>. Acesso em: 28 fev. 2017.

[205] EMBRAPA. Os benefícios da biotecnologia para a sua qualidade de vida. Disponível em: <www.embrapa.br/recursos-geneticos-e-biotecnologia/sala-de-imprensa/se-liga-na-ciencia/a-biotecnologia-e-voce>. Acesso em: 28 fev. 2017.

[206] EMBRAPA. Os benefícios da biotecnologia para a sua qualidade de vida. Disponível em: <www.embrapa.br/recursos-geneticos-e-biotecnologia/sala-de-imprensa/se-liga-na-ciencia/a-biotecnologia-e-voce>. Acesso em: 28 fev. 2017.

cas. Nesse total incluem-se 90,7% da área cultivada com soja, milho e algodão. A previsão é de que 94% da soja semeada no Brasil, aproximadamente 85% do milho e 74% do algodão, provirão de material geneticamente modificado.[207]

Ao lado do debate corrente sobre as culturas transgênicas no Brasil, outro tema muito discutido é o da sustentabilidade. A questão da sustentabilidade da agricultura brasileira é crucial não só para o país, mas também para a sustentabilidade mundial no futuro. Grande parte da floresta amazônica, a maior floresta tropical do mundo, está em território brasileiro. O futuro dessa floresta terá um papel crucial na mudança climática, hoje uma grande preocupação ligada ao futuro da espécie humana. Além disso, o Brasil ocupa uma posição de destaque na produção mundial de alimentos e é um dos maiores exportadores de produtos agrícolas. O Brasil é considerado uma fonte essencial para acompanhar o aumento previsto da necessidade mundial de alimento nos próximos 30 anos, quando ocorrerá um forte crescimento da demanda em razão do aumento da população e da renda. Assim, entender a sustentabilidade da agricultura brasileira, ou seja, a capacidade do país para manter seus principais biomas, em especial a floresta amazônica, é essencial para compreender a futura sustentabilidade do planeta, particularmente na questão crucial do efeito estufa e mudança climática.

Como resultado da Convenção das Nações Unidas sobre Mudança do Clima em 1992 (Eco-92), o governo brasileiro adotou uma série de medidas para implementar as decisões decorrentes do evento; em seu conjunto, essas medidas, que representam a versão básica das posições que o Brasil adotou, são conhecidas como Agenda 21. As propostas recomendaram o "desenvolvimento sustentável" por meio de medidas específicas para reduzir os gases de efeito estufa em todas as áreas do planeta e em todos os setores da economia, levando em conta a proteção ambiental, a justiça social e a eficiência econômica. O Brasil foi o primeiro país a assinar o documento e, em 1994, criou a Comissão Interministerial para o Desenvolvimento Sustentável (Cides) para propor estratégias, políticas e programas nacionais relacionados com a Agenda 21. Decidiu-se que o Ministério da Ciência e Tecnologia seria responsável por coordenar as ações relacionadas com a mudança climática, e que o Ministério do Meio Ambiente promoveria as ações ligadas à Convenção da Diversidade Biológica, também assinada em 1992 (ABC Observatório, 2017). Em 1997 foi instituído o Protocolo de Kyoto, que estipulou metas numéricas para reduzir os gases de efeito estufa e, de início, isentou de obrigações os países em desenvolvimento. Em 1999 o governo federal criou a Co-

[207] ASSOCIAÇÃO BRASILEIRA DE SEMENTES E MUDAS. Anuário 2015. p. 13. Disponível em: <www.abrasem.com.br/wp-content/uploads/2013/09/Anuario_ABRASEM_2015_2.pdf>. Acesso em: 28 fev. 2017.

missão Interministerial de Mudança Global do Clima (CIMGC) para coordenar as ações relacionadas com a convenção. O Ministério da Ciência e Tecnologia instituiu a Coordenação Geral de Mudanças Globais de Clima para monitorar as estimativas de emissão de gases do efeito estufa no Brasil e definir políticas de mitigação. Em 2007, o Ministério do Meio Ambiente criou a Secretaria para Mudanças Climáticas e Qualidade Ambiental e, em 2008, foi aprovado o Plano Nacional sobre Mudança do Clima, que estabeleceu voluntariamente metas numéricas para a redução de gases de efeito estufa; o governo comprometeu-se a reduzir drasticamente o desmatamento, em especial na Amazônia. Por fim, em 2009 o Brasil fez um novo esforço nessa área e definiu metas para reduzir gases de efeito estufa em vários setores da economia. O compromisso foi o de reduzir entre 36% e 38% as emissões em comparação com os níveis projetados para 2020 na ausência de medidas de mitigação. Também nesse ano foi adotado o Plano da Agricultura de Baixa Emissão de Carbono (Plano ABC). Com esse plano voluntário, o Brasil comprometeu-se a deixar de emitir 1,2 bilhão de toneladas de CO_2 e equivalentes (CO_{2eq}) (ABC Observatório, 2017). Além das metas de eficiência energética e outros programas relacionados com o processo industrial, os programas brasileiros de sustentabilidade especificaram metas para o controle florestal, práticas agrícolas e uso de biocombustíveis. As metas apresentadas para o uso da terra relacionavam-se com o controle de dois dos principais biomas brasileiros: Amazônia e Cerrado. Além dessas vastas áreas terrestres, o Brasil tem outros biomas importantes, como a Mata Atlântica, a Caatinga, o Pantanal e o Pampa. Embora tenha havido iniciativas isoladas por parte de várias entidades para supervisionar essas outras regiões, até recentemente não houve monitoramento desses biomas.

Em 1988 o Instituto Nacional de Pesquisas Espaciais (Inpe) começou a monitorar a Amazônia e desenvolveu uma metodologia que, no começo do século XXI, passaria a ser usada para monitorar os outros biomas brasileiros. Em 2008, com apoio do Programa das Nações Unidas para o Desenvolvimento (PNUD), o Ministério do Meio Ambiente e o Instituto Brasileiro do Meio Ambiente e Recursos Naturais Renováveis (Ibama) assinaram um acordo para implementar o Projeto de Monitoramento do Desmatamento dos Biomas Brasileiros por Satélite, cujo objetivo é o monitoramento permanente da cobertura dos principais biomas brasileiros a fim de quantificar o desmatamento de áreas de vegetação nativa como base para ações de controle e combate do desmatamento ilegal desses biomas. O acompanhamento sistemático melhorou a supervisão desses biomas, permitindo que o Ibama aplique a lei com mais eficiência contra os predadores (Ministério do Meio Ambiente, 2016).

A Amazônia é hoje a maior floresta tropical do mundo, com cerca de 5,4 milhões de quilômetros quadrados. Aproximadamente 80% dessa floresta está no Brasil, e da parte protegida da floresta tropical 60% situam-se em território brasileiro. Por seu tamanho e características, a Amazônia é um grande reservatório da biodiversidade do planeta, que abriga cerca de 20% das espécies conhecidas de plantas e animais. Também é reconhecida como um reservatório para as necessidades ecológicas não só de povos indígenas e comunidades locais, mas também do resto do mundo. Segundo a ONG WWF-Brazil, de todas as florestas tropicais da Terra, a Amazônia é a única que ainda tem o tamanho e a diversidade preservados.[208] Portanto, o desmatamento da Amazônia tem impacto crucial sobre o aquecimento global. Além disso, estudos mostram que o aquecimento global poderia ter consequências drásticas sobre a floresta, pois reduziria o período e o volume das chuvas.[209]

O Cerrado, que também está incluído nas metas de emissão de gases de efeito estufa, tem área aproximada de 203 milhões de hectares. É o segundo maior bioma da América do Sul e ocupa cerca de um quarto do território brasileiro. Sua área está contida nos estados de Goiás, Tocantins, Mato Grosso, Mato Grosso do Sul, Minas Gerais, Bahia, Maranhão, Piauí, Rondônia, Paraná, São Paulo e Distrito Federal, além de ter enclaves no Amapá, Roraima e Amazonas. No Cerrado ficam as cabeceiras das três maiores bacias hidrográficas da América do Sul (Amazonas/Tocantins, São Francisco e Prata), o que resulta em grande disponibilidade de recursos hídricos. Da perspectiva da biodiversidade biológica, o Cerrado brasileiro é reconhecido como a savana mais rica do mundo; abriga uma flora com mais de 11.000 espécies de plantas nativas, das quais 4.400 são originárias da região. Em 2009 o Cerrado tinha vegetação em aproximadamente 1 milhão de quilômetros quadrados, ocupando 51% da área do bioma.[210]

Os outros biomas, embora não tenham programas de proteção específicos, também são de importância crucial para os gases de efeito estufa e a biodiversidade global. Um exemplo é a Mata Atlântica, onde vive mais de 2/3 da população brasileira. Esse é o bioma brasileiro com a menor porcentagem de cobertura vegetal natural, mas ainda abriga uma parte importante da diversidade biológica do país, com várias espécies endêmicas e recursos hídricos que abastecem uma população de mais de 120 milhões de pessoas. Sua área original restringe-se a alguns trechos remanescentes fragmentados, que infelizmente continuam a ser destruídos para extração de espécies exóticas e flora. Dos 1.103.961 km² desse bioma restam apenas 22% da área original.[211]

---

[208] Disponível em: <www.wwf.org.br/wwf_brasil/organizacao/>. Acesso em: 7 abr. 2017.

[209] Raven (1988:549-560), Malhi et al. (2008:169-172). Sobre a floresta amazônica, ver Lyra (2015), Governo do Estado do Amazonas (2009), Visentin (2013:96-102) e Nobre, Sampaio e Salazer (2017).

[210] Disponível em: <http://siscom.ibama.gov.br/monitora_biomas/PMDBBS%20-%20CERRADO.html>. Acesso em: 7 abr. 2017.

[211] Disponível em: <http://siscom.ibama.gov.br/monitora_biomas/PMDBBS%20-%20MATA%20ATLANTICA.html>. Acesso em: 7 abr. 2017.

O Pantanal, outro importante bioma brasileiro, é uma planície que inunda periodicamente, reconhecida no Brasil e no exterior por sua biodiversidade e por ser uma das principais áreas alagadas do mundo. A região foi declarada Reserva da Biosfera e Patrimônio Natural Mundial pela Unesco. Distribui-se por dois estados, Mato Grosso e Mato Grosso do Sul, e atravessa a fronteira com a Bolívia. Ocupa uma área aproximada de 151.313 km^2 — cerca de 2% do Brasil — e ainda preserva 83% de seu bioma.[212]

O Pampa situa-se no extremo sul do Brasil e se estende também pelo Uruguai e Argentina. Um dos maiores biomas brasileiros, ocupa cerca de 2/3 da área do Rio Grande do Sul. É um ecossistema rural com vegetação predominantemente herbácea e rasteira. Nas imediações de cursos d'água e nas encostas planaltinas, a vegetação torna-se mais densa, com árvores. Os Banhados, áreas alagadas próximas da costa, também fazem parte desse bioma. A paisagem do Pampa, embora pareça monótona e uniforme, contém grande biodiversidade. Em 2008 cerca de 54% de sua área havia sido desmatada.[213]

Finalmente, a Caatinga, situada na região semiárida do Brasil, contém 20 milhões de habitantes e é a região semiárida mais populosa do mundo. O bioma Caatinga inclui várias formações vegetais. O termo "caatinga" denota uma vegetação dominante que se estende por quase todos os estados do Nordeste e parte de Minas Gerais. Esse ecossistema é importantíssimo do ponto de vista biológico porque abriga fauna e flora únicas. Estima-se que no mínimo 932 espécies já tenham sido registradas na região, das quais 380 são endêmicas. Entre os biomas brasileiros, esse é menos conhecido pela ciência e tem sido tratado sem prioridade, apesar de ser um dos mais ameaçados em razão do uso inadequado e não sustentável de seus solos. A Caatinga ocupa 844.453 km^2 e possui vegetação nativa em 441.117 km^2, equivalentes a 53% de sua área original.[214]

O monitoramento desses grandes biomas brasileiros começou pela floresta amazônica em razão de sua importância e da pressão nacional e internacional por sua preservação. Dados disponíveis a partir dos anos 1980 mostram um desmatamento relativamente estável, porém intenso, em geral superior a 20 mil km^2 anuais. Esses números começaram a cair a partir de 2006, mantendo níveis em torno de 6 mil km^2 de 2009 em diante. Surpreendentemente, a partir do ano de 2015 houve um aumento que se manteve até o ano de 2018, dificultando

[212] Disponível em: <http://siscom.ibama.gov.br/monitora_biomas/PMDBBS%20-%20PANTANAL.html>. Acesso em: 7 abr. 2017.

[213] Disponível em: <http://siscom.ibama.gov.br/monitora_biomas/PMDBBS%20-%20PAMPA.html>. Acesso em: 7 abr. 2017.

[214] Disponível em: <http://siscom.ibama.gov.br/monitora_biomas/PMDBBS%20-%20CAATINGA.html>. Acesso em: 7 abr. 2017.

mais para o Brasil atingir sua meta de desmatamento máximo de 3,9 mil km^2 em 2020. Há muita especulação sobre as causas, e até agora não foi dada nenhuma explicação formal e oficial (gráfico 4.6).[215]

Gráfico 4.6: Desmatamento anual da Amazônia Legal 1977-2016 (km^2/ano)

Fonte: <www.obt.inpe.br/prodes/prodes_1988_2016n.htm>.

A redução inicialmente acentuada no desmatamento da Amazônia foi possibilitada por intensa monitoração. Isso levou a uma redução sistemática da emissão líquida de gases de efeito estufa por florestas brasileiras, o que, por sua vez, foi mais influenciado pela diminuição do desmatamento da Amazônia Legal, explicando grande parte da queda na emissão de gases de efeito estufa

[215] Essa notícia surpreendeu autoridades e ambientalistas nacionais e internacionais. Apesar das especulações, porém, as causas desse aumento continuam desconhecidas. O Greenpeace, por exemplo, fala em enfraquecimento de medidas de comando e controle e diz que o novo Código Florestal, ao conceder anistia por atividades passadas, criou expectativa de leniência no futuro. Disponível em: <www.greenpeace.org/brasil/pt/Noticias/Desmatamento-dispara-na-Amazonia-/>. O Inpe, respondendo sobre o primeiro aumento no ano de 2015, afirmou que "O aumento do desmatamento foi atribuído a vários fatores, inclusive a economia e moeda instável do Brasil, que faz a conversão da floresta para agricultura mais atrativa; os cortes drásticos do governo no financiamento dos programas para reduzir o desmatamento; um impulso renovado para projetos de infraestrutura de grande porte na Amazônia; e relaxamento do Código Florestal brasileiro, que regula quanto da floresta deve ser preservado nas propriedades privadas". Disponível em: <www.ccst.inpe.br/o-desmatamento-na-amazonia-aumenta-no-brasil-mas-permanece-baixo-com-relacao-ao-passado/>.

verificada desde 2004 (gráfico 4.7).[216] O Decreto nº 7.390, de 9 de dezembro de 2010, que estabeleceu metas para as emissões de gases de efeito estufa para 2020, determinou que haveria necessidade de reduzir em 80% as taxas anuais de desmatamento da Amazônia Legal, usando como base o período 1996 a 2005. O mesmo decreto estipulou também que deveria haver uma redução de 40% nas taxas anuais de desmatamento do bioma Cerrado em relação à média registrada entre 1999 e 2008. Essas duas metas ambiciosas foram consideradas razoáveis pela maioria dos especialistas, porém claramente seria necessário retornar às taxas de desmatamento alcançadas antes de 2014.

Gráfico 4.7: Emissão de gases de efeito estufa da biomassa e desmatamento da Amazônia, 1988-2010

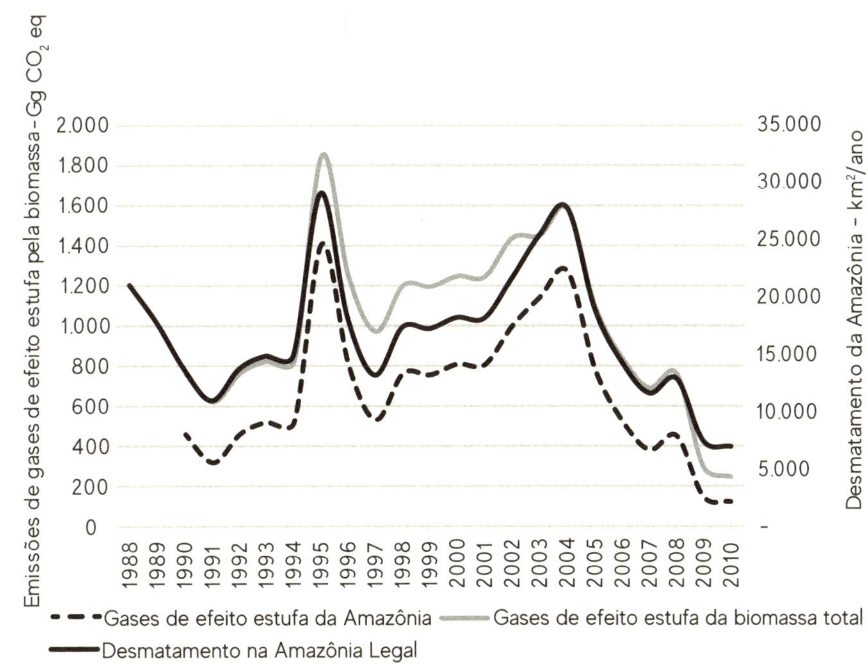

Fonte: Ministério da Ciência, Tecnologia, Inovação e Comunicações (2016).

---

[216] Segundo o Ministério do Meio Ambiente, o Brasil estabeleceu a Política Nacional sobre Mudança do Clima (PNMC) com a Lei nº 12.187 de 2009, que define o compromisso nacional voluntário de adotar medidas de mitigação para reduzir suas emissões de gases de efeito estufa (GEE) entre 36,1% e 38,9% em relação a emissões projetadas para 2020. Segundo o Decreto nº 7.390/2010, que regula a Política Nacional sobre Mudança do Clima, a projeção de emissões de gases de efeito estufa para 2020 era estimada em 3.236 de toneladas de CO_2eq. Portanto, a redução correspondente às porcentagens estabelecidas está entre 1.168 toneladas de CO_2eq e 1.259 toneladas de CO_2eq, respectivamente, para o ano em questão. Sobre esse assunto, ver: MINISTÉRIO DO MEIO AMBIENTE. Estimativas anuais de emissões de gases de efeito estufa no Brasil. 3. ed. Brasília: MCT, 2016.

Além dos efeitos diretos do desmatamento, atividades relacionadas com a agropecuária começaram a ser controladas, e seus efeitos sobre a emissão de gases de efeito estufa passaram a ser medidos. Isso resultou em planos do Brasil para recuperar pastagens e integrar melhor florestas, culturas e criação de animais, adotar o plantio sem aração e implementar a fixação biológica do nitrogênio. A maior redução deveria ocorrer na recuperação de pastagens. Segundo a Fundação Getulio Vargas, a degradação de pastagens acarretou a perda progressiva da produtividade do solo e de sua capacidade de recuperação, com decorrente incapacidade de sustentar os níveis de produção e qualidade necessários aos animais e também de superar os efeitos danosos de pragas, doenças e espécies invasoras. Esse processo resultou de manejo inadequado e culminou na deterioração de recursos naturais. O avanço do processo de degradação, a perda de cobertura vegetal e a redução da matéria orgânica do solo também acarretam a emissão de CO_2 na atmosfera. Com a recuperação de pastagens é possível reverter o processo, o solo pode começar a acumular carbono e as emissões de CO_2 podem ser reduzidas significativamente. O processo é lento, e estimativas indicam que até 2020 poderá haver uma redução de 3-4% em relação à tendência atual. Embora o plano governamental corrente contemple apenas 15 milhões de hectares, existem no Brasil aproximadamente 60 milhões de hectares degradados.[217]

O Brasil também desenvolveu o chamado sistema de integração lavoura-pecuária (ILP) e integração lavoura-pecuária-floresta (ILPF), para lidar com o impacto negativo de um sistema monocultor que, em muitos desses biomas, acarreta perda de matéria orgânica e compromete a qualidade do solo. Esses sistemas integrados permitem que as fazendas produzam grãos, carne, leite e madeira o ano todo na mesma área de propriedade rural por meio de um sistema de rotação ou sucessão. O resultado dessa combinação é o aumento da renda do produtor rural, além de redução do desmatamento e da emissão de gases de efeito estufa. Um dos principais benefícios do sistema de integração é o aumento de matéria orgânica no solo, melhorando suas condições físicas, químicas e biológicas, e permitindo melhor fixação do carbono. A estratégia ILPF está sendo adotada em biomas brasileiros com diversos níveis de intensidade, e agora, segundo estimativas, está em uso em 1,6 milhão a 2 milhões de hectares.[218] Resultados preliminares de pesquisa realizada pela Embrapa em Mato Grosso

217 ABC Observatório (2017:10-17). No cálculo do balanço de gases de efeito estufa, levam-se em conta a emissão de fertilizantes aplicados no solo e as emissões do gado, por exemplo, as excreções. Sobre esse tema, ver o importante estudo da Embrapa: Zimmer et al. (2012).

218 Sobre esse tema, ver Alvarenga et al. (2010:), Balbino et al. (2012, 2011), Behling (2017), Tadário Kamel de Oliveira et al. (2012), Balbino, Barcellos e Stone (2011) e Trecenti et al. (2009).

demonstraram a eficiência desses sistemas de integração lavoura-pecuária--floresta na redução das emissões de gases de efeito estufa.[219]

O plantio direto ou sem aração é uma das tecnologias mais importantes introduzidas na agricultura brasileira, e hoje é usado na produção de cereais, legumes, oleaginosas e algodão. Em 2015 havia mais de 33 milhões de hectares no sistema de plantio direto, mais de 50% da área dedicada a cereais, graças ao desenvolvimento de maquinário e insumos apropriados. Essa tecnologia tropical dispensa as etapas de aração e gradagem e permite enorme economia de combustível. A redução de emissões de CO_2 é da ordem de 40%. O plantio direto também permite reduzir a erosão do solo e o uso de fertilizantes químicos. Segundo o estudo da FGV, esse sistema de plantio está se tornando rapidamente a regra para todos os grãos produzidos no Brasil (ABC Observatório, 2017:19-23).

A fixação biológica do nitrogênio no solo é outra inovação tecnológica amplamente usada no Brasil. Nesse sistema, o gás N_2 presente na atmosfera é capturado por microrganismos e convertido em compostos nitrogenados disponíveis para as plantas. Esse novo ambiente aumenta a produtividade das plantações, diminui o uso de insumos industrializados e contribui para a redução das emissões de gases do efeito estufa. O Brasil mantém programas de pesquisa e desenvolvimento com dezenas de bactérias capazes de fornecer nitrogênio para soja, arroz, cana-de-açúcar, milho, trigo, feijão, alfafa, amendoim etc. A inoculação de bactérias fixadoras de nitrogênio em sementes de soja antes da semeadura é um processo que substitui completamente a necessidade do uso de fertilizantes com nitrogênio nessa cultura. Estimativas indicam que não usar fertilizantes em plantações de soja nos 30 milhões de hectares cultivados com essa espécie no Brasil (safra 2013-14) permite uma economia anual de aproximadamente US$ 12 bilhões. Em contraste com o uso de fertilizantes nitrogenados, a fixação biológica do nitrogênio não causa poluição ambiental. O uso da fixação biológica de nitrogênio faz do Brasil um exemplo para o mundo na adoção da agricultura de baixa emissão de carbono. A fixação biológica do nitrogênio faz parte do plano ABC, que propõe estender essa tecnologia para 5,5 milhões de hectares, com uma decorrente redução da emissão de 10 milhões de toneladas de CO_2 até 2020.[220]

---

219 Disponível em: <www.embrapa.br/busca-de-noticias/-/noticia/2411761/estudo-comprova--mitigacao-de-gases-de-efeito-estufa-pela-ilpf>. Acesso em: 17 abr. 2017. A pesquisa indicou que, na área de lavoura convencional, ocorre maior fluxo de emissões de N_2O durante a safra, com picos intensos logo depois da adubação. No entanto, quando se analisa uma área com integração entre agricultura e floresta, oberva-se que as emissões de óxido nitroso tendem a ficar em equilíbrio.

220 Ferreira, A. (2017), Ministério da Agricultura. ABC Agricultura de Baixa Emissão de Carbono. Disponível em: <www.agricultura.gov.br/assuntos/sustentabilidade/plano-abc>. Acesso em: 19 abr. 2017, EMBRAPA. Fixação Biológica de Nitrogênio. Disponível em: <www.embrapa.br/tema-fixacao-biologica-de-nitrogenio/nota-tecnica>. Acesso em: 19 abr. 2017.

Embora não sejam diretamente ligados à agricultura, os programas de bioenergia que o Brasil vem desenvolvendo há muitos anos alcançam êxito inegável na redução de emissões de gases do efeito estufa. Segundo dados do setor canavieiro, o uso de etanol produzido com cana-de-açúcar reduz em 89% a emissão de gases do efeito estufa — como o dióxido de carbono (CO_2), o metano (CH_4) e o óxido nítrico (NO_2).[221] Há também iniciativas recentes destinadas a desenvolver processos eficientes para o uso de bioenergia no transporte de carga e passageiros. Embora ainda acanhado em comparação com o Programa Proálcool baseado no uso de etanol, o uso de biodiesel está avançando no Brasil, pois uma lei aprovada em 2014 determinou a adição obrigatória de 6% de biodiesel nas vendas para o consumidor final. Esse cronograma foi acelerado em 2016, estipulando novas metas que começam com 8% a ser implementadas dentro de um ano, 9% em dois anos e, por fim, 10% em até três anos. Essa é uma medida importante para a substituição gradual desse combustível fóssil.[222]

Em 2010 o governo instituiu um processo sistemático para monitorar as metas de redução de gases de efeito estufa no Brasil. Analisando os dados de 2014, vemos que alguns setores originaram a maior parte da poluição. Por exemplo, o setor de energia emite 37% dos gases atmosféricos, a agropecuária 33% e a mudança de uso da terra e florestas 18%. Contudo, esses números variam ao longo do tempo. Entre 2010 e 2014, porém, o setor de energia aumentou os níveis de gases em 27%; na agropecuária, o aumento das emissões foi de apenas 4% e as restrições hoje em vigor sobre a destruição de biomas nacionais reduziram drasticamente as emissões desse setor em um terço (tabela 4.5). A produção de energia no Brasil é relativamente limpa em comparação com a maioria dos países, pois a hidroeletricidade é responsável por 58% da geração total de energia, e 75% provêm de recursos renováveis.[223]

---

221 NovaCana.com, citando a AIE (Agência Internacional de Energia), afirma que, em comparação com a gasolina, o etanol produzido com cana-de-açúcar reduz em média 89% da emissão de gases de efeito estufa como o dióxido de carbono (CO_2), o metano (CH_4) e o óxido nítrico (NO_2). Disponível em: <www.novacana.com/etanol/beneficios/>. Acesso em: 19 abr. 2017.

222 Lei nº 13.033, de 24 de setembro de 2014, e Lei nº 13.263, de 25 de março de 2016.

223 Na área de energia, a insuficiência no fornecimento de energia elétrica, causada também por atrasos em numerosas obras projetadas no setor de eletricidade e por escassez de água em períodos recentes, requereu um uso mais intensivo de sistemas de geração de energia por combustíveis fósseis, agravando, ao menos temporariamente, a matriz energética brasileira. A conclusão desses projetos e a intensificação de investimentos em fontes renováveis de energia devem reverter esse processo de deterioração da matriz energética brasileira.

Tabela 4.5: Emissões de CO_2eq por setores e por anos, 1990-2014

Setores	GgCO2eq (1)						Variação	
	1990	1995	2000	2005	2010	2014	2005-2010	2010-2014
Produção de energia	185.808	223.727	284.273	312.747	371.086	469.832	18,7%	26,6%
Processos industriais	52.059	65.625	75.581	80.517	89.947	94.263	11,7%	4,8%
Agricultura e Pecuária	286.998	316.671	328.367	392.491	407.067	424.473	3,7%	4,3%
Uso da terra e mudança do uso da terra e florestas, com remoções (1)	792.038	1.931.478	1.265.606	1.904.666	349.173	233.140	-81,7%	-33,2%
Tratamento de resíduos	26.006	31.370	38.693	45.476	54.127	62.787	19,0%	16,0%
Total líquido de emissões	1.342.909	2.568.872	1.992.520	2.735.898	1.271.399	1.284.496	-53,5%	1,0%
Uso da terra e mudança do uso da terra e florestas, sem remoções (2)	1.147.054	2.325.414	1.659.540	2.653.627	1.096.431	1.007.861	-58,7%	-8,1%
Total	1.697.925	2.962.807	2.386.454	3.484.859	2.018.658	2.059.217	-42,1%	2,0%

Fonte: Ministério da Ciência e Tecnologia, Inovação e Comunicações. Estimativas anuais de emissões de gases de efeito estufa no Brasil. 3. ed. Brasília, 2016. p. 10.

Nota: (1) Gg=milhões de ton.; (2) Remoções referem-se ao efeito positivo das florestas nas remoções dos gases de efeito estufa.

Como se vê nesse levantamento, o Brasil tem procurado enfrentar as questões de sustentabilidade, por motivos tanto ecológicos como econômicos. Com a tremenda expansão da agricultura comercial em anos recentes, importantes setores da indústria e renomados institutos nacionais de pesquisa ocupam-se dessas questões. Além disso, em razão do fenomenal crescimento da agricultura brasileira desde os anos 1960, esses problemas têm importância crucial até mesmo para a continuidade do crescimento da produtividade agrícola. Por sua vez, a criação de um moderno sistema de ensino e pesquisa em agronomia patrocinado pelo Estado tem sido um fator fundamental para gerar o aumento crucial de produtividade necessário à manutenção da liderança mundial do Brasil na agricultura. Ademais, a comunidade internacional exige medidas em benefício da sustentabilidade. Para manter a posição de destaque mundial do Brasil na oferta de alimentos, o país deverá demonstrar claramente seu compromisso com a sustentabilidade e evidenciar resultados nessa área.

Entretanto, na área do controle sanitário, que depende fundamentalmente da ação do Estado, o Brasil tem sido menos bem-sucedido. A criação da Organização Mundial do Comércio (OMC) em 1995 definiu regras e padrões para o comércio internacional, entre os quais se inclui a qualidade dos alimentos. Isso levou muitos dos países participantes, entre eles o Brasil, a modernizar serviços concernentes à saúde animal. O Brasil avançou significativamente no controle dos rebanhos e no processamento de seus produtos. Tem alcançado grande êxito no controle e erradicação de doenças como a febre aftosa, a febre suína clássica e a doença de Newcastle. O setor leiteiro, porém, que exporta pouco, não tem mostrado um avanço equivalente, e hoje é a origem dos produtos com maior risco à saúde nacional. Além disso, embora o Brasil ocupe agora uma posição de destaque no mercado internacional de carne, deficiências periódicas no processo de controle e inspeção de carne e outros produtos agrícolas continuam a ser um problema importante.[224]

O controle sanitário foi melhorado para obedecer às exigências internas e internacionais. Neste último caso, além da necessidade de controle sanitário contra patógenos que afetam a saúde humana, procura-se controlar o impacto

---

224 Em 2017 ocorreu um escândalo ligado ao controle sanitário da carne produzida em vários frigoríficos brasileiros, provocando reação imediata em numerosos países importadores. Disponível em: <https://economia.uol.com.br/noticias/reuters/2017/03/17/escandalo-da-carne-impacta-industria-no-brasil-e-ameaca-exportacoes.htm>. Acesso em: 4 fev. 2018.

de pesticidas, cujo uso é necessário na agricultura tropical e faz do Brasil um dos maiores consumidores mundiais desse insumo.[225]

Dadas a importância, a gravidade e a complexidade desse problema, que requer competência técnica por parte dos agricultores e um controle público eficiente, muitos especialistas acreditam que o risco à saúde na agricultura é uma das maiores ameaças enfrentadas pelo setor, não só em razão de seu possível impacto, mas também devido ao desconhecimento de sua importância e à situação precária do sistema estatal de controle sanitário da lavoura e pecuária. Isso se deve à fragilidade operacional em todas as etapas do processo de inspeção (Buainain et al., 2014:196-200).

Como este levantamento mostrou, o Brasil investiu intensamente em pesquisa e ensino e, em muitos aspectos, é líder em tecnologia e práticas modernas na agricultura comercial. Obviamente, isso não se aplica aos significativos agricultores de subsistência que adotaram apenas em parte os novos métodos ou não tiveram condições de acesso a eles. No setor comercial da agricultura brasileira, porém, existe um comprometimento progressivo com a sustentabilidade e a proteção dos recursos, pois esse comprometimento faz sentido economicamente e tem um impacto fundamental sobre a atividade agrícola no longo prazo. Apesar do grande espírito empreendedor dos agricultores brasileiros, foi o enorme investimento em ensino e pesquisa, financiado em parte por esses mesmos produtores, que fez do Brasil um dos mais avançados produtores agrícolas do mundo.

[225] Segundo Pereira (2013), no Brasil muitos patógenos têm impacto sobre a agricultura e a pecuária. Há inúmeros exemplos, antigos e recentes, por exemplo: a ferrugem, doença fúngica do café e da soja; o bicudo, inseto que destrói o algodão; surtos de febre aftosa, uma doença viral, em bovinos; o cancro e o greening, doenças bacterianas, na citricultura; a eclosão, em 1989, da doença fúngica conhecida como vassoura de bruxa nos cacaueiros baianos, que devastou a produção e fez o Brasil perder a liderança na produção e exportação de cacau e a tornar-se importador desse produto. Luciano Gomes de Carvalho Pereira. Sobre esse tema, ver também Peres, Moreira e Dubois (2003:21-41).

CAPÍTULO 5

A CONFIGURAÇÃO REGIONAL DA AGRICULTURA

Dadas a imensidão continental e a extraordinária variedade de climas e solos do Brasil, era inevitável que a população e a economia de cada região se diferenciassem nitidamente. Essas diferenças refletem-se no agrupamento regional dos estados hoje usado para definir as diversas áreas do país. Cada região abrange um território enorme. A região Sul, que é a menor delas, supera em área a França, a Alemanha ou a Espanha. O Sudeste tem quase o tamanho de França e Alemanha juntas; tanto o Nordeste como o Centro-Oeste são maiores do que França, Alemanha e Espanha combinadas. O Norte é maior do que a Índia. Além disso, cada região teve sua própria evolução histórica. O Nordeste foi a primeira região colonizada e desenvolvida no século XVI. Houve então a lenta e constante evolução da região Sudeste, nos séculos XVII e XVIII. O Sul só veio a atingir seu pleno desenvolvimento nos séculos XVIII e XIX, enquanto o Centro-Oeste e o Norte permaneceram bravios e controlados por povos indígenas até fins do século XIX e começo do XX.

Mesmo inicialmente, as regiões dedicaram-se a culturas diferentes. As grandes fazendas de agricultura comercial estabeleceram-se ao longo da costa dos estados do Nordeste e nas planícies litorâneas do Sudeste. Nelas o principal produto foi o açúcar produzido por escravos. A descoberta de ouro em Minas Gerais abriu caminho para a economia e aumentou a população nas partes mais interioranas da região Sudeste no século XVIII, e nesse mesmo século a mineração de diamantes desbravou uma pequena parte do Centro-Oeste. O crescimento do café, que nos anos 1830 ultrapassou o açúcar em importância nas exportações brasileiras, concentrou-se quase exclusivamente na região Sudeste. O algodão foi um produto do Nordeste e teve um crescimento substancial em meados do século XIX, enquanto a borracha natural tornou-se uma exportação importante e temporária em fins do século XIX, concentrada nas regiões Norte e Nordeste. Por sua vez, a promoção da colonização por europeus trabalhando em pequenas unidades agrícolas promoveu a ocupação da região Sul nos séculos XIX e XX com agricultura comercial de múltiplas culturas com a tradicional economia pecuária tradicional da região.

Na época do primeiro censo nacional em 1872, a maioria da população concentrava-se na costa do Atlântico, e as áreas interioranas do país eram esparsamente povoadas, o que explica suas baixas densidades demográficas, inferiores a 1 habitante por km². Essa é a razão de sua parcela da população ser inferior a 5% do total da população nacional. Em contraste, as regiões costeiras tinham as densidades demográficas mais elevadas e parcelas muito maiores da população nacional. A composição dessas regiões costeiras foi influenciada pela chegada de aproximadamente 3 milhões de africanos antes de 1850 e de fluxos mais modestos de imigrantes portugueses. O interior do país ainda continha grande número de tribos indígenas não incorporadas e uma grande porcentagem de pessoas de ascendência mista europeia, africana e indígena. O Nordeste, assolado por secas periódicas e declínio da agricultura local, foi perdendo população para o Sul e o Sudeste. Além de receber esses migrantes, o Sul e o Sudeste também foram o destino de mais de 5,1 milhões de imigrantes europeus e asiáticos que desembarcaram no Brasil entre 1872 e 1960 (Levy, 1974:71-73, tab. 1).

Enquanto se expandia a população brasileira, também mudava sua distribuição pelas diversas regiões do país (mapa 5.1). Houve grande movimentação de populações do norte para o sul e do litoral para o interior, o que mudou o balanço demográfico relativo das várias regiões. No meio século decorrido entre os censos de 1960 e 2010, o Norte e o Centro-Oeste duplicaram sua participação no total da população e, juntos, agora contêm 16% da população brasileira. O Nordeste foi quem mais perdeu, seguido por Sudeste e Sul (tabela 5.1). Norte e Centro-Oeste cresceram mais depressa do que a média nacional, e no novo século ambas as regiões ainda cresciam à taxa de 2% ou mais ao ano.[226]

Na segunda metade do século XX, porém, a mudança foi rápida. A população total cresceu velozmente, pois a fecundidade permaneceu muito elevada enquanto a mortalidade, em especial a infantil, começou a declinar a um ritmo ainda maior em meados do século XX. O pico de crescimento ocorreu nos anos 1950, quando a população aumentou à taxa anual de 2,99%. Na década de 1970,

226 IBGE. Sinopse do censo de 2010. Rio de Janeiro: 2011. tab. 3.

o crescimento foi de 2,89% ao ano e, na década seguinte, de 2,48% — taxas elevadas pelos padrões mundiais.[227] Nos anos 1980, contudo, a fecundidade iniciou um longo declínio secular; a população desacelerou seu crescimento para menos de 2% e, nas primeiras décadas do século XXI, seguiu uma trajetória declinante rumo à ausência de crescimento demográfico projetada para meados do século.[228]

Mapa 5.1: **Regiões e estados do Brasil**

[227] IBGE. Sinopse do censo de 2010. Rio de Janeiro: 2011. tab. 2.

[228] A taxa de crescimento anual caiu para menos de 1% em 2010, e a estimativa é de que se torne negativa em 2045 e se reduza ainda mais até 2060. IBGE. Projeção da população do Brasil por sexo e idade: 2000-2060 [a partir de 2013]. Disponível em: <www.ibge.gov.br/home/estatistica/populacao/projecao_da_populacao/2013/default.shtm>. Acesso em: 22 fev. 2018.

Tabela 5.1: População residente por regiões brasileiras, 1960-2010

	1960	1970	1980	1991	2000	2010
Brasil	70.992.343	94.508.583	121.150.573	146.917.459	169.590.693	190.755.799
Norte	2.930.005	4.188.313	6.767.249	10.257.266	12.893.561	15.864.454
Nordeste	22.428.873	28.675.110	35.419.156	42.470.225	47.693.253	53.081.950
Sudeste	31.062.978	40.331.969	52.580.527	62.660.700	72.297.351	80.364.410
Sul	11.892.107	16.683.551	19.380.126	22.117.026	25.089.783	27.386.891
Centro-Oeste	2.678.380	4.629.640	7.003.515	9.412.242	11.616.745	14.058.094

Fonte: IBGE, Sidra. Sinopsis Censo 2010. Tabela 1286

Essas mudanças afetaram a densidade demográfica em cada uma das regiões. Embora em todas tenha havido aumento da população e, portanto, do número de habitantes por km², com o país como um todo alcançando a marca de 22 habitantes por km² em 2010, o crescimento mais rápido (acima de 3% ao ano) ocorreu na fronteira, que engloba as regiões Norte e Centro-Oeste (tabela 5.2).

Tabela 5.2: População por km², por região, 1960-2010

Ano	Norte	Nordeste	Sudeste	Sul	Centro-Oeste
1960	0,8	14,4	33,6	20,6	1,7
1970	1,1	18,5	43,6	29,0	2,9
1980	1,8	22,8	56,9	33,6	4,4
1991	2,7	27,3	67,8	38,4	5,9
2000	3,4	30,7	78,2	43,5	7,2
2010	4,1	34,2	86,9	48,6	8,8

Fonte: IBGE, Sidra. Censo 2010. Tabela 1298.

A migração interna foi constante no Brasil desde o fim da imigração internacional nos anos 1920. Dos anos 1920 até os anos 1980 o principal movimento foi do Nordeste para o Sudeste. No final do século, porém, uma nova e forte migração interna ocorreu em direção à fronteira ocidental, partindo de todas as regiões costeiras, inclusive Sul e Nordeste. Isso se evidencia na distribuição por região de residentes nascidos no país em comparação com seu local de nascimento por região. Claramente, no período 1991-2010 o Centro-Oeste continha a maior parcela de imigrantes nascidos em outra região do Brasil, seguido pela região Norte. Nessa época, o Sudeste mostrou um fluxo menor de migração inter-regional, e o Sul teve a menor porcentagem de migrantes nascidos no Brasil (tabela 5.3).

Tabela 5.3: Porcentagem da população nativa que não reside na região de nascimento, por região de residência, 1991-2010

Censo	Norte	Nordeste	Sudeste	Sul	Centro-Oeste
1991	19%	2%	9%	6%	31%
2000	17%	2%	11%	6%	30%
2010	15%	3%	10%	6%	28%

Fonte: IBGE, Sidra. Tabela 617.

Além de ocorrer migração entre regiões, houve uma movimentação ainda mais pronunciada de nascidos no país em direção aos florescentes centros urbanos em todas as regiões. O resultado foi uma grande mudança na distribuição da população entre residentes urbanos e rurais, embora mesmo com todas essas mudanças ainda houvesse grandes diferenças regionais nessas mudanças. Em 1970, assim como na década anterior, apenas o Sudeste, com seus importantes centros urbanos, tinha a maioria de sua população classificada como urbana. Sul e Centro-Oeste diferenciavam-se pouco de Norte e Nordeste. Em 2010, porém, o país como um todo tinha apenas 16% da população classificada como rural, e até Norte e Nordeste diminuíram para 1/4 sua parcela de população ainda residente na zona rural (tabela 5.4).

Tabela 5.4: Porcentagem da população rural por região, 1970-2010

Região	1970	1980	1991	2000	2010
Brasil	44%	32%	24%	19%	16%
Norte	55%	48%	41%	30%	26%
Nordeste	58%	50%	39%	31%	27%
Sudeste	27%	17%	12%	10%	7%
Sul	56%	38%	26%	19%	15%
Centro-Oeste	52%	32%	19%	13%	11%

Fonte: IBGE, Sidra. Censo demográfico 2010. Tabela 200.

Essas regiões diferiam não só na distribuição, tamanho e densidade da população, mas também na saúde e bem-estar de seus habitantes. As marcantes diferenças regionais na expectativa de vida em 1960 mudaram lentamente com o passar do tempo. Em 1960, a diferença nas expectativas de vida média ao nascer era de 7,5 anos entre o Nordeste e o Sul, e essa disparidade não diminuiu significativamente até 2000. Neste século, as diferenças nas expectativas de vida continuaram a diminuir, e em 2010 a taxa do Nordeste estava apenas 4,6 anos atrás da registrada para o Sul (tabela 5.5).

Tabela 5.5: Expectativa de vida ao nascer. Brasil e regiões, 1960-2010

Região	1960	1970	1980	1991	2000	2010
Brasil	48,0	52,7	62,5	66,9	70,4	73,4
Norte	52,6	54,1	60,8	66,8	69,5	72,4
Nordeste	40,0	43,3	58,3	62,9	67,1	70,8
Sudeste	53,1	57,4	64,8	68,8	72,0	74,9
Sul	57,5	60,0	66,0	70,3	72,8	75,4
Centro-Oeste	52,9	57,6	62,9	68,4	71,7	74,5

Fontes: 1960-2000 IBGE, Tendências demográficas 1950-2000, Tabela 7. 2010: Datasus. Disponível em: <http://tabnet.datasus.gov.br/cgi/idb2011/a11tb.htm>.

Em 1970 ainda existiam diferenças muito significativas entre as regiões nas taxas totais de fecundidade, mas não tão significativas quando comparamos as partes rurais das várias populações regionais. Por exemplo, nas regiões com as taxas mais altas e as mais baixas (Norte e Sudeste), a disparidade é de 3,6 filhos quando considerada a população total em 1970, enquanto para a zona rural a diferença é de apenas 2,7 filhos. Embora essas taxas de fecundidade fossem elevadas para os padrões mundiais de meados do século, a transição demográfica, definida como uma queda importante nas taxas de natalidade, finalmente ocorreu no Brasil nas décadas de 1960 e 1970, e fez sentir seu impacto no censo de 1991, com declínio nas taxas de fecundidade tanto da população total de cada região como nas populações rurais (tabela 5.6).

Tabela 5.6: Taxa de fertilidade total, para a população rural e urbana, 1970-2000

	Total				Rural				Urbana			
Região	1970	1980	1991	2000	1970	1980	1991	2000	1970	1980	1991	2000
Brasil	5,8	4,4	2,9	2,4	7,7	6,4	4,4	3,5	4,6	3,6	2,5	2,2
Norte	8,2	6,5	4,2	3,2	9,6	8,0	5,5	4,6	6,8	5,2	3,4	2,7
Nordeste	7,5	6,1	3,7	2,7	8,5	7,7	5,3	3,8	6,6	4,9	2,9	2,3
Sudeste	4,6	3,5	2,4	2,1	7,1	5,5	3,5	2,9	3,9	3,2	2,2	2,0
Sul	5,4	3,6	2,5	2,2	6,8	4,6	3,1	2,8	4,1	3,2	2,4	2,1
Centro-Oeste	6,4	4,5	2,7	2,3	7,6	6,0	3,6	2,9	5,3	4,0	2,5	2,2

Fonte: IBGE, Tendências demográficas... 2000. Tabela 7.

O declínio da fecundidade e o aumento da expectativa de vida influenciaram profundamente a distribuição etária das populações de todas as regiões. No entanto, o ritmo variou entre as regiões. O declínio mais lento deu-se no Norte, seguido pelo Nordeste. O Sul foi um caso especial; a porcentagem de sua população jovem (0-14 anos), que em 1970 era maior do que a média nacional, em 2010 ficou abaixo da média nacional. O Centro-Oeste, que em 1970 estava acima da média, caiu para abaixo da média em 2010. Essas diferenças regionais inicialmente grandes nas faixas etárias mudaram lentamente à medida que o Brasil atravessou sua transição nas taxas de fecundidade e seu declínio secular da mortalidade, ainda que a disparidade entre o Norte e as demais regiões tenha permanecido a mesma de 1970 a 2010 (tabela 5.7).

Tabela 5.7: Porcentagem da população de 0-14 na população total, por região, 1970-2010

Censo	Brasil	Norte	Nordeste	Sudeste	Sul	Centro-Oeste
1970	42%	47%	45%	39%	43%	45%
1980	38%	46%	43%	34%	36%	41%
1991	35%	43%	39%	31%	32%	35%
2000	30%	37%	33%	27%	28%	30%
2010	24%	31%	27%	22%	22%	24%

Fonte: IBGE, Sidra. Tabela 200.

A alfabetização é outra área na qual ainda existem diferenças regionais, porém elas vêm diminuindo. Como em outros índices, o Nordeste ainda mostra o mais baixo nível de instrução, enquanto Sul e Sudeste continuam a ter os níveis mais altos do país. Em 1970 a diferença era de 30% menos alfabetizados no Nordeste do que no Sul; em 2010 ainda havia essa disparidade regional, porém menor, de apenas 13%, e a população como um todo finalmente atingira o nível de 90% de alfabetizados. No entanto, quando agrupamos com base em residência urbana ou rural, vemos que, em todas as regiões, a porcentagem de analfabetos é maior nas áreas rurais do que nas urbanas, e que agora há mais analfabetos entre os homens do que entre as mulheres — embora as diferenças regionais ainda possam ser vistas no censo de 2010. Vale a pena mencionar que o Sudeste e o Centro-Oeste rurais são bem similares, e que Norte e Nordeste têm as taxas mais elevadas e são também as regiões mais pobres com a maior porcentagem de unidades agrícolas muito pequenas (tabela 5.8).

Tabela 5.8: Taxa de alfabetização das pessoas com 10 ou 15 anos por região, 1970-2010*

Região	1970	1980	1991	2000	2010
Brasil	67,1	74,6	79,9	86,4	91,0
Norte	65,0	69,4	75,4	83,7	89,4
Nordeste	46,2	54,6	62,4	73,8	82,4
Sudeste	77,0	83,2	87,7	91,9	94,9
Sul	76,3	83,8	88,2	92,3	95,3
Centro-Oeste	65,4	76,4	83,3	89,2	93,4

Fontes: IBGE, Tendências demográficas... 2000. Tabela 3; IBGE, Sidra. Censo 2010. Tabela 1383.

Nota: *15 anos de idade ou mais até o censo de 2000; e 10 anos ou mais em 2010.

Finalmente, embora a composição da população por cor nas diversas regiões não tenha mudado em grau significativo, houve um lento declínio do número de pessoas que se declararam brancas. Desde o pico em 1960, a parcela de brancos na população declinou constantemente, passando de 61% para 48% no censo de 2010. Paralelamente, com o passar do tempo a porcentagem dos que se declararam pardos, que em 1960 foi de apenas 29%, cresceu para 43% em 2010. Isso reflete uma mudança nas ideias sobre identidade em todo o Brasil nesse período, já que não ocorreu nenhuma entrada significativa de imigrantes estrangeiros no Brasil nessa época. Contudo, o Norte e o Nordeste continuaram a ser as regiões com maiores porcentagens de não brancos, e em 2010 apenas Sul e Sudeste ainda tinham população predominantemente branca (tabela 5.9).

É notável, em todas essas mudanças sociais recentes, o fato de terem ocorrido por toda parte e levado lentamente à integração de todas as regiões em uma configuração nacional comum mais coerente no meio século passado e, em especial, após 2000. No entanto, na economia essa integração ainda não ocorreu, e as variações regionais permanecem muito relevantes. Embora todas as regiões apresentassem crescimento econômico e expansão da agricultura comercial, a diferença de riqueza entre as regiões continua pronunciada e se reflete no tamanho das unidades agrícolas e na distribuição da posse da terra.

Tabela 5.9: Cor da população brasileira por região 1960-2010

Região	Branca	Preta	Amarela	Parda	Indígena (1)
			1960		
Norte	23,0	3,5	0,2	73,1	
Nordeste	38,2	10,7	0,0	51,1	
Sudeste	70,7	9,7	1,2	18,3	
Sul	88,8	3,9	0,8	6,5	
Centro-Oeste	56,7	7,4	0,4	35,4	
Brasil	61,1	8,7	0,7	29,4	
			1980		
Norte	20,8	3,2	0,2	75,0	
Nordeste	26,8	6,7	0,1	65,8	
Sudeste	66,3	7,0	1,0	25,3	
Sul	83,9	3,2	0,5	12,1	
Centro-Oeste	52,0	3,8	0,3	43,5	
Brasil	54,2	5,9	0,6	38,8	
			2010		
Norte	23,2	6,5	1,1	67,2	1,9
Nordeste	29,2	9,4	1,2	59,8	0,4
Sudeste	54,9	7,8	1,1	36,0	0,1
Sul	78,3	4,0	0,7	16,7	0,3
Centro-Oeste	41,5	6,6	1,5	49,4	0,9
Brasil	47,5	7,5	1,1	43,4	0,4

Fontes: IBGE, Tendências demográficas... 2000. Tabela 1; IBGE, Sidra. Censo 2010. Tabela 2094.

Nota: (1) IBGE somente apresenta a população indígena por regiões desde 1991.

No Nordeste, região mais antiga, e também no Norte e Centro-Oeste, a distribuição das terras agrícolas era mais desigual do que nas demais regiões. O Norte compunha-se de fazendas de gado muito grandes com baixa produtividade, portanto com coeficientes de desigualdade, medidos pelo Índice de Gini, muito elevados. No Nordeste também havia grandes fazendas relativamente improdutivas e uma elevada proporção de unidades agrícolas muito pequenas. Nessa região, quase metade das unidades agrícolas tinha até 5 hectares, mas detinha apenas 2% do total das terras. A dominância de grandes propriedades foi encontrada no Centro-Oeste, embora as unidades pequenas e médias estivessem começando a aumentar nessa região, onde as fazendas maiores tendiam a ser estabelecimentos voltados para a agricultura comercial. O coeficiente de Gini foi o menor entre essas três regiões, pois embora na região predominassem os grandes estabelecimentos, não ocorriam menos disparidades em termos de tamanho do que nas outras regiões. O Sul, região de pequenas unidades voltadas para a agricultura comercial, tinha 56% de seus estabelecimentos com 20 hectares ou menos, mas essas pequenas unidades controlavam 11% das terras — a maior porcentagem entre todas as regiões em 1960. Esse mesmo padrão pode ser visto nos números sobre distribuição de terra do censo agrícola de 2006, o mais recente totalmente disponível. Também nesse caso encontramos marcante diferença regional na posse de terra quando analisamos a mediana e a média dos tamanhos das unidades agrícolas. Norte e Centro-Oeste claramente continham os maiores tamanhos médios de estabelecimento. Nessas duas regiões o desenvolvimento da agricultura comercial e o declínio dos latifúndios improdutivos foram importantes para reduzir consideravelmente o Gini desse período para ambas as regiões. No entanto, a maior desigualdade ainda é vista no Nordeste, apesar de o tamanho médio de seus estabelecimentos ser o menor. Novamente, Sul e Sudeste têm os mais baixos índices de desigualdade, e tamanhos médios similares dos estabelecimentos (tabela 5.10). Usando as categorias agora adotadas pelo IBGE, podemos ver com mais detalhes como se configuravam essas regiões em 1970, o primeiro ano em que foram usadas essas novas divisões regionais, e compará-las com o censo agrícola mais recente, publicado em 2006. Como em 1960, o Norte e o Nordeste destacaram-se em 1970 com porcentagens elevadas de estabelecimentos com menos de 10 hectares, os quais ocupavam menos de 6% do total das terras. Em 2006 apenas o Nordeste tinha mais da metade de suas unidades agrícolas nessa categoria — 2/3, na verdade —, e a área ocupada por estas pequenas propriedades soma uma área física inferior à que tinham em 1960. A grande mudança nesse período de 36 anos foi o surgimento de uma nova categoria — os estabelecimentos de 10-199 hectares —, que ocupava em torno de um quarto do total de terras, exceto no Sul (onde continha 1/3 do total) e no Centro-Oeste (onde essa categoria tinha a menor porcentagem das terras totais e onde predominavam os estabelecimentos maiores). Em 1970 apenas 4% das unidades agrícolas do Centro-Oeste tinham mais de mil hectares, mas elas controlavam 2/3 das terras. Em 2006 essas grandes fazendas representavam 7% dos estabelecimentos e detinham nada menos que 70% das terras (tabela 5.11).

Tabela 5.10: Distribuição do tamanho dos estabelecimentos, por região, 1960 e 2006

1960			
Regiões	Mediana da faixa de tamanho	Tamanho médio em hectares	Gini
Norte	10.000-100.000 ha	173	0,921
Nordeste	200-500 ha	45	0,841
Sudeste	200-500 ha	80	0,759
Sul	200-500 ha	40	0,715
Centro-Oeste	2.000-5.000 ha	376	0,837
BRASIL	1.000-2.000 ha	68	0,814

Fonte: Censo agrário 1960, vol.1, tabela 14, pp. 22-24

Nota: A região Leste foi dividida nas suas componentes de Nordeste e Sudeste.

2006			
Regiões	Mediana da faixa de tamanho	Tamanho médio em hectares	Gini
Norte	500-1.000 ha	125	0,798
Nordeste	100-200 ha	33	0,851
Sudeste	200-500 ha	61	0,793
Sul	200-500 ha	42	0,752
Centro-Oeste	2.500 ha	335	0,837
BRASIL	500-1.000 ha	68	0,853

Fonte: IBGE, Sidra. Tabela 837.

O fator mais importante para a mudança regional no crescimento pós-1960 foi a expansão das terras agrícolas em todas as regiões brasileiras. Norte e Centro-Oeste tiveram o crescimento mais significativo nessas terras, e isso levou a um declínio relativo da porcentagem das terras agrícolas correspondente às demais regiões no total nacional. O Norte foi de 2% do total das terras cultivadas no país, em 1970, para 5% em 2015. O Centro-Oeste, a outra grande região de fronteira, passou de 7% para 33% no mesmo período. A parcela do Nordeste diminuiu 14%, a do Sudeste 9% e a do Sul 4%. Grande parte dessa mudança deveu-se ao uso de terras de fronteira por algumas das culturas mais novas ou revitalizadas.

Tabela 5.11: Distribuição dos estabelecimentos pelo tamanho e região, 1970 e 2006

1970										
	Norte		Nordeste		Sudeste		Sul		Centro-Oeste	
Tamanho	% número	% tamanho	% número	% tamanho	% número	% tamanho	% número	% tamanho	% número	% tamanho
Menos de 10 ha	37%	1%	68%	5%	33%	2%	42%	6%	24%	0%
10 - 100 ha	42%	12%	26%	24%	52%	24%	53%	38%	45%	7%
100 - 1.000 ha	19%	40%	6%	43%	14%	47%	4%	32%	27%	30%
1.000 ha+	1%	46%	0,4%	27%	1%	27%	0,4%	23%	4%	63%
Total	100%	100%	100%	100%	100%	100%	100%	100%	100%	100%
(n)	293.506	34.635.524	2.195.302	74.297.415	928.559	69.500.004	1.273.302	45.458.036	154.934	41.777.433

2006										
	Norte		Nordeste		Sudeste		Sul		Centro-Oeste	
Tamanho	% número	% tamanho	% número	% tamanho	% número	% tamanho	% número	% tamanho	% número	%t amanho
Menos de 10 ha	28%	1%	66%	5%	44%	3%	41%	4%	17%	0%
10 - 100 ha	52%	17%	29%	26%	46%	24%	52%	33%	52%	6%
100 - 1.000 ha	18%	34%	5%	38%	10%	43%	6%	40%	24%	24%
1.000 ha+	2%	48%	0%	31%	1%	30%	0%	23%	7%	70%
Total	100%	100%	100%	100%	100%	100%	100%	100%	100%	100%
(n)	444.622	55.535.763	2.272.956	76.074.411	902.580	54.937.773	986.392	41.781.003	314.067	105.351.087

Fonte: IBGE,Sidra. Tabela 263.

Tabela 5.12: Evolução da parcela de terras dedicada a cultivos permanentes e temporários por região, 1970-2006 (em hectares)

Terras em cultivos temporários	1970	1975	1980	1985	1995	2006	2016	Taxas anuais de crescimento
Norte	484.645	956.354	1.207.566	1.942.621	1.974.329	2.374.735	3.075.863	4,1%
Nordeste	6.344.971	7.073.060	9.339.591	10.082.458	10.906.502	11.674.184	9.218.024	0,8%
Sudeste	7.439.430	7.835.136	8.549.203	9.788.079	8.775.128	9.346.721	12.380.361	1,1%
Sul	9.471.206	11.590.232	13.368.987	13.621.590	16.209.637	13.694.268	20.826.880	1,7%
Centro-Oeste	2.259.356	4.161.182	6.166.780	6.809.472	8.094.675	11.823.516	25.905.381	5,4%
TOTAL	25.999.608	31.615.964	38.632.127	42.244.220	45.960.271	48.913.424	71.406.509	2,8%
Terras em cultivos permanentes								
Norte	132.366	239.015	536.079	738.106	475.942	545.213	499.577	2,9%
Nordeste	3.977.911	3.960.172	4.852.359	4.253.368	2.371.927	2.570.287	2.259.652	-1,2%
Sudeste	2.172.973	2.596.435	3.567.871	3.773.484	2.584.645	2.832.242	2.528.190	0,3%
Sul	1.557.247	1.401.227	1.202.459	901.889	356.095	447.575	376.027	-3,0%
Centro-Oeste	143.570	188.544	313.365	236.638	104.230	98.608	103.292	-0,7%
TOTAL	7.984.067	8.385.393	10.472.133	9.903.485	5.892.839	6.493.925	5.766.738	-0,7%

Fontes: IBGE, Sidra. Agro, tabela 264 para os anos 1970-1985; Sidra, PAM. Tabelas 1612 e 1613 para os anos 1995-2016.

O dinamismo desse crescimento de novas terras agrícolas em produção deveu-se principalmente à expansão de culturas temporárias. Em geral, com exceção do censo de 1995, as terras de culturas temporárias expandiram-se mais depressa do que as de culturas permanentes, especialmente no Centro-Oeste. De fato, as terras usadas em culturas permanentes declinaram em três regiões, mantiveram sua porcentagem na quarta e só aumentaram nos estados do Nordeste (tabela 5.12). No total, as culturas temporárias, que ocupavam 77% do total das terras agrícolas em 1970, passaram a ocupar 88%, segundo os resultados preliminares do censo de 2017.

O crescimento das culturas sazonais deveu-se a uma reorganização fundamental da agricultura brasileira em função de demandas do mercado internacional. Embora culturas tradicionais mantivessem ou aumentassem sua produção, houve um crescimento explosivo de culturas temporárias novas ou antigas, a maioria delas voltada para o mercado internacional no período pós-1990. Entre estas, as principais foram a soja, o milho e o açúcar. Surgiu ainda um novo mercado internacional para produtos de carne brasileira, o que, por sua vez, incentivou a expansão da pecuária. E nasceu inclusive um novo segmento no Brasil: o plantio de florestas, com o objetivo de fornecer matéria-prima à indústria de celulose.

Houve mudança no total de terras agrícolas por região. O volume total de terras cultivadas aumentou 1,8% ao ano no Brasil, mas no Nordeste o aumento foi de apenas 0,2% ao ano nesse período de 46 anos. No Sudeste e no Sul o crescimento foi de 1% e 1,4%, respectivamente, e o Norte e Centro-Oeste tiveram nada menos que 3,9% e 5,3% de aumento, respectivamente. Esta última região plantou 2 milhões de hectares em 1970 e 26 milhões de hectares em 2016, tornando-se a principal região em terras agrícolas cultivadas, substituindo o Sul, que até o censo de 2006 ainda detinha a liderança. Embora algumas culturas agora fossem produzidas no país todo, a grande variedade de climas e solos que caracteriza a agricultura brasileira ainda ensejava marcantes diversidades regionais na produção agropecuária. Historicamente, as culturas tenderam a concentrar-se em regiões específicas por longos períodos. Essas concentrações implicavam o predomínio de uma região na cultura comercial ali praticada. No período colonial, o Nordeste foi responsável pela maioria das culturas comerciais importantes. No começo do século XIX, o Sudeste havia substituído o Nordeste como principal produtor dessas culturas, que foram suplementadas pelo crescimento da região Sul no século XX. No entanto, o período de predomínio de uma região sobre todas as demais também mudou com o passar dos anos. Houve migração de culturas de uma região para outra, devido à disponibilidade de novas terras, à introdução de novas técnicas de cultivo e/ou a novas preparações de solos cultivados mais antigos, ou ainda ao colapso da produção em solos mais antigos devido a pragas, seca e outros desastres naturais. Regiões outrora dominantes perderam a liderança, e regiões antes marginais tornaram-se novos centros de cultivo. Algumas culturas ainda são encontradas quase exclusivamente em uma região, mas outras transferiram seu centro de uma região para outra, e várias culturas importantes distribuem-se mais equilibradamente por várias regiões.

A cana-de-açúcar, por exemplo, deslocou-se do Nordeste, sua principal região produtora até boa parte do século XX, e se concentrou no Sudeste. Outro caso é o do algodão, que tradicionalmente era plantado sobretudo no Nordeste e agora é produzido com destaque no Centro-Oeste. Embora todas as regiões produzissem milho, o novo sistema de cultivo de segunda safra permitiu ao Centro-Oeste destacar-se rapidamente como principal produtor. Já o trigo, por motivos ecológicos, concentra-se totalmente no Sul (92% do valor da safra de 2016). Cereais e gêneros alimentícios tenderam a ser produzidos em toda parte, embora culturas recém-chegadas como a soja, que começou no Sul, agora também tenham migrado para o Centro-Oeste. Finalmente, o café é a única cultura que permanece firmemente na região onde teve seu início no século XIX, apesar de deslocar-se entre os estados da região (tabela 5.13).

Tabela 5.13: Distribuição do valor de alguns cultivos por região, 2016-17

	Soja	Cana-de-açúcar	Milho	Café (1)	Bananas	Algodão
Norte	4%	1%	3%	3%	16%	0%
Nordeste	5%	8%	9%	7%	35%	15%
Sudeste	8%	65%	16%	87%	33%	2%
Sul	37%	7%	28%	2%	13%	0%
Centro-Oeste	46%	19%	45%	1%	3%	83%
Total	100%	100%	100%	100%	100%	100%
Valor em bilhões de reais(2)	116,4	52,4	41,2	23,3	15,4	13,6

Nota: (1) Inclui todos os tipos de cafés; (2) Soma dos valores totais regionais.

Fonte: Disponível em: <www.agricultura.gov.br/ministerio/gestao-estrategica/valor-bruto-da-producao>.

A pecuária sempre foi uma atividade disseminada pelo Brasil, e todas as regiões possuíam estoques significativos de animais. Lentamente, porém, o Centro-Oeste emergiu como a principal região da criação de bovinos. Ainda assim, o Sul continua a ser o principal centro de produção de animais de pequeno porte, em especial aves e suínos e, por essa razão, originalmente concentrou grande parte dos frigoríficos. Embora todas as regiões produzam ovos e leite, os maiores produtores são os estados do Sudeste (tabela 5.14).

Tabela 5.14: Distribuição do valor de produtos da pecuária por região, 2016-17

	Bovinos	Aves	Leite	Suínos	Ovos
Norte	19%	1%	5%	0%	3%
Nordeste	10%	4%	5%	1%	16%
Sudeste	22%	20%	41%	19%	49%
Sul	12%	59%	35%	65%	20%
Centro-Oeste	37%	15%	14%	15%	13%
Total	100%	100%	100%	100%	100%
Valor em bilhões de reais (1)	70,7	51,4	26,3	12,8	12,3

Nota: (1) Soma dos valores totais regionais.
Fonte: Disponível em: <www.agricultura.gov.br/ministerio/gestao-estrategica/valor-bruto-da-producao>.

Essa variação regional da produção agropecuária gerou marcantes diferenças no valor bruto da produção das várias regiões. A nova região do Centro-Oeste só recentemente alcançou o mesmo patamar de importância das tradicionais regiões Sudeste e Sul. Esse crescimento do Centro-Oeste no último quartel do século passado — de produtor menor para equivalente em importância às duas regiões clássicas — ocorreu graças à disponibilidade de vastas extensões de terras planas, cultiváveis e novas técnicas para enriquecer seus solos, que levaram à rápida modernização de suas fazendas e permitiram que a região alcançasse rapidamente grande relevo na produção de várias culturas recentes e tradicionais. Em 1995, por exemplo, o Centro-Oeste representava apenas 14% do valor total da produção agrícola brasileira, enquanto o Sudeste liderava com 35% do total. Em 2016 o Sul tornara-se a principal região em valor bruto da produção agrícola, mas agora era seguido pelo Centro-Oeste, enquanto o Sudeste ocupava a terceira posição. Das outras regiões, o Norte aumentou ligeiramente sua parcela desde 1995, enquanto o grande perdedor foi o Nordeste, que em 1995 era responsável por 15% da produção agrícola brasileira[229] e em 2016 declinou para apenas 9% (tabela 5.15).

[229] IBGE (1998). Tabela 23, "Valor da produção segundo as grandes regiões e as unidades da federação".

Tabela 5.15: Participação do valor dos cultivos e da pecuária no valor bruto da produção (por regiões, 2016)

	% dos cultivos	% produtos da pecuária	TOTAL
Norte	4%	9%	6%
Nordeste	10%	7%	9%
Sudeste	28%	26%	27%
Sul	28%	34%	30%
Centro-Oeste	30%	24%	28%
Total	100%	100%	100%
Valor em bilhões de reais (1)	334,5	173,6	508,1

Nota: (1) Soma dos valores totais regionais.

Fonte: Mapa. Disponível em: <www.agricultura.gov.br/ministerio/gestao-estrategica/valor-bruto-da-producao>.

Não há dados facilmente disponíveis sobre o valor da produção em períodos anteriores, porém existem bons dados históricos sobre o volume da produção agrícola por região de 1976 a 2015. Na produção de grãos da safra de 1976-77, a principal região foi, incomparavelmente, o Sul, que gerou 59% do total de produtos agrícolas no país, enquanto o Sudeste produziu 19% e Norte e Nordeste, juntos, foram responsáveis por apenas 10% da produção, e o Centro-Oeste produziu 12%. Uma década depois, na safra de 1986-87, encontramos apenas mudanças de pouca importância na produção de grãos; agora as duas regiões setentrionais estavam reduzidas a 5% da produção total, o Sudeste permanecia no mesmo patamar com 19%, e o Sul ainda predominava com 53% do total. Já o Centro-Oeste aumentou sua participação para 22%. Em 1996-97 a liderança do Sul estava sendo erodida. Agora essa região mostrava uma queda em sua participação para 47% do total nacional, enquanto o Centro-Oeste ultrapassava o Sudeste e se tornava o segundo maior produtor, com 26% da produção nacional. Uma década mais tarde, o Centro-Oeste alcançava 1/3, e o Sul caíra para 44%; na última década as estimativas de produção para a safra 2016-17 mostram que o Centro-Oeste lidera com 43% da produção, o Sul vem em segundo lugar com 36%, o Sudeste em terceiro com 10% e as regiões Nordeste e Norte, que juntas representam 11% (gráfico 5.1).

A agropecuária também apresentou marcantes variações regionais. Como evidenciou o censo agrícola de 2006, houve concentração da criação de determinados animais em regiões específicas. Claramente, os animais de menor porte (suínos e aves) tenderam a concentrar-se cada vez mais no Sul, enquanto a predominância na criação de bovinos (bois e búfalos), que antes era do Sudeste, passou mais recentemente para o Centro-Oeste. Houve ainda algumas diferenças importantes no aumento dos rebanhos nesse período. O número total de galináceos (incluindo todos os tipos, desde as galinhas de postura até os frangos de corte) cresceu à significativa taxa de 4,8% ao ano entre 1970 e 2006, e o número de bovinos aumentou à taxa anual de 2,3%; para os suínos, porém, não houve crescimento, tampouco mudança significativa na sua concentração regional (tabela 5.16).

Gráfico 5.1: Distribuição da produção agrícola por região, 1976-2017

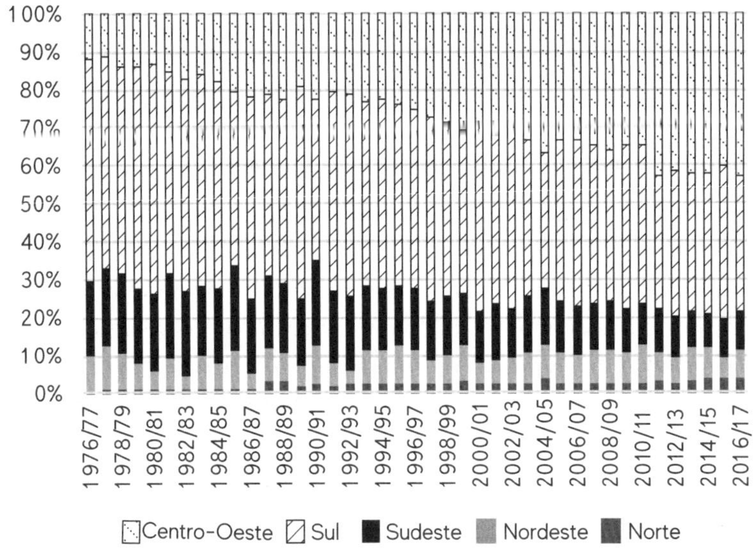

Fonte: Conab.
Séries históricas, Brasil – por unidades da federação, grãos, Brasil UF.

Entre as culturas temporárias, a mais importante foi a soja. Introduzida no Brasil apenas em 1908, a soja só veio a tornar-se uma cultura comercial importante nos anos 1970. Assim como várias outras culturas comerciais, a da soja logo se desenvolveu completamente na região Sul, que de início dominou sua produção e foi responsável por 58% do total nacional em 1990. O Sul também apresentou o maior rendimento entre todas as regiões, com 1.870 kg de grãos por hectare. No entanto, o Centro-Oeste já aparecera como produtor significativo e era a origem de um terço da produção. Nas várias décadas seguintes, a parcela do Sul na produção nacional de soja declinou e chegou a 37% em 2016, em comparação com 46% no Centro-Oeste. Também Norte e Nordeste aumentaram sua parcela no total produzido, de 1%, em 1990, para 9%, em 2016. Conforme aumentou o rendimento médio por hectare, atingindo 3.309 kg por hectare, desapareceram as diferenças entre as regiões; em contraste com muitas outras culturas, os rendimentos por hectare diferiram pouco, e a maioria das regiões aproximou-se dos padrões estabelecidos inicialmente pelos estados do Sul (gráfico 5.2).

Tabela 5.16: Distribuição dos principais grupos de animais por região, 1970-2006

	1970	1975	1980	1985	1995	2006
			Aves			
Norte	3%	4%	3%	4%	4%	3%
Nordeste	17%	20%	16%	18%	14%	11%
Sudeste	42%	41%	41%	34%	37%	31%
Sul	32%	31%	36%	39%	39%	47%
Centro-Oeste	6%	5%	4%	5%	6%	10%
Soma	100%	100%	100%	100%	100%	100%
Efetivo em milhões	213,6	286,8	413,1	436,8	718,5	1.143,4
			Suínos			
	1970	**1975**	**1980**	**1985**	**1995**	**2006**
Norte	3%	4%	6%	8%	8%	5%
Nordeste	23%	27%	22%	26%	23%	13%
Sudeste	18%	18%	18%	18%	16%	17%
Sul	48%	43%	46%	39%	45%	54%
Centro-Oeste	8%	8%	8%	8%	8%	12%
Soma	100%	100%	100%	100%	100%	100%
Efetivo em milhões	31,5	35,2	32,6	30,4	27,8	31,2
			Bovinos			
	1970	**1975**	**1980**	**1985**	**1995**	**2006**
Norte	2%	2%	4%	7%	12%	19%
Nordeste	18%	18%	18%	17%	15%	15%
Sudeste	34%	35%	29%	27,8%	23%	20%
Sul	24%	21%	21%	19%	17%	13%
Centro-Oeste	22%	24%	28%	28,1%	33%	34%
Soma	100%	100%	100%	100%	100%	100%
Efetivo em milhões	78,7	101,9	118,5	128,7	153,9	177,0

Fonte: IBGE, Sidra. Tabela 281 – Efetivo de animais em estabelecimentos agropecuários por espécie de efetivo – série histórica (1970/2006).

Gráfico 5.2: **Índice comparativo de rendimento da soja por regiões, 1990-2016**
Toneladas por hectare (Sul=100)

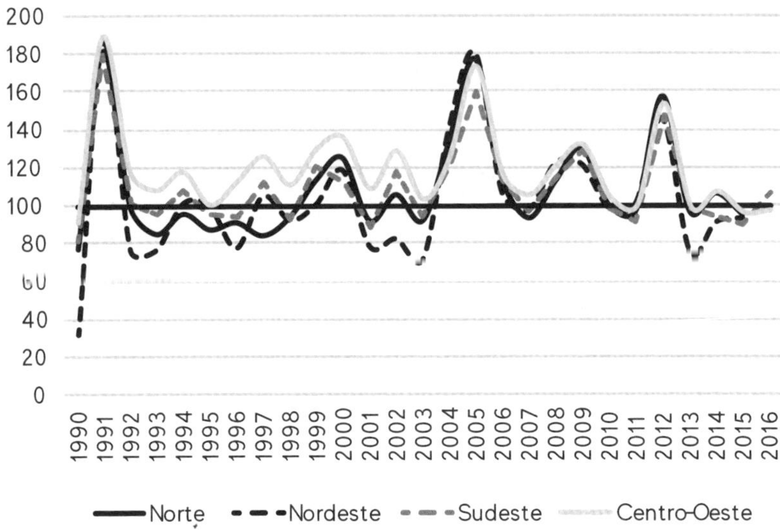

Fonte: IBGE, Sidra. Tabela 1612.

Em contraste com a soja, na produção de milho os rendimentos variaram consideravelmente por região, indicando que parte da produção nacional ainda provinha de pequenos estabelecimentos tradicionais e era voltada para o consumo local. A produção de milho, em sua maioria destinada a ração animal, passara por uma importante revolução tecnológica e por uma mudança fundamental em sua produção regional na segunda metade do século XX. De início, o Brasil tinha apenas uma safra por ano, mas a partir dos anos 1990 começou a experimentar um segundo plantio na mesma área onde a primeira havia sido plantada, sem aração do solo. Na safra de 2011-12, essa segunda safra finalmente ultrapassou o volume total da primeira; em 2016, a segunda safra originou 62% da produção anual total de milho.[230]

A segunda grande mudança foi o fim do predomínio das regiões Sul e Sudeste na produção de milho. Não houve declínio dessa cultura nessas áreas, como tampouco houve no caso da soja; o que ocorreu foi uma expansão da produção em novas regiões com alta produtividade, reduzindo, assim, a importância relativa do Sul e Sudeste. Em 1990 essas duas regiões produziam 80% do total nacional, e em 2003 sua parcela ainda era de 71%. Mas a mudança foi rápida e, em 2016, sua parcela caíra para 49%. Em 1990 os estados da região Sul eram os

[230] IBGE, PAM. Tabela 839. Disponível em: <https://sidra.ibge.gov.br/pesquisa/pam/tabelas>. Acesso em: 17 maio 2019.

principais produtores, e deles provinha mais de metade da produção nacional de milho, mas em 2017 esses estados produziram apenas 16% do total nacional, e agora o Centro-Oeste despontava como a principal região, responsável por 43% do milho produzido naquele ano. Além disso, Norte e Nordeste estavam aumentando sua produção em mais de 6% anuais nesse período, o dobro da taxa do Sul e Sudeste, e com isso aumentaram sua parcela da produção total de 6% para 12% nesse mesmo período. No entanto, ainda não conseguiram alcançar os níveis de rendimento do Sul; em 2016, no Norte o rendimento era apenas metade, e no Nordeste, 1/3 do rendimento obtido no Sul. Em contraste, o Centro-Oeste era em 2003 a região que crescia mais depressa — à taxa de 10% ao ano — e em 1990 já se aproximava dos níveis de rendimento por hectare do Sul (2.489 quilos por hectare), tendo alcançado ou superado o rendimento das avançadas regiões Sul e Sudeste. Globalmente, evidencia-se que a partir de meados dos anos 1990 as regiões Sul, Sudeste e Centro-Oeste tiveram aproximadamente os mesmos rendimentos (gráfico 5.3).

Gráfico 5.3: Índice comparativo do rendimento do milho por regiões, toneladas por hectare (Região Sul: 1990-2016=100)

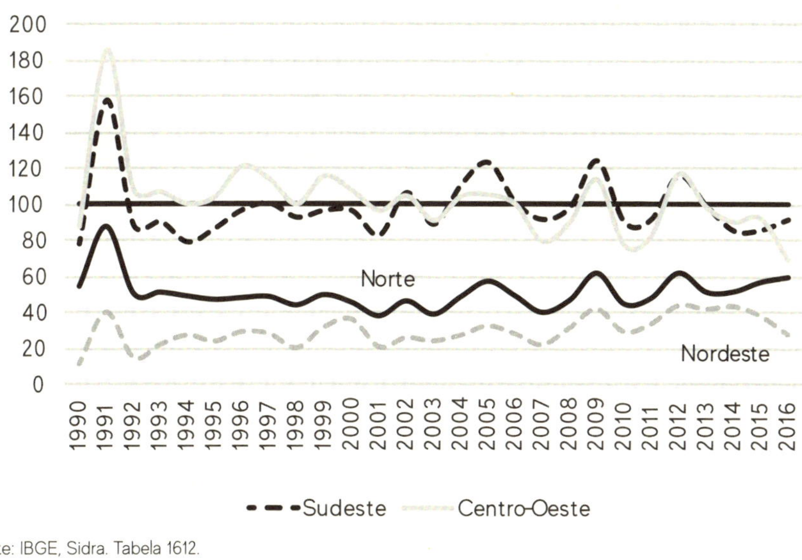

Fonte: IBGE, Sidra. Tabela 1612.

No fim do século XX e começo do XXI, a produção de cana-de-açúcar concentrava-se novamente na região Sudeste, com um centro secundário no Nordeste. Em 1990 provinham do Sudeste 62% da produção, e do Nordeste 27%. A produção de cana nesse período passou de 263 milhões de toneladas para 749 milhões de toneladas, com taxa de crescimento de 4% ao ano, e novos produtores entraram no setor. O Sudeste, em especial o estado de São Paulo, manteve a liderança, com 67% do total produzido em 2016. No entanto, houve grande mudança entre os produtores menos importantes. A tradicional zona do Nordeste agora produzia apenas 7% do total nacional, ultrapassada pelo Centro-Oeste, com 19% do total brasileiro (gráfico 5.4). O Sudeste também possuía a mais avançada tecnologia de refino, e de suas usinas, as mais produtivas do país e do mundo, saíam vários produtos, desde o açúcar refinado tradicional até o etanol.

Gráfico 5.4: **Produção de cana-de-açúcar, Brasil e regiões, 1990-2016**

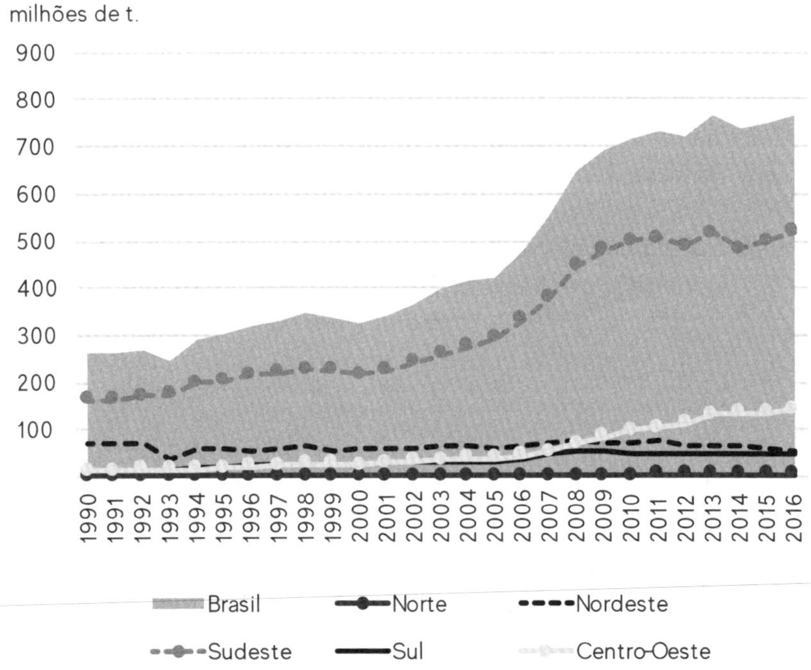

Fonte: IBGE, Sidra. Tabela 1612.

Embora a produtividade tenha aumentado consideravelmente nesse período, com o melhor rendimento regional passando de 68.917 kg por hectare, em 1990, para 76.961 kg, em 2017, houve poucas diferenças na produtividade por região. Em meados dos anos 2010, o Centro-Oeste ultrapassava o Sudeste em produtividade, porém, mesmo nessa época, o Nordeste ainda apresentava rendimentos apenas entre 15% e 20% inferiores aos do Sudeste. Em contraste com o milho, para a cana-de-açúcar não foi encontrada variação acentuada entre os rendimentos das várias regiões. Assim como a soja, os rendimentos da cana-de-açúcar parecem ter apresentado aproximadamente os mesmos resultados para todas as regiões em todos os períodos.[231] O Nordeste pôde manter a mesma produtividade da cana-de-açúcar graças à sua localização tradicional, ao longo de uma estreita faixa litorânea (o Recôncavo) dotada de solos excelentes e clima apropriado à produção canavieira.

Das principais culturas comerciais permanentes, o café passou a liderar a partir de meados do século XIX, e se concentrou nos estados da região Sudeste. Embora tenha havido deslocamento constante dentro desses estados e até transposição de fronteiras estaduais, o Sudeste continuou a ser o centro da produção desde os anos 1850 até 2016. Dessa região originaram-se 73% da produção nacional, em 1990, e 90%, em 2016. Encontramos variação considerável de produtividade por estado e região, porém ela foi mais relacionada com a idade dos cafeeiros do que com diferenças nas práticas de produção por região. Além disso, o volume total da produção mudou pouco durante esse período, permanecendo na faixa de 2,5 milhões a 3 milhões de toneladas, com taxa de crescimento global de -0,4% no período.[232] A safra 2018-19 deverá constituir-se em recorde histórico, com cerca de 60 milhões de sacas, correspondentes a 3,6 milhões de toneladas.

A produção de laranja, outra importante cultura permanente, teve trajetória bem similar à do café. Ocorreu principalmente em uma região, com pouca mudança nessa predominância de 1990 a 2016. Também nesse caso houve grandes flutuações anuais na produção, mas o crescimento no período foi negativo. Embora a produção tenha estado na faixa dos 100 milhões de toneladas métricas nos anos 1990 e na primeira década do século XXI, na década mais recente a produção média caiu para apenas 18 milhões de toneladas anuais. Essa queda resultou do surgimento de uma nova praga nos laranjais do Sudeste. Contudo, tanto nos tempos de grande crescimento como mais recentemente, a região Sudeste foi a principal produtora, com 80% do total nacional na maioria dos anos. Como no caso do café, porém, parece estar havendo um crescimento lento e modesto da produção de laranja nas regiões Nordeste e Sul.

Finalmente, encontramos marcante especialização regional na maioria das frutas. As frutas de regiões temperadas tenderam a ser cultivadas no Sul e Sudeste, e as frutas tropicais, no Nordeste; essa concentração intensificou-se com o passar do tempo. Embora a produção de maracujá tenha declinado ao longo do período 1988-2016, essa fruta foi produzida principalmente no Nordeste,

---

231 Os dados para essas e todas as subsequentes culturas temporárias e permanentes para os anos 1990-2015 provêm do levantamento da produção agrícola municipal em 2015 publicado em IBGE, Sidra. Tabela 1612 — Área plantada, área colhida, quantidade produzida, rendimento médio e valor da produção das lavouras temporárias. Disponível em: <www.sidra.ibge.gov.br/bda/tabela/listabl.asp?c=839&z=p&o=18>.

232 IBGE, Sidra. Tabela 1613 — Área destinada à colheita, área colhida, quantidade produzida, rendimento médio e valor da produção das lavouras permanentes. Disponível em: <www.sidra.ibge.gov.br/bda/tabela/listabl.asp?c=1613&z=p&o=30>.

cuja participação no total nacional alcançou 48%, em 1988, e 70%, em 2016. Outro produto nordestino foi o mamão, que, em contraste, cresceu fortemente no período recente, passando de apenas 73 mil toneladas no total brasileiro em 1974 para 1,4 milhões de toneladas em 2016. Embora inicialmente Nordeste e Sudeste fossem responsáveis, cada um, por quase metade da safra, em 2016 o Nordeste produziu 71% dessa fruta, enquanto o Sudeste caiu para 24%.

A maçã, clássica fruta de clima temperado, cultivada quase exclusivamente no Sul, e cresceu à notável taxa de 5% ao ano no período de 1974 e 2016, sendo responsável por 99% da produção de maçã em 2016. A uva inicialmente limitou-se às duas regiões meridionais, sendo o Sul o produtor principal, com cerca de 3/4 da produção total, seguido pelo Sudeste. Dessas duas regiões, juntas, provieram 96% das uvas produzidas. Porém, conforme aumentou a produção da uva, que passou de 564 mil toneladas, em 1974, para 984 mil toneladas, em 2016, o Nordeste entrou com força no mercado, e passou de menos de 1% em 1974 para 4%, em 1990, e para um terço do total nacional em 2016.[233]

Dos gêneros alimentícios básicos, o arroz e o feijão tenderam a ser cultivados na maioria das regiões. Enquanto o feijão continuou a ser produzido em toda parte, o arroz tornou-se muito mais concentrado na parte dessa cultura destinada ao mercado. Em 1974, por exemplo, o Sul foi responsável por apenas 36% das 6,7 milhões de toneladas produzidas no país, porém mais recentemente essa região dominou a rizicultura, produzindo metade das 7,4 milhões de toneladas nacionais em 1990 e nada menos que 82% das 10,6 milhões de toneladas em 2016. Embora o aumento no rendimento por hectare no Sul tenha sido a uma taxa correspondente a apenas metade da encontrada em outras regiões, estas tiveram produtividade tão baixa que, mesmo em 2016, o Nordeste, segunda região em rendimento na rizicultura, produziu apenas metade do arroz por hectare em comparação com o Sul.

Em contraste, nenhuma região predomina na produção de feijão, embora o Sul e Sudeste, juntos, sejam responsáveis por 2/3 do total produzido. Essa foi a parcela em 1974 e também em 2016. A grande novidade é o Centro-Oeste, que de 6% dos 22 milhões de toneladas produzidas em 1974 passou para 23% dos 2,6 milhões de toneladas em 2016. Apesar de o volume total da produção ter crescido modestamente nesse período, os rendimentos dobraram (gráfico 5.5); isso resultou de uma redução pela metade nas terras dedicadas à produção do feijão: de 6 milhões de hectares em 1988, o total passou para apenas 2,9 milhões de hectares em 2016. No entanto, a maior parte do aumento da produtividade limitou-se a apenas três regiões, as duas meridionais e o Centro-Oeste. Em con-

[233] Todos os dados sobre frutas foram extraídos de IBGE, Sidra, PAM. Tabela 1613 — Área destinada à colheita, área colhida, quantidade produzida, rendimento médio e valor da produção das lavouras permanentes. Disponível em: <www.sidra.ibge.gov.br/bda/tabela/listabl.asp?c=1613&z=p&o=30>.

traste, o rendimento do feijão por hectare vem caindo no Norte e Nordeste em comparação com o Sudeste (gráfico 5.6).

Gráfico 5.5: **Participação da produção de feijão por regiões, 1990-2016**

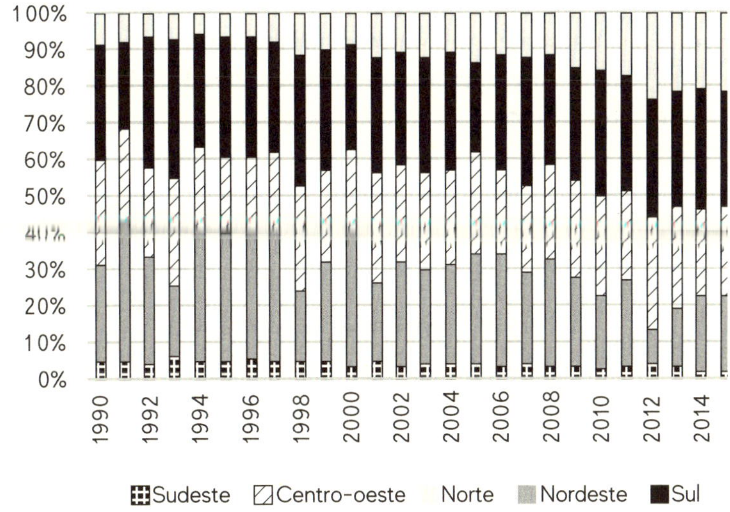

Fonte: IBGE, Sidra. Tabela 1612.

Gráfico 5.6: Comparativo do rendimento do feijão por regiões, toneladas por hectare (Região Sul: 1990-2016=100)

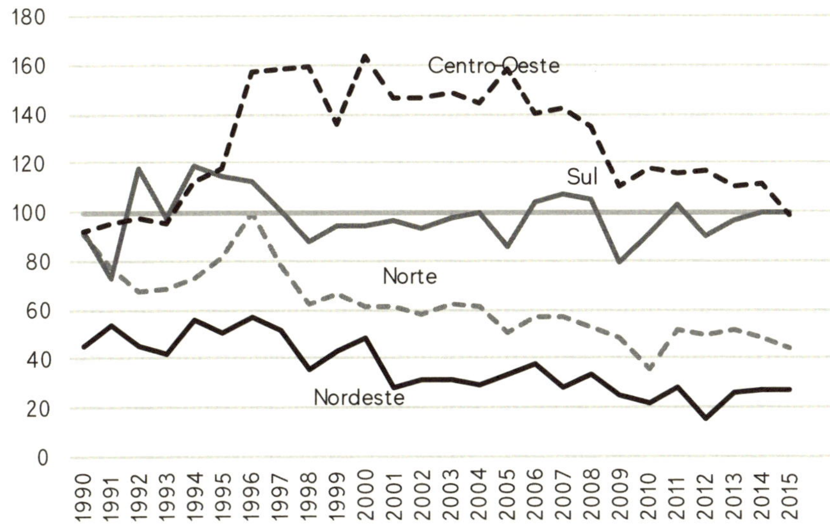

Fonte: IBGE, Sidra. Tabela 1612.

Obviamente, a produção foi influenciada pela mecanização e aplicação de fertilizantes e defensivos. Esses fatores diferiram significativamente entre as regiões. Por exemplo, Sul e Sudeste foram invariavelmente os líderes no processo de mecanização, mas o Centro-Oeste ultrapassou-os depressa no censo agrícola mais recente, o de 2006, como se pode ver na porcentagem de estabelecimentos com trator. Curiosamente, embora seus números iniciais fossem bem diferentes, todas as regiões apresentaram um declínio anual de 4% a 6% na razão de hectares por trator, e Norte, Nordeste e Centro-Oeste atingiram a taxa de 6% ao ano (tabela 5.17).

Tabela 5.17: Porcentagem de estabelecimentos agrícolas com tratores e hectares por trator, por região, 1970-2006

	% de Estabelecimentos com tratores						
	Norte	Nordeste	Sudeste	Sul	Centro-Oeste	Brasil	
1970	0,4%	0,3%	9%	5%	4%	3%	
1975	0,5%	0,6%	15%	13%	11%	6%	
1980	1,5%	1,6%	23%	21%	24%	11%	
1985	2,2%	1,5%	24%	24%	32%	11%	
1995	4,1%	2,4%	33%	33%	47%	17%	
2006	5,6%	2,5%	28%	34%	40%	16%	
	Hectares por trator						Só áreas cultivadas
1970	20.570	10.204	842	704	7.902	1.773	205
1975	18.821	5.220	549	318	3.236	1.002	131
1980	6.602	2.325	363	204	1.789	669	106
1985	5.191	2.206	307	167	1.149	564	94
1995	3.154	1.411	229	132	946	440	63
2006	2.067	1.218	214	120	826	407	73

Fontes: IBGE, Sidra. Agro, tabelas 263 e 285; e Série estatística tabela CA 75.

Esse mesmo padrão é visto no uso de fertilizantes. Não há dúvida de que Sul e Sudeste foram líderes no emprego de fertilizantes em suas lavouras permanentes e temporárias. O Sul usou menos do que o Sudeste nas culturas permanentes, mas, em contraste, 92% das terras e 82% dos estabelecimentos usaram fertilizantes em suas culturas temporárias. As outras regiões usaram muito menos desse insumo nos dois tipos de terra cultivada. A única exceção, como sempre, foi o Centro-Oeste, que em 2006 usou tão pouco fertilizante em suas culturas permanentes quanto o Nordeste, mas em suas culturas temporárias empregou esse insumo em 87% das terras (tabela 5.18).

Tabela 5.18: Porcentagem dos estabelecimentos e área que usam fertilizantes, por tipo de cultivo e região, 2006

	Brasil	Norte	Nordeste	Sudeste	Sul	Centro-Oeste
			% dos estabelecimentos			
Cultivos permanentes	47%	12%	32%	65%	79%	33%
Cultivos temporários	41%	15%	20%	59%	82%	51%
			% das áreas			
Cultivos permanentes	51%	13%	33%	80%	66%	39%
Cultivos temporários	74%	31%	41%	80%	92%	87%

Fonte: IBGE, Sidra. Tabela 1247. Disponível em: <www.sidra.ibge.gov.br/bda/pesquisas/ca/#3>.

Apenas Sul, Sudeste e Centro-Oeste usaram calcário ou outros corretivos para o solo, e as porcentagens de estabelecimentos que empregaram esses insumos foram baixas: 39% dos estabelecimentos no Sul, 31% no Sudeste e apenas 19% no Centro-Oeste.[234] Uma parcela surpreendente de estabelecimentos e terras usou defensivos em 2006. No entanto, ao menos nas terras ocupadas por cultivos temporários, o uso de defensivos ocorreu em 70% do total. Como se poderia esperar, Sul, Sudeste e Centro-Oeste foram os maiores usuários desses produtos químicos, e as terras com culturas temporárias tiveram maiores taxas de uso do que as culturas permanentes. Novamente, as duas zonas que lideraram no uso desse insumo foram o Sul, onde 2/3 ou mais dos estabelecimentos empregaram defensivos, e o Centro-Oeste, onde 82% das culturas temporárias consumiram esses produtos (tabela 5.19).

[234] IBGE, Sidra. Tabela 1245 "Número de estabelecimentos agropecuários por uso de calcário...". Disponível em: <www.sidra.ibge.gov.br/bda/pesquisas/ca/#3>.

Tabela 5.19: Porcentagem dos estabelecimentos e área que usam defensivos, por tipo de cultivo e região, 2006

	Brasil	Norte	Nordeste	Sudeste	Sul	Centro-Oeste
			% dos estabelecimentos			
Cultivos permanentes	31%	18%	19%	34%	66%	24%
Cultivos temporários	36%	14%	23%	30%	72%	33%
			% das áreas			
Cultivos permanentes	39%	15%	23%	61%	53%	36%
Cultivos temporários	70%	28%	43%	69%	87%	82%

Fonte: IBGE, Sidra. Tabele 1247.
Disponível em: <www.sidra.ibge.gov.br/bda/pesquisas/ca/#3>.

Tais mudanças também influenciaram a participação relativa dessas regiões no total das exportações agrícolas. Conforme essas exportações cresceram de US$ 23 bilhões, em 1997, para US$ 87 bilhões, em 2016 — ou seja, 6,6% ao ano —, o papel relativo do Sudeste e do Sul declinou enquanto aumentou o do Centro-Oeste. A porcentagem combinada daquelas regiões passou de 83% do valor total das exportações agrícolas no primeiro ano para apenas 64% em 2016, enquanto a fatia do Centro-Oeste aumentou de 7% para 26% nesse mesmo período de 19 anos para os quais dispomos dos dados. É interessante notar que tanto o Nordeste como o Norte cresceram nesse período o suficiente para manter sua participação relativa no valor dos produtos agrícolas exportados. O Nordeste, nesse período, permaneceu com aproximadamente 8% do valor total, e o Norte manteve em torno de 4% dessas exportações (gráfico 5.10). Embora em todas as regiões tenha havido crescimento positivo, o ritmo da mudança foi mais acelerado no Centro-Oeste. As exportações dessa região cresceram à extraordinária taxa de 14,4% ao ano, enquanto em todas as demais o crescimento anual ficou entre 5% e 8%.

Na maioria das regiões, as exportações agrícolas predominaram no conjunto total das respectivas exportações regionais. Inquestionavelmente, o Centro-Oeste e o Sul foram as regiões onde os produtos agrícolas dominaram as exportações. No Centro-Oeste, quase todas as principais exportações foram provenientes da agropecuária, principalmente soja, seguida em importância por milho, carnes, polpa de madeira e papel, algodão e açúcar. Em segundo lugar veio o Sul, com a média de 72% do valor de suas exportações derivadas de produtos agrícolas. Entre eles estavam soja, todos os tipos de carnes, tabaco, açúcar e algodão. As exportações do Norte foram dominadas por minérios, e apenas 1/5 correspondeu a produtos agrícolas. O Nordeste também teve significativas exportações de minérios, e apenas metade das suas exportações foi de origem agrícola. Nesse período no Sudeste, o coração industrial do Brasil, os produtos agrícolas compuseram em média 28% do valor das exportações, enquanto máquinas, aviões e outros produtos industrializados foram uma parte importante do total de exportações (gráfico 5.7).[235]

Gráfico 5.7: **Porcentagem das exportações agrícolas em relação às exportações totais regionais, 1997-2016**

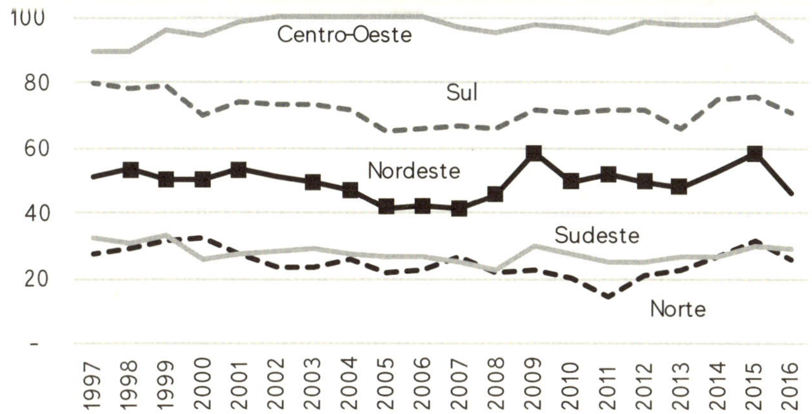

Fontes: Para exportações totais: MDIC; para exportações agrícolas: MapaAgrostat. Os dados do MDIC e Mapa diferem e foram corrigidos para o Centro-Oeste.

Algumas culturas foram exportadas por todas as regiões, enquanto outras foram produzidas e exportadas unicamente por uma região. O caso da produção crescente em todas as regiões tem um bom exemplo nas exportações do complexo da soja, cujos principais componentes são os grãos, o farelo e o óleo. Embora o Sul tenha iniciado a revolução da soja, coube ao Centro-Oeste a liderança das exportações desses produtos. O Sul, antes dominante,

235 Na composição desse gráfico, baseamo-nos em duas fontes governamentais. Ministério da Indústria, Comércio Exterior e Serviços, cujos dados encontram-se em: <www.mdic.gov.br/comercio-exterior/estatisticas-de-comercio-exterior/series-historicas>; e nos dados do Ministério da Agricultura, Pecuária e Abastecimento (Mapa), Agrostat, Exportação/Importação, Produto por Região/UF/Porto, que estão em: <http://indicadores.agricultura.gov.br/agrostat/index.htm>. O problema é que nem sempre as duas fontes são totalmente compatíveis. Isso se evidencia no caso da região Centro-Oeste, para a qual, em alguns anos, os valores das exportações agrícolas são maiores do que as exportações totais informadas pelo Ministério da Indústria e Comércio.

perdeu posição para as demais regiões. O Norte, por exemplo, exportou apenas US$ 2,7 milhões de dólares em 1997, mas em 2016 suas exportações alcançaram US$ 1 bilhão e sua fatia das exportações totais de soja aumentou para 5%. O Nordeste passou de US$ 168 milhões para US$ 1,2 bilhão nesse período (gráfico 5.8).

Gráfico 5.8: **Participação no valor das exportações de soja, por região, 1999-2017**

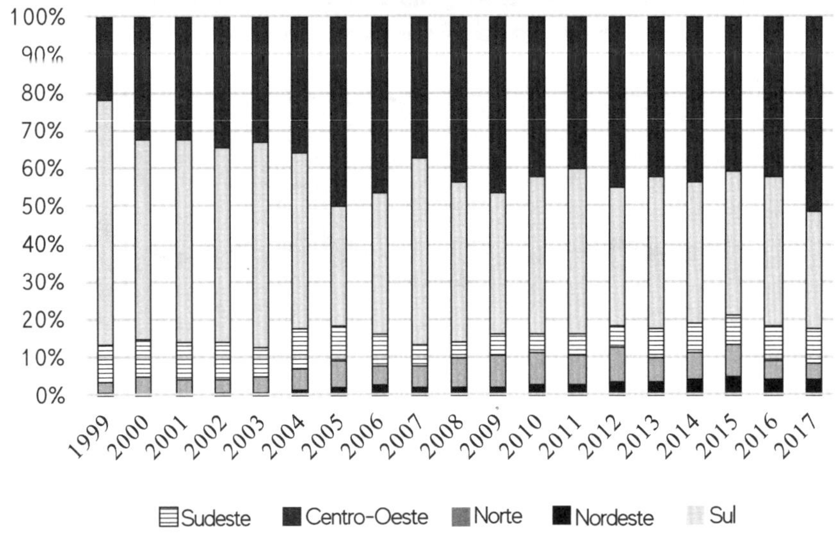

Fonte: MAPA. Agrostat/Series Historicas/Exportacao/Importacao/Regiao UF/Porto/Producto @. Disponível em: <http://indicadores.agricultura.gov.br/index.htm>.

Cereais, farinha e produtos afins foram exportados essencialmente de apenas três regiões: Sul, Sudeste e Centro-Oeste. Inicialmente o Sul predominou nessas exportações. Rapidamente, porém, o Centro-Oeste assumiu a liderança, diminuindo as fatias do Sul e do Sudeste. As exportações desses produtos pelas demais regiões foram pouco significativas (gráfico 5.9).

Um padrão similar ocorreu nas exportações de carne, que passaram de US$ 1,6 bilhão para US$ 13 bilhões nesse período de 17 anos. Inicialmente, o Sul ainda dominou essas exportações — em 1997 foi responsável por 70% do valor total. Junto com o Sudeste, essas duas regiões, que no começo do período foram responsáveis por 94% do valor das exportações da carne, representaram apenas 70% em 2016. O Nordeste não foi um exportador de carne significativo, e a ascensão do Centro-Oeste e, em menor grau, do Norte explica o declínio progressivo da participação do Sul e Sudeste. Na segunda década do século, 1/4 do valor total das exportações de carne proveio do Centro-Oeste.

Gráfico 5.9: **Participação no valor das exportações de cereais *in natura* e processados, por regiões, 1997-2016**

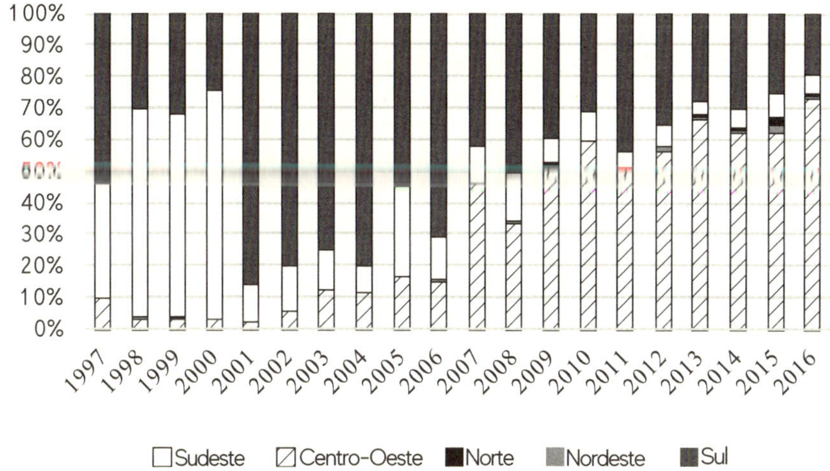

Fonte: MAPA, Agrostat. Exportação/importação, produto por região/região/UF/porto.

As exportações de couro, cujo valor médio atingiu US$ 2,6 bilhões, seguiram o padrão das exportações de carne, e a esmagadora predominância da região Sul foi erodida no século XXI. O mel é outro produto animal cujas exportações não foram expressivas. O Brasil alcançou seu valor máximo nas exportações desse produto em 2016, com apenas US$ 103 milhões, e ficou em quinto lugar nas exportações mundiais, porém desde então o valor e o volume de suas exportações declinaram.[236] Esse foi um produto inicialmente dominado pelo Sudeste (responsável por mais de 90% das exportações nos anos 1990), mas essa predominância reduziu-se para 40%, enquanto o Nordeste e o Sul passaram a ser responsáveis pelo restante das exportações.

Em contraste com essas culturas exportadas por várias regiões do país, o café foi um produto cuja dominância regional nunca mudou. Entre 1997 e 2016, em média, 90% do café exportado proveio dos estados do Sudeste, e o crescimento foi relativamente pequeno. As exportações alcançaram US$ 3 bilhões em 1997 e US$ 4 bilhões em 2016. Quase a mesma concentração foi encontrada na indústria do suco de laranja. Em média, 73% das laranjas e seu suco foram produzidos

236 FAOSTAT. Disponível em: <www.fao.org/faostat/en/#data/QL>.

no Sudeste, com apenas uma pequena participação do Sul e do Centro-Oeste e um declínio secular de longo prazo da produção do Nordeste, cuja fatia das exportações passou de 27% em 1979 para apenas 4% em 2016. Isso significou que a renda dessa região oriunda desse produto caiu de US$ 508 milhões para US$ 412 milhões nesse período de 19 anos. O valor total dessas exportações passou de US$ 1,8 bilhão para US$ 10,1 bilhões em 2016, com pico de US$ 16 bilhões em 2011.[237]

Entre os estados de uma mesma região, nem todos se dedicaram ao cultivo do mesmo produto que o do estado líder. Esse foi o caso da soja, por exemplo. A soja foi produzida em várias regiões, porém dentro de cada uma apenas um ou dois estados foram produtores, com exceção do Centro-Oeste. O mais comum, porém, foi o que ocorreu no Sul, que teve dois estados líderes na produção dessa importante cultura comercial, ou no Nordeste, com três estados, ou ainda o Sudeste, com um (tabela 5.20).

Um padrão mais disperso evidenciou-se no valor dos bovinos, o segundo produto mais importante da agropecuária na segunda década do século XXI. Todos os estados criaram gado vacum, e no Centro-Oeste, Sudeste e Sul quase todos os estados foram produtores significativos (tabela 5.21).

O terceiro produto agrícola mais importante em termos de valor total da produção na segunda década do século foram as aves. Neste caso, como no dos bovinos, todos os estados foram produtores. No entanto, só alguns estados do Centro-Oeste, Sul e Sudeste predominaram na produção nacional (tabela 5.22).

Finalmente, o quarto produto importante significativo foi a cana-de-açúcar, que se concentrou nos estados do Nordeste e Sudeste e viu despontar uma participação significativa no Centro-Oeste (tabela 5.23).

O milho foi o próximo produto agrícola mais importante em termos de valor. Como os outros produtos, o milho destacou-se nos estados do Centro-Oeste, Sudeste e Nordeste, porém com participação significativa de apenas um estado no Sul e no Norte (tabela 5.24). Milho, soja, bovinos, aves e cana-de-açúcar foram responsáveis por 63% do valor de toda a produção agrícola no decênio 2007-16.[238]

O papel desses estados agrícolas mais destacados reflete-se também em sua liderança na esfera das condições socioeconômicas de seus habitantes. Os estados mais produtivos foram aqueles com as maiores pontuações no Índice de

[237] MAPA. Agrostat, Exportação/Importação, Produto por Regão/UF/Porto. Disponível em: <http://indicadores.agricultura.gov.br/agrostat/index.htm>.

[238] Baseado na média de três anos para o período 2012-14. MAPA. Valor bruto da produção completo, janeiro de 2015. Disponível em: <www.agricultura.gov.br/ministerio/gestao-estrategica/valor-bruto-da-producao>.

Desenvolvimento Humano que reflete expectativa de vida, educação e renda *per capita* (tabela 5.25).

Tabela 5.20: Participação dos principais estados e regiões no valor da produção de soja, 2007-16

Estado/ Região	2007	2008	2009	2010	2011	2012	2013	2014	2015	2016	Média de 10 anos
Mato Grosso/CO	24%	27%	29%	25%	27%	33%	27%	28%	26%	28%	28%
Paraná/S	21%	20%	16%	22%	21%	17%	20%	17%	18%	17%	18%
Rio Grande do Sul/S	17%	13%	14%	15%	16%	9%	16%	15%	16%	17%	15%
Goiás/CO	10%	10%	11%	9%	10%	12%	10%	10%	8%	10%	10%
Mato Grosso do Sul/CO	9%	8%	7%	7%	7%	7%	7%	7%	8%	8%	7%
Minas Gerais/SE	5%	4%	5%	5%	4%	5%	4%	4%	4%	5%	4%
Bahia/NE	4%	5%	4%	5%	5%	5%	3%	4%	5%	3%	4%
São Paulo/SE	2%	2%	2%	2%	2%	2%	2%	2%	2%	3%	2%
Maranhão/NE	2%	2%	2%	2%	2%	2%	2%	2%	2%	1%	2%
Santa Catarina/S	2%	2%	2%	2%	2%	2%	2%	2%	2%	2%	2%
Tocantins/N	1%	1%	1%	1%	2%	2%	2%	2%	2%	2%	2%
Piauí/NE	1%	1%	1%	1%	2%	2%	1%	2%	2%	1%	1%
Pará/N	0%	0%	0%	0%	0%	1%	1%	1%	1%	1%	1%
Rondônia/N	0%	1%	1%	1%	1%	1%	1%	1%	1%	1%	1%

Fonte: MAPA. Valor bruto da produção – regional por UF – jul. 2016.
Disponível em: <www.agricultura.gov.br/ministerio/gestao-estrategica/valor-bruto-da-producao>.
Notas: Excluídos estados com menos de 1% do valor da produção nacional; regiões: CO (Centro-Oeste); S (Sul); NE (Nordeste); N (Norte); SE (Sudeste).

Tabela 5.21: Participação dos principais estados e regiões produtoras no valor total da produção pecuária, 2007-16

Estados/ Regiões	2007	2008	2009	2010	2011	2012	2013	2014	2015	2016	Média de 10 anos
Mato Grosso/CO	14%	13%	14%	14%	17%	16%	17%	16%	15%	14%	15%
São Paulo/SE	15%	15%	14%	13%	11%	11%	11%	11%	11%	11%	12%
Mato Grosso do Sul/CO	12%	12%	12%	12%	11%	13%	12%	12%	11%	11%	12%
Goiás/CO	9%	11%	9%	9%	10%	9%	10%	11%	10%	10%	10%
Minas Gerais/SE	8%	9%	8%	8%	7%	8%	8%	9%	9%	9%	8%
Pará/N	6%	5%	5%	7%	7%	7%	7%	7%	8%	8%	7%
Rondônia/N	5%	5%	6%	6%	6%	6%	6%	6%	5%	5%	6%
Rio Grande do Sul/S	5%	5%	5%	6%	6%	6%	5%	5%	5%	5%	5%
Paraná/S	4%	4%	4%	5%	4%	4%	4%	4%	4%	4%	4%
Bahia/NE	3%	3%	4%	4%	4%	4%	4%	4%	4%	4%	4%
Tocantins/N	3%	2%	3%	3%	3%	3%	3%	3%	3%	3%	3%
Maranhão/NE	2%	3%	2%	2%	2%	2%	2%	2%	3%	3%	2%
Santa Catarina/S	1%	1%	1%	2%	1%	1%	1%	1%	1%	1%	1%
Acre/N	1%	1%	1%	1%	1%	1%	1%	1%	1%	1%	1%
Pernambuco/NE	1%	1%	1%	1%	1%	1%	1%	1%	1%	1%	1%
Espírito Santo/SE	1%	1%	1%	1%	1%	1%	1%	1%	1%	1%	1%
Ceará/NE	1%	1%	1%	1%	1%	1%	1%	1%	1%	1%	1%
Amazonas/N	0%	0%	0%	1%	1%	1%	1%	1%	1%	1%	1%
Alagoas/NE	1%	1%	0%	1%	1%	1%	1%	1%	0%	0%	1%
Rio de Janeiro/SE	0%	0%	0%	1%	1%	1%	0%	0%	1%	1%	1%

Fonte: MAPA. Valor bruto da produção – regional por UF – jul. 2016.
Disponível em: <www.agricultura.gov.br/ministerio/gestao-estrategica/valor-bruto-da-producao>.

Notas: Excluídos estados com menos de 1% do valor da produção nacional; regiões: CO (Centro-Oeste); S (Sul); NE (Nordeste); N (Norte); SE (Sudeste).

Tabela 5.22: Participação dos principais estados e regiões produtoras no valor total da produção de aves, 2007-16

Estados/ Regiões	2007	2008	2009	2010	2011	2012	2013	2014	2015	2016	Média de 10 anos
Paraná/S	23%	24%	25%	25%	25%	26%	28%	29%	30%	31%	27%
Santa Catarina/S	20%	19%	19%	19%	20%	19%	18%	17%	16%	16%	18%
São Paulo/SE	18%	17%	15%	14%	16%	14%	12%	12%	11%	11%	14%
Rio Grande do Sul/S	15%	15%	14%	14%	13%	12%	13%	13%	12%	12%	13%
Minas Gerais/SE	7%	7%	7%	7%	7%	7%	7%	7%	7%	7%	7%
Goiás/CO	5%	5%	6%	6%	6%	6%	6%	6%	6%	7%	6%
Mato Grosso/ CO	2%	3%	4%	4%	4%	5%	5%	4%	4%	4%	4%
Mato Grosso do Sul/CO	3%	3%	3%	3%	3%	3%	3%	3%	3%	3%	3%
Bahia/NE	1%	1%	1%	1%	1%	2%	2%	2%	2%	2%	2%
Pernambuco/NE	1%	1%	1%	1%	1%	1%	1%	1%	1%	1%	1%
Distrito Federal/ CO							0%	1%	1%	1%	1%
Pará/N	1%	1%	1%	1%	1%	1%	1%	1%	1%	1%	1%
Rio de Janeiro/ SE	1%	1%	1%	1%	1%	1%	1%	1%	1%	1%	1%
Espírito Santo/ SE	0%	0%	0%	1%	1%	0%	1%	1%	1%	1%	1%

Fonte: MAPA. Valor bruto da produção – regional por UF – jul. 2016. Disponível em: <www.agricultura.gov.br/ministerio/gestao-estrategica/valor-bruto-da-producao>.

Notas: Excluídos estados com menos de 1% do valor da produção nacional; regiões: CO (Centro-Oeste); S (Sul); NE (Nordeste); N (Norte); SE (Sudeste).

Tabela 5.23: Participação dos principais estados e regiões produtoras no valor total da produção de cana-de-açúcar, 2007-16

Estados/ Regiões	2007	2008	2009	2010	2011	2012	2013	2014	2015	2016	Média de 10 anos
São Paulo/SE	58%	56%	52%	49%	54%	56%	55%	54%	55%	54%	54%
Minas Gerais/ SE	7%	7%	8%	8%	9%	10%	10%	10%	9%	9%	9%
Goiás/CO	4%	6%	7%	6%	7%	8%	9%	9%	10%	10%	8%
Paraná/S	8%	8%	6%	6%	6%	7%	7%	7%	7%	7%	7%
Mato Grosso do Sul/CO	3%	3%	4%	5%	5%	5%	6%	6%	6%	7%	5%
Alagoas/NE	5%	5%	4%	3%	4%	4%	4%	4%	4%	3%	4%
Pernambuco/ NE	4%	3%	4%	4%	3%	2%	2%	2%	2%	2%	3%
Mato Grosso/ CO	3%	3%	2%	2%	2%	2%	3%	3%	3%	3%	2%
Paraíba/NE	1%	1%	1%	1%	1%	1%	1%	1%	1%	1%	1%
Bahia/NE	1%	1%	1%	1%	1%	1%	1%	1%	1%	1%	1%
Rio de Janeiro/ SE	1%	1%	1%	1%	1%	1%	1%	1%	1%	0%	1%
Espírito Santo/ SE	1%	1%	1%	1%	1%	1%	1%	1%	0%	0%	1%
Rio Grande do Norte/NE	1%	1%	1%	1%	0%	1%	1%	1%	0%	0%	1%

Fonte: MAPA. Valor bruto da produção - regional por UF - jul. 2016.
Disponível em: <www.agricultura.gov.br/ministerio/gestao-estrategica/valor-bruto-da-producao>.
Notas: Excluídos estados com menos de 1% do valor da produção nacional; regiões: CO (Centro-Oeste); S (Sul); NE (Nordeste); N (Norte); SE (Sudeste).

Tabela 5.24: Participação dos principais estados e regiões produtoras no valor da produção de milho, 2007-16

Estados/ Regiões	2007	2008	2009	2010	2011	2012	2013	2014	2015	2016	Média de 10 anos
Paraná/S	23%	23%	19%	22%	22%	21%	17%	17%	15%	16%	19%
Mato Grosso/CO	9%	13%	13%	11%	14%	22%	25%	23%	25%	24%	19%
Minas Gerais/SE	13%	11%	11%	10%	11%	10%	9%	8%	7%	9%	10%
Goiás/CO	8%	9%	10%	8%	9%	11%	10%	11%	11%	8%	10%
Mato Grosso do Sul/CO	5%	5%	4%	6%	7%	9%	9%	10%	11%	10%	8%
Rio Grande do Sul/S	10%	9%	8%	10%	10%	4%	7%	7%	7%	7%	8%
São Paulo/SE	9%	8%	7%	7%	6%	6%	6%	5%	5%	6%	6%
Santa Catarina/S	7%	7%	6%	7%	6%	4%	4%	3%	3%	4%	5%
Bahia/NE	4%	5%	6%	5%	4%	3%	4%	6%	7%	5%	5%
Maranhão/NE	1%	1%	1%	1%	1%	1%	2%	2%	2%	1%	1%
Pará/N	2%	1%	2%	2%	1%	1%	1%	1%	1%	1%	1%
Sergipe/NE	1%	1%	2%	2%	1%	0%	1%	1%	1%	1%	1%
Piauí/NE	0%	1%	1%	1%	1%	1%	1%	1%	1%	1%	1%
Rondônia/N	0%	0%	1%	1%	1%	1%	1%	1%	1%	1%	1%
Ceará/NE	1%	2%	1%	1%	2%	0%	0%	0%	0%	0%	1%
Distrito Federal/ CO	1%	1%	1%	0%	0%	1%	1%	1%	1%	0%	1%
Tocantins/N	0%	1%	1%	1%	1%	1%	0%	1%	1%	1%	1%

Fonte: MAPA. Valor bruto da produção – regional por UF – jul. 2016.
Disponível em: <www.agricultura.gov.br/ministerio/gestao-estrategica/valor-bruto-da-producao>.
Notas: Excluídos estados com menos de 1% do valor da produção nacional; regiões: CO (Centro-Oeste); S (Sul); NE (Nordeste); N (Norte); SE (Sudeste).

Tabela 5.25: Índice de desenvolvimento humano dos estados brasileiros, 1991-2010

Brasil e Estados	1991	2000	2010
Brasil	0,493	0,612	0,727
São Paulo	0,578	0,702	0,783
Santa Catarina	0,543	0,674	0,774
Rio de Janeiro	0,573	0,664	0,761
Paraná	0,507	0,650	0,749
Rio Grande do Sul	0,542	0,664	0,746
Espírito Santo	0,505	0,640	0,740
Goiás	0,487	0,615	0,735
Minas Gerais	0,478	0,624	0,731
Mato Grosso do Sul	0,488	0,613	0,729
Mato Grosso	0,449	0,601	0,725
Amapá	0,472	0,577	0,708
Roraima	0,459	0,598	0,707
Tocantins	0,369	0,525	0,699
Rondônia	0,407	0,537	0,690
Rio Grande do Norte	0,428	0,552	0,684
Ceará	0,405	0,541	0,682
Amazonas	0,430	0,515	0,674
Pernambuco	0,440	0,544	0,673
Sergipe	0,408	0,518	0,665
Acre	0,402	0,517	0,663
Bahia	0,386	0,512	0,660
Paraíba	0,382	0,506	0,658
Pará	0,413	0,518	0,646
Piauí	0,362	0,484	0,646
Maranhão	0,357	0,476	0,639
Alagoas	0,370	0,471	0,631

Fonte: UNDP. Atlas do desenvolvimento humano no Brasil.
Disponível em: <www.atlasbrasil.org.br/2013/pt/>.

Como se vê nesta análise da produção e valor de produtos agropecuários, foi o Centro-Oeste que apresentou o maior crescimento nesse período, e essa mudança foi liderada pelo importante estado do Mato Grosso. Já em 2000 o Mato Grosso foi o principal estado agrícola em valor *per capita* da agricultura (Freitas, Bacha e Fossatti, 2007:115, tab. 1). Na época, seu valor agrícola *per capita* foi quase 50% superior ao de São Paulo e mais de 1/3 superior ao do Rio Grande do Sul e do Paraná, todos estados agrícolas importantes. Além disso, o crescimento do Mato Grosso foi muito rápido. Em 1970 estava em sétimo lugar em valor *per capita* da produção agrícola. Vinte e seis anos depois, ocupava o segundo lugar, à frente de estados agrícolas ricos e tradicionais como Paraná, Rio Grande do Sul e São Paulo. Apenas quatro anos depois, o Mato Grosso finalmente se destacou como o principal estado agrícola brasileiro em valores *per capita*.

O Mato Grosso não só liderou as vendas agrícolas *per capita* em 2000, mas na safra de 2016-17 concorreu com São Paulo para encabeçar o valor bruto total da produção agrícola. São Paulo fora o principal estado agrícola desde fins do século XIX, mas a partir de 2012 a produção mato-grossense vem crescendo rapidamente. Com 13,7% do valor total da produção brasileira, Mato Grosso esteve próximo de São Paulo nos últimos cinco anos, e à frente de Paraná, Minas Gerais e Rio Grande do Sul, tradicionais centros de produção agropecuária. Mas agora é seguido por outro estado do Centro-Oeste, Goiás, que forneceu 8,2% do valor da produção total. Dos três estados do Centro-Oeste provieram nada menos que 27% do valor total da produção agrícola do Brasil naquele ano (gráfico 5.10).

Gráfico 5.10: **Participação do valor bruto da produção agrícola, por estado, 2016**

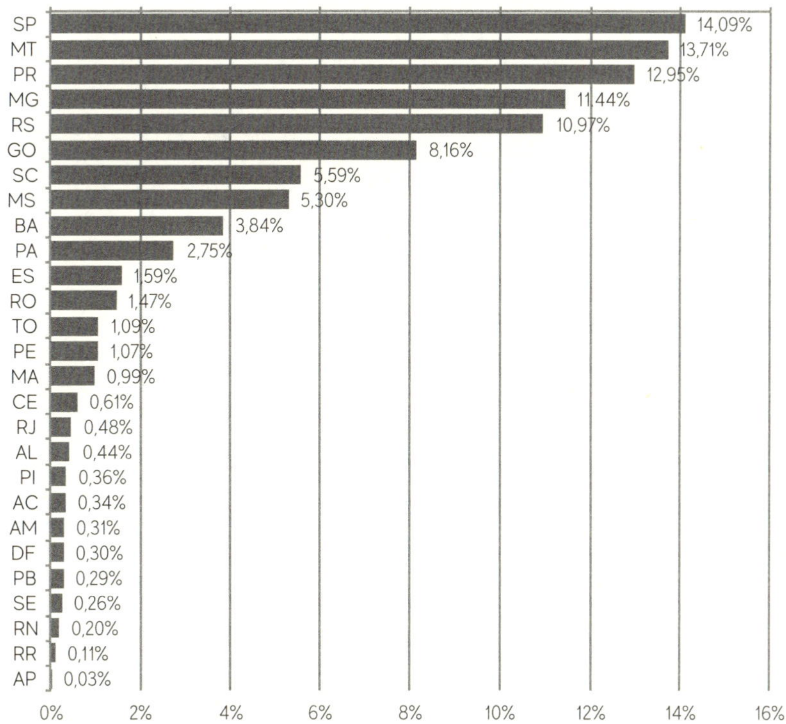

Fonte: MAPA. Valor bruto da produção agropecuária, abr. 2017.

Nos próximos capítulos examinaremos o papel de vários estados representativos dessa revolução agrícola recente. Analisaremos Mato Grosso e São Paulo, os atuais líderes em muitos dos produtos básicos hoje cultivados, e o Rio Grande do Sul, líder na agricultura comercial moderna em pequena escala e importante estado para a agropecuária. Com um estudo pormenorizado de cada estado, será possível obter uma análise mais minuciosa de algumas das mudanças fundamentais da agricultura brasileira desde 1960.

CAPÍTULO 6

MATO GROSSO

O Mato Grosso é um excelente exemplo de fronteira pobre e semiabandonada que se transformou em um centro moderno de produção agrícola graças à iniciativa governamental e privada em fins do século XX. No início do período colonial essa foi uma zona de mineração de ouro, mas no século XVIII surgiram povoações e atividade mineradora significativas que levaram à fundação da cidade de Cuiabá em 1720 e à criação de uma capitania em 1748. Em 1856 teve início a navegação no rio Paraguai, que ensejou exportações agrícolas dessa região, e surgiram fazendas de cana-de-açúcar. Erva-mate e poaia também já eram exportadas da região nessa época e, após os anos 1870, Mato Grosso exportou algumas quantidades de borracha natural. Salvo a agricultura de subsistência, porém, a principal atividade agrícola continuou a ser a pecuária extensiva até a segunda metade do século XX.[239]

Nos anos 1940 e 1950 o governo estadual incentivou e financiou colônias subsidiadas e imigrantes privados vendendo terras. No entanto, em 1970 grande parte do estado ainda continha vastos trechos de cerrado e florestas inexploradas — mesmo depois da divisão do estado em dois com a criação do Mato Grosso do Sul em 1977. As construções de importantes rodovias na região nos anos 1970 finalmente franquearam o acesso à maior parte do estado para possível povoação. Com essas novas estradas que ligavam Mato Grosso ao resto do Brasil, o governo federal, bem como grupos privados, patrocinou a imigração de agricultores pobres ou interessados oriundos principalmente da região Nordeste. No entanto, as migrações mais importantes foram espontâneas e autofinanciadas, e ocorreram

[239] Um resumo do desenvolvimento econômico nesse período encontra-se em Fernández (2007:142-146).

nas duas décadas seguintes. Especialmente em fins dos anos 1980 e nos anos 1990, houve uma entrada constante de famílias de agricultores vindas do sul do Brasil, sobretudo Paraná e Rio Grande do Sul; esses imigrantes aproveitaram a abertura dessas novas terras e trouxeram técnicas agrícolas modernas, conhecimento sobre o mercado e o comprometimento com cooperativas de produtores.[240] A maioria desses recém-chegados era de casais com filhos. Cerca de 328 mil pessoas emigraram para o estado nos anos 1970, outras 545 mil chegaram nos anos 1980 e mais 420 mil na década seguinte; desse contingente, 42% provieram dos três estados do Sul nos anos 1970, 40% nos anos 1980 e 27% nos anos 1990, sendo o Paraná invariavelmente o estado com maior número de migrantes. Se São Paulo for adicionado aos estados do Sul nesse cômputo, metade do total de imigrantes que chegaram nas duas primeiras décadas vem dessas áreas (Cunha, 2013:92, 96, tabs. 2 e 5). Embora frequentemente sua documentação de propriedade da terra fosse forjada, em geral a posse e a produção dessas terras anteriormente pertencentes ao estado ensejaram a obtenção de títulos legais a pelo menos alguns desses ocupantes. Além disso, o governo federal, por meio de seu programa de reforma agrária — que consistia, em essência, em um programa de colonização baseado em terras de propriedade do governo ou terras expropriadas compradas pelo governo —, patrocinou a colonização das terras no estado por imigrantes pobres vindos de várias partes do Brasil; alguns desses foram organizados em cooperativas de produtores. A maioria desses colonos apoiados pelo governo foram assentados em lotes menores, de até 200 hectares, enquanto os migrantes do Sul em geral compraram os lotes maiores. Depois de conflitos locais, muitos deles violentos, entre migrantes patrocinados e privados, a posse da terra finalmente foi legalizada em quase todas as principais regiões agrícolas do centro e norte do estado. Em fins dos anos 1990, a maior parte das principais regiões do estado já estava legalmente organizada em municípios e, assim, a maioria dos títulos de propriedade de terra pôde ser regularizada (Cavalcante, 2008: cap. 3; Jepson, Brannstrom e Filippi, 2010:87-111). Os primeiros a chegar limparam as terras e construíram cidades e estradas; depois deles viriam empreendedores do ramo agropecuário com mais capital e desenvolveriam o agronegócio moderno desse estado.[241]

A esses esforços privados aliou-se um forte impacto dos investimentos do governo por meio de várias instituições e projetos. A ideia de abrir a fronteira oeste remonta à política da "Marcha para o Oeste", formulada inicialmente

[240] Ver Cunha (2013:87-107), Desconsi (2011: cap. 1) e Ribeiro (1987).

[241] Para uma história pormenorizada dessas povoações nas regiões Centro-Norte e Leste do estado, ver Rausch (2014:276-297), Marques (2013:85-103) e Schaefer (1985).

pelo governo Vargas nos anos 1930; essa abertura foi promovida pela política de transferir a capital nacional para Brasília, na região Centro-Oeste, durante o governo Kubitscheck. Concretizou-se graças à construção de novas estradas na área nos anos 1950 e 1960. Várias organizações federais, estaduais e internacionais investiram fortemente na modernização da agricultura, pesquisa e infraestrutura nessa região a partir dos anos 1960.[242] Todo esse empenho foi favorecido pelo terreno essencialmente plano, ocupado por cerrados, florestas arbustivas e algumas florestas comuns, que abrange grande parte do bioma conhecido como Cerrado — cerca de 158 milhões de hectares (aproximadamente 2 milhões de quilômetros quadrados, ou 1/4 do território brasileiro). O Cerrado estende-se a sul e a leste da floresta amazônica e incorpora o todo ou partes de várias regiões (Norte, Nordeste, Sudeste e Centro-Oeste), sendo Mato Grosso o estado que abrange a maior parcela desse bioma. Parte do Mato Grosso inclui ainda uma das maiores áreas de inundação contínua do mundo, o Pantanal. Foi o Cerrado, porém, o elemento crucial da revolução agrícola mato-grossense.

O Cerrado consiste, sobretudo, em terras planas com campos, florestas arbustivas, florestas secas e vastas savanas que permitiram a instalação de grandes estabelecimentos agrícolas explorados com uso de máquinas (Klink e Machado, 2005:147-149; Marouelli, 2003:11). No entanto, seus solos ácidos e deficientes em minerais não se prestavam ao cultivo eficiente antes da segunda metade do século XX, quando pesquisas governamentais desenvolveram as técnicas necessárias à exploração dessas terras em uma agricultura moderna baseada no enriquecimento do solo e em novas sementes criadas especificamente para suas características.[243] A agricultura de subsistência e a pecuária dominaram a economia do Cerrado durante a maior parte do século passado, e apenas uma pequena parcela das terras foi desmatada para uso. Tudo isso mudou depois do grande afluxo de crédito agrícola, da construção de estradas e das pesquisas da Embrapa na segunda metade do século.[244] Hoje, no mínimo de 1/3 a metade do Cerrado é ocupado por pastagens ou terras cultivadas (mapa 6.1).[245]

---

[242] Entre elas está o Prodecer, um projeto nipo-brasileiro que investiu vultosos recursos na abertura de todo o Cerrado à produção de soja. Embora o Mato Grosso contenha 21% das terras do Cerrado, o projeto envolveu principalmente investimentos em outros estados — porém, com outros, esse projeto fez investimentos na região de Lucas do Rio Verde, um importante centro de migrantes da região Sul. Nos anos 1960 o governo também criou a Superintendência do Desenvolvimento do Centro-Oeste (Sudeco) para promover investimentos na região Centro-Oeste e o Programa de Desenvolvimento do Centro-Oeste (Prodoeste). Inocêncio (2010: caps. 1 e 2).

[243] Para um apanhado sobre alguns desses esforços, ver Jepson, Brannstrom e Filippi (2010:91-94).

[244] Sobre o desenvolvimento nas savanas do Cerrado, ver Mueller e Martha Junior (2008).

[245] Sobre as várias estimativas de mudança na região do Cerrado, ver Santos et al. (2010:7) e Brannstrom et al. (2008:579–595).

Em 1960 o estado do Mato Grosso continha aproximadamente 19 mil estabelecimentos agrícolas em 8 milhões de hectares. Em 1985, abrangia cerca de 78 mil estabelecimentos que exploravam 38 milhões de hectares. Em 1970 ainda existiam apenas 600 tratores em todo o estado; 15 anos depois, eram 20 mil. Em 1970 havia 129 mil trabalhadores nas fazendas mato-grossenses; em 1985, eram 320 mil (Tarsinato, 1990:17, 42, 48 e 65). Até os rebanhos bovinos cresceram de 1,6 milhão para 5,4 milhões de cabeças nesse período. Em 1980 foi introduzido no estado o cultivo da soja. Naquele ano foram plantados cerca de 7 mil hectares de soja; apenas nove anos mais tarde, havia 1,7 milhão de hectares cultivados com esse produto, e hoje essa cultura ocupa 59% das terras cultivadas no estado (Cavalcante, 2008:97).

Mapa 6.1: **Região do Cerrado no Brasil**

Mato Grosso rapidamente se tornou a locomotiva na trajetória que transformou o Centro-Oeste em uma das regiões mais ricas do Brasil. Culturas temporárias foram a principal fonte dessa riqueza, e a área dedicada a elas aumentou 7,3% ao ano no estado em comparação com 5,3% na região como um todo. Isso explica como Mato Grosso passou de 7,3 milhões de hectares em 1990 para 25 milhões de hectares de terras ocupadas com essas culturas em 2015, ou de 1/3 para mais de metade de todas as terras com culturas temporárias na região Centro-Oeste. Nesse mesmo período, o Mato Grosso aumentou sua participação de 5% para 20% de todas as terras dedicadas a culturas temporárias no Brasil.[246] Além disso, tanto o Mato Grosso como a região Centro-Oeste tinham a maior área de pastagens do país, estavam no Centro-Oeste 37% do total nacional das pastagens segundo o censo agrícola de 2006. O competidor mais próximo era o Nordeste, com apenas 19% dessas terras. Na região, também era do Mato Grosso a maior área de pastagens: 37% do total regional e 14% do total nacional.[247] Em contraste, declinavam no estado as terras com culturas permanentes, pois cada vez mais agricultores locais mudavam para as culturas temporárias.[248]

Entre 1985 e 2010, o PIB mato-grossense aumentou 6,9% ao ano, enquanto seu setor agrícola cresceu 7,8% ao ano, valores esses muito acima das médias nacionais. Atualmente o Mato Grosso é o maior produtor de soja, algodão e girassol do país, e seu rendimento por hectare nessas culturas foi igual ou superior à média nacional. Em 1910, as exportações do estado alcançaram US$ 8,45 bilhões de dólares, representaram 31% do PIB do estado e quase 6% do valor das exportações nacionais. Sozinho, o Mato Grosso foi responsável por metade das compras de cultivadores motorizados, tratores de roda e de esteira, colheitadeiras e retroescavadeiras (Vieira Júnior, Figueiredo e Reis, 2014:1137-1139). O estado sozinho comprou 1/5 das colheitadeiras vendidas no país em 2015.[249]

Em 1960 Mato Grosso tinha uma população de apenas 890 mil habitantes em 1,3 milhão de quilômetros quadrados (das quais, segundo estimativas, 330 mil residiam na parte que mais tarde seria desmembrada do estado); portanto, a densidade demográfica era de 0,37 pessoa por km^2. Mesmo após a divisão do estado em duas partes em 1979, o Mato Grosso ainda conservou uma área de 903.198 km^2 — mais que o dobro da área da Alemanha e quase 1/3 maior que

---

246 IBGE, Sidra, PAM. Tabela 1612. Disponível em: <https://sidra.ibge.gov.br/pesquisa/pam/tabelas>.
247 IBGE, Sidra. Censo 2006, tabela 1031. Disponível em: <https://sidra.ibge.gov.br/tabela/1031>.
248 IBGE, Sidra, PAM. Tabela 1613. Disponível em: <https://sidra.ibge.gov.br/pesquisa/pam/tabelas>.
249 Anuário da Indústria Automobilística Brasileira 2016. Tabela 3.3 "Vendas internas no atacado por unidade da Federação — 2014/2015", p. 128.

a área da França. Além disso, apesar do espetacular crescimento da população, que chegou a 3,3 milhões de habitantes em 2015, a densidade demográfica no Mato Grosso ainda era de apenas 3,3 pessoas por km^2, a terceira menor do Brasil, e especialmente baixa se comparada à de São Paulo, 166 habitantes por km^2.[250] Em 1960 a principal atividade dessa região, então pobre e atrasada, era a pecuária e a agricultura de subsistência em um solo considerado pobre. Cerca de 63% da população residia na zona rural, uma porcentagem bem superior aos 55% do Brasil rural como um todo.[251] A capital, Cuiabá, era a maior cidade do estado com apenas 59 mil habitantes, e só havia outras três cidades no estado com mais de 20 mil habitantes.[252] A população era bem mais miscigenada que as dos estados do Sul e Sudeste, com apenas 53% de brancos e 40% de pardos, 6% de pretos e 1% de asiáticos. Essas porcentagens diferiam da composição nacional por cor em 1960, e indicavam que Mato Grosso continha muito mais pardos e muito menos brancos do que as porcentagens mais comuns nos demais estados.[253] As taxas de alfabetização eram surpreendentemente elevadas: 58% dos homens e 53% das mulheres sabiam ler e escrever.[254] Em outros aspectos, porém, essa era uma população pobre. A taxa de fecundidade total era de 6,6 filhos por mulher entre 14 e 49 anos, e a mortalidade infantil provavelmente superava 120 mortes por mil nascidos vivos para o sexo masculino e 99 para o feminino; a expectativa de vida resultante era inferior à média nacional de 54 anos para homens e 57 anos para mulheres.[255] Tudo isso significa que se tratava de uma população predominantemente rural com população muito jovem cuja média de idade era 21 anos, configurando uma pirâmide etária característica de população pré-moderna (gráfico 6.1). Embora o crescimento do que viria a ser o estado do Mato Grosso (sem o Mato Grosso do Sul após 1977) ocorresse à significativa taxa de 1% ao ano nos anos 1940

250 Dados oficiais do IBGE. Disponíveis em: <www.ibge.gov.br/estadosat/perfil.php?sigla=mt>.

251 IBGE. Tabela 1,8 — População nos censos demográficos, segundo as grandes regiões, as unidades da federação e a situação do domicílio — 1960/2010. Disponível em: <www.censo2010.ibge.gov.br/sinopse/index.php?dados=8>.

252 Dados sobre o crescimento demográfico de Cuiabá desde 1872, quando a cidade tinha 36 mil habitantes, até 2010, encontram-se em "Tabela 1.6 — População nos censos demográficos, segundo os municípios das capitais — 1872/2010". Disponível em: <www.censo2010.ibge.gov.br/sinopse/index.php?dados=6&uf=00>. Para o tamanho dos municípios de Mato Grosso em 1960, ver: <http://seriesestatisticas.ibge.gov.br/series.aspx?no=2&op=1&vcodigo=CD97&t=numero-municipios-censo-demografico-classes-tamanho>.

253 A composição nacional era 61% brancos, 30% pardos, 9% pretos e 1% asiáticos. IBGE. Censo demográfico de 1960, série nacional, Brasil v. 1, tab. 5.

254 IBGE. Censo demográfico de 1960, série regional, "Mato Grosso", v. 1, t. XVII, tabs. 5 e 10.

255 Dados sobre expectativa de vida e mortalidade infantil extraídos de Cepal (2004), "Brasil: abridged life tables, 1960-1965".

até os anos 1950, esse crescimento deveu-se principalmente à taxa elevada de natalidade da população.

Gráfico 6.1: **Pirâmide etária da população de Mato Grosso; porcentagem por coorte e sexo, 1960**

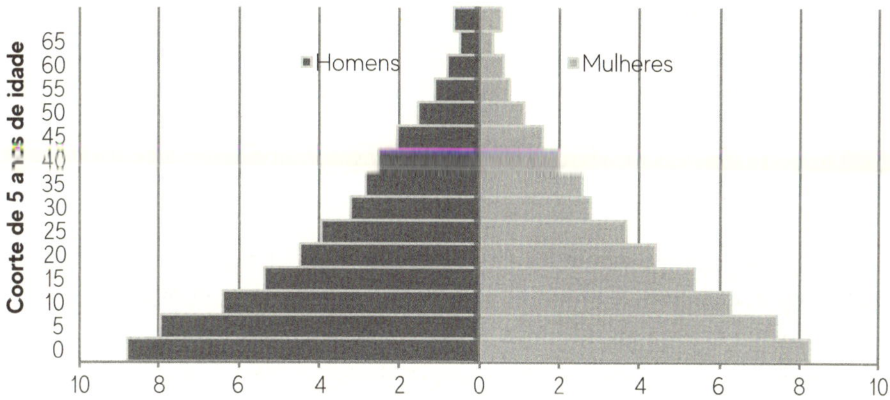

Fonte: IBGE. VII Recenseamento geral 1960. tab. 1, p. 2.

Contudo, a partir de fins dos anos 1960, imigrantes do resto do país começaram a chegar ao estado; em 1970 a população do futuro estado do Mato Grosso duplicara, chegando a 601 mil habitantes; em 1980 atingiu 1,1 milhão, e cresceu a mais de 6% ao ano nessas duas décadas, chegando a 3,3 milhões na segunda década do século XXI.[256] Cuiabá, a capital, agora tinha mais de meio milhão de habitantes, e havia no estado quatro cidades com mais de 100 mil pessoas. O estado agora era predominantemente urbano, e essa tendência foi especialmente favorecida pela mecanização da agricultura, que liberou grande número de trabalhadores rurais para migrarem para as florescentes cidades do estado. Segundo o censo de 2010, apenas 18% dos mato-grossenses residiam em áreas rurais. Surpreendentemente, porém, não houve um declínio nos números de residentes da área rural, como ocorreu na maior parte do Brasil após 1991. Por outro lado, Mato Grosso acompanhou o resto do país na característica de conter mais mulheres nas cidades e mais homens nas áreas rurais (tabela 6.1).

[256] Os dados sobre população, densidade e taxas de fecundidade e crescimento são do IBGE. Disponíveis em: <http://seriesestatisticas.ibge.gov.br/series.aspx?no=2&op=1&vcodigo=CD97&t=numero-municipios-censo-demografico-classes-tamanho>.

Tabela 6.1: Tamanho e proporção da população rural e razão de masculinidade da população residente em Mato Grosso, 1970-2010

Ano do censo	População rural (número)	% da população total	Razão de masculinidade	
			População urbana	População rural
1970	913.152	57%	97,6	118,6
1980	483.777	42%	101,5	120,8
1991	542.121	27%	101,5	124,9
2000	517.061	21%	101,3	125,0
2010	552.067	18%	100,4	124,0

Fonte: IBGE, Sidra. Tabela 200.

Uma característica incomum da população no mais recente censo nacional foi a alta porcentagem de imigrantes residentes no estado. No fim do século XX, Mato Grosso era uma grande zona de atração de migrantes graças à sua economia em rápido crescimento e a terras a preços acessíveis a migrantes de todo o Brasil. Se em 1960 os imigrantes vindos de outros estados representavam apenas 14% da população mato-grossense,[257] em 2014 sua porcentagem era 62%; o Paraná foi a origem de 20% deles, seguido por São Paulo, Rio Grande do Sul e Goiás.[258] Como se poderia esperar diante dessa intensa imigração, houve um aumento da média de idade, que passou para 29,7 anos. Essa tendência também foi favorecida pelo declínio da fecundidade. Em 1980 a taxa de fecundidade total caíra para 4,7 e, como uma queda também na mortalidade infantil, a expectativa de vida começou a elevar-se a um ritmo impressionante. A taxa de fecundidade agora caíra para 2,08 crianças, abaixo dos níveis de reposição (IBGE, 2015:16, gráf. 1.4), a mortalidade infantil era de 16,7 por mil nascidos vivos e a expectativa de vida, segundo o censo de 2010, aumentara para 70 anos para os homens, 76 anos para as mulheres e 74,5 anos para ambos os sexos — um aumento de quase 20 anos desde 1960.[259] Em 2010 todas essas mudanças em fecundidade, mortalidade e migração haviam alterado a estrutura etária da população do estado, que

[257] IBGE. VII Recenseamento geral — 1960, v. 1, tab. 31, p. 77.

[258] Baseado em cálculos do autor com dados da PNAD 2013 e 2014.

[259] IBGE. Tabela 1.31 — Tábua abreviada de mortalidade, por sexo, segundo os grupos quinquenais de idade — Mato Grosso — 2010. Disponível em: <www.ibge.gov.br/home/estatistica/populacao/tabuas_abreviadas_mortalidade/2010/default.shtm>. Ver também: <http://atlasbrasil.org.br/2013/consulta/> para mortalidade infantil e expectativa de vida de ambos os sexos em 2010. Em mortalidade e expectativa de vida, Mato Grosso aproximava-se dos níveis nacionais típicos, embora sua taxa de fecundidade total fosse consideravelmente maior que a do país como um todo, 1,89 criança.

agora apresentava alta concentração nas coortes em idade de trabalho e muito menos crianças — uma clássica pirâmide em feitio de pote (gráfico 6.2).

Gráfico 6.2: **Pirâmide etária da população de Mato Grosso, porcentagem por coorte e sexo, 2010**

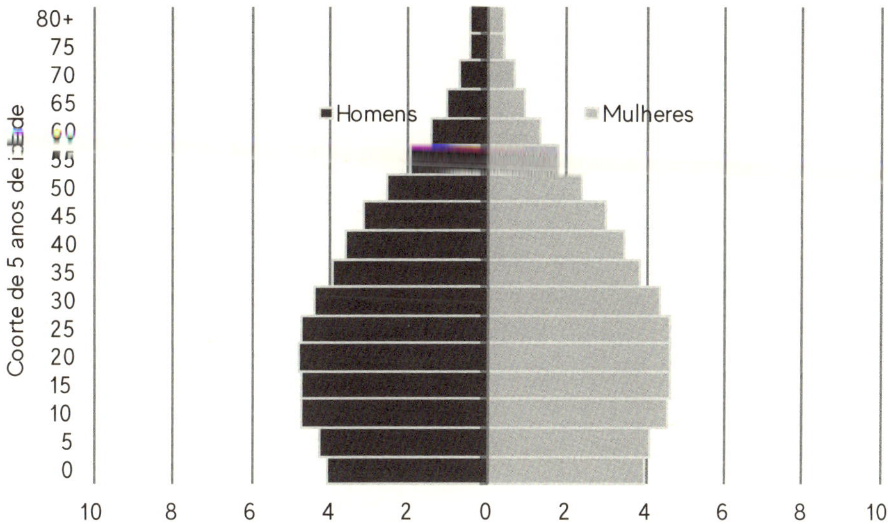

Fonte: IBGE: <//www.censo2010.ibge.gov.br/sinopse/index.php?dados=12#topo_piramide>.

Para esses imigrantes vindos principalmente das regiões ricas do Brasil, a atração era o potencial agrícola do estado. Com o crédito rural oferecido em abundância pelos governos federais nos anos 1980 e o desenvolvimento pela Embrapa de culturas adaptadas ao solo dessa zona (que incorporava grande parte das terras do Cerrado), a agricultura comercial tornou-se subitamente um empreendimento de vulto. Isso se evidencia no crescimento das culturas na região: em meados do século havia apenas uma produção comercial relativamente pequena, mas no censo agrícola de 2006 a produção e as exportações internacionais dessas culturas mostravam um crescimento extraordinário. A soja, obviamente, foi o produto principal. Insignificante até 1985, expandiu-se tremendamente em fins dos anos 1980 e, em 2016, representava mais de 1/4 da produção brasileira. O mesmo se pode dizer do algodão, que apesar de só neste século ter se tornado uma cultura significativa em Mato Grosso, já representa quase 2/3 do total produzido no Brasil.[260] Analogamente, Mato Grosso passou de produtor insignificante de leite para produtor de quase 1/4 do total nacional.

260 Para a evolução da produção algodoeira no Brasil, ver Vieira, Lunas e Garcia (2016:53-66).

Até a cana-de-açúcar tornou-se uma cultura cada vez mais importante desde 1980 (tabela 6.2). Contudo, em razão de problemas de abastecimento adequado de água, essa cultura requer como alternativa a irrigação.[261] Em 2017 o estado também possuía o maior rebanho bovino do país, mais de 29 milhões de cabeças, representando 14% do rebanho nacional.[262] Também eram importantes as vacas leiteiras e a produção de leite, além de uma produção crescente de ovos, que nessa data representava 1% da produção nacional e compunha até 1/3 do valor da produção animal do estado (o leite foi responsável por 2/3 do valor naquela data).[263]

Tabela 6.2: Crescimento dos principais produtos agrícolas em Mato Grosso, 1970-2016

	1970	1975	1980	1985	1996	2006	2016	Taxa anual de crescimento
Algodão (t.)	52.134	2.661	1.367	11.978	46.525	1.230.486	2.220.555	8,5%
Arroz (t.)	379.660	355.691	1.000.971	608.945	588.731	325.013	501.045	0,6%
Cana-de--açúcar (t.)	74.393	71.058	308.020	1.086.341	7.450.702	13.383.587	19.209.764	12,8%
Milho (t.)	218.711	93.244	121.049	239.912	1.209.543	4.121.606	15.339.785	9,7%
Soja (t.)*			88.852	1.610.530	4.438.946	10.659.324	26.277.303	17,7%
Leite de vaca (milhares de litros)	150.269	39.138	91.572	122.917	375.426	517.305	662.720	3,3%

Fontes: IBGE. Tabelas Agro34 e Agro73.
Disponíveis em: <http://seriesestatisticas.ibge.gov.br/lista_tema.aspx?op=0&no=1>; para 2015, IBGE, Sidra. Tabelas 1612 e 74.
Nota: Para a soja a taxa de crescimento foi calculada a partir de 1980.

Esse crescimento relacionou-se, inquestionavelmente, com várias iniciativas financiadas pelo governo. A mais importante foi o acesso à maior parte das regiões do estado possibilitado pela construção de rodovias federais nos anos 1980.

[261] Para um experimento bem-sucedido desse tipo, ver Iaia (2014).
[262] IBGE, Sidra, PMM. Tabela 3939.
[263] IBGE. Tabs. Agro73-Produção animal, e PP3-Produção de origem animal-valor da produção. Disponíveis em: <http://seriesestatisticas.ibge.gov.br/lista_tema.aspx?op=0&de=59&no=1>.

Entre elas, a mais importante foi a estrada de Brasília à cidade mato-grossense de Cáceres, na fronteira com a Bolívia, que finalmente ligou o estado às regiões Sul e Sudeste. Numerosas rodovias, ferrovias e até redes de água foram construídas aos poucos desde os anos 1990 até o presente. O sistema, embora ainda incompleto, por fim permitiu a exportação de produtos locais da maioria das regiões do estado para mercados nacionais e internacionais distantes (Vieira Júnior et al., 2014:1130-1131).

O baixo preço da terra plana e fértil, a disponibilidade de transporte, o suporte proporcionado pelo crédito abundante e barato, subvencionado pelo governo a partir dos anos 1970 e 1980, e o estabelecimento de centros locais e nacionais de pesquisa agrícola foram, todos, incentivos ao crescimento. A terra era tão barata em comparação com a de áreas desenvolvidas de outras partes do Brasil que essa fronteira foi, desde o início, dominada por fazendas de mais de mil hectares. Em São Paulo e no Rio Grande do Sul, tradicionais estados comerciais e agrícolas, menos de 40% das terras pertenciam a fazendas de mil hectares ou mais, enquanto em Mato Grosso a porcentagem era de 78% na época do censo de 2006. O índice de Gini manteve-se relativamente estável, passando de 0,875 em 1960 para 0,853 em 2006.[264]

Para dar uma ideia do quanto a estrutura fundiária de Mato Grosso era destoante, podemos compará-la com a de outros estados que examinaremos adiante. O Rio Grande do Sul, São Paulo e o Brasil como um todo não tinham porcentagens tão grandes de terras pertencentes a estabelecimentos enormes de mais de mil hectares (tabela 6.3). Embora a parcela das terras abrangidas pelas propriedades imensas em Mato Grosso tenha declinado com o tempo, nunca se aproximou do nível dos outros estados. Isso não significa que os outros estados eram extraordinariamente iguais em comparação com Mato Grosso, já que o coeficiente de Gini para a distribuição da terra em São Paulo era próximo do de Mato Grosso. Significa apenas que os estabelecimentos médio e mediano eram muito menores, em geral, do que os encontrados nesse típico estado do Centro-Oeste.

---

[264] Para os anos anteriores a 2006, o censo contém apenas quatro categorias de tamanho de estabelecimento; o censo de 2006 traz 17 categorias. Ver IBGE, Sidra. Censo agropecuário 2006 — segunda apuração, tabela 837. Disponível em: <https://sidra.ibge.gov.br/tabela/837>. Nesse e em todos os demais cálculos baseados em IBGE, Sidra. Censo agropecuário 2006 — segunda apuração, tabela 263, excluímos todos os estabelecimentos que foram arrolados como não possuidores de terra.

Tabela 6.3: Distribuição das terras, por tamanho dos estabelecimentos (estados selecionados, 1970-2006)

Estados/Áreas	1970	1975	1980	1985	1996	2006
Participação relativa nas áreas por tamanho do estabelecimento						
Mato Grosso						
Menos de 10 ha	0,5	0,6	0,3	0,3	0,1	0,1
10 a menos de 100 ha	2,7	2,7	2,3	2,9	3,2	5,4
100 a menos de 1.000 ha	11,6	10,3	11,8	13,3	14,5	17,0
1.000 ha ou mais	85,2	86,4	85,7	83,5	82,2	77,6
	100,0	100,0	100,0	100,0	100,0	100,0
São Paulo						
Menos de 10 ha	3,3	2,4	2,4	2,4	1,8	2,2
10 a menos de 100 ha	25,3	23,5	23,4	24,1	23,7	21,7
100 a menos de 1.000 ha	43,5	44,3	45,5	45,7	47,1	40,5
1.000 ha ou mais	27,9	29,8	28,8	27,8	27,4	35,5
	100,0	100,0	100,0	100,0	100,0	100,0
Rio Grande do Sul						
Menos de 10 ha	3,6	3,3	3,3	3,7	3,4	3,9
10 a menos de 100 ha	32,3	31,5	30,3	30,5	29,5	29,8
100 a menos de 1.000 ha	35,2	36,5	37,5	38,3	40,4	39,6
1.000 ha ou mais	28,9	28,8	28,9	27,5	26,7	26,8
	100,0	100,0	100,0	100,0	100,0	100,0
Brasil						
Menos de 10 ha	3,1	2,8	2,5	2,7	2,2	2,4
10 a menos de 100 ha	20,4	18,6	17,7	18,6	17,7	19,1
100 a menos de 1.000 ha	37,0	35,8	34,8	35,1	34,9	34,2
1.000 ha ou mais	39,5	42,9	45,1	43,7	45,1	44,4
	100,0	100,0	100,0	100,0	100,0	100,0

Fonte, IBGE, Sidra. Censo agropecuário. Tabela 263. Disponível em: <https://sidra.ibge.gov.br/Tabela/263>.

Títulos de propriedade de terras foram frequentemente inexistentes ou disputados quando a fronteira brasileira estava sendo ocupada nos períodos colonial e imperial, mas em Mato Grosso isso não chegou a constituir um problema, porque essa foi uma das últimas regiões a ser ocupada e porque a agricultura comercial instalou-se logo em seguida à abertura das rodovias na região. Assim, predominou o mercado legal na posse da terra. Segundo o censo agrícola de 2006, a esmagadora maioria desses estabelecimentos com mais de mil hectares foi comprada (88%) ou herdada (9%), e apenas 35 de 8.694 estabelecimentos foram tomados por posseiros que reivindicaram a propriedade depois de muito tempo instalados na terra.[265] Além disso, o estado do Mato Grosso tem uma das maiores porcentagens de terras registradas e medidas no Brasil (hoje cerca de 77% são registradas).[266]

A força de trabalho ocupada na agricultura consistia em cerca de 91 mil trabalhadores a partir de 14 anos de idade sem parentesco com o proprietário, dos quais 47% trabalhavam na produção de culturas temporárias e 15% na pecuária. Metade dos trabalhadores agrícolas encontrava-se em unidades com menos de 20 trabalhadores, embora uma parcela significativa deles, 29%, estivesse em estabelecimentos com 100 ou mais trabalhadores. Cerca de 53% deles moravam na fazenda em que trabalhavam, e 12% eram qualificados.[267] Considerando todo o pessoal ocupado no estabelecimento, ou seja, incluindo os membros da família do proprietário, a força de trabalho total era de 358 mil pessoas, das quais quase 4/5 eram homens e 82% eram proprietários do estabelecimento. Neste caso, a produção de culturas temporárias envolveu apenas 24% do total do pessoal ocupado nos estabelecimentos, enquanto a pecuária absorveu quase 2/3 da força de trabalho. Nesse aspecto, os estabelecimentos pecuaristas continham muito mais unidades familiares do que os dedicados a culturas temporárias.[268]

Em valor de mercado bruto, para o Mato Grosso (e para o Brasil) o principal produto agrícola é a soja, cuja importância recentemente vem aumentando: passou de 41% do valor de toda a produção agropecuária do estado em 2007 para 52% em 2017, segundo estimativas. Outro fator significativo no cultivo da soja em Mato Grosso foi o tamanho das unidades produtoras. Nesse aspecto, as fazendas de soja do Mato Grosso diferiam significativamente das do Paraná ou Rio Grande do Sul já nos anos 1990. Mesmo no censo agrícola de 1995-96

---

265 IBGE. Censo agropecuário 2006. Tabela 3.25.1.7 — Forma da obtenção das terras do produtor proprietário, segundo as variáveis selecionadas — Mato Grosso — 2006. Disponível em: <www.ibge.gov.br/home/estatistica/economia/agropecuaria/censoagro/2006_segunda_apuracao/default_tab_uf_xls.shtm>.

266 Para o Brasil como um todo, a porcentagem é de 49% das terras no ano de 2003. Cavalcante (2008::99).

267 IBGE. Censo agropecuário 2006. Tabela 3.25.3.4 — Pessoal ocupado nos estabelecimentos em 31.12 sem laço de parentesco com o produtor, por idade e principais características em relação ao total do pessoal ocupado, segundo as variáveis selecionadas — Mato Grosso — 2006.

268 IBGE. Censo agropecuário 2006. Tabela 3.25.3.1 — Pessoal ocupado nos estabelecimentos em 31.12, por sexo, segundo as variáveis selecionadas — Mato Grosso — 2006.

o estabelecimento mediano no Mato Grosso já tinha mais de 5 mil hectares, enquanto a unidade mediana sojicultora nos estados do Sul estava na categoria de 100-500 hectares (Fernández, 2007:133, tab. 23). O segundo produto mais importante do estado são os bovinos e a carne bovina que, segundo estimativas, representaram 18% do valor bruto total da produção na safra de 2017. De fato, Mato Grosso é o mais importante estado pecuarista do Brasil, e já faz algum tempo que a pecuária atingiu esse nível de relevância no estado. Estimativas apontam que o algodão aumentará 14% na safra de 2017 em relação à de 2016, enquanto o milho aumentará 12% em valor em 2017 (tabela 6.4).[269]

Tabela 6.4: Participação dos principais produtos no valor bruto da produção (VPB), Mato Grosso, 2007-17

	2007	2008	2009	2010	2011	2012	2013	2014	2015	2016	2017
Soja	41%	43%	48%	39%	38%	45%	42%	42%	42%	45%	50%
Gado Bovino	21%	16%	18%	19%	18%	14%	16%	17%	16%	15%	16%
Algodão	17%	19%	13%	20%	24%	16%	14%	17%	15%	17%	11%
Milho	9%	11%	8%	7%	9%	14%	16%	13%	16%	14%	10%
Aves	3%	3%	4%	4%	4%	4%	4%	3%	3%	3%	3%
Cana-de--açúcar	3%	2%	2%	2%	2%	2%	2%	2%	2%	2%	3%
Leite	1%	1%	1%	2%	1%	1%	1%	1%	1%	1%	2%
Arroz	2%	2%	2%	1%	1%	1%	1%	1%	1%	1%	1%
Suínos	1%	1%	2%	2%	1%	1%	1%	1%	1%	1%	1%
	98%	97%	97%	96%	98%	97%	97%	97%	97%	98%	95%

Fonte: MAPA. Valor bruto da produção - regional por UF - jul. 2016.
Disponível em: <www.agricultura.gov.br/ministerio/gestao-estrategica/valor-bruto-da-producao>.

O apoio à produção de soja mato-grossense vem de um complexo sistema de entidades internacionais e nacionais que fornecem crédito para impelir a economia da soja desde o declínio relativo do crédito governamental em fins dos anos 1980. Esse crédito é concedido por cooperativas locais, pelo governo e por *tradings* internacionais. As principais companhias com presença no estado são Bunge, ADM, Amaggi, Caramuru e Cargill, e seu papel é atuar como intermediárias entre agricultores e fornecedores e/ou serem as vendedoras finais dos

[269] Essas estimativas para 2017 são do Ministério da Agricultura. Ver IMEA. Boletim Semanal, Conjuntura Econômica, 2 jun. 2017, n. 036. Disponível em: <www.imea.com.br/imea-site/relatorios-mercado-detalhe?c=6&s=4>.

grãos. Devido às dificuldades encontradas no início da ocupação do estado, à crise da liberalização do mercado nos anos 1990 e a doenças e preços baixos na crise de 2005, as cooperativas tradicionais não se saíram muito bem em Mato Grosso. A Coopercana, a mais importante cooperativa de produtores de açúcar na fase inicial, assim como a maioria das primeiras cooperativas tradicionais no Mato Grosso, faliu no começo dos anos 1990. Entraram em seu lugar 43 novas cooperativas "defensivas", um novo estilo de associação concebido apenas para reduzir custos do agricultor com uma operação cooperativa, porém sem existência autônoma. Nos anos 2010, essas cooperativas do novo estilo tinham mais de 1.500 membros que controlavam 2,4 milhões de hectares e produziam 20% da soja e do milho e 90% do algodão. Essas cooperativas defensivas selecionam seus membros, em contraste com as cooperativas tradicionais abertas, e seu objetivo é diminuir os custos dos produtores e, às vezes, compartilhar vendas, repassando todos os lucros aos seus membros. Além disso, elas requerem que cada membro pague por quaisquer serviços especiais que solicitar em vez de todos terem de repartir os custos. Por exemplo, a criação de instalações de armazenamento para os que não as possuem em seus estabelecimentos é paga pelos que usavam essas instalações, enquanto os que não necessitam delas não são cobrados. Algumas cooperativas concentram-se em comprar para seus membros todas as sementes, fertilizantes, inseticidas e máquinas de que eles precisam, enquanto outras adquirem apenas fertilizantes e inseticidas, já que esses dois produtos são controlados por produtores monopolistas. Neste segundo caso, os próprios agricultores compram as sementes e máquinas, cujos fornecedores não são monopolistas e oferecem preços comparativamente bons; fica para a cooperativa a tarefa de adquirir os fertilizantes e inseticidas, usando seu poder de compra para obter preços melhores. O crédito e as compras variam consideravelmente nas companhias privadas e nas cooperativas. Os custos finais podem ser pagos pela venda antecipada da safra ou pela entrega do produto agrícola final aos produtores do insumo. Algumas dessas cooperativas defensivas transformaram-se depois em um tipo mais normal de cooperativa central. Ou seja, começaram a adicionar valor aos produtos de seus membros. Entre elas, a mais importante no Mato Grosso foi a Cooperfibra, a maior cooperativa do estado, que construiu uma moderna fábrica de fiação de algodão em 2011 (Chaddad, 2016:139-40; Santos, 2009:55-57). A Constituição de 1988 extinguiu o controle governamental das cooperativas e permitiu a criação dessas cooperativas não tradicionais. Cabe observar, porém, que em quase todos os outros estados com histórias mais antigas de produção agrícola as cooperativas tradicionais e as multicooperativas centrais continuaram a ser a principal forma de organização mesmo após a liberalização dos anos 1990.

Em seguida à soja, as culturas mais importantes em valor total bruto são algodão, bovinos, milho, galináceos e cana-de-açúcar, nessa ordem.[270] Juntos, esses seis produtos representaram, em média, 95% do valor total da produção agropecuária do estado nesse período de 10 anos. Desses produtos, Mato Grosso foi o maior produtor de soja, algodão e milho entre os estados brasileiros (tabela 6.5).

No Brasil, Mato Grosso não só é o principal estado produtor de soja — que é a mais importante exportação agrícola e frequentemente o mais importante de todos os tipos de exportação —, mas também está na frente na produção de algodão. Em ambos os casos, Mato Grosso passou de produtor relativamente insignificante a líder em fins da primeira década do novo século.

A produção de algodão no estado é bem recente, e adota uma variedade temporária. O algodão tradicional foi produzido no Nordeste, principalmente no Maranhão, desde o período colonial até o fim do século XIX. Migrou para outros estados nordestinos no século XX e também para São Paulo, o que foi muito conveniente para a indústria têxtil nacional. No Nordeste, a principal variedade de algodão produzida era a arbórea, uma cultura permanente. Já no sul predomina a variedade herbácea, uma cultura sazonal. Contudo, uma praga do inseto chamado bicudo destruiu uma vasta área dos algodoais nordestinos nos anos 1980, e também as plantações paulistas nos anos 1990; assim, por algum tempo, o Brasil tornou-se importador líquido de algodão (Vieira et al., 2016:60-64). Nessa mesma década, Mato Grosso despontou como o segundo maior produtor de algodão, atrás de São Paulo. Seus algodoais não foram afetados pela praga e, depois que a produção paulista entrou em forte declínio em 1996-97, o Mato Grosso não só se tornou o principal produtor naquele ano, mas também em pouco mais de uma década decuplicou sua produção. A Bahia está se tornando agora o segundo estado mais importante na produção do algodão herbáceo. A produção desses estados cresceu tanto em anos recentes que o Brasil foi capaz de suprir as demandas nacionais e ainda assim exportar grandes volumes de algodão (Machado et al., 2015: seção 2; Vieira et al., 2016:58-60). Diante da migração dessa cultura e de sua relativa instabilidade e problemas com pragas, desde os anos 1990 os cotonicultores organizaram-se em nível estadual e nacional; os produtores mato-grossenses formam um grupo poderoso que ajudou a fundar a Associação Brasileira de Produtores de Algodão (Abrapa), que representa todos os cotonicultores brasileiros. Também promoveram a criação de um instituto de pesquisa sobre o algodão, que trabalha em conjunto com a Embrapa para apoiar pesquisas básicas (Vieira et al., 2016:59-60).

---

[270] MAPA, Valor bruto da produção — regional por UF — julho/2016. Disponível em: <www.agricultura.gov.br/ministerio/gestao-estrategica/valor-bruto-da-producao>.

Tabela 6.5: Quantidade de soja, algodão, milho e cana-de-açúcar produzida no estado de Mato Grosso no total da produção brasileira, 1990-2016 (em t)

Ano	Soja	% do Brasil	Algodão	% do Brasil	Milho	% do Brasil	Cana-de--açúcar	% do Brasil
1990	3.064.715	15%	57.634	3%	618.973	3%	3.036.690	1%
1991	2.738.410	18%	73.458	4%	669.683	3%	3.110.876	1%
1992	3.642.743	19%	67.862	4%	763.907	3%	3.670.004	1%
1993	4.118.726	18%	85.641	8%	908.186	3%	4.284.369	2%
1994	5.310.703	21%	91.828	7%	1.163.551	4%	5.229.692	2%
1995	5.491.426	21%	87.458	6%	1.226.157	3%	6.944.989	2%
1996	5.032.921	22%	73.553	8%	1.514.658	5%	8.462.490	3%
1997	6.060.882	23%	78.376	10%	1.520.695	5%	9.988.027	3%
1998	7.228.052	23%	271.038	23%	948.659	3%	9.871.489	3%
1999	7.473.028	24%	630.406	43%	1.118.851	3%	10.288.549	3%
2000	8.774.470	27%	1.002.836	50%	1.429.672	4%	8.470.098	3%
2001	9.533.286	25%	1.525.376	58%	1.743.043	4%	11.117.894	3%
2002	11.684.885	28%	1.141.211	53%	2.311.368	6%	12.640.658	3%
2003	12.965.983	25%	1.065.779	48%	3.192.813	7%	14.667.046	4%
2004	14.517.912	29%	1.884.315	50%	3.408.968	8%	14.290.810	3%
2005	17.761.444	35%	1.682.839	46%	3.483.266	10%	12.595.990	3%
2006	15.594.221	30%	1.437.926	50%	4.228.423	10%	13.552.228	3%
2007	15.275.087	26%	2.204.457	54%	6.130.082	12%	15.000.313	3%
2008	17.802.976	30%	2.083.398	52%	7.799.413	13%	15.850.786	2%
2009	17.962.819	31%	1.415.921	49%	8.181.984	16%	16.209.589	2%
2010	18.787.783	27%	1.454.675	49%	8.164.273	15%	14.564.724	2%
2011	20.800.544	28%	2.539.617	50%	7.763.942	14%	14.050.998	2%
2012	21.841.292	33%	2.804.712	56%	15.646.716	22%	17.108.709	2%
2013	23.416.774	29%	1.867.422	55%	20.186.020	25%	19.681.574	3%
2014	26.495.884	31%	2.384.448	56%	18.071.316	23%	19.032.094	3%
2015	27.850.954	29%	2.373.581	58%	21.353.295	25%	20.077.293	3%
2016	26.277.303	27%	2.220.555	64%	15.339.785	24%	19.209.764	2%

Fonte: IBGE, Sidra, PAM. Tabela 1612.

O Mato Grosso sempre foi uma importante região pecuarista, mas desde os anos 1970 tornou-se grande exportador de carne bovina e em 2004 era o estado brasileiro com os maiores rebanhos bovinos; hoje possui 14% do estoque de bovinos do país. Por isso, foi também o maior produtor brasileiro de carnes provenientes de um pequeno número de grandes frigoríficos, e também o principal estado brasileiro exportador de produtos bovinos para o mundo. Em 2015 o Mato Grosso produziu 16% da carne bovina do país (tabela 6.6) e foi responsável por 15% do valor total das exportações de carne bovina.

Tabela 6.6: Número de frigoríficos, animais e tonelagem de bovinos abatidos nos principais estados produtores de carne (trims. 2015)

Estado	Número de frigoríficos	Bovinos	Toneladas de carne	% da carne produzida no Brasil
Mato Grosso	43	4.540.805	1.171.522.222	16%
Mato Grosso do Sul	42	3.408.741	851.616.228	11%
São Paulo	56	3.052.511	806.319.837	11%
Goiás	60	3.060.939	786.796.241	10%
Minas Gerais	95	2.840.812	665.014.233	9%
Pará	55	2.647.762	635.538.614	8%
Rondônia	20	1.904.823	461.751.161	6%
Rio Grande do Sul	229	1.821.798	395.347.119	5%
Paraná	96	1.246.820	300.324.566	4%
Bahia	31	1.218.785	295.551.658	4%
Tocantins	16	1.097.704	273.949.537	4%
Maranhão	50	839.121	200.062.216	3%
Santa Catarina	77	440.314	98.640.430	1%
Demais Estados	338	2.530.867	551.001.295	7%
Brasil	1208	30.651.802	7.493.435.357	100%

Fonte: IBGE, Sidra. Tabela 1092.
Nota: * O número de frigoríficos varia por trimestre em cada estado.
Utilizamos a média dos quatro trimestres.

Muito recentemente, o estado também se tornou importante produtor de aves (frangos de corte e galinhas de postura), mas seus 63,5 milhões de cabeças compõem apenas 5% do total brasileiro e nem sequer chegam perto do número de cabeças de São Paulo, o principal estado produtor (com 198 milhões de aves em 2016). Mesmo considerando apenas a região Centro-Oeste, o Mato Grosso contém menos aves do que Goiás (tabela 6.7). Se adicionarmos os dados para leite, ovos, couros e outros produtos, a média da produção pecuária nesse período representou 23% do valor total da produção agropecuária mato-grossense de 2007 a 2016, em comparação com 77% da produção da lavoura.

Tabela 6.7: Quantidade de bovinos e frangos de corte existentes em Mato Grosso, e participação no total de animais existentes no Brasil, 1980-2016

Anos	Bovinos	% do Brasil	Frango de corte	% do Brasil
1980	5.249.317	4%	3.185.532	1%
1981	5.496.896	5%	2.935.177	1%
1982	5.967.282	5%	3.211.663	1%
1983	6.365.102	5%	3.340.712	1%
1984	6.787.575	5%	3.494.141	1%
1985	6.507.632	5%	3.672.827	1%
1986	6.859.161	5%	3.915.061	1%
1987	7.407.377	5%	4.214.373	1%
1988	7.850.069	6%	4.686.163	1%
1989	8.473.929	6%	6.227.761	1%
1990	9.041.258	6%	6.675.189	1%
1991	9.890.510	7%	7.108.625	1%
1992	10.138.376	7%	7.253.103	1%
1993	11.681.559	8%	9.502.768	1%
1994	12.653.943	8%	10.687.356	2%
1995	14.153.541	9%	11.408.968	2%
1996	15.573.094	10%	14.107.802	2%
1997	16.337.986	10%	14.234.821	2%
1998	16.751.508	10%	15.342.123	2%
1999	17.242.935	10%	15.509.681	2%
2000	18.924.532	11%	15.946.930	2%
2001	19.921.615	11%	15.917.039	2%
2002	22.183.695	12%	19.112.026	2%
2003	24.613.718	13%	19.790.394	2%
2004	25.918.998	13%	19.640.096	2%
2005	26.651.500	13%	21.115.447	2%
2006	26.064.332	13%	22.966.217	2%
2007	25.683.031	13%	27.850.977	2%
2008	26.018.216	13%	39.468.190	3%
2009	27.357.089	13%	47.094.310	4%
2010	28.757.438	14%	41.021.664	3%
2011	29.265.718	14%	46.305.618	4%
2012	28.740.802	14%	48.013.817	4%
2013	28.395.205	13%	39.037.025	3%
2014	28.592.183	13%	46.327.158	4%
2015	29.364.042	14%	50.488.548	4%
2016	30.296.096	14%	63.572.414	5%

Fonte: IBGE, Sidra, PPM. Tabela 3939.

Antes dos avanços do século XX, a pecuária era uma atividade bastante primitiva, com animais de baixa qualidade e criação extensiva em pastagens naturais. Os principais produtos exportáveis eram couros e charque; a carne *in natura* era consumida na própria região. Além disso, até os anos 1980, a carne *in natura* só tinha um mercado nacional, porque não obedecia aos critérios internacionais de criação e abate. Portanto, paralelamente ao crescimento dos rebanhos, houve uma revolução nas práticas de reprodução e manejo dos animais. No século XXI, a pecuária intensiva substituiu a extensiva, com pastagens planejadas, vacinação e melhores raças de gado de corte e vacas leiteiras.[271] Isso envolveu a expansão de pastagens plantadas, que em geral são primeiro queimadas e então plantadas com capim-gordura, uma gramínea de origem africana (Klink e Machado, 2005:707-709). Atualmente há cerca de 16 milhões de hectares de pastagens plantadas no estado (correspondentes a 17% do total brasileiro), em comparação com 4 milhões de pastos naturais e 1,6 milhão de pastagens consideradas degradadas.[272] Os avanços consistiram, ainda, não só na mecanização, mas também em novas práticas de reprodução, vacinação, transporte moderno e adoção dos padrões internacionais de produção. Essas mudanças requereram a intervenção pública e de cooperativas de produtores, mas também se devem à ascensão de modernos frigoríficos projetados para exportar a produção do estado. Alguns deles foram criados recentemente na região, mas, assim como os pecuaristas e agricultores, vários frigoríficos grandes vieram de estados do Sul. Os maiores foram, incomparavelmente, os processadores de carne, e entre eles o maior foi o Frigorífico Friboi (hoje JBS), fundado em Goiás em 1953 e adquirido pela empresa americana Swift em 2009, tornando-se o maior de seu ramo no mundo. Muitos dos outros principais frigoríficos provêm de Santa Catarina. Em 2005, a Sadia, que foi fundada em Santa Catarina em 1944, instalou um grande frigorífico em Lucas do Rio Verde, um importante centro de produção de soja e milho na famosa Rodovia BR-163; outra empresa, Perdigão, também fundada em Santa Catarina em 1934, instalou um frigorífico em 2005 na vizinha Nova Mutum, também nessa rodovia.[273] Em 2009, essas duas empresas unificaram suas operações sob a denominação Brazilian Food Company (BRF), que se tornou a segunda maior exportadora de carnes do Brasil e a décima companhia de alimentos do mundo (Golani e Moita, 2010). Em 2006 havia 32 frigoríficos de carne bovina "sujeitos a inspeção federal" operando no estado, dos quais os gru-

[271] Para um levantamento de todas as mudanças modernizadoras desse ramo, ver Macedo (2006:86).

[272] Castro (2014:13). Cabe notar que outras estimativas indicam apenas 25 mil hectares (250 km^2) de pastagens degradadas. Ver Klink e Machado (2005:709).

[273] Para a história da Perdigão, ver Costa (2005).

pos mais importantes eram Sadia S/A, Grupo Friboi, Perdigão, Bertin (adquirido pela JBS em 2009), Marfrig, Margen e Agra, uma empresa mato-grossense fundada em 2006.[274] Em 2015, esses frigoríficos produziram no Mato Grosso 18% da carne de boi, 4% da carne de frango e 5% da carne suína do Brasil. O Mato Grosso foi o principal produtor de carne bovina do Brasil, o quinto maior produtor de carne suína e o sétimo maior produtor de carne de aves.[275]

Como muitas dessas empresas haviam feito nos estados sulistas em que se originaram, elas trataram de organizar uma complexa cadeia de valor, dando apoio à modernização da criação de suínos e aves na região para obterem um fornecimento regular de carnes processadas que pudessem ser exportadas. Essas empresas de processamento de carne de suínos e de aves forneciam aos criadores os insumos básicos, entre os quais equipamentos, vacinas, rações animais e até o transporte dos animais até os frigoríficos (Golani e Moita, 2010:5-6). Isso não ocorreu com os produtores de carne bovina, que eram independentes.

Em 1990 o IBGE decidiu reorganizar o conjunto de estatísticas e criou novas mesorregiões que refletiam melhor as diferenças regionais dentro de fronteiras estaduais. Com essas novas designações podemos ter uma ideia mais nítida de quais áreas do estado são mais produtivas. Evidencia-se uma variação regional muito significativa dentro do estado, com uma zona dominante, a Norte, e duas zonas satélites, Nordeste e Sudeste, descrevendo um arco em torno das regiões mais pobres do estado, a Sudoeste e principalmente a Centro-Sul (mapa 6.2).

Houve no estado diferenças significativas entre as mesorregiões na produção dessas duas culturas principais. Das cinco mesorregiões, apenas três foram produtoras significativas de soja. A predominante em 2016 foi a Norte, responsável por 64% da soja, 70% do milho, 92% do arroz, 100% do girassol e até 21% da cana-de-açúcar produzidos no estado. Nordeste e Sudeste foram as mesorregiões seguintes em produção, porém em muito menor escala. A Nordeste produziu 18% do total da soja cultivada naquele ano e 10% do milho, enquanto da Sudeste provieram 15% da soja e 16% do milho. A mesorregião Sudoeste só foi significativa na produção de cana-de-açúcar, com 48% do total do estado. A Centro-Sul produziu quantidades insignificantes de todas as demais culturas. Subdividindo ainda mais, podemos ver o padrão acentuadamente concentrado dentro dessas macrorregiões (mapa 6.3).[276]

---

[274] Vasconcellos, Pignatti e Pignati (2009:664). Para a história da JBS, ver <www.jbs.com.br/pt-br/historia>; para a história da Agra, ver <www.agraagroindustrial.com.br/index.php?dest=institucional&dest2=historico&idioma=br>.

[275] Dados de Mapa, acessados no site da Abiec: <http://sigsif.agricultura.gov.br/sigsif_cons/!ap_abate_estaduais_cons?p_select=SIM&p_ano=2015&p_id_especie=9>.

[276] Todos os mapas municipais baseiam-se em IBGE, Sidra, PAM, tabela 1612.

Houve algumas mudanças na produção ao longo do tempo. Primeiro, o volume aumentou. Em 1990 as cinco regiões geraram 3 milhões de toneladas de soja em 1990; em 2015 foram 27,8 milhões, com taxa de crescimento de 9,2% ao ano no estado nesse período de 25 anos. No entanto, as três regiões que mais produziram expandiram-se mais depressa que a média do estado nesse período. Enquanto a produção do estado aumentou 9,2% ao ano, a da mesorregião Nordeste cresceu a 13,3%, a da Norte a 11% e a da Sudeste a 10,9% anuais (gráfico 6.3).

Mapa 6.2: **As cinco mesorregiões do Mato Grosso**

Mapa 6.3: **Produção de soja no estado do Mato Grosso 2015 (toneladas por município)**

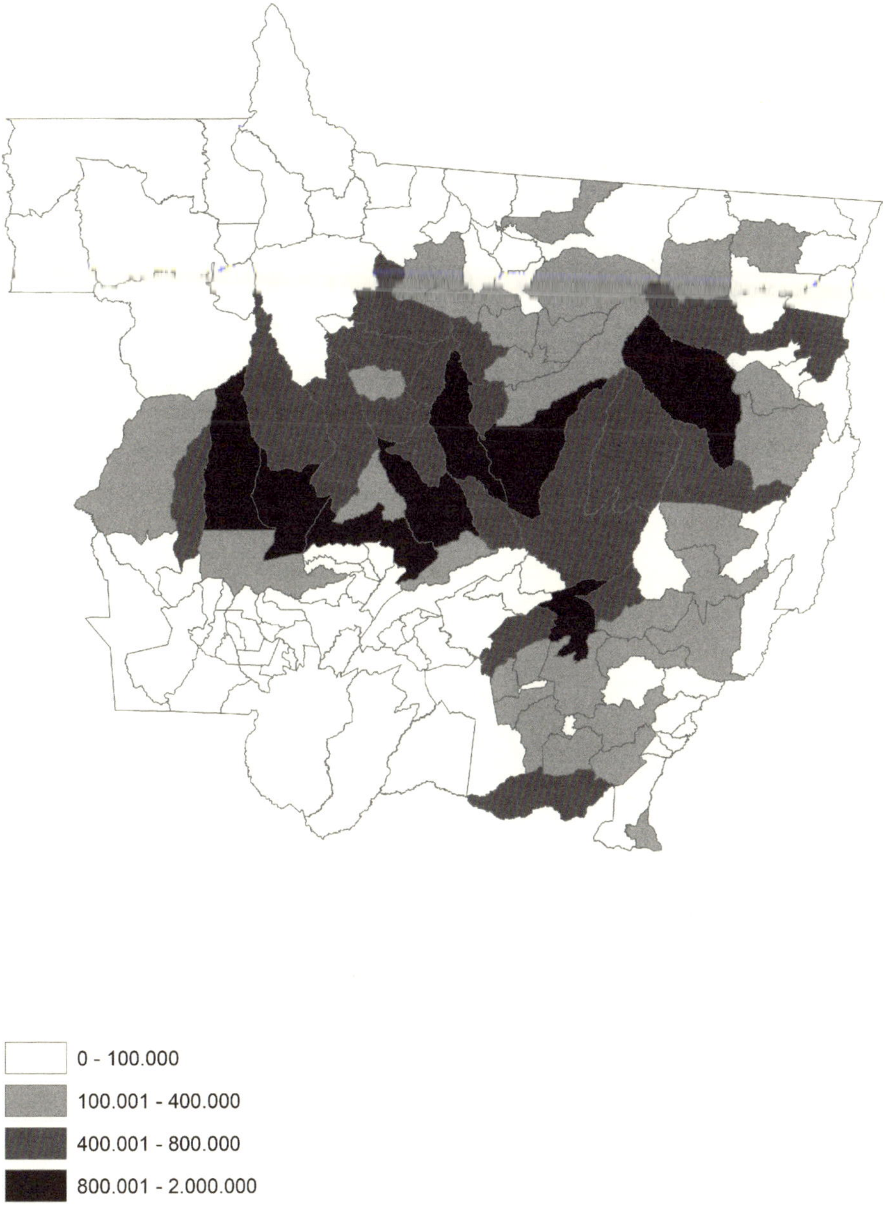

Gráfico 6.3: **Distribuição da produção de soja por mesorregiões de Mato Grosso, 1990-2016**

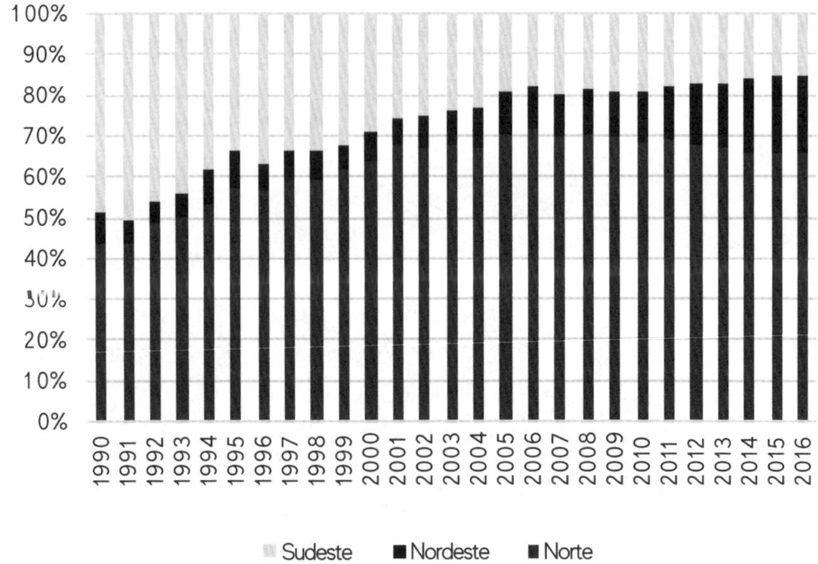

Fonte: IBGE, Sidra, PAM. Tabela 1612.

O milho seguiu geralmente o padrão de distribuição da soja. Também nessa cultura a mesorregião Norte foi a principal produtora do estado, seguida pela Sudeste (mapa 6.4). Neste caso, porém, a Nordeste, habitualmente a terceira maior produtora, mostrou-se um pouco mais significativa e foi se aproximando da produção da Sudeste. A produção de milho na mesorregião Norte de 1990 a 2016 aumentou à extraordinária taxa de 19% ao ano, enquanto na Sudeste o crescimento anual foi de 16%, em comparação com a média do estado, 15%. As mesorregiões Centro-Sul e Sudoeste, que inicialmente haviam sido produtoras importantes, declinaram e se tornaram insignificantes no final do período, deixando Norte, Nordeste e Sudeste como os grandes centros da produção de milho (gráfico 6.4). Em 2016 as mesorregiões Centro-Sul e Sudoeste já não eram centros importantes na produção de soja e milho. A Norte, com seus 11 milhões de toneladas de milho produzidos naquele ano, foi claramente o centro dinâmico das três culturas sazonais mais importantes, seguida pela Sudeste, com 2,5 milhões de toneladas, e a Nordeste, com 1,6 milhão.

Mapa 6.4: Produção de milho no estado do Mato Grosso 2015
(toneladas por município)

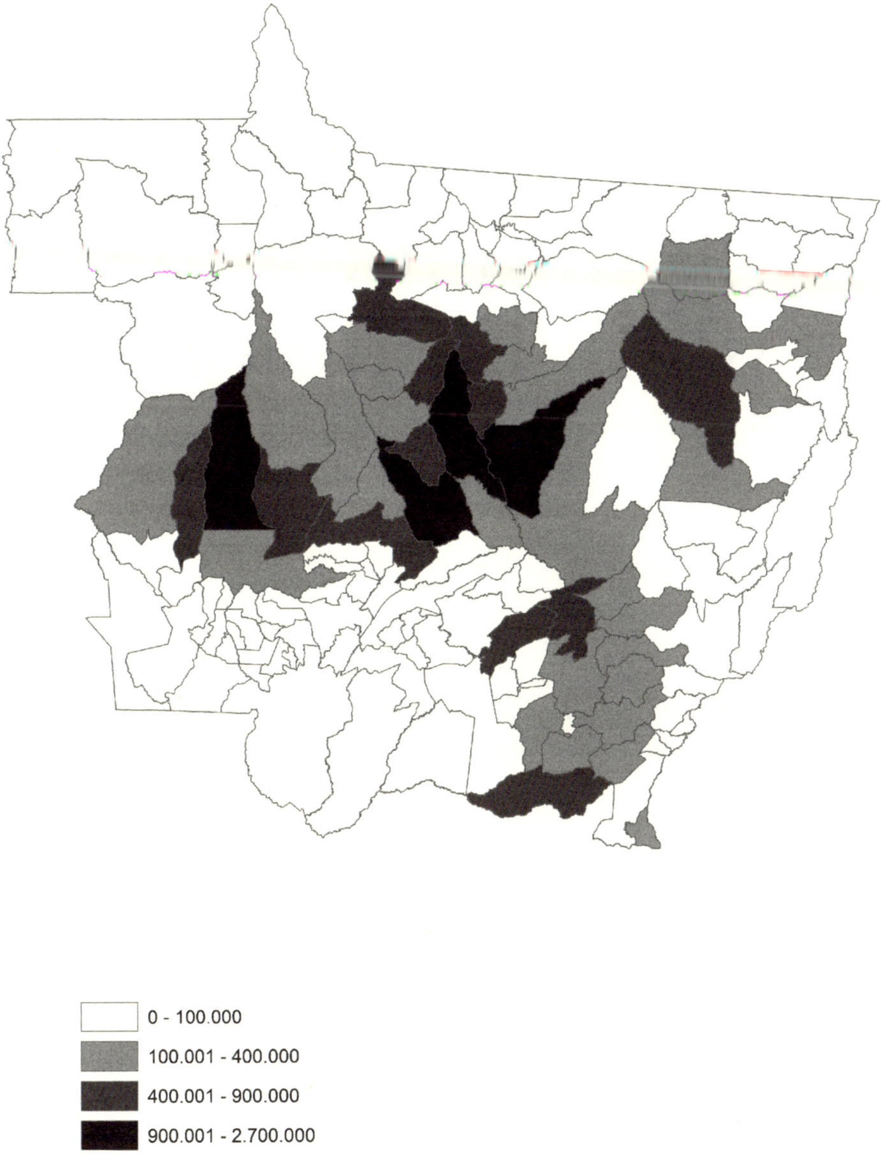

Gráfico 6.4: **Distribuição da produção de milho por mesorregiões de Mato Grosso, 1990-2016**

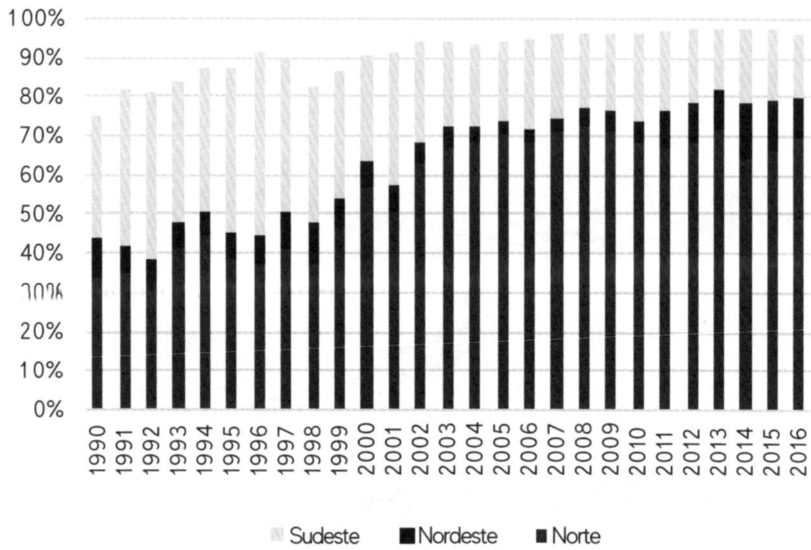

Fonte: IBGE, Sidra, PAM. Tabela 1612.

O fato de o Mato Grosso agora produzir metade do algodão brasileiro deve-se a mudanças históricas na cotonicultura no país. A maior parte da região Nordeste, seu centro tradicional, entrou em grave declínio no final do século XX em razão de pragas e dificuldades na produção. Isso abriu caminho para o Mato Grosso, que, em fins dos anos 1990, expandiu tremendamente sua produção e no ano 2000 já se tornara o maior produtor nacional. Dentro do estado do Mato Grosso, a mesorregião Norte foi a principal produtora dessa cultura, com mais de metade da produção do estado, seguida pela Sudeste, porém com menor dispersão pelos municípios do que as encontradas para as culturas do milho e soja (mapa 6.5). As outras três mesorregiões começaram a produzir em meados dos anos 2010. Somente a Nordeste aumentou sua produção nesse período (gráfico 6.5).

Como todos os outros produtos comerciais importantes, as aves (galinhas de postura e frangos de corte) concentram-se na mesorregião Norte. Embora em todas as regiões, exceto a Sudeste, o número dessas aves tenha aumentado, a maior expansão na mesorregião Norte significa que as porcentagens das demais regiões diminuiu com o tempo (gráfico 6.7).

Na produção de bovinos, o terceiro produto mais importante em termos de valor da produção da agropecuária mato-grossense, a distribuição foi mais equilibrada, embora novamente a mesorregião Norte seja o centro mais importante, seguida pela Nordeste. No entanto, tanto a Sudeste como a Centro-Sul viram diminuir suas porcentagens do total de rebanhos do estado com o passar do tempo (gráfico 6.6 e mapa 6.6).

Gráfico 6.5: **Distribuição da produção de algodão por mesorregiões de Mato Grosso, 1995-2016**

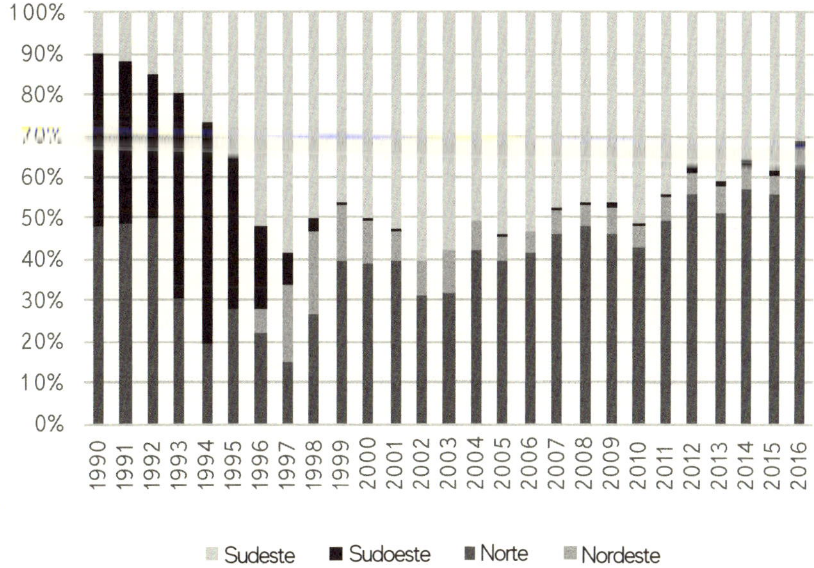

Fonte: IBGE, Sidra, PAM. Tabela 1612.

A existência de vastas pradarias e a concentração do Mato Grosso em importantes culturas comerciais sazonais determinaram que no estado predominassem os grandes estabelecimentos agrícolas. No entanto, houve diferenças significativas entre as mesorregiões (tabela 6.7). Centro-Sul e Sudoeste, que não foram produtoras importantes de culturas comerciais, foram claramente as mesorregiões mais pobres com o maior número de pequenos agricultores em posse da maior parte das terras e a menor porcentagem de estabelecimentos com mais de mil hectares. Aproximadamente 3/4 de seus estabelecimentos agrícolas tinham menos de 100 hectares, enquanto nas outras mesorregiões a média ficou entre 55% e 69% do total das unidades. Embora no total das mesorregiões os estabelecimentos com mais de 2.500 hectares ocupassem entre 52% e 68% do total das terras, na Sudeste eles controlavam apenas 45%, e isso se reflete nitidamente no índice de desigualdade de Gini mais baixo para essa mesorregião (tabela 6.8).

Gráfico 6.6: **Cabeças de gado por mesorregiões de Mato Grosso, 1990-2016**

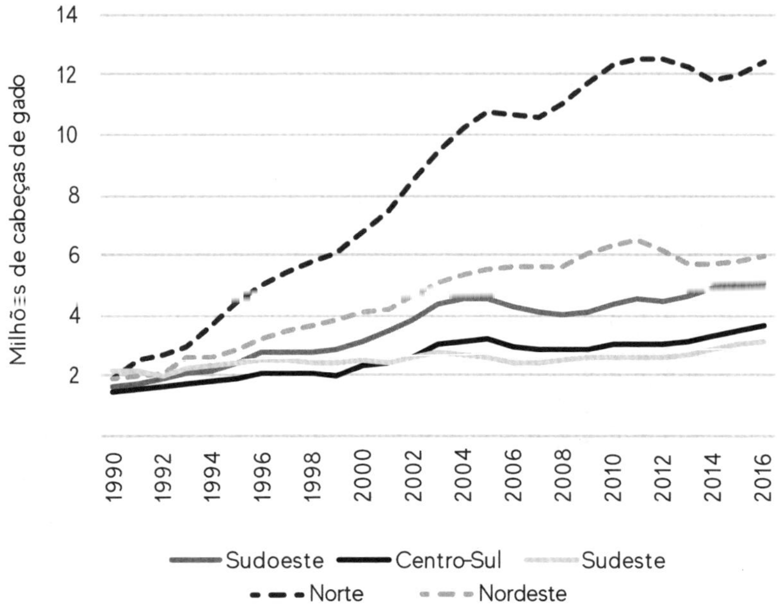

Fonte: IBGE, Sidra, PPM. Tabela 3939.

Gráfico 6.7: Distribuição das aves por mesorregiões de Mato Grosso, 1990-2016

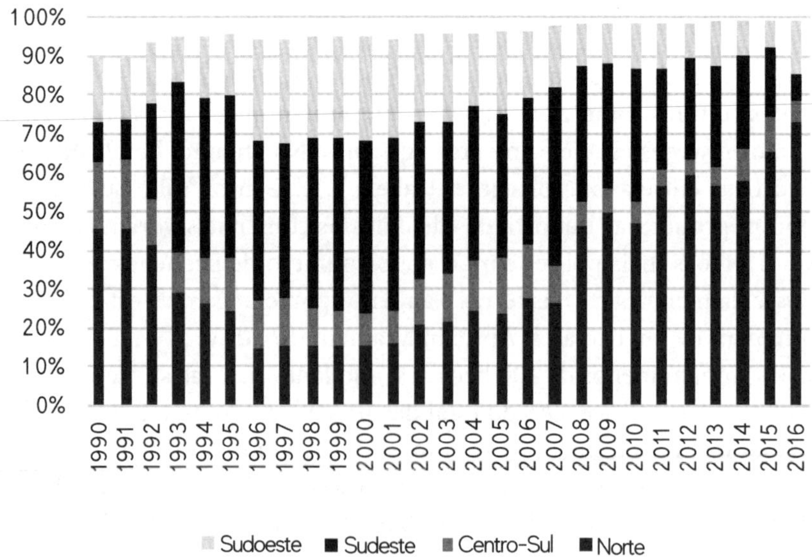

Fonte: IBGE, Sidra, PPM. Tabela 3939.

Tabela 6.8: Distribuição das terras dos estabelecimentos agrícolas em Mato Grosso, por tamanho e mesorregiões, 2006

	Norte		Nordeste		Sudoeste		Centro-Sul		Sudeste	
Tamanho	Estab.	Hectares	Estab.	Hectares	Estab.	Hectares	Estab.	Hectares	Estab.	Hectares
0.1-1 ha	779	319	53	20	151	56	231	76	286	109
1-5 ha	4.039	10741	492	1.245	973	2.810	2.386	6.058	683	1.584
5-10 ha	1963	14413	461	3.537	672	5.271	1.284	8.782	536	3.587
10-20 ha	3556	49742	562	8.082	1.846	27.930	2.522	36.225	1.164	16.641
20-50 ha	11893	382223	3.089	120.050	5.820	180.447	4.189	126.991	3.236	89.632
50-100 ha	14811	907451	4.136	298.760	1.810	126.127	1.713	114.103	1.434	98.154
100-200 ha	6401	770636	2.288	314.438	1.250	170.925	1.013	135.080	1.044	143.419
200-500 ha	3643	1147849	2.305	755.401	1.058	334.374	1.009	312.054	1.317	419.805
500-1.000 ha	2134	1505046	904	640.603	537	384.026	589	404.738	959	664.295
1000-2.500 ha	2276	3621634	792	1.245.234	455	717.766	45[illegible]	702.942	955	1.429.739
2.500+	1814	14437970	851	7.194.690	352	3.159.026	346	3.053.088	452	2.382.766
Total*	53.309	22.848.024	15.933	10.582.060	14.924	5.108.758	15.739	4.900.137	12.066	5.249.731
GINI	0,852		0,821		0,867		0,887		0,796	

Fonte: IBGE, Sidra. Censo agropecuário. Tabela 837.
Nota: * Foram excluídos estabelecimentos sem área.

Considerando apenas os estabelecimentos dedicados a culturas temporárias, evidenciam-se os mesmos padrões, com índices de Gini muito mais elevados para Sudoeste e Centro-Sul. Apesar de seu Gini alto, a mesorregião Centro-Sul possuía o menor número de estabelecimentos na categoria de mais de mil hectares, e esses controlavam a menor parcela das terras com culturas temporárias (69%). O Gini elevado nessas duas regiões parece dever-se ao número muito significativo de estabelecimentos (83%) com menos de 50 hectares na Centro-Sul (83%) e na Sudoeste (72%). Por sua vez, o Gini muito mais baixo na mesorregião Sudeste deveu-se à sua alta porcentagem de estabelecimentos nessa categoria (9%), porém nesse caso eles controlavam significativos 40% do total das terras. Em todas as outras mesorregiões, esses pequenos proprietários controlavam menos de 2% do total das terras (tabela 6.9).

Os 88 mil estabelecimentos pecuaristas eram mais numerosos do que os 18 mil estabelecimentos dedicados a culturas temporárias e tinham três vezes e meia mais terras do que estes. No entanto, sua distribuição por região e tamanho de estabelecimento era bem similares, mas com algumas diferenças sutis. As fazendas de gado com mais de mil hectares, em todas as mesorregiões, tinham uma porcentagem menor de terras nas unidades de mil hectares em comparação com os estabelecimentos de culturas temporárias. E em todas as mesorregiões, exceto a Norte, havia menos estabelecimentos pecuaristas na categoria de menos de 50 hectares. Nos índices de Gini, porém, eram similares, com a distribuição mais igual na Sudeste e a mais desigual na Sudoeste e na Centro-Sul (tabela 6.10).

O Mato Grosso difere não só em seus estabelecimentos agrícolas grandes, mas também na força de trabalho. Todos os estudos recentes mostram que a maioria dos trabalhadores agrícolas rurais vive na cidade. Graças ao alto nível de mecanização, grande parcela da força de trabalho pode deslocar-se diariamente da cidade até o campo para trabalhar. Ao mesmo tempo, alguns estudos recentes mostram que a região como um todo, e em especial Mato Grosso, mostrou índices de Gini relativamente baixos para a distribuição de renda entre esses trabalhadores em comparação com a média nacional (0,685 no estado e 0,702 na média nacional) e uma parcela menor de agricultores pobres (30%) em comparação com a média nacional (50%) (Corrêa e Figueiredo, 2006: tab. 5).

Tabela 6.9: Distribuição dos estabelecimentos agrícolas em Mato Grosso com cultivos temporários, por tamanho e mesorregiões, 2006

	Norte		Nordeste		Sudoeste		Centro-Sul		Sudeste	
Tamanho	Estab.	Hectares	Estab.	Hectares	Estab.	Hectares	Estab.	Hectares	Estab.	Hectares
0.1-1 h	217	93	8	3	16	7	90	26	49	15
1-5 ha	1.112	2.359	155	310	166	383	589	1.496	110	246
5-10 ha	241	1.690	65	514	43	316	249	1.609	54	370
10-20 ha	485	6.656	43	583	99	1.411	486	6.910	91	1.331
20-50 ha	1.164	37.522	322	12.220	290	8.805	531	16.317	279	7.568
50-100 ha	1.853	115.620	236	16.007	62	4.230	181	11.869	83	5.611
100-200 ha	891	102.409	132	18.847	40	5.588	89	10.942	67	9.283
200-500 ha	570	186.611	168	55.730	48	14.478	48	13.387	146	49.052
500-1000 ha	577	405.861	109	78.038	29	20.082	42	28.420	158	112.293
1000-2500 ha	729	1.146.579	98	143.225	30	46.452	16	23.069	245	376.030
2500+ ha	580	4.524.512	112	1.022.819	31	458.426	16	180.183	173	997.132
Total*	8.419	6.529.912	1.448	1.348.296	854	560.178	2.337	294.228	1.455	1.558.931
GINI	0,835		0,836		0,921		0,900		0,730	

Fonte: IBGE, Sidra. Censo agropecuário. Tabela 837.

Nota: * Foram excluídos estabelecimentos sem área.

Tabela 6.10: Distribuição dos estabelecimentos agrícolas de Mato Grosso, por tamanho e mesorregiões, 2006

	Norte		Nordeste		Sudoeste		Centro-Sul		Sudeste	
Tamanho	Estab.	Hectares	Estab.	Hectares	Estab.	Hectares	Estab.	Hectares	Estab.	Hectares
0.1-1 ha	323	138	23	9	82	31	84	36	135	59
1-5 ha	1.964	5.632	273	791	676	2.083	1.425	3.644	421	998
5-10 ha	1.348	10.060	365	2.806	573	4.532	848	5.855	386	2.602
10-20 ha	2.577	36.222	483	6.992	1.638	24.936	1.766	25.445	958	13.719
20-50 ha	9.548	307.871	2.581	100.020	5.129	159.488	3.358	101.689	2.717	75.837
50-100 ha	11.467	704.190	3.698	267.466	1.692	118.079	1.443	96.169	1.280	87.690
100-200 ha	5.054	616.040	2.025	277.788	1.179	161.294	875	116.661	926	127.427
200-500 ha	2.892	906.036	2.050	671.378	989	312.982	915	284.600	1.120	354.403
500-1.000 ha	1.443	1.020.727	762	539.085	495	354.408	529	364.243	753	519.133
1.000-2.500 ha	1.390	2.224.655	658	1.042.556	411	650.736	424	662.128	665	982.048
2.500+ ha	1.124	8.876.125	716	5.997.096	298	2.502.992	320	2.822.619	263	1.299.576
Total*	39.130	14.707.696	13.634	8.905.987	13.162	4.291.561	11.987	4.483.089	9.624	3.463.492
GINI	0,840		0,816		0,855		0,878		0,781	

Fonte: IBGE, Sidra. Censo agropecuário. Tabela 837.
Nota: * Foram excluídos estabelecimentos sem área.

Mapa 6.5: **Produção de algodão no estado do Mato Grosso 2015 (toneladas por município)**

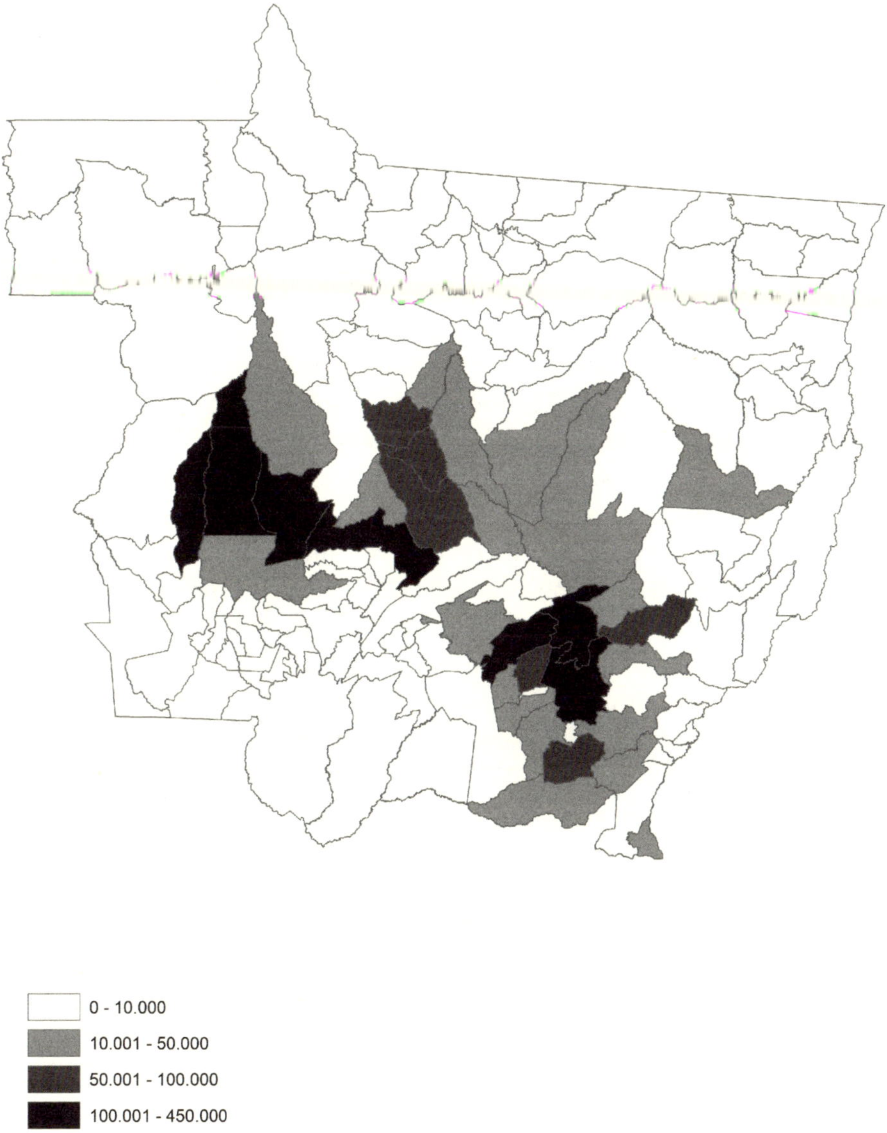

Embora a agricultura em grande escala pareça indicar bases totalmente capitalistas nesse ramo de atividade, na realidade os agricultores e pecuaristas do Mato Grosso — assim como os do Sul de onde muitos deles provêm, onde prevalecem os agricultores e pecuaristas com propriedades menores — demonstraram preferir a ação coordenada. Esses proprietários trabalhavam com diversas instituições: cooperativas locais de produtores, agentes agrícolas do estado, *tradings* internacionais e frigoríficos, tudo para assegurar a qualidade de seus produtos e obter o *know-how* técnico necessário para produzir mercadorias exportáveis. Essas instituições também ajudavam os produtores com todos os insumos e concediam crédito para adquiri-los. Todos os estudos salientaram os complexos encadeamentos (*linkages*) que alicerçam a organização agrícola no estado: abrangiam *tradings* nacionais e internacionais, frigoríficos e várias associações regionais e estaduais de produtores, mas também promoviam o crescimento de cooperativas de produtores agrícolas. Em 2006, cerca de 35% dos estabelecimentos agropecuários e seus proprietários ou administradores que possuíam 30% do total das terras eram associados a uma cooperativa ou a uma entidade de classe como sindicato, associação ou movimento de produtores ou vizinhos, ou ainda ao mesmo tempo a uma entidade de classe e uma cooperativa. Além disso, como já mencionado, devido às dificuldades encontradas na agricultura de fronteira, os agropecuaristas do Mato Grosso criaram inclusive novos tipos de cooperativas, muito mais limitadas e defensivas do que as tradicionais. No país como um todo, 41% dos estabelecimentos agropecuaristas eram associados a cooperativas e possuíam 40% das terras em cultivo; a maior porcentagem estava no Rio Grande do Sul, onde 68% dos estabelecimentos eram associados a cooperativas e controlavam 72% das terras.[277] Muitos dos "gaúchos" (essa designação aplica-se a todos os proprietários oriundos de qualquer estado da região Sul do país), seguindo essa tradição sulista, tenderam cada vez mais a apoiar as cooperativas de produtores.[278] Em 2011 havia 72 cooperativas agropecuárias com cerca de 12 mil membros no estado. Em 2012, segundo estimativa, aproximadamente 13% dos produtores de milho e soja mato-grossenses associavam-se em cooperativas e detinham 26% das terras dedicadas a essas culturas.[279]

[277] IBGE, Sidra. Censo agrícola. Tabela 840.

[278] Vieira (2009:111); ver também *O Globo*, 25 ago. 2012. Seção G1. Disponível em: <http://g1.globo.com/mato-grosso/noticia/2012/08/cooperativismo-cresce-200-em-mato-grosso-puxado-por-agronegocio.html>.

[279] Disponível em: <www.ocbmt.coop.br/TNX/conteudo.php?sid=64&parent=63> e reportagem em *O Globo*. Seção G1. Disponível em: <http://g1.globo.com/mato-grosso/noticia/2012/08/cooperativismo-cresce-200-em-mato-grosso-puxado-por-agronegocio.html>.

Mapa 6.6: **Criação de gado no estado do Mato Grosso 2015 (cabeças por município)**

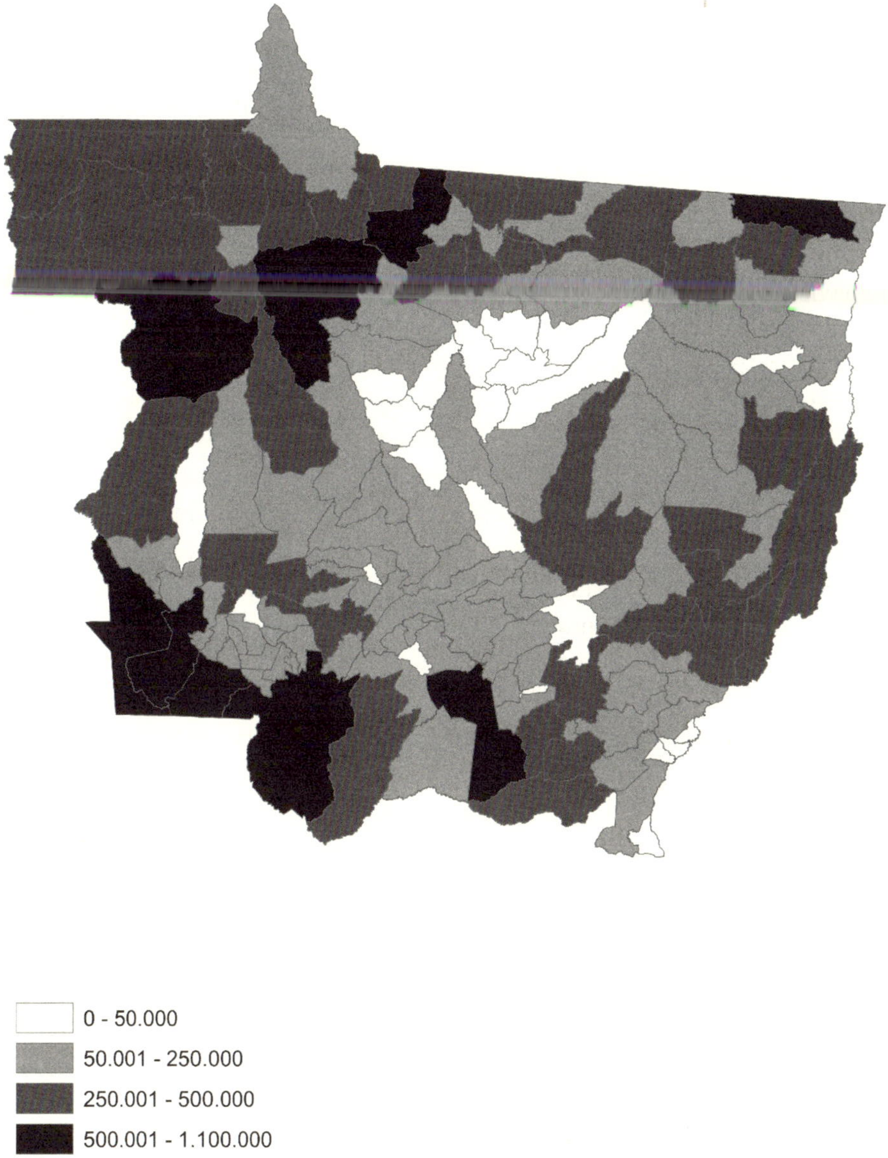

O ritmo frenético dos primeiros tempos da expansão parece ter diminuído, e a contínua modernização da agricultura no estado talvez esteja trazendo maior conscientização sobre a sustentabilidade dos solos e do meio ambiente. Inquestionavelmente, o Mato Grosso alcançou avanços significativos nessa área. Reconhece a importância da agricultura de precisão, que reduz a erosão e a degradação do solo. Ela é adotada principalmente no plantio direto do milho sobre a palha na segunda safra anual. Também pode envolver a análise de solo em um campo individual e o uso de GPS para distribuir melhor os fertilizantes, embora no Brasil essas duas técnicas ainda sejam pouco usadas na agricultura de precisão. Porém, desde o censo de 2006, apenas cerca de 2 mil estabelecimentos agropecuários do estado adotavam a agricultura de precisão, mas eram fazendas grandes e controlavam 74% do total das terras.[280] Quanto menor o estabelecimento, menor a probabilidade de adotar a agricultura de precisão. Dos estabelecimentos dedicados a culturas sazonais com mais de 2.500 hectares, 63% usavam esse sistema, em comparação com 7% dos que tinham entre 100 e 200 hectares e apenas 8% dos que tinham menos de 100 hectares.[281] Dois terços dos agropecuaristas do estado ainda não adotavam nenhum método de conservação em 2006 (tabela 6.11). Ainda restam áreas no extremo norte do estado que continuam a adotar métodos extensivos tradicionais de pastoreio, além da prática do desmatamento ilegal. Estimativas indicam que 41% dos produtos de madeira oriundos do estado entre 2014 e 2017 provêm de extração ilegal.[282] Até a moderna pecuária intensiva e os novos setores da agricultura comercial são acusados de derrubar em excesso as florestas do norte e degradar solos do Cerrado (Bonjour, Figueiredo e Marta, 2008).

Ao que parece, também, menos agricultores usaram os fertilizantes básicos necessários à manutenção do solo. Para obter os melhores resultados, os solos do Cerrado precisam de fertilizantes que aumentem seus nutrientes e também de calcário que reduza sua acidez e aumente os nutrientes vegetais no solo (Castro, 2014:22). Contudo, em 2006 cerca de 60% dos estabelecimentos com culturas sazonais e 91% dos pecuaristas do estado não usaram fertilizantes.[283] Cabe notar que os fertilizantes são caros no estado e representam um custo significativo na produção de soja, milho e algodão, pois a maioria dos fertilizantes é importada e os custos de transporte desde a costa são altos.[284] Porém, como ressaltaram

280 IBGE, Sidra. Censo agrícola. Tabela 784.

281 IBGE, Sidra. Censo agrícola. Tabela 792.

282 INSTITUTO CENTRO DE VIDA. Ilegalidade prejudica setor madeireiro de Mato Grosso. Disponível em: <www.icv.org.br/2018/02/15/ilegalidade-prejudica-setor-madeireiro-de-mato-grosso/>; estudo mencionado em matéria da *Folha de S.Paulo*, 15 fev. 2018. p. B7.

283 IBGE, Sidra. Censo agrícola. Tabela 3350.

284 Estimativas indicam que os fertilizantes representaram cerca de 38% do custo de produção da soja, 28% do algodão e nada menos que 41% do milho. Beraldo e Figueiredo (2016:17).

muitos autores, existe uma grande disparidade entre a produtividade dos grandes estabelecimentos comerciais e a de todos os demais estabelecimentos agrícolas, e isso reduz a produtividade global do estado. Estimativas apontam que em 2006 os produtores modernos obtiveram uma taxa média de aumento de 4,3% na produtividade total dos fatores. No entanto, a maioria dos estabelecimentos alcançou uma produtividade total dos fatores de apenas 0,4% ao ano (Rada, 2013:153).

Tabela 6.11: Estabelecimentos agrícolas em Mato Grosso, por práticas agrícolas, 2006

	Número de estabelecimentos	%
Plantio de nível	13.230	11%
Uso de terraços	2.524	2%
Rotação de culturas	6.359	5%
Uso de lavouras para recuperação de pastagens	7.349	6%
Pousio ou descanso de solos	2.884	2%
Queimadas	4.527	4%
Proteção e/ou conservação de encostas	10.010	8%
Nenhuma prática agrícola	77.148	62%
TOTAL	124.031	100%

Fonte: Castro (2014:13, tab. 9).

Portanto, embora tenha havido progresso na introdução da agricultura em uma parcela considerável das terras, ainda existem muitos pequenos estabelecimentos atrasados que não adotam práticas agrícolas modernas e só participam parcialmente do mercado comercial. Em parte, isso se deve a uma colonização que aconteceu a esmo, com planos mal concebidos e frequentemente mal financiados que semearam o estado com agricultores desprovidos de instrução suficiente para adotar técnicas modernas; também, em parte, o problema advém do baixo nível educacional geral da maioria dos agricultores da região.

Finalmente, o Mato Grosso destaca-se como um caso especial de estado que produz e exporta quase exclusivamente matérias-primas em bruto, com apenas um processamento mínimo de seus produtos. No conjunto total das exportações internacionais do estado, esses produtos compuseram 84% do valor total no ano 2000 e passaram a 98% em 2016.[285] Afora isso, como o estado não possui indústrias

[285] MDIC, SEC. Tabela Fatexp para MG. Disponível em: <www.mdic.gov.br/index.php/comercio-exterior/estatisticas-de-comercio-exterior/balanca=-comercial-brasileira-unidades-da-federacao?layout-edit&id=2206>. Acesso em: 6 jun. 2017.

locais importantes que necessitem de importações e além disso é capaz de adquirir de fontes nacionais a maioria de suas necessidades de alimentos e produtos industrializados, o Mato Grosso não é um grande importador de produtos estrangeiros. Compra poucos alimentos, matérias-primas e produtos industrializados de outros países. O estado é, assim, um exemplo extremo da capacidade da agricultura brasileira para gerar uma balança acentuadamente positiva em seu comércio internacional. Embora tanto as importações como as exportações tenham crescido 15% ao ano de 1997 a 2016, as importações corresponderam em média a apenas 12% do valor das importações nesse período (gráfico 6.8). Nenhum outro estado exportador importante teve uma balança comercial tão positiva. De fato, o maior estado exportador, São Paulo, teve balança de comércio negativa na maioria desses anos, e o Rio Grande do Sul importou 2/3 a mais do que exportou. Apesar do altíssimo valor de suas exportações internacionais, o estado exportou em média apenas o correspondente a 20% do valor bruto de sua produção agrícola (no período 2007-16), uma porcentagem relativamente baixa se comparada à do Rio Grande do Sul, que foi de 37% do valor total bruto da produção agrícola.[286] Isso indica que o milho e muitos outros produtos agrícolas mato-grossenses supriram também o mercado nacional.

Gráfico 6.8: Balança comercial do valor das importações e exportações do Mato Grosso, 1997-2017

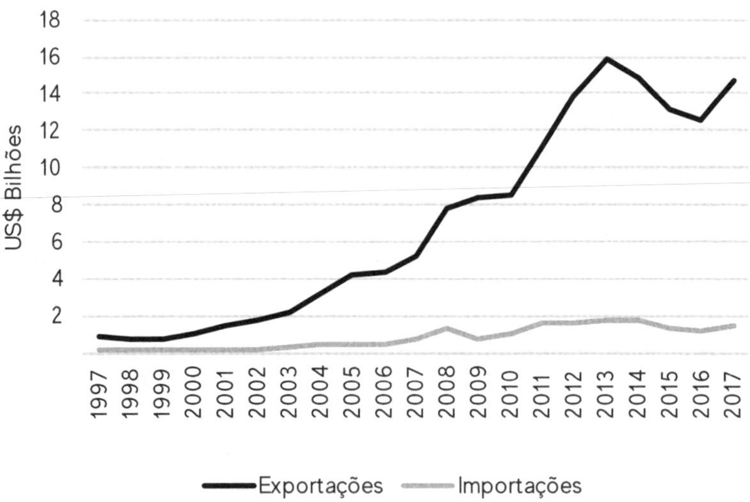

Fonte: MDIC. Comércio exterior, séries históricas, "Estado produtor e estado importador". Disponível em: <www.mdic.gov.br/index.php/comercio-exterior/estatisticas-de-comercio-exterior/series-historicas>. Acesso em: 20 fev. 2018.

[286] Ver MDIC. Valor bruto da produção — regional por UF — dez. 2017. Disponível em: <www.agricultura.gov.br/assuntos/politica-agricola/valor-bruto-da-producao-agropecuaria-vbp>.

Embora em muitos aspectos o Mato Grosso seja um estado singular que se desenvolveu mais tardiamente, seu elevado tamanho médio de estabelecimento agrícola e grande número de colônias, suas novas cooperativas especiais, seu programa estatal de pesquisa e a presença significativa de *tradings* multinacionais e empresas de sementes e produtos químicos são representativos da maioria dos outros aspectos da nova agricultura brasileira modernizada. A agricultura comercial mato-grossense é moderna e totalmente integrada ao mercado mundial. O estado recentemente se tornou a principal região produtora de soja e milho do Brasil, exportando enormes quantidades para o mercado mundial e importando pouco fora do país. O estado é também um importante consumidor de insumos agropecuários avançados, e seu setor comercial adotou muitas das técnicas de ponta hoje usadas pela agricultura tropical brasileira. Porém, como o resto do Brasil, Mato Grosso ainda contém uma grande parcela de pequenos agricultores de subsistência que são pouco integrados a esse setor comercial e têm baixa capacidade para participar da agricultura moderna e preservar solos e o meio ambiente.

Esse padrão — um setor avançado presente no mesmo estado em que se pratica uma agricultura de subsistência não moderna — é comum no Brasil, embora no Mato Grosso o setor dos pequenos estabelecimentos com agricultura de subsistência seja menos importante do que no resto do país. Ao mesmo tempo, muitos dos maiores estabelecimentos mato-grossenses adotaram o sistema de plantio direto de suas safras para o milho, e hoje o estado é uma das principais regiões de experimentação na agropecuária. Tudo isso significa que o extraordinário crescimento da produção no estado neste último quarto de século baseou-se em rendimentos crescentes e maior produtividade, e não em uma expansão incessante por terras virgens. Portanto, a história recente da agricultura nesse estado indica uma grande transformação na história da agricultura no Brasil.

CAPÍTULO 7

RIO GRANDE DO SUL

Em muitos aspectos, o Rio Grande do Sul é o oposto do Mato Grosso. Tem uma longa história de colonização que remonta aos primeiros tempos do período colonial brasileiro, uma numerosa população de origem europeia e uma boa parcela dos mais avançados pequenos estabelecimentos agrícolas comerciais do país, além de um setor industrial significativo. Outra diferença é em seu clima mais temperado, enquanto o da maior parte do Centro-Oeste é tropical. Isso explica sua capacidade de produzir trigo e maçã juntamente com a maioria das outras culturas encontradas em outros estados. Em contraste com os estados do Nordeste e do Norte, onde são mais comuns as pequenas unidades dedicadas à agricultura de subsistência, em todos os estados do Sul, mas especialmente no Rio Grande do Sul, a maioria dos pequenos estabelecimentos agrícolas insere-se no setor comercial moderno.

O Rio Grande do Sul é também um dos clássicos estados meridionais que desde o início criaram um sistema de produção agropecuária integrado verticalmente com indústrias processadoras ou cooperativas centrais de produtores. Essa incomum integração vertical domina três das mais importantes atividades agrícolas do estado, a produção de tabaco, suínos e galináceos, além de ser bem desenvolvida no cultivo da maçã. O Rio Grande do Sul é o estado brasileiro que tem o maior número de associações e cooperativas de produtores.[287] Foi o berço, juntamente com os outros estados do Sul, de alguns dos mais importantes frigoríficos e fábricas de alimentos industrializados que por fim migraram para todas as partes do Brasil.

---

[287] Em 2012 o Brasil tinha 1.548 cooperativas agrícolas com cerca de 943 mil membros. EMBRAPA. *Hortaliças em Revista*, a. 1, n. 3, p. 5, maio/jun. 2012.

Em 2017 o Rio Grande do Sul foi o quarto estado mais importante do Brasil em valor total da produção agrícola, e também o quarto em valor total da produção animal.[288] Mas foi o terceiro em exportações totais em 2015, graças às suas significativas exportações de produtos industrializados, que representaram 9% do valor total das exportações, em comparação com o Mato Grosso, que ficou em sexto lugar com 7%. O líder, obviamente, foi São Paulo, com 24% dos US$ 191 bilhões obtidos com as exportações totais.[289]

A região começou a ser povoada por europeus no começo do século XVII, quando missionários jesuítas chegaram para converter os indígenas. Os jesuítas semearam a região com gado, e ao entrar o século XVIII a Coroa deu início a um vigoroso esforço de colonização, construindo uma estrada através do território até a bacia do rio da Prata e finalmente estabelecendo pequenas cidades ao longo da costa.[290] O resultado foi a prosperidade da pecuária, que primeiro exportou couros e depois passou a produzir charque, ou carne-seca, exportado para alimentar escravos nas fazendas do norte nos séculos XVIII e XIX. Ali também seriam criadas as mulas que foram o principal meio de transporte em todo o Brasil colonial e imperial até a chegada das ferrovias na segunda metade do século XIX.[291]

Após a independência, o governo imperial subsidiou colônias agrícolas na região, e camponeses alemães, italianos, suíços e de outras nacionalidades europeias instalaram-se em pequenas unidades agrícolas, a maioria delas concentrada em um raio de 200 km da cidade de Porto Alegre: as chamadas Velhas Colônias. Em 1861 cerca de 185 mil europeus estavam assentados, sobretudo no litoral e ao longo dos principais rios.[292] De 1882 a 1914 chegaram ao estado mais 155 mil imigrantes, dos quais 67 mil eram italianos.[293] E no final dos anos 1910 e durante os anos 1920 houve uma nova colonização subsidiada, que avançou a fronteira agrícola bem para o interior na direção oeste e trouxe agricultores do Leste Europeu para o estado. Até imigrantes holandeses vieram trabalhar na agricultura em meados do século XX. Toda essa ocupação do interior foi auxiliada pela expansão da rede ferroviária no estado dos anos 1870 até os anos

[288] MAPA. Valor bruto da produção — regional por UF — dez./2017. Disponível em: <www.agricultura.gov.br/ministerio/gestao-estrategica/valor-bruto-da-producao>.

[289] MDIC. Exportação brasileira — regiões e estados, 2014-2015. Disponível em: <www.mdic.gov.br/component/content/article?layout=edit&id=1184>.

[290] Para uma história dos primeiros tempos de colonização, ver García (2010).

[291] Ver Klein (1990:1-25), Zarth (2002:234); e para a organização do comércio no começo do século XIX, ver Petrone (1976) e Suprinyak (2008).

[292] Zarth (2002:182-195). Para a clássica história das colônias agrícolas alemãs no estado, ver Roche (1959).

[293] Cenni (2003:174-175). Para um resumo sobre os italianos da região Sul, ver Trento (1989:77-98).

1890.[294] A colonização continuou no século XX, e a iniciativa privada chegou à fronteira que restava no estado (Silva Neto e Oliveira, 2013:83-108).

Apesar do crescimento de colônias de pequenos estabelecimentos agrícolas, a história da produção rural no estado foi marcada pelo predomínio da pecuária até o começo do século XX. A produção das fazendas de gado — que no século XIX consistia em charque, couros e banha — ainda representava 57% do valor das exportações totais do Rio Grande do Sul em 1894. Em 1929, porém, caíra para 44% das exportações totais, e o arroz tornara-se um item significativo nas exportações.[295] Nos anos 1880 foram introduzidas cercas de arame farpado nas estâncias, e isso permitiu o lento desenvolvimento de novas raças bovinas; simultaneamente, a chegada de ferrovias e da navegação a vapor permitiu a expansão das exportações de charque e couros. Nos anos 1910 surgiram os primeiros frigoríficos no estado, que possibilitaram exportar diretamente carne congelada e *in natura*. Nas várias décadas seguintes, a modernização da pecuária incluiu novas raças de bovinos e menores tempos de crescimento dos animais comercializados.[296] Ao longo do século XX, os agricultores do estado passaram a produzir diversas culturas, entre elas arroz, trigo e milho, e expandiram sua produção animal incluindo suínos e aves, além de produtos complementares como leite e ovos. O Rio Grande do Sul também seria o primeiro estado com cultivo comercial de soja.

O Rio Grande do Sul é o 10º estado brasileiro em extensão territorial, com 269 mil km^2, e hoje o 10º em densidade demográfica, com 40 habitantes por km^2. Em 1960, seus 5,4 milhões de habitantes representavam 8% da população nacional, e o estado era o quarto mais populoso do país, em contraste com o Mato Grosso, que nesse mesmo ano de censo tinha uma população de 330 mil pessoas, apenas 0,5% do total nacional. Em 2010 a população gaúcha atingiu 10,7 milhões e hoje é a quinta maior entre os estados brasileiros. Além disso, apesar de o Rio Grande do Sul ser um dos estados de imigração europeia clássica, em 1960 sua população era 99% nascida no estado. Embora viesse a fornecer um fluxo importante de migrantes para o Centro-Oeste, o Rio Grande do Sul não foi um destino significativo de migrantes internos e, em contraste com o Mato Grosso, onde 38% dos habitantes eram nascidos em outra parte, no Rio Grande do Sul apenas 4% dos habitantes não eram naturais do estado.[297] Ademais, 90% de sua população eram brancos, uma característica dos estados sulistas, mas

294 Sobre a evolução da rede ferroviária no estado, ver Love (1971:17) e Zarth (2002:268-270).

295 Rocha (2000: tabs. p. 8 e15) e Arend e Cário (2005:70).

296 Sobre a transformação da pecuária até 1960, ver Fontoura (206-09:118-127) e Love (1971:16-17).

297 IBGE, Sidra. Censo demográfico 2010. Tabela 631. Disponível em: <https://sidra.ibge.gov.br/tabela/631>.

não do Brasil como um todo, que, segundo o censo de 1960, continha 61% de sua população autodefinida como branca.[298] A porcentagem de alfabetizados no estado também era incomum para os padrões brasileiros. Só em 1960 o país pela primeira vez passou a ter predominância de homens e mulheres alfabetizados (taxa de alfabetização nacional combinada de 54% entre as pessoas a partir de cinco anos de idade). Em contraste, naquele ano o Rio Grande do Sul já tinha uma taxa de alfabetização total de 70% (com 71% de alfabetizados entre os homens e 69% entre as mulheres).[299]

Por outro lado, o estado aproximava-se do padrão brasileiro na porcentagem de sua população residente na zona rural em 1960: 53%.[300] Também se aproximava das taxas nacionais na distribuição de homens e mulheres por local de residência. As áreas rurais continham mais homens do que mulheres, e as urbanas vice-versa. Na cidade, a razão de sexo era 93 homens por 100 mulheres, e nas áreas rurais era de 106 homens por 100 mulheres.[301] O Rio Grande do Sul também era um dos estados menos urbanizados do país. Em 2010 ainda continha apenas 45% do total da população morando em cidades com 20 mil habitantes ou mais, uma porcentagem não muito diferente da de Mato Grosso, que tinha 44% de seus habitantes morando em cidades desse porte.[302] Embora sua densidade demográfica fosse de 40 pessoas por km^2, quase o dobro do padrão do resto do Brasil, na região Sul esse era o estado menos densamente povoado.[303] Por ser a principal zona de destino de imigrantes europeus que se instalaram em colônias agrícolas, o Rio Grande do Sul também tinha uma parcela de protestantes maior do que o resto do país: 10% de sua população em 1960, em comparação com 85% que se declararam católicos romanos. Essa era a mais baixa porcentagem de católicos no país; 93% da população nacional eram católicos.[304] Esse padrão incomum teve origem na decisão do governo imperial de permitir a liberdade religiosa a todos os colonos agrícolas recém-chegados; com isso, os protestantes puderam manter sua religião no século XX e até ter um protestante natural do estado como presidente da República.

298 Censo demográfico de 1960. Série nacional, v. 1, tabela 5.

299 Para a taxa de alfabetização nacional, ver IBGE. Brasil século XX. Tabela pop_1965aeb-05.1.

300 A taxa nacional era de 54% de residentes na zona rural em 1960. IBGE. Brasil século XX. Tabela pop_1965aeb-06.

301 Censo demográfico de 1960. Série nacional, v. 1. Tabela 1.

302 As porcentagens foram calculadas com base em dados de IBGE, Sidra. Tabelas 1294 (para cidades) e 1286 (para população total).

303 IBGE, Sidra. Censo 2010. Tabela 1301. Disponível em: <https://sidra.ibge.gov.br/tabela/1301>.

304 Censo demográfico de 1960. Série regional, v. 1, t. XVI, tabs. 1, 2 e 4 para todas as estatísticas demográficas da população do estado.

Na estrutura etária, o estado assemelhava-se ao resto do Brasil em 1960. Seus 5,3 milhões de habitantes ainda formavam uma população com altas taxas de fecundidade e mortalidade, e 42% da população gaúcha tinha menos de 15 anos de idade, em comparação com 43% da população brasileira nessa faixa etária. Como no resto do Brasil, depois de 1960 houve no estado uma queda drástica nas taxas de fecundidade e mortalidade. Os estados do Sul e Sudeste encabeçaram essa transição na taxa de fecundidade, que começou nessa região antes do advento dos contraceptivos orais. Mas em 2000 todo o Brasil já alcançara o Sul, cuja estrutura demográfica parecia bem similar à do país como um todo e à de Mato Grosso. Vemos aí um modelo clássico pós-transição com baixas taxas de natalidade e mortalidade, conducente a uma população progressivamente mais velha. Enquanto em 1960 a população com menos de 14 anos representava 42% dos habitantes do estado, em 2010 passou a compor apenas 21%.

Como ocorreu em todo o Brasil, a população rural do estado diminuiu em termos absolutos e relativos de um censo ao outro depois de atingir seu auge em 1970. Em 2010 a população rural declinara para 1,6 milhão de pessoas, apenas 15% da população do estado. Porém, ao mesmo tempo, não houve mudança básica nas razões de sexo das populações urbana e rural: as mulheres continuaram a predominar numericamente nas cidades, e os homens nas áreas rurais desde o censo de 1960. Como observaram muitos analistas, o mercado urbano de serviços domésticos atraía grande número de mulheres para ocupações em cidades, enquanto o setor industrial urbano atraía uma porcentagem muito menor de homens; assim, nas áreas rurais permaneciam mais homens do que mulheres, pois estas migravam em maiores porcentagens para as cidades (tabela 7.1).

Tabela 7.1: População, distribuição urbana/rural e razão de masculinidade, Rio Grande do Sul, 1960-2010

Ano do Censo	População rural	% da população total	Razão de masculinidade	
			Urbana	Rural
1960	2.975.780	55%	92,6	106,1
1970	3.110.602	47%	92,6	107,1
1980	2.523.825	32%	93,5	108,7
1991	2.142.128	23%	93,3	109,4
2000	1.869.174	18%	93,5	109,2
2010	1.593.087	15%	92,4	109,8

Fonte: IBGE, Sidra. Tabela 200; para 1960, IBGE, Censo demográfico de 1960, série regional. v.1, t. XVI, tabela 2.

O Rio Grande do Sul tem inquestionavelmente uma das distribuições de terra mais equilibradas entre as regiões brasileiras. Apesar da agricultura em rápido crescimento, do forte ramo pecuarista e até da introdução do cultivo de soja após 1970, a estrutura básica da posse de terra na área rural pouco mudou desde os anos 1960, e destoa da encontrada para o Mato Grosso e a maioria dos demais estados brasileiros. Quando comparamos as unidades agrícolas e estâncias por tamanho de estabelecimento em 1960 com as do censo agrícola de 2006, evidencia-se que, embora tenha havido uma mudança no número de estabelecimentos e na quantidade total de terras usadas, houve pouca mudança na distribuição das terras, como mostram os índices de Gini similares apesar do grande crescimento da agricultura comercial no estado nesse período. O número de estabelecimentos aumentou 13% nesses 46 anos, mas, apesar do grande aumento da produção, o total das terras ocupadas na lavoura e pecuária diminuiu 7%. Ao mesmo tempo, manteve-se a predominância dos estabelecimentos com menos de 100 hectares. Em ambos os anos, essas unidades menores representaram 93% dos estabelecimentos e ocuparam um terço das terras. A mudança significativa ocorreu nas fazendas e estâncias de mais de mil hectares. Essas apresentaram uma queda: de 35% da área total, passaram a controlar apenas 27% no período (tabela 7.2).

O estado foi incomum não só em seus pequenos estabelecimentos agrícolas comerciais, mas até em sua força de trabalho agrícola. No censo de 2006, nada menos do que 80% do 1,4 milhão de pessoas arroladas como ocupadas na agricultura tinham parentesco com o proprietário ou administrador do estabelecimento. Essa porcentagem foi muito superior ao nível encontrado para o Brasil como um todo e para outros estados participantes da amostra (tabela 7.3).[305]

A distribuição desses trabalhadores familiares é a esperada, com uma alta correlação entre o tamanho dos estabelecimentos e o número de parentes trabalhando na unidade. Quanto maior o estabelecimento, menos parentes trabalhando, e o oposto ocorre com os trabalhadores sem parentesco com o proprietário, embora globalmente a maioria de todos os trabalhadores nos estabelecimentos tivesse algum parentesco com o proprietário ou administrador (gráfico 7.1).

Na segunda década do século XX, os principais produtos agrícolas, classificados por valor, foram um amplo conjunto de culturas e produtos animais. As principais culturas foram soja, arroz, tabaco, milho, frutas de clima temperado, mandioca e batata. Leite e, em menor grau, ovos estavam entre os principais produtos animais, e animais de corte de grande e pequeno porte representavam fontes de renda significativa (tabela 7.4).

[305] Essas porcentagens de trabalhadores em estabelecimentos agrícolas foram: 64% no Brasil, 60% em Mato Grosso e 50% em São Paulo.

Tabela 7.2: Distribuição dos estabelecimentos por tamanho e terra possuída
Rio Grande do Sul, 1960 e 2006

1960		
Tamanho	Estabelecimentos	Área em hectares
0.1-1 ha	1.735	1.445
1-5 ha	39.253	117.633
5-10 ha	59.144	407.690
10-20 ha	110.162	1.502.791
20-50 ha	113.659	3.305.406
50-100 ha	28.644	1.900.114
100-200 ha	12.005	1.633.781
200-500 ha	8.744	2.689.645
500-1.000 ha	3.731	2.585.227
1.000-2.000 ha	1.945	2.669.927
2.000+	1.177	4.836.747
Total*	380.199	21.659.406
GINI	0,746	

Fonte: Censo agrícola 1960, série regional. V. 2, t. 13, p. 1, tabela 2, p. 16.

2006		
0.1-1 ha	11.219	4.077
1-5 ha	78.914	212.299
5-10 ha	81.449	563.003
10-20 ha	112.563	1.548.430
20-50 ha	94.667	2.767.630
50-100 ha	25.380	1.706.853
100-200 ha	12.600	1.704.205
200-500 ha	10.472	3.215.825
500-1.000 ha	4.508	3.067.245
1.000-2.500 ha	2.317	3.372.815
2.500+	526	2.164.332
Total*	434.615	20.326.714
GINI	0,765	

Fonte: IBGE, Sidra. Censo agropecuário. Tabela 837.

Nota: * Os censos de 1960 e 2006 usam diferentes números de tamanho máximo para os grandes estabelecimentos, sem efeito significativo no Gini.

Tabela 7.3: Categoria do pessoal ocupado por tipo de atividade agrícola, Rio Grande do Sul, 2006

Tipo de atividade agrícola	Familiares	Não familiares	Total
Cultivos permanentes	557.908	114.430	672.338
Cultivos temporários	51.123	32.234	83.357
Pecuária	414.545	106.787	521.332
Total	1.092.498	278.226	1.370.724

Fonte: IBGE Sidra. Agro. Tabela 805.

Gráfico 7.1: **Distribuição do tipo de trabalhador por tamanho do estabelecimento, 2006**

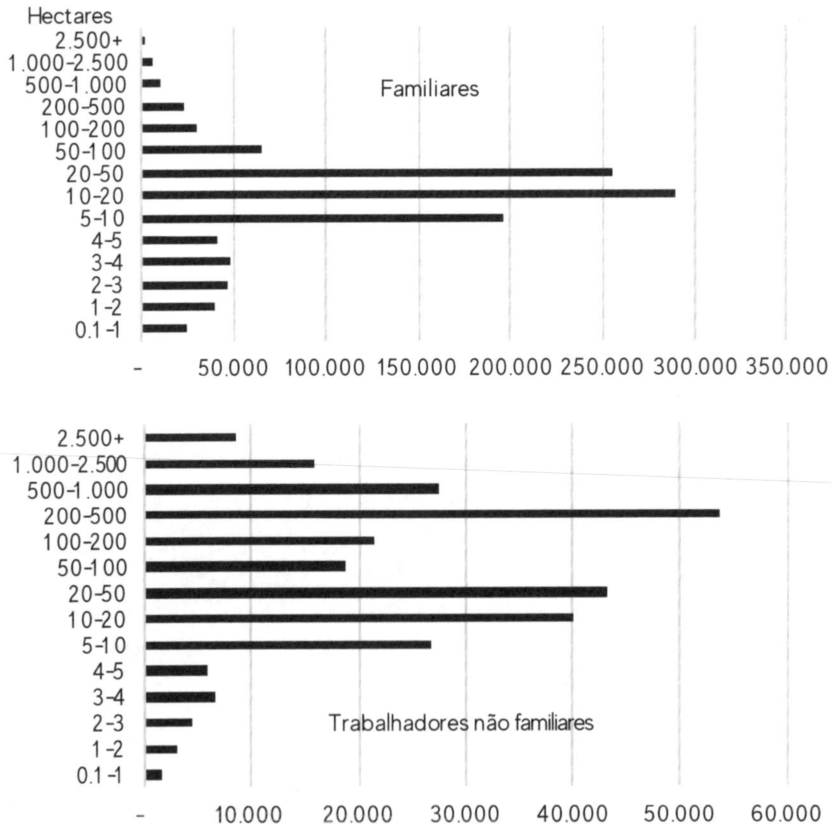

Fonte: IBGE, Sidra. Agro. Tabela 805.

Tabela 7.4: Participação dos principais produtos no valor bruto da produção, Rio Grande do Sul, 2007-16

Produto	2007	2008	2009	2010	2011	2012	2013	2014	2015	2016
Soja	23%	21%	22%	24%	25%	18%	28%	28%	31%	36%
Arroz	12%	16%	17%	14%	12%	14%	14%	14%	13%	11%
Aves	15%	15%	14%	14%	13%	14%	12%	12%	11%	11%
Tabaco	11%	10%	10%	7%	8%	10%	7%	7%	7%	5%
Leite	5%	6%	6%	7%	8%	10%	8%	8%	7%	7%
Gado bovino	6%	6%	7%	8%	8%	8%	6%	7%	7%	7%
Milho	8%	8%	5%	6%	7%	4%	5%	5%	5%	5%
Suínos	5%	6%	4%	5%	5%	5%	5%	6%	5%	4%
Maçãs					4%	4%	4%	4%	3%	4%
Trigo	3%	4%	3%	3%	3%	4%	5%	2%	2%	3%
Uvas	5%	2%	6%	6%	1%	2%	2%	3%	3%	1%
Ovos	1%	1%	1%	2%	1%	2%	1%	2%	2%	2%
Batatas	1%	1%	1%	2%	1%	1%	1%	1%	1%	1%
Mandioca	1%	1%	1%	1%	1%	1%	1%	1%	1%	1%
Outros	3%	2%	3%	3%	3%	3%	3%	3%	3%	2%
Subtotal	100%	100%	100%	100%	100%	100%	100%	100%	100%	100%

Fonte: Valor bruto da produção – regional por UF – jul. 2016.
Disponível em: <www.agricultura.gov.br/ministerio/gestao-estrategica/valor-bruto-da-producao>.

Embora atualmente o estado perca para o Mato Grosso em valor de produção agropecuária, em 2010 o valor total de sua produção ainda se igualava à da mato-grossense — cada estado produziu aproximadamente US$ 13 bilhões em produtos agropecuários — e ambos produziram o equivalente a 1/3 do valor bruto total desses mesmos produtos fornecidos por São Paulo. No entanto, seis anos mais tarde o Mato Grosso quase se igualou a São Paulo (US$ 21,8 bilhões e US$ 22,4 bilhões, respectivamente) e, embora o valor da produção agrícola do Rio Grande do Sul também tenha aumentado, atingiu apenas US$ 17,4 bilhões, ou 22% a menos que o valor bruto da produção paulista.[306] Porém, em comparação com o Mato Grosso, o Rio Grande do Sul tinha uma produção agrícola muito mais diversificada, como vemos na participação relativa de seus principais produtos agrícolas — soja e derivados — na produção agrícola total.

[306] Usamos a taxa de conversão de US$ 3,15 para 1 real (em fevereiro de 2017) para obter uma estimativa aproximada do valor agrícola total, que é fornecido em reais.

No Rio Grande do Sul, esse produto tem a metade da importância encontrada para o Mato Grosso, apesar de o valor da produção ser relativamente o mesmo em ambos os estados (tabela 7.5).

Tabela 7.5: Valor dos principais produtos agrícolas exportados por Mato Grosso e Rio Grande do Sul em 2016

	Mato Grosso		Rio Grande do Sul		
Produtos	**Valor em US$**	**% do valor total**	**Produtos**	**Valor em US$**	**% do valor total**
Soja e derivados	7.636.129.597	61%	Soja e derivados	5.249.628.287	32%
Milho	2.407.526.297	19%	Tabaco	1.611.401.208	10%
Carne e derivados	993.089.211	8%	Carne de frango	1.103.180.936	7%
Algodão	854.207.230	7%	Carne e derivados	661.254.908	4%
Carne de frango	210.143.604	2%	Carne de porco	420.636.116	3%
Madeiras	139.848.636	1%	Arroz	182.580.132	1%
Carne de porco	88.554.837	1%			
Subtotal		98%	subtotal		56%
Valor total das exportações	12.588.619.662		Valor total das exportações	16.578.206.410	

Fonte: MDIC. Exportação brasileira, principais produtos, 2016.

O Rio Grande do Sul dominou a produção brasileira de tabaco, arroz, uva e, no período até 1990, soja. No entanto, embora a soja ainda seja o principal produto agrícola do estado em valor, nas três últimas décadas a produção gaúcha ficou atrás da mato-grossense, que assumiu a liderança nacional. Dos quatro principais produtos agropecuários do Rio Grande do Sul em valor na segunda década do século XXI, só na produção de arroz, tabaco e uva os gaúchos lideraram no país. Mas o estado também foi um produtor importante de aves: em 2016 foi a origem de 10% das aves criadas no Brasil e 9% quando consideramos apenas os frangos de corte (tabela 7.6).

Tabela 7.6: Rebanho de aves e quantidade de soja, arroz, tabaco e uvas produzidos no Rio Grande do Sul, participação do estado na produção e rebanho do Brasil, 1990-2016 (em t)

Ano	Produção (toneladas)								Rebanho	
	Soja	% do Brasil	Arroz	% do Brasil	Tabaco	% do Brasil	Uvas	% do Brasil	Aves*	% do Brasil
1990	6.313.476	32%	3.194.390	43%	204.615	46%	538.705	67%	78.665.321	14%
1991	2.220.502	15%	3.809.459	40%	186.568	45%	396.318	61%	103.318.336	17%
1992	5.040.752	29%	4.569.804	46%	280.330	49%	505.462	63%	109.475.430	17%
1993	6.067.494	27%	4.965.210	49%	318.690	49%	489.464	62%	120.525.320	18%
1994	5.442.728	22%	4.230.680	40%	229.524	44%	479.034	59%	123.507.243	18%
1995	5.847.985	23%	5.038.109	45%	223.159	49%	479.619	57%	132.829.214	18%
1996	4.235.532	18%	4.356.608	50%	206.918	43%	333.638	49%	103.939.335	14%
1997	4.755.000	18%	4.083.492	49%	274.451	46%	456.008	51%	110.229.659	14%
1998	6.462.515	21%	3.591.864	47%	235.519	47%	348.368	45%	108.468.644	14%
1999	4.467.110	14%	5.630.077	48%	306.393	49%	502.950	54%	112.067.698	14%
2000	4.783.895	15%	4.981.014	45%	294.873	51%	532.553	52%	113.613.050	13%
2001	6.951.830	18%	5.256.301	52%	298.193	52%	498.219	47%	117.659.492	13%
2002	5.610.518	13%	5.486.333	53%	339.832	51%	570.181	50%	123.232.042	14%
2003	9.579.297	18%	4.697.151	45%	322.078	49%	489.015	46%	127.469.034	14%
2004	5.541.714	11%	6.338.139	48%	482.968	52%	696.599	54%	128.823.607	14%
2005	2.444.540	5%	6.103.289	46%	430.347	48%	611.868	50%	127.143.077	13%
2006	7.559.291	14%	6.784.236	59%	472.726	53%	623.878	50%	129.401.801	13%
2007	9.929.005	17%	6.340.136	57%	474.668	52%	704.176	51%	134.145.887	12%
2008	7.679.939	13%	7.336.443	61%	445.507	52%	776.964	55%	140.121.326	12%
2009	8.025.322	14%	7.977.888	63%	443.813	51%	737.363	54%	141.321.846	11%
2010	10.480.026	15%	6.875.077	61%	343.682	44%	694.518	51%	148.355.324	12%
2011	11.717.548	16%	8.940.432	66%	499.455	52%	830.286	56%	149.334.973	12%
2012	5.945.243	9%	7.692.223	67%	396.861	49%	840.251	55%	149.172.838	12%
2013	12.756.577	16%	8.099.357	69%	430.905	51%	807.693	56%	149.295.641	12%
2014	13.041.720	15%	8.241.840	68%	412.618	48%	812.517	56%	145.683.185	11%
2015	15.700.264	16%	8.679.489	71%	414.932	48%	876.215	59%	135.750.392	10%
2016	16.209.892	17%	7.493.431	71%	325.305	48%	413.735	42%	137.351.143	10%

Fonte: IBGE, Sidra, PAM. Tabelas 1612 e 1613 e PPM tabela 3939.

Nota: * Rebanho de aves representa o rebanho de frangos de corte e galinhas poedeiras.

A maioria desses produtos agropecuários gaúchos faz parte da economia do estado há muito tempo, mas recentemente foram introduzidos vários novos produtos. Além disso, a maior parte da produção agrícola do estado mostrou crescimento significativo e constante a partir dos anos 1970. O trigo foi cultivado no Rio Grande do Sul desde o período colonial. O estado tornou-se um exportador significativo em fins do século XVIII e no século XIX graças aos esforços de colonos açorianos que a Coroa trouxe para colonizar a região da costa. Mas o fungo ferrugem da folha do trigo destruiu a maioria da safra nos anos 1820, e essa cultura foi abandonada. Em meados do século XIX a triticultura reviveu no estado com a chegada de colonos europeus não ibéricos (Zarth, 2002:200-208; Falkembach, 1985:108-109). Em meados do século XX, a produção de trigo foi subsidiada pelo governo federal e novamente se tornou um importante produto do estado, apenas para consumo nacional. Embora o Rio Grande do Sul produzisse 106 mil toneladas de trigo em 120 mil hectares em 1920, nos anos 1950 a produção atingiu meio milhão de toneladas e ocupou cerca de 500 mil hectares. Nos anos 1970, os triticultores gaúchos usaram em média 1,6 milhão de hectares para produzir aproximadamente 1,3 milhão de toneladas. Embora os rendimentos tenham melhorado significativamente, o volume total da produção pouco mudou desde então: em média, foi de apenas 1,4 milhão de toneladas métricas no período 1990-2016. No entanto, agora esse volume era produzido em uma extensão de terra muito menor: a área total média cultivada com trigo no período 1990-2016 foi de apenas 755 mil hectares.[307]

Além do trigo, duas outras culturas, ambas permanentes, também eram exclusivas do Rio Grande do Sul e da vizinha Santa Catarina: maçã e uva. A uva é um produto tradicional desde os tempos coloniais, mas a maçã só foi introduzida no estado nos anos 1970. Sempre se consumiu maçã no Brasil, porém até aquele período a fruta havia sido importada de Argentina e Chile. A introdução das variedades Gala e Fuji, ambas adequadas às condições de clima e solo do estado, fez delas o produto dominante nos pomares gaúchos, quase todos situados na mesorregião Nordeste. Eram produzidas em estabelecimentos de todos os tamanhos, desde os pequenos e médios até as plantações em grande escala. Os produtores menores tendiam a ser verticalmente integrados com as fábricas de acondicionamento que classificavam, refrigeravam e embalavam as maçãs para o mercado, e essas fábricas pertenciam a cooperativas ou a empresas privadas. Os estabelecimentos maiores tinham condições de possuir suas próprias

[307] Para a produção e uso da terra na triticultura de 1970 a 1979, ver Falkembach (1985:116, tab. 1); e para 1990-2016, ver IBGE, Sidra, PAM. Tabela 1612.

instalações de acondicionamento. A macieira leva cinco anos para começar a produzir frutos viáveis e pode continuar produzindo por 25 anos, sendo então substituída. Como a colheita da maçã ainda é uma tarefa manual, os produtores locais empregam uma numerosa mão de obra sazonal. A produção expandiu-se tão depressa que, na segunda década do século XX, o Rio Grande do Sul pôde suprir o mercado nacional e também exportar cerca de 15% de sua produção (Rech, Cario e Augusto, 2014:89-106). De início, Santa Catarina foi o principal estado produtor, e o Rio Grande do Sul foi responsável por apenas 36% da safra nacional em 1990, mas em alguns anos da década de 2010 foi do estado gaúcho metade ou mais da produção. Contudo, a produção variou consideravelmente entre os vários anos desse período em razão de condições climáticas. As terras dedicadas ao cultivo de maçã mais que duplicaram em quantidade, passando de 7 mil a 16 mil hectares entre 1990 e 2016, enquanto a produção aumentou de menos de um milhão de toneladas para 2,6 milhões de toneladas em 2000, depois sofreu uma queda drástica para apenas 300 mil toneladas em 2001 e só atingiu 485 mil toneladas em 2016.[308] A ascensão veloz e o declínio abrupto ocorreram nos dois estados e se deveram a condições climáticas excepcionalmente favoráveis em fins dos anos 1990, que permitiram níveis de produção extraordinários, seguidas por condições climáticas adversas a partir de então (Rech, Cario e Augusto, 2014:94).

A outra cultura permanente importante foi a uva. Embora as regiões Nordeste e Sudeste produzam uva, essa produção é quase exclusivamente da fruta *in natura*. No Rio Grande do Sul, o grosso da produção vai para o fabrico de vinho e suco. O estado é responsável por 90% da produção nacional de vinho e suco de uva, embora produza apenas 60% dessa fruta no país. Apesar de a uva ser cultivada nas regiões Nordeste, Sudeste e Sul, a participação de outros estados na produção nacional é pequena. O segundo estado em volume produzido é Pernambuco, com apenas 16% da produção nacional.[309]

A região já produzia uva no tempo das missões jesuítas. O cultivo foi proibido no fim do período colonial, mas nos anos 1830 algumas vinícolas surgiram no litoral do estado. Colonos alemães agricultores também plantaram a variedade americana Isabela depois de 1860.[310] Mas o grande salto na produção veio com a chegada à Serra Gaúcha (uma região 600-800 metros acima do nível do mar) de colonos italianos agricultores nos anos 1870. A maioria desses imigrantes provinha das regiões italianas de Trento e Vêneto, ambas cé-

308 IBGE, Sidra, PAM, 1613.

309 Sobre a produção de vinho na colônia e no estado, ver Bruch (2011:118).

310 Sobre os primeiros tempos da vinicultura na colônia e estado, ver Bruch (2011:118).

lebres regiões vinícolas. Já nos anos 1890 algumas famílias especializavam-se na produção de vinho, e nas décadas intermediárias do século XX já existiam associações e cooperativas de vinicultores no estado. As antigas áreas de colônias, sobretudo a Serra Gaúcha, foram no passado as maiores produtoras e continuam a sê-lo ainda hoje; originalmente se concentravam na família *Vitis labrusca*, de origem norte-americana, que incluíam as variedades Concord, Niagara e Isabella.[311] No século atual, porém, foram desenvolvidas no estado novas zonas com a instalação de vinícolas modernas, e isso ocorreu também na tradicional zona da Serra Gaúcha. A Cabernet Sauvignon foi plantada no estado pela primeira vez já em 1913, mas só veio a tornar-se uma cultura comercial importante nos anos 1980. A segunda mais importante entre as novas variedades comerciais de uva é a Chardonnay, usada na produção de vinho branco e especialmente de espumantes (Leite, 2009:24-25). Um censo estadual da vinicultura em 2002 indicou que havia 13 mil vinhais que ocupavam 15 mil famílias no estado, e que a plantação média tinha 2 hectares. Cerca de 80% dos vinhos produzidos eram vinhos comuns e apenas 20% eram vinhos finos, mas essas porcentagens variaram entre os anos. Da produção total de uva, o suco absorveu 8% e o vinho 80% (incluindo os espumantes); os outros 12% foram usados em outros produtos de uva, por exemplo, refrescos. Caminhões-tanque transportam os vinhos comuns e sucos para os mercados nacionais, principalmente para as regiões Sul e Sudeste, e só os vinhos mais finos são engarrafados. Das 437 empresas que processam uvas, 21 são cooperativas. Existem apenas 118 engarrafadoras de vinho de uvas mais finas. As que produzem vinhos comuns também se concentram acentuadamente, e as 10 maiores vinícolas fornecem 42% da produção. Mas o suco de uva concentrado é produzido por apenas uma empresa, e entre 81% e 95% da produção de vinho, refresco e suco de uva não concentrado provêm das 10 maiores empresas. Atualmente são produzidas no estado 99 variedades de uva, 32 de origem americana e 67 de origem europeia; 50% da produção usa as variedades Concord e Bordeaux.[312]

A onda de livre-comércio nos anos 1990 gerou uma nova onda de importações de vinhos estrangeiros baratos, e isso levou os produtores a criar uma nova associação (Aprovale) para melhor defender sua fatia de mercado; eles também obtiveram a definição de uma nova denominação de origem e promoveram a modernização da produção de vinhos. A nova denominação de origem Vale

[311] Azevedo (2010:15-18); e sobre os principais tipos de uva no Rio Grande do Sul, ver Araújo et al. (2016:67).

[312] Para uma análise do Cadastro de 2002, ver Miele (2004).

dos Vinhedos, dedicada à produção de espumantes rosado e branco, foi criada em 2002 e reconhecida pela União Europeia em 2007; com isso, esses vinhedos passaram a ser identificados como uma zona de vinhos finos, distinta das tradicionais zonas produtoras de vinhos comuns (Fernández, 2002: cap. 2). Os espumantes brancos e rosados são os tipos de vinho que obtiveram o maior reconhecimento nos mercados nacional e internacional, e esse surto de prosperidade na região atraiu várias marcas multinacionais famosas, embora os vinhedos ainda sejam dominados por famílias locais (Zardo, 2009:18).

Outra área importante do agronegócio sul-rio-grandense foi a produção de carne de bovinos, suínos e aves. Os bovinos de corte, embora sejam um produto significativo no estado, representaram apenas 6% da produção nacional em 2016; o estado ficou em oitavo lugar na produção nacional e produziu apenas o equivalente a 1/3 da carne bovina processada no Mato Grosso, o estado líder em volume.[313] Em contraste, a produção sul-rio-grandense de aves, o segundo mais valioso produto animal do estado, foi a terceira maior do país e representou 14% do total de frangos de corte em 2016 (tabela 7.7).

Tabela 7.7: Número de frigoríficos, número e toneladas de frangos abatidos, principais estados produtores de carne de frango, 2016

Estados	Número de frigoríficos*	Número de frangos	Toneladas de carne	% da carne de frango produzida
Paraná	44	1.831.731.081	4.094.522.249	31%
Santa Catarina	31	870.682.440	2.120.803.300	16%
Rio Grande do Sul	38	832.905.320	1.617.613.233	12%
São Paulo	32	618.732.177	1.531.214.664	12%
Minas Gerais	38	464.189.273	951.016.206	7%
Goiás	11	358.405.299	802.072.408	6%
Mato Grosso	6	242.748.277	561.464.518	4%
Mato Grosso do Sul	5	165.192.900	432.982.553	3%
Bahia	15	98.133.382	240.399.550	2%
Demais estados	220	377.596.460	882.870.549	7%
Total*	382	5.860.316.609	13.234.959.230	100%

Fonte: IBGE, Sidra. Tabela 1094.

Notas: * O número de frigoríficos varia por trimestre em cada estado; usamos a média dos trimestres.

[313] IBGE, Sidra. Tabela 1092.

A suinocultura no Rio Grande do Sul é um mercado acentuadamente integrado, organizado em dois grandes sistemas de produção vertical. No primeiro, frigoríficos privados têm contratos de longo prazo com pequenos produtores, aos quais fornecem rações, medicamentos e assistência técnica. Os criadores arcam com os custos de energia, água, mão de obra e remoção de dejetos. Esses tipos de contratos de produção integrada firmados entre os frigoríficos e os criadores foram usados pela primeira vez pela empresa Sadia em Santa Catarina em fins dos anos 1940, e logo se tornaram comuns em todo o Brasil; hoje envolvem metade da carne de suíno produzida. Um segundo padrão de integração é por meio de cooperativas centrais que abatem os animais e preparam produtos suínos; em geral elas trabalham com cooperativas de produtores individuais que prestam esses mesmos serviços.[314] Dos estabelecimentos de criação de suínos nos estados do Sul, 92% participavam desses contratos integrados, as chamadas cadeias de valor, com produtores privados ou cooperativas centrais em 2005 — a maior porcentagem no Brasil. A maioria desses estabelecimentos é bem pequena, geralmente tem menos de 20 hectares e usa, sobretudo, o trabalho familiar ou apenas um ou dois empregados assalariados. Esses estabelecimentos de criação comercial tipicamente produzem suínos, são autossuficientes em milho e também possuem vacas leiteiras. Como os animais são alimentados principalmente com milho e farelo de soja, o Brasil está em uma posição invejável, pois não precisa importar esses produtos básicos. Ademais, o milho não é um gênero de consumo humano importante no Brasil, e a maioria da produção é usada em ração animal. Finalmente, esse é um ramo dominado por produtores nacionais,[315] e o Rio Grande do Sul é o segundo maior produtor de carne suína do país, atrás do Paraná. Nesse ramo, assim como no de bovinos de corte, o estado possui grande número de abatedouros. Como na produção de avícola, o Rio Grande do Sul também foi o terceiro maior produtor de carne suína, e sua produção correspondeu a significativos 20% do total nacional (tabela 7.8).

[314] Para as origens desses contratos, ver Coser (2010:33-34). Sobre o modo como funcionam, ver o estudo de Miele e Waquil (2007:80).

[315] Miele e Waquil (2007:77-81). A companhia BRF, que inclui as antigas Sadia e Perdigão, foi a quinta maior produtora de suínos em 2015. Disponível em: <www.wattagnet.com/articles/25011-infographic-worlds-top-10-pig-producers>.

Tabela 7.8: Número de frigoríficos, animais e toneladas de suínos abatidos, principais estados produtores de carne suína, 2016

Estado	Número de frigoríficos	Número de suínos	Toneladas de carne suína	% da carne produzida
Santa Catarina	92	10.728.698	968.830.981	26%
Paraná*	93	8.881.059	777.744.913	21%
Rio Grande do Sul	145	8.355.276	741.366.026	20%
Minas Gerais*	85	5.323.909	452.088.899	12%
Mato Grosso	10	2.352.603	206.460.317	6%
Goiás	24	1.830.677	165.359.743	4%
São Paulo	33	2.264.317	182.088.894	5%
Mato Grosso do Sul	12	1.505.455	136.892.746	4%
Distrito Federal	8	284.577	21.601.786	1%
Espírito Santo	7	251.192	21.630.828	1%
Outros estados	215	542.028	37.170.220	1%
Total*	722	42.319.791	3.711.235.353	100%

Fonte: IBGE, Sidra. Tabela 1093.
Notas: *O número de frigoríficos varia por trimestre em cada estado; usamos a média dos trimestres.

Em muitos aspectos, a indústria avícola nos estados do Sul assemelha-se à suína. Os produtores são integrados por meio de contratos de produção com os frigoríficos, os quais são empresas privadas ou grandes cooperativas. Os três maiores produtores de carne de frango em 2015, por exemplo, foram BRF (fusão da Sadia e da Perdigão), JBC e Aurora, sendo as duas primeiras companhias multinacionais com sede no Brasil; seguem-se em importância na produção e exportação três grandes cooperativas: Copacol, C. Vale e União Brasileira de Avicultura.[316] Como já mencionado, esses sistemas verticais integrados resultam no controle direto da produção pelos frigoríficos, que fornecem medicamentos, rações e assistência técnica aos produtores; estes conseguem obter frangos com o peso adequado dentro de 45 dias (Triches, Siman e Caldart, 2004:5). Às vezes essas indústrias fornecem até os animais aos criadores. Esse sistema verticalmente integrado é considerado um dos mais eficientes no Brasil, e estimativas apontam que 75% da produção nacional baseiam-se nesses complexos contratos verticais com os frigoríficos (Araújo et al., 2008:7).

[316] ABPA. Annual Report 2016, p. 40. Disponível em: <http://abpa-br.com.br/storage/files/abpa_relatorio_anual_2016_ingles_web_versao_para_site_abpa_bloqueado.pdf>.

Tabela 7.9: Evolução dos principais produtos da agricultura no Rio Grande do Sul, 1970-2016

Produtos	1970	1975	1980	1985	1996	2006	2016	Annual GR
Soja (toneladas)	1.295.149	4.419.465	5.103.538	5.710.859	4.253.171	7.465.655	16.209.892	7,1%
Arroz (toneladas)	1.383.516	1.876.215	2.249.425	3.537.302	4.645.427	5.396.657	7.493.431	4,7%
Aves (cabeças)*	29.164.000	33.066.000	57.368.000	60.565.000	100.074.000	141.490.000	137.351.143	4,3%
Tabaco (toneladas)	80.714	108.422	125.778	164.824	196.904	448.534	325.305	3,8%
Leite de vaca (milhares de litros)	778.479	943.461	1.325.945	1.280.804	1.885.640	2.455.611	3.249.626	3,9%
Bovinos (cabeças)	12.305.119	12.692.127	13.985.911	13.509.324	13.221.297	11.184.248	13.590.282	0,3%
Milho (toneladas)	2.230.302	2.155.592	2.435.320	2.428.297	2.885.333	5.234.311	4.729.948	2,1%
Suínos (cabeças)	5.851.507	5.612.347	5.421.788	4.225.303	3.933.845	5.611.431	5.927.862	0,0%
Uvas (toneladas)	388.817	403.205	288.074	17.497	26.667	563.508	413.735	0,2%
Trigo (toneladas)	1.599.067	1.120.144	934.626	904.728	457.934	1.040.338	2.541.889	1,3%

Fontes: para 2015 e 2016, IBGE, Sidra. 3939, 72, e 1612; demais anos, IBGE. Séries históricas. Tabelas Agro34, Agro73 e Agro 120. Disponível em: <http://seriesestatisticas.ibge.gov.br/lista_tema.aspx?op=0&no=1>.

Nota: *Aves incluem galinhas, galos, frangas e frangos.

Ao todo, houve um extraordinário crescimento na maioria dos principais produtos agropecuários no estado de 1970 a 2016. Porém, em contraste com os outros produtos, a produção de bovinos e suínos, uva e trigo teve apenas um crescimento modesto no período mais recente (tabela 7.9).O mais notável foi o fato de que no Rio Grande do Sul, como na maior parte do Brasil, esse crescimento da produção ocorreu com pouco aumento no uso da terra. Os principais grãos produzidos no estado (arroz, soja, milho e trigo) tiveram sua produção duplicada entre 1998 e 2016 — de 12 milhões de toneladas para 31 milhões de toneladas —, porém isso ocorreu com apenas um pequeno aumento das terras dedicadas a essas culturas, que passaram de 7 para 8 milhões de hectares no período. Isso reflete claramente a elevação da produtividade nessas culturas.

Entre as principais culturas sazonais, a soja foi uma das introduzidas mais recentemente no estado. Em São Paulo ela começou a ser plantada em 1908 com a chegada de imigrantes japoneses, mas no Rio Grande do Sul só entrou em 1914. Até fins dos anos 1940, a produção foi local e destinou-se principalmente a rações animais. Nos anos 1950 já havia começado uma produção comercial significativa juntamente com o funcionamento das primeiras fábricas de óleo de soja. Já nos anos 1960 a maioria das principais mesorregiões agrícolas do estado produziam soja, usando as mesmas máquinas e fertilizantes empregados no cultivo de trigo. A soja só se tornou um produto comercial importante em meados dos anos 1970, e o Rio Grande do Sul foi o primeiro estado a produzi-la em grandes volumes para exportação. Se em 1970 as lavouras de soja ocupavam apenas 16% das terras cultivadas no estado, cinco anos mais tarde já dominavam a produção e absorviam 40% das terras cultivadas (Conceição, 1984: 25-27, 67, tab. 4.1). Em 2016 ocupavam 62% das terras dedicadas a culturas temporárias.[317]

O Rio Grande do Sul perdeu a liderança na produção de soja, mas continuou à frente na rizicultura. O estado tornou-se o maior produtor de arroz no começo do século XX, e desde o início sua rizicultura baseou-se em estabelecimentos agrícolas capitalistas modernos, com irrigação da terra e máquinas. Já nos anos 1920 o arroz era uma exportação significativa do estado (Arend e Cário, 2005:70). Embora o arroz tenha sido uma importação significativa até o século XIX no tempo do Império, a República nascente decidiu criar um mercado protegido, e entre 1898 e 1906 elevou para 50% a tarifa sobre arroz importado. O Rio Grande do Sul tinha uma localização estratégica, próximo a importantes mercados consumidores urbanos na costa, além de dispor de recursos locais,

[317] IBGE, Sidra, PAM. Tabela 1612.

e isso ensejou o surgimento de um próspero sistema capitalizado de rizicultura no estado nos anos 1920 (Beskow, 1984:58-84). A produção cresceu rapidamente em estabelecimentos modernos e, no final da primeira década do século XXI, o estado tornara-se o maior produtor nacional. Embora o arroz de sequeiro seja cultivado nas regiões Sudeste e Centro-Oeste, não tem como competir com o arroz cultivado em plantações irrigadas, que é um produto muito mais uniforme e de melhor qualidade em geral. Em um censo estadual de 2004-05, segundo estimativas, mais de 9 mil estabelecimentos em 133 municípios do estado produziam arroz. Como esse é um produto de alto consumo no país, o estado exporta apenas 8% de sua produção para o exterior (Zanin, 2013:53 e 60). A produtividade crescente na rizicultura elevou a produção de 3,8 milhões de toneladas de arroz em 1988 para 7,5 milhões de toneladas em 2016; no entanto, a terra ocupada com essa cultura só aumentou de 812 mil para 1,1 milhão de hectares. Os rendimentos aumentaram 2,1% ao ano de 1990 a 2016, passando de 4,5 para 6,8 toneladas por hectare, muito acima da média nacional, 4,7 toneladas.[318] De fato, o rendimento sul-rio-grandense é bem superior às 5,8 toneladas por hectare obtidas no Vietnã e idêntico às 6,8 toneladas por hectare da China continental, embora esteja aquém do rendimento nos Estados Unidos, 8,5 toneladas.[319]

O tabaco é produzido em muitas das regiões brasileiras desde o período colonial. Já nos primórdios da colonização, o Nordeste era o centro da produção de charutos, mas no Rio Grande do Sul a fumicultura só se tornou mais abrangente quando o estado apoiou oficialmente sua produção nas colônias agrícolas de imigrantes em fins do século XIX. Em 1917 a companhia British American Tobacco instalou-se no estado e em 1918 já havia construído a primeira fábrica na cidade de Santa Cruz do Sul, na região do Rio Pardo, o centro da lavoura de tabaco do estado. A companhia passou a trabalhar em estreita associação com os fumicultores locais e promoveu a modernização com o uso de fertilizantes, modernos procedimentos de secagem e melhor seleção das folhas. Em 1920, introduziu as sementes da variedade Virginia e, desde então, o Rio Grande do Sul tornou-se um dos três centros mais importantes da produção de tabaco Virginia no mundo. Em 1924 a companhia forneceu fertilizantes aos fumicultores locais, e estes usaram o produto pela primeira vez. Também lhes forneceu capital e secadoras de ar quente para as folhas. A região concentrou-se na produção da variedade Virginia para produção de cigarros. Até os anos 1970, a produção destinou-se principalmente ao mercado nacional, mas crises em países africa-

318 IBGE, Sidra, PAM. Tabela 1612.

319 FAOSTAT, Production, Crops. Disponível em: <www.fao.org/faostat/en/#data>.

nos produtores abriram o mercado internacional para o Brasil, e várias multinacionais entraram nesse ramo no Rio Grande do Sul, entre elas Philip Morris e R. J. Reynolds, que hoje coexistem com a British American Tobacco (Silveira, 2007:209-214; Vogt, 1994: cap. 3). Essas companhias empregavam cerca de 4.800 pessoas em 2012. Tinham contratos de produção de longo prazo com os fumicultores. Os contratos determinavam o fornecimento aos cultivadores das mais modernas sementes da variedade Virginia, crédito, assistência técnica, fertilizantes e até transporte das folhas para as fábricas (Breitbach, 2014:48-49). Estimativas indicam que 98% dos agricultores que plantavam tabaco usaram fertilizantes e inseticidas em 1985. Os fumicultores firmavam contratos que determinavam o fornecimento com exclusividade para a empresa, determinando a venda total para o processador, o volume e a qualidade das folhas produzidas. Os estabelecimentos comerciais e modernos ocupados no cultivo do tabaco eram bem pequenos. Em 1985, por exemplo, 62% das terras dedicadas à fumicultura pertenciam a estabelecimentos com menos de 20 hectares, e 94% a estabelecimentos com menos de 50 hectares; a média era de 16 hectares (Silveira, 2007:255-256, 257, tab. 14). Os retornos elevados na produção de folhas de tabaco mais do que compensam o tamanho pequeno da área cultivada por produtor.[320]

Nos anos 1990 o Brasil exportou mais tabaco do que consumiu. Importantes companhias estrangeiras agora têm participação significativa na economia local e estão totalmente integradas com seus produtores. Estes são estabelecimentos bem pequenos, cujo tamanho médio na região Sul é de apenas 17,5 hectares (Diesel, Assis e Scheibler, s.d.:1-5). Os três estados da região Sul produziram 98% do tabaco brasileiro na safra 2015-16 em 144.300 estabelecimentos que cultivaram 271.070 hectares.[321] Segundo estimativa, em 2017 o Brasil foi o segundo maior produtor mundial de tabaco e o primeiro exportador internacional.[322]

Assim como a fumicultura, o altamente competitivo ramo de laticínios é dominado pelos pequenos estabelecimentos no Rio Grande do Sul. O leite foi produzido na região para consumo local durante o período colonial, mas o crescimento de cidades importantes na área em fins do século XIX e no século

[320] Segundo estimativa, a plantação de tabaco, que ocupa em média 17% da área cutivada nesses estabelecimentos, é responsável por 49% da renda dessas unidades. Para obter a renda auferida com um hectare, por exemplo, o produtor teria de plantar 7 a 8 hectares de milho, o que tornaria a pequena propriedade inviável. Relatório do deputado Covatti Filho na Câmara dos Deputados, no dia 15 de maio de 2017. Disponível em: <www.camara.gov.br/sileg/integras/1558650.pdf>.

[321] Disponível em: <www.afubra.com.br/fumicultura-brasil.html>. Acesso em: 1º out. 2017.

[322] Relatório do deputado Covatti Filho à Câmara dos Deputados em 15 maio 2017. Disponível em: <www.camara.gov.br/sileg/integras/1558650.pdf>.

XX ensejou o desenvolvimento de um mercado mais complexo. Em 1936 foi fundada a Associação dos Criadores de Gado Holandês do Rio Grande do Sul, e no ano seguinte o estado estabeleceu uma usina de pasteurização em Porto Alegre. Em 1970 o estado criou uma empresa de economia mista, a Companhia Rio-Grandense de Laticínios e Correlatos (Corlac), para dar assistência a todos os criadores de gado leiteiro sul-rio-grandenses. Um ano depois, os produtores criaram a Cooperativa Central Gaúcha de Leite (CCGL) e, dentro de 10 anos, já controlavam metade da produção do estado. No entanto, o colapso de uma grande cooperativa de triticultores em 1990 levou à privatização temporária de seus estabelecimentos, pois a cooperativa de laticínios perdeu recursos com o colapso da cooperativa de triticultores.[323] Nos anos 1990 foi introduzido no Brasil o leite "longa vida", processado pelo sistema UHT (sigla em inglês de *ultra high temperature*), permitindo, assim, que a indústria de laticínios do estado começasse a exportar leite para longas distâncias. As multinacionais Parmalat e Nestlé entraram no mercado nos anos 1990 adquirindo respectivamente 22 e oito usinas locais, e a CCGL voltou nesse período a ser uma produtora importante (Lima, Lucca e Trennepohl, 2015). Em fins dos anos 1990, um levantamento da indústria de laticínios do estado constatou que o estabelecimento médio produtor de leite tinha apenas 20 hectares e sete vacas leiteiras. Segundo estimativa, havia 84 mil estabelecimentos produtores de leite, dos quais metade produzia apenas 30 litros por dia e 89% produziam menos de 100 litros diários. O transporte do leite era feito por empreiteiros independentes e a maior parte do leite era processada por apenas duas grandes empresas, das quais uma era cooperativa e a outra uma empresa privada que fazia o processamento para o mercado. Embora o estado e a região tenham um dos maiores rendimentos na produção de laticínios, esses rendimentos são baixos pelos padrões dos países vizinhos; no entanto, isso é compensado pelas usinas de processamento, que estão entre as mais avançadas desses países.[324] Em 2014 havia cerca de 134 mil estabelecimentos produtores de leite em um total de 441 mil estabelecimentos agropecuários no Rio Grande do Sul. Em 2014, 70% dos estabelecimentos que produziam leite para comercialização ainda produziam menos de 100 litros por dia. No entanto, a produtividade aumentou consideravelmente graças à generalizada adoção da inseminação artificial, máquinas e pastagens artificiais. Entre 1980 e 2016, a produção total de leite cresceu quase 2/3, passando de 1,2 para 3,2 bilhões de litros. Em 2016

[323] Sobre o colapso dessa importante cooperativa de triticultores, ver Benetti (1985:23-55). Ver também seu livro sobre as principais cooperativas de triticultores no estado: Benetti (1992).

[324] Castro et al. (1998:149 e 156), Zoccal e Gomes (2005:17).

o Rio Grande do Sul foi o segundo maior estado produtor de leite do Brasil (tabela 6.10). No período de 1980 a 2016 o estado aumentou pouco seus rebanhos leiteiros, de 1,28 milhão para 1,5 milhão de vacas leiteiras, mas elevou significativamente sua produção.[325]

Tabela 7.10: Unidades processadoras de leite e quantidade de leite produzido, maiores estados produtores, 2016

Estados	Número de plantas processadoras	Quantidade de leite industrializada ou refrigerada (1.000 litros)	Porcentagem de produção por estado
Minas Gerais	531	6.096.642	26%
Rio Grande do Sul	134	3.242.322	14%
Paraná	166	2.742.372	12%
São Paulo	161	2.556.274	11%
Goiás	150	2.309.472	10%
Santa Catarina	101	2.436.153	11%
Rondônia	71	699.591	3%
Mato Grosso	52	521.887	2%
Rio de Janeiro	100	557.985	2%
Demais estados	560	1.976.245	9%
Brasil	1.995	23.138.943	100%

Fonte: IBGE, Sidra. Tabela 1086.

Apesar de todo o aumento na produção, a indústria de laticínios é o segmento agropecuário menos desenvolvido e menos competitivo do Brasil. A produção média por vaca leiteira no Rio Grande do Sul está na faixa dos 2 mil litros, uma das maiores do país, porém isso é metade da produção encontrada na Argentina e nem chega perto da obtida nos Estados Unidos e em outros países produtores avançados, que está na faixa dos 8 mil a 9 mil litros por animal (Marion Filho, Fagundes e Schumacher, 2015:242). Essa baixa produtividade significa que o Brasil não pode competir em qualidade com Argentina e Uruguai, seus parceiros do Mercosul, e explica por que produz apenas metade do leite com o dobro do número de vacas leiteiras em com-

325 IBGE, Sidra, PPM. Tabelas 74 e 94.

paração com os rebanhos dos Estados Unidos.[326] Grande parte dessa situação deveu-se à incapacidade das cooperativas dominantes nessa área para responder à liberalização do mercado nos anos 1990, o que levou à liquidação de muitas delas ou à venda de suas usinas a empresas privadas. Outra razão é o setor não ter sido liberalizado e aberto plenamente à competição. Mesmo para produtores do Mercosul, o Brasil cobra uma tarifa de 29% e, ainda por cima, recentemente adicionou um sistema de quotas para importações da Argentina e estabeleceu vários limites às importações da Nova Zelândia e União Europeia. Portanto, "os produtores brasileiros de leite são protegidos das importações, e os preços do leite recebido do estabelecimento que cria os animais são significativamente mais altos do que em países mais competitivos". Esses dois fatores — a contínua proteção tarifária e os preços superiores aos mundiais — traduzem-se em falta de incentivo para aumentar a produtividade. O Brasil ainda importa mais do que exporta nesse setor, e permanece relativamente não competitivo no mercado internacional. Assim, o leite é uma indústria importante cujo mercado não foi liberalizado, e isso explica sua produtividade relativamente baixa (Chaddad, 2016:150). Como em outros setores agropecuários, há condições técnicas disponíveis para aumentar a produtividade, e os custos dos insumos são bem baixos, graças à competitiva produção de grãos no Brasil. Por isso, no futuro o leite talvez possa ser produzido em volumes e quantidades competitivos no mercado internacional.

Quando examinamos a produção agrícola do estado por mesorregiões (mapa 7.1), encontramos diferenças marcantes por cultura ou animal produzidos. Curiosamente, embora haja variações de solo e clima entre as mesorregiões, todas produziram soja. A mesorregião dominante foi a Nordeste, seguida pela Centro-Oeste, cuja importância foi crescente, e então a Sudoeste (gráfico 7.2). Até a área metropolitana de Porto Alegre produziu cerca de 267 mil toneladas do grão em 2016. Apesar de a soja ser cultivada em todo o estado, os grandes produtores concentraram-se acentuadamente por mesorregião e, sobretudo, por município no estado em 2015 (mapa 7.2).

---

326 USDA. Dairy: World Markets and Trade, dez. 2017. p. 13-14. Os Estados Unidos produziram 97,8 milhões de toneladas em 2017 com 9,4 milhões de vacas leiteiras, e o Brasil produziu apenas 23,6 milhões de toneladas com 17,6 milhões de vacas leiteiras.

Mapa 7.1: **As sete mesorregiões do Rio Grande do Sul**

Gráfico 7.2: **Distribuição da produção de soja por mesorregiões do Rio Grande do Sul, 1990-2016**

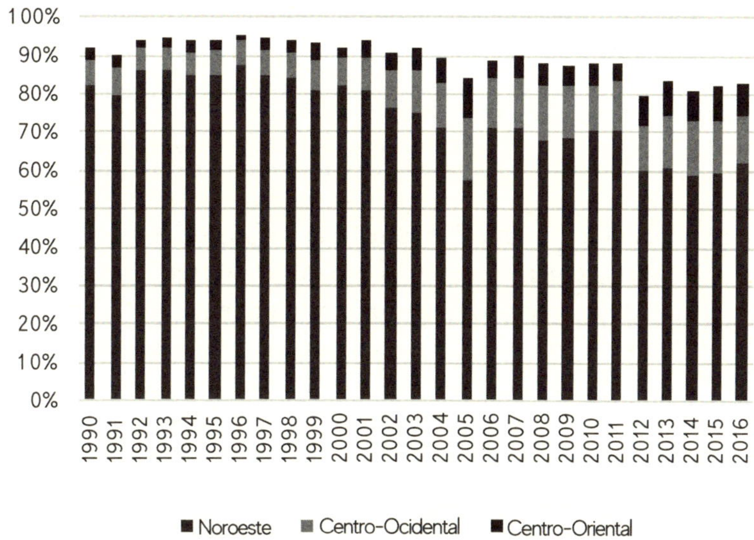

Fonte: IBGE, Sidra, PAM. Tabela 1612.

Mapa 7.2: Produção de soja no estado do Rio Grande do Sul 2015
(toneladas por município)

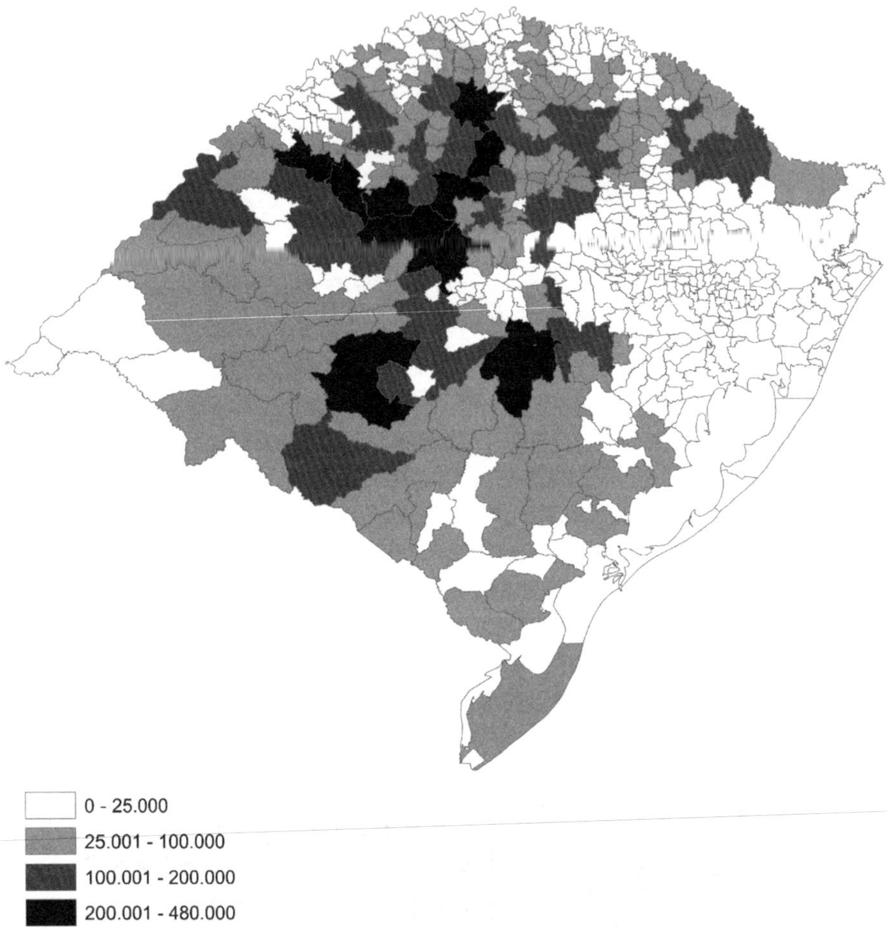

O arroz também foi produzido na maioria das mesorregiões, com exceção da Noroeste. Essencialmente, porém, a produção ocorreu em quatro das regiões, agrupada em áreas onde a soja não tinha representação significativa; a região metropolitana de Porto Alegre e as mesorregiões Sudoeste e Sudeste foram responsáveis por 85% da produção em 2016 (gráfico 7.3 e mapa 7.3).

O tabaco foi produzido em todas as partes do estado exceto no Sudoeste, e seu núcleo principal foi a mesorregião Centro-Leste e seus municípios (gráfico 7.4 e mapa 7.4).

Gráfico 7.3: **Distribuição da produção de arroz por mesorregiões do Rio Grande do Sul, 1990-2016**

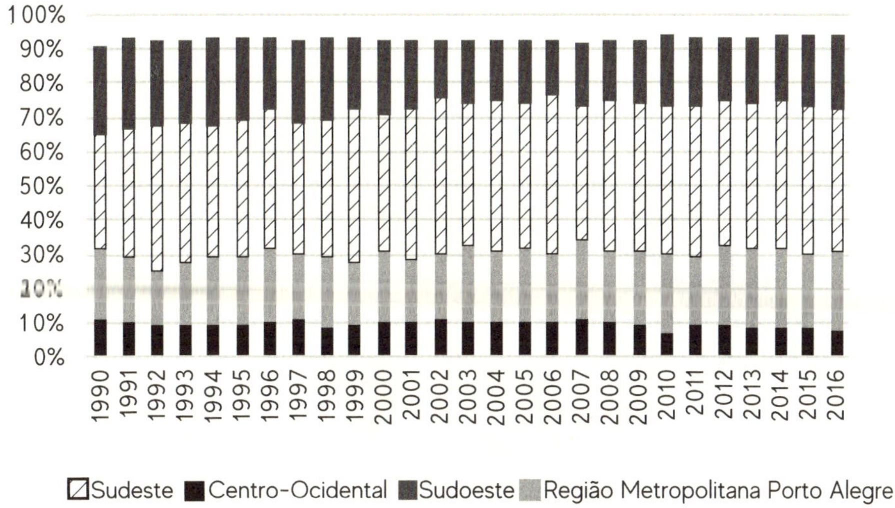

Fonte: IBGE, Sidra, PAM. Tabela 1612.

Gráfico 7.4: **Distribuição da produção de tabaco por mesorregiões do Rio Grande do Sul, 1990-2016**

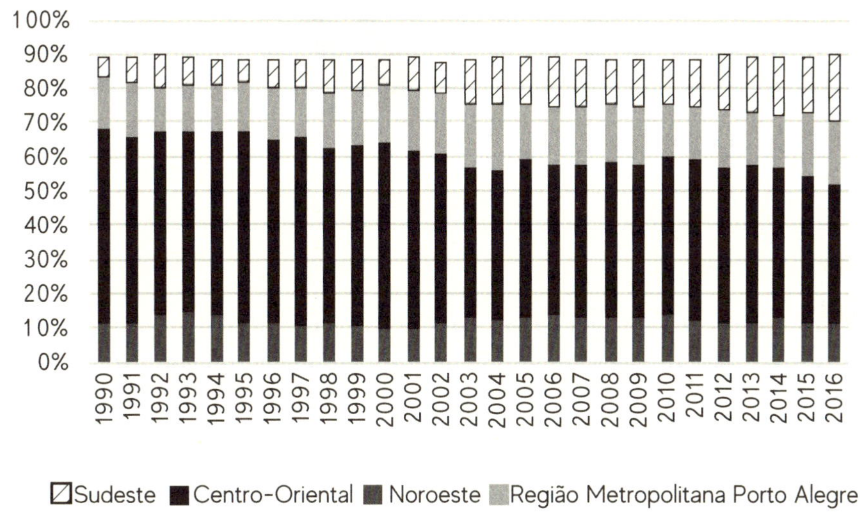

Fonte: IBGE, Sidra, PAM. Tabela 1612.

Mapa 7.3: **Produção de arroz no estado do Rio Grande do Sul 2015 (toneladas por município)**

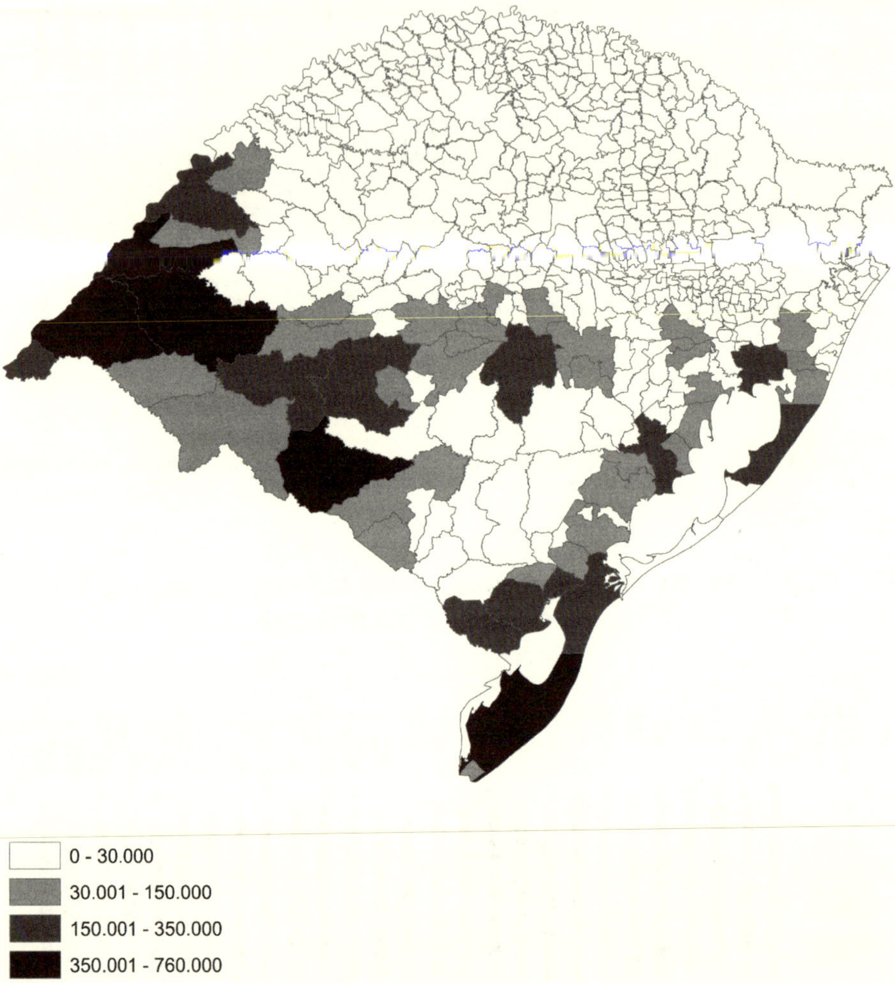

Mapa 7.4: **Produção de tabaco no estado do Rio Grande do Sul 2015 (toneladas por município)**

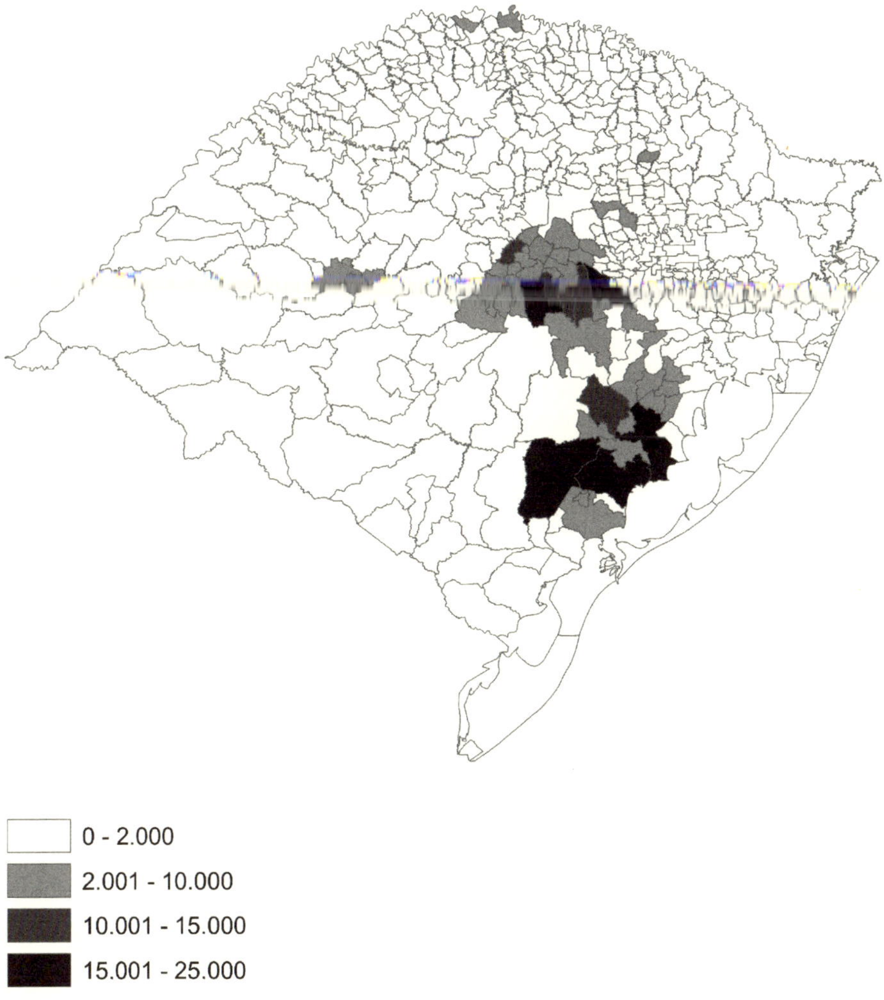

Entre as culturas permanentes, a uva foi a mais importante para a economia do estado e se concentrou nas mesorregiões Noroeste e Nordeste, com predominância da primeira. De 1990 a 2016 houve um aumento constante de 2% ao ano na produção, porém na distribuição geográfica dessa cultura não ocorreram grandes mudanças; a mesorregião Noroeste foi a produtora mais importante, com 87% da produção de uva em 1990 e 86% em 2015 (mapa 7.5).

Mapa 7.5: **Produção de uvas no estado do Rio Grande do Sul 2015 (toneladas por município)**

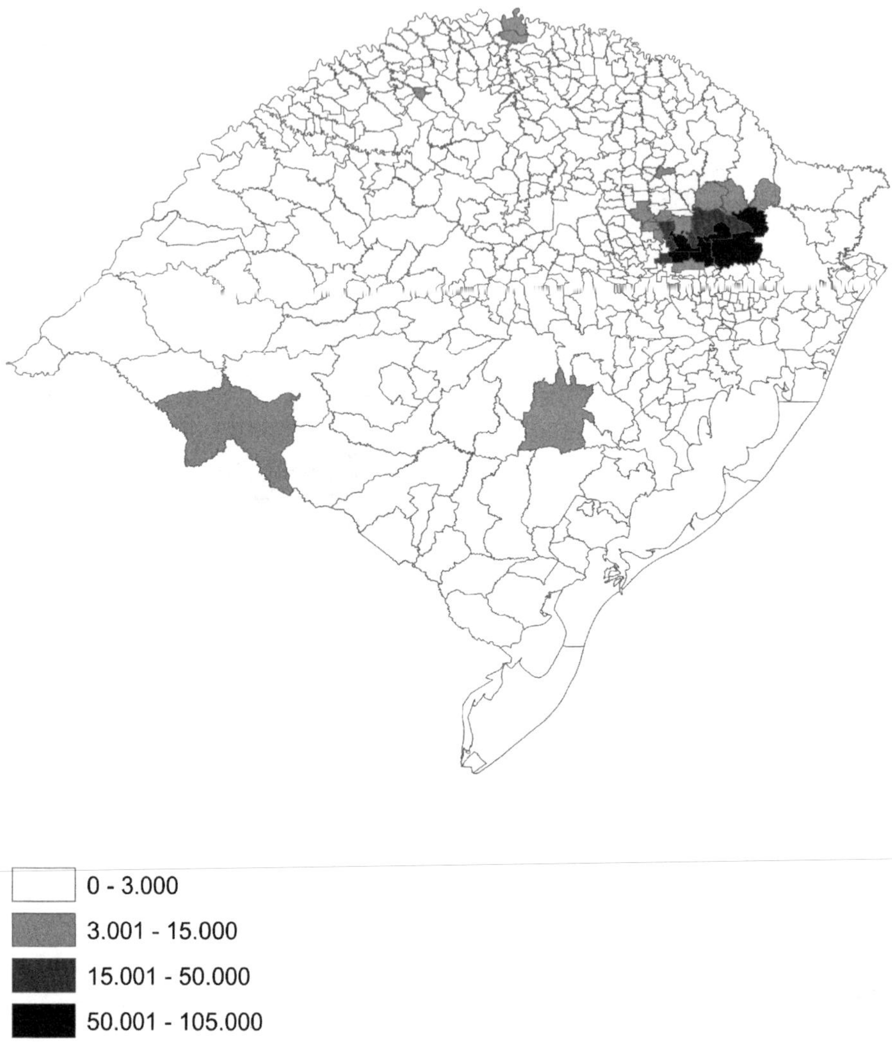

Na pecuária, o produto mais importante economicamente foi o gado bovino, cuja produção mostrou-se bem distribuída por todas as mesorregiões do estado, embora praticamente sem mudança no tamanho dos rebanhos, que permaneceram com 2 milhões de cabeças ao longo de todo esse período de 25 anos, de 1990 a 2016 (mapa 7.6).

Mapa 7.6: **Criação de gado no estado do Rio Grande do Sul 2015 (cabeças por município)**

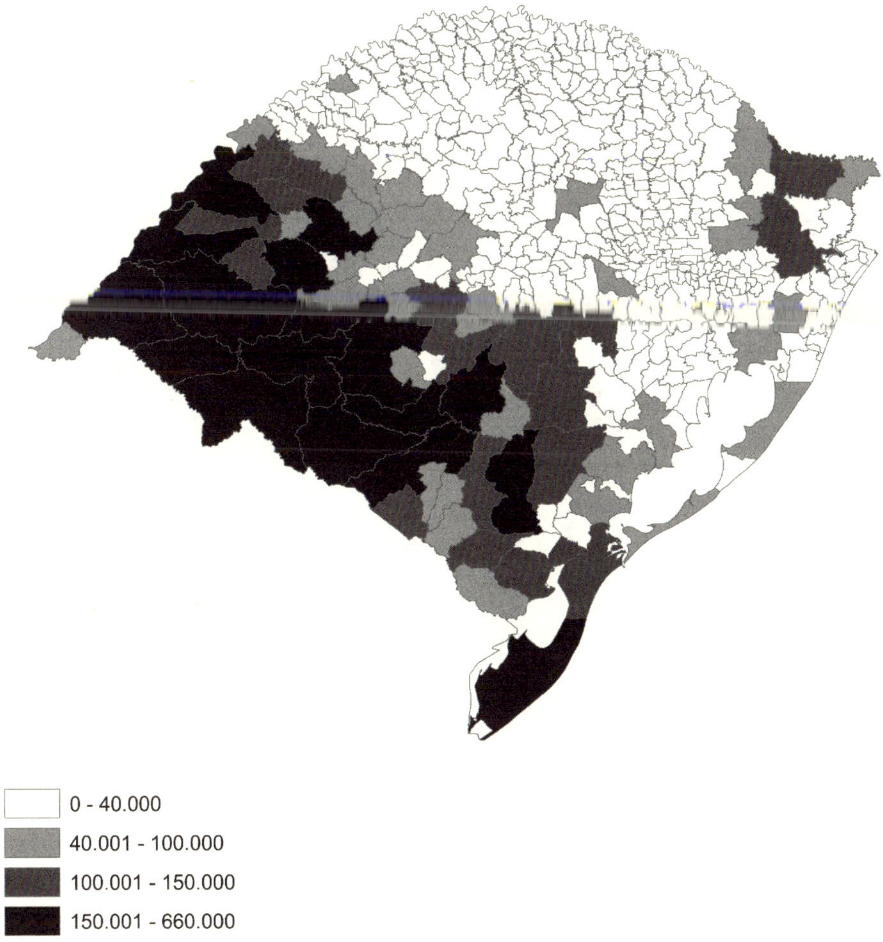

O outro produto importante da pecuária do estado foi a avicultura, que se concentrou em três áreas: as duas mesorregiões setentrionais, o Centro-Leste e a região metropolitana de Porto Alegre — juntas, elas produziram mais de 90% das aves na maioria dos anos (gráfico 7.5). As outras mesorregiões tiveram pouca importância nessa atividade.

O leite, embora tenha sido produzido em todas as partes do estado, destacou-se na região Noroeste, que também é a mais importante produtora de soja, como veremos (gráfico 7.6) (Andreatta et al., 2015).

Devido às diferentes misturas de culturas, também houve diferenças importantes entre essas várias mesorregiões no tamanho dos estabelecimentos. De modo geral, porém, em comparação com Mato Grosso essa é uma região que tem uma das distribuições de terra mais equilibradas do Brasil. A mesorregião Noroeste, principal produtora de soja, e a Centro-Leste tiveram o mais baixo índice de Gini (tabela 7.11).

Nas principais culturas sazonais do estado — soja, tabaco, arroz e milho — , os índices de Gini são quase idênticos em sua distribuição por mesorregião, embora em cada caso menores que o encontrado para todo o setor agropecuário (tabela 7.12).

Gráfico 7.5: **Distribuição da produção de aves por mesorregiões do Rio Grande do Sul, 1990-2016**

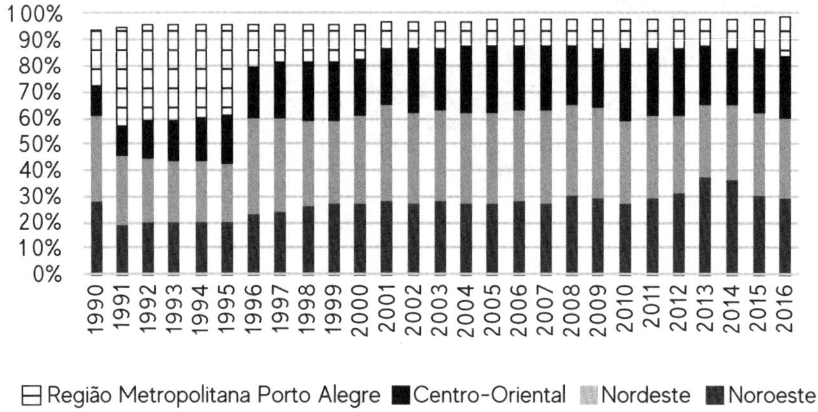

Fonte: IBGE, Sidra, PAM. Tabela 3939.

Gráfico 7.6: **Distribuição da produção de leite por mesorregiões do Rio Grande do Sul, 1990-2016**

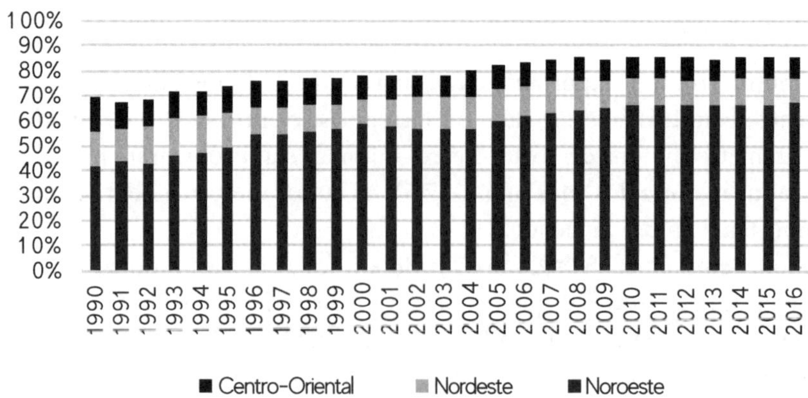

Fonte: IBGE, Sidra, PPM. Tabela 74.

Tabela 7.11: Distribuição da terra de todos os estabelecimentos nas mesorregiões do Rio Grande do Sul, 2006

Estabe-lecimen-tos	Noroeste		Nordeste		Centro--Ocidental		Centro-Oriental		Área Metropolitana		Sudoeste		Sudeste	
	Estab.	Hectares	Es-tab.	Hecta-res	Es-tab.	Hecta-res	Estab.	Hecta-res	Estab.	Hecta-res	Estab.	Hectares	Estab.	Hectares
0.1-1 ha	4.585	1.684	553	226	1.261	405	1.686	601	2.169	786	352	127	613	248
1-5 ha	31.120	84.117	5.338	15.036	5.054	12.746	14.342	40.237	15.373	40.175	2.088	5.079	5.599	14.909
5-10 ha	36.483	252.645	6.600	46.375	4.255	28.934	14.178	98.776	12.402	84.406	1.646	11.244	5.885	40.623
10-20 ha	53.733	736.999	10.830	151.086	6.263	87.297	15.960	218.158	13.643	184.748	3.563	36.200	9.571	133.942
20-50 ha	40.273	1.176.642	10.243	304.050	7.561	228.662	9.771	276.717	9.330	266.901	5.290	156.130	12.199	358.528
50-100 ha	9.765	647.373	2.774	185.025	2.964	201.073	1.606	107.801	2.310	153.921	2.383	167.530	3.578	244.130
100-200 ha	3.857	512.604	1.350	182.202	1.608	218.063	705	94.633	1.076	143.735	1.951	271.697	2.053	281.271
200-500 ha	2.440	740.897	1.147	346.578	1.351	410.760	538	165.174	791	239.953	2.399	762.842	1.806	549.621
500-1.000 ha	784	515.201	400	271.793	540	370.543	189	128.632	290	195.204	1.523	1.054.837	782	531.035
1.000-2.500 ha	295	428.337	154	213.899	259	366.431	90	124.919	144	208.931	995	1.480.728	380	549.570
2.500+	43	203.300	29	121.831	51	201.496	20	82.653	49	227.058	243	936.339	91	391.655
Total*	183.378	5.299.799	39.418	1.838.101	31.167	2.126.410	59.085	1.338.301	57.577	1.745.818	21.433	4.882.753	42.557	3.095.532
GINI	0,659		0,715		0,771		0,674		0,756		0,767		0,767	

Fonte: IBGE, Sidra. Censo agropecuário. Tabela 837.

Nota: * Os estabelecimentos sem área foram excluídos.

Tabela 7.12: Distribuição da terra de culturas temporárias nas mesorregiões do Rio Grande do Sul em 2006

	Noroeste		Nordeste		Centro-Ocidental		Centro-Oriental		Área Metropolitana		Sudoeste		Sudeste	
Estabelecimentos	Estab.	Hectares	Estab.	Hectares	Estab.	Hectares	Estab.	Hectares	Estab.	Hectares	Estab.	Hectares	Estab.	Hectares
0.1-1 h	1.283	543	97	39	235	98	439	190	436	177	17	7	135	67
1-5 ha	16.617	46.675	1.359	3.894	2.462	6.593	8.906	25.987	5.616	15.138	332	863	2.311	6.358
5-10 ha	21.381	148.001	1.734	12.380	2.454	16.675	9.453	65.414	5.225	35.359	311	2.159	2.956	20.466
10-20 ha	30.877	423.045	2.928	41.013	3.531	49.110	10.198	138.723	5.910	79.844	552	7.778	4.929	68.694
20-50 ha	24.913	736.261	2.589	76.416	4.189	125.244	6.119	172.143	4.303	122.590	1.042	29.605	5.339	153.959
50-100 ha	5.969	465.591	680	44.747	1.408	94.872	905	60.178	926	61.095	438	30.605	867	57.023
100-200 ha	2.899	385.193	322	43.923	715	97.421	375	50.192	381	51.090	433	60.714	339	45.503
200-500 ha	1.842	560.537	264	79.499	632	192.866	277	83.913	291	86.571	624	198.465	265	80.646
500-1.000 ha	612	403.102	106	71.829	253	175.052	88	60.320	135	91.696	445	304.393	128	87.056
1.000-2.500 ha	235	336.802	42	57.725	140	195.140	34	44.521	53	78.105	285	422.705	97	141.079
2.500+ ha	34	166.428	4	13.906	23	95.922	7	28.389	21	92.550	75	303.837	44	224.129
Total*	107.662	3.672.178	10.125	445.371	16.042	1.048.993	36.801	729.970	23.297	714.215	4.554	1.361.131	17.410	884.980
GINI	0,675		0,703		0,764		0,623		0,736		0,745		0,755	

Fonte: IBGE, Sidra. Censo agropecuário. Tabela 837.

Nota: * Os estabelecimentos sem área foram excluídos.

Em geral, a pecuária do estado, com exceção da mesorregião Nordeste, apresenta índices de Gini ligeiramente maiores que os das lavouras temporárias. A região com o maior número de grandes estâncias é a Sudoeste, onde 5% das estâncias tinham mais de mil hectares em 2006, e essas grandes unidades controlavam 48% do total das terras. A concorrente mais próxima foi a Centro-Oeste, onde apenas 1% das estâncias tinha esse tamanho e continha apenas 27% das terras (tabela 7.13).

Como esta análise mostrou, o Rio Grande do Sul foi o clássico setor da pequena produção agropecuária comercial no Brasil, com a mais alta porcentagem de cooperativas de produtores entre todos os estados brasileiros e uma longa história de resposta organizada ao mercado. Cerca de 60% dos estabelecimentos agropecuários eram associados a sindicatos ou cooperativas de produtores e controlavam 72% das terras do estado. Muitas dessas associações e cooperativas foram fundadas nos anos 1910 e 1920. Em 1930 havia 70 associações de comerciantes, agricultores e pecuaristas no estado (Love, 1971:222-223). Mas o crescimento foi ainda mais notável em anos posteriores; nos anos 1950 aproximadamente 700 cooperativas agropecuárias atuavam no estado (Falkembach, 1985:113). Essas cooperativas não só dispensaram os intermediários e aumentaram a renda dos agricultores, mas também tiveram papéis fundamentais no fornecimento de informações técnicas e ensino agrícola para seus membros. Outras entidades importantes também permitiram aos produtores criar agrupamentos integrados de produção para determinados produtos. Entre eles estão não apenas as grandes cooperativas, mas também empresas agroindustriais como os frigoríficos e até as grandes cadeias de supermercados (Maluf, 2004:307-308). Também foram importantes e tiveram grande impacto para os estabelecimentos agropecuários do estado os programas governamentais de microcrédito em apoio aos pequenos agricultores (Anjos et al., 2004:529-548). Assim, os pequenos produtores agropecuários do estado tiveram acesso a informações sobre o mercado e às mais recentes orientações técnicas para suas atividades. Em muitos aspectos, portanto, o Rio Grande do Sul é o modelo ideal para indicar como os pequenos produtores agropecuários podem ser integrados ao mercado.

No entanto, obviamente isso foi possível porque a população do setor agropecuário era instruída e, portanto, capaz de absorver as informações técnicas disponibilizadas pelo estado e setor privado aos produtores. Segundo estimativa, apenas 7% dos proprietários ou administradores de estabelecimentos agropecuários no estado eram analfabetos, em contraste com 34% no Brasil como um todo. Curiosamente, os proprietários ou administradores com maior nível de instrução (ensino médio técnico, ensino médio, universidade ou curso técnico de nível superior) representaram apenas 11% dos proprietários ou administradores, uma porcentagem próxima da média nacional. Os dois estados que se destacaram no nível mais alto de instrução dos agricultores foram São Paulo, onde 30% dos proprietários ou administradores alcançavam esse patamar, e Mato Grosso do Sul, onde a porcentagem era 25%.[327] Isso indica que um bom nível de ensino básico é necessário para produzir essa classe gerencial, e que as grandes propriedades foram as que mais empregaram ou foram geridas por proprietários e administradores com nível educacional elevado.

Por fim, vale a pena observar que a colonização inicial do estado e sua eliminação da fronteira no começo do século XX, combinadas a uma população densa e crescente e a uma próspera agricultura comercial, levaram a um mercado de terras apertado. Ao mesmo tempo, métodos agrícolas mais antigos causaram forte erosão em várias partes do estado. Por todas essas razões, boas terras agrícolas tornaram-se caras e difíceis de obter. Isso explica a emigração de famílias gaúchas mais jovens para o Mato Grosso na parte final do século XX, em busca de terras virgens mais baratas para explorar. A inauguração das estradas para o Mato Grosso nos anos 1970 e o programa de colonização do governo federal incentivaram esses agricultores sul-rio-grandenses bem providos de instrução e capital a migrar para essa nova fronteira dotada de terras vastas e baratas, onde eles poderiam cultivar produtos tradicionais como milho e soja.

[327] IBGE, Sidra, Agro, tabela 801.

Tabela 7.13: Distribuição da terra dos estabelecimentos pecuários nas mesorregiões do Rio Grande do Sul em 2006

	Noroeste		Nordeste		Centro-Ocidental		Centro-Oriental		Área Metropolitana		Sudoeste		Sudeste	
Estabele-cimentos	Estab.	Hectares	Estab.	Hecta-res	Estab.	Hectares	Estab.	Hecta-res	Estab.	Hectares	Estab.	Hectares	Estab.	Hectares
0.1-1 h	2.450	866	220	85	551	183	922	300	1.119	371	256	89	304	119
1-5 ha	11.997	31.329	1.692	4.552	2.021	4.956	4.049	10.640	5.280	13.248	1.466	3.563	2.309	6.095
5-10 ha	13.306	92.397	1.868	12.921	1.562	10.681	3.576	25.384	3.615	24.844	1.190	8.115	2.264	15.602
10-20 ha	20.822	286.296	3.277	45.908	2.403	33.604	4.560	62.794	4.188	57.186	1.872	26.538	3.789	53.552
20-50 ha	14.081	404.024	3.913	118.980	3.058	93.886	2.900	82.846	3.051	89.305	4.032	120.427	5.938	177.845
50-100 ha	2.573	167.350	1.450	98.870	1.461	99.827	548	37.505	1.020	68.678	1.881	132.596	2.479	171.170
100-200 ha	889	118.481	844	114.339	859	115.826	283	38.211	562	75.982	1.468	204.355	1.587	217.854
200-500 ha	553	167.315	759	230.101	697	211.727	234	73.045	406	122.638	1.739	553.113	1.413	429.675
500-1.000 ha	163	105.962	254	172.908	283	193.129	88	60.183	122	79.492	1.063	740.063	556	375.206
1.000-2.500 ha	57	87.222	82	113.764	118	170.291	51	73.213	66	91.725	696	1.038.438	238	341.463
2.500+ ha	9	36.871	17	71.722	28	105.574	6	24.823	12	52.52[illegible]	166	624.280	32	98.395
Total*	66.900	1.498.113	14.376	984.150	13.041	1.039.684	17.217	488.944	19.441	675.990	15.829	3.451.577	20.909	1.886.976
Gini	0,608		0,729		0,767		0,732		0,773		0,764		0,734	

Fonte: IBGE, Sidra. Censo agropecuário. Tabela 837.

Nota: * Os estabelecimentos sem área foram excluídos.

CAPÍTULO 8

SÃO PAULO

Na segunda década do século XXI, São Paulo continua a ser o principal estado agrícola do Brasil. Foi em terras paulistas que a economia cafeeira atingiu seu pleno desenvolvimento, e foi o café que dominou as exportações brasileiras até grande parte do século XX. Foi o capital gerado pelo café que impulsionou o desenvolvimento econômico e social do estado. Foram os barões do café e os capitalistas imigrantes que transformaram São Paulo no mais importante centro industrial e financeiro do Brasil na segunda metade do século XX. Até hoje, o estado é o maior centro da agricultura, indústria e serviços no país, e sua capital não só é o maior centro urbano brasileiro, mas também a quarta maior metrópole do mundo. Embora a cafeicultura tenha declinado no meio século passado, São Paulo ainda domina a produção de culturas permanentes como café e laranja e também expandiu suas culturas temporárias. Neste período mais recente, o estado também se tornou o maior produtor mundial de cana-de-açúcar e líder na fabricação de açúcar e etanol, com a criação da mais moderna indústria de refino de açúcar do mundo, além de inserir-se entre os grandes centros produtores de soja. Mesmo com a contínua importância de sua agricultura, porém, São Paulo tem uma das menores porcentagens de população rural no país.

No período colonial, São Paulo foi uma região secundária que possuía apenas um modesto ramo açucareiro e era dominada pela agricultura de subsistência; sua população vivia próxima da costa. Nas primeiras décadas do século XIX, a economia açucareira paulista expandiu-se lentamente, e teve início o cultivo de café na região. Contudo, a produção dessas duas culturas ainda era relativamente pouco importante em comparação com a da província vizinha, o Rio de Janeiro, embora em São Paulo se desenvolvesse uma próspera economia de grande lavoura baseada no trabalho escravo. A rápida expansão da fronteira oeste após a chegada das ferrovias nos anos 1870 franqueou o acesso às melhores terras interioranas, e em fins do século São Paulo dominava a produção nacional do café. Em 1889 foram produzidas no estado 1,9 milhão de sacas do produto, que representaram 38% do total nacional. No final dos anos 1920, São Paulo produzia 17 milhões de sacas e respondia por 63% da produção nacional de café.[328]

Essa economia florescente permitiu que o estado trouxesse cerca de 2 milhões de imigrantes europeus e asiáticos para substituir a mão de obra escrava após a abolição em 1888. A economia resultante, com sua numerosa força de trabalho livre assalariada, estimulou o surgimento das primeiras indústrias. A partir de entao, o crescimento foi constante, e na segunda metade do século XX o estado já era o principal produtor industrial e agrícola do país, com população duas vezes maior que a de qualquer outro estado brasileiro. Isso, por sua vez, fez de São Paulo um destino atrativo para migrantes internos, e a partir dos anos 1920 entrou no estado um fluxo crescente de migrantes nordestinos; segundo o censo de 1991, 24% da população residente em São Paulo nascera fora do estado.[329] O censo de 2010 mostrou que São Paulo tinha 41 milhões de habitantes, 22% da população nacional e densidade demográfica de 166 pessoas por km^2, sendo o segundo estado mais densamente povoado do país.[330]

Em 1960, os 12,9 milhões de habitantes do estado representavam 18% da população nacional.[331] Embora São Paulo ainda tivesse a maior parcela de nascidos no exterior entre todos os estados brasileiros, essas pessoas compunham apenas 6% da população do estado.[332] Brancos representavam 83% da população paulista, em contraste com 61% nessa categoria na população nacional.[333] Embora em meados do século São Paulo fosse o líder em declínio da taxa de mortalidade e na lenta diminuição da fecundidade, sua estrutura demográfica pouco diferia da encontrada nas demais regiões do Brasil. Suas taxas de natalidade e mortalidade elevadas criaram a mesma estrutura em pirâmide para as distribuições etárias vista em todos os outros estados e no país como um todo.

Contudo, também nesse caso as taxas de fecundidade tiveram uma queda abrupta, juntamente com as taxas de mortalidade após 1960. Em 2010 a transição demográfica já havia ocorrido no estado, que agora tinha taxas de natalidade muito baixas combinadas a um declínio significativo nas taxas de mortali-

[328] Para a história econômica do estado, ver os dois volumes de Luna e Klein (2003, 2017).

[329] IBGE, Sidra. Tabela 631. Disponível em: <https://sidra.ibge.gov.br/tabela/631>.

[330] IBGE, Sidra. Tabelas 2094 e 1298.

[331] IBGE, Sidra. Tabela 1286.

[332] Censo demográfico de 1960. Série nacional, v. 1, t. xiii, tabela 6.

[333] Censo demográfico de 1960. Série nacional, v. 1, t. xiii, tabela 5.

dade infantil e de adultos — uma tendência conducente a uma estrutura etária moderna. O resultado foi o clássico modelo pós-transição em feitio de pote. Se em 1960 a população até 14 anos de idade representava 38% dos residentes no estado, em 2010 os dessa faixa etária eram apenas 21% da população paulista.

Já em 1960, porém, São Paulo era incomum pelos padrões brasileiros, pois apenas 37% de sua população vivia na zona rural, uma porcentagem muito inferior aos 53% que foram a média nacional naquele ano. Além disso, essa população declinou continuamente a partir de 1960 e atingiu uma das porcentagens mais baixas do Brasil: apenas 4% dos paulistas viviam na zona rural em 2010, em comparação com a média nacional, 16%. Por outro lado, na distribuição de homens e mulheres pelas áreas rurais e urbanas, o estado acompanhou o resto do país. Em todos os anos de censo, na área rural os homens sempre foram mais numerosos do que as mulheres, e na área urbana ocorreu o inverso (tabela 8.1).

Tabela 8.1: São Paulo: tamanho e participação da população rural e razão de sexo da população por residência, 1960-2010

			Razão de sexo	
Ano	População rural	% na população total	Urbana	Rural
1960	4.779.429	37%	97,0	111,2
1970	3.493.173	20%	98,3	112,9
1980	2.845.178	11%	98,5	112,5
1991	2.274.064	7%	96,7	112,1
2000	2.449.434	7%	95,1	109,8
2010	1.675.429	4%	93,9	119,0

Fontes: IBGE, Sidra. Tabela 200; para 1960, IBGE. Censo demográfico de 1960, séries regionais, v. 1, t. xiii, tabela 2.

São Paulo tinha a taxa de alfabetização mais elevada entre todos os estados em 1950, quando finalmente ultrapassou o Rio Grande do Sul.[334] Enquanto o Brasil continha 43% de alfabetizados em sua população acima de cinco anos, em São Paulo a porcentagem era 59%. Em 1950, 65% dos homens e 54% das mulheres de São Paulo eram alfabetizados, em contraste com o resto do país, onde a maioria dos homens e mulheres só viria a ser alfabetizada a partir do censo de 1960. Obviamente, a porcentagem de alfabetizados na população urbana era muito maior do que na rural. Em 1960 nas áreas urbanas 69% das pessoas eram alfabetizadas, enquanto na população rural a porcentagem era 44% (49% entre

[334] As porcentagens de alfabetizados foram 59,4% na população de São Paulo e 58,6% na população do Rio Grande do Sul. IBGE. Recenseamento geral de 1950. Série nacional, v. 1, "Censo demográfico". Rio de Janeiro: 1956. p. 90, tab. 47.

os homens e 44% entre as mulheres).[335] Mas até esse perfil mudou com o passar do tempo, e o censo de 1991 registrou 77% de alfabetizados na população rural a partir de cinco anos de idade e 87% na população urbana nessas idades. Para o país como um todo, a porcentagem de alfabetizados foi 54%.[336] Segundo o censo agrícola de 2006, apenas 6% dos proprietários ou administradores de estabelecimentos agrícolas eram analfabetos (em comparação com os 30% da média nacional). Essa alta porcentagem de alfabetizados e a natureza acentuadamente técnica da economia canavieira podem explicar as taxas muito elevadas de proprietários e administradores de estabelecimentos agrícolas paulistas que tinham educação técnica. Surpreendentes 30% dos 227.622 proprietários ou administradores de estabelecimentos agrícolas no estado também tinham alto grau de instrução (ensino médio técnico, ensino médio ou formação técnica superior), em contraste com 10% de seus congêneres no país como um todo. Evidentemente, quanto maior o tamanho do estabelecimento, mais alta a porcentagem de proprietários e administradores instruídos. Assim, mais da metade dos que geriam estabelecimentos de 100 hectares ou mais em São Paulo possuía um grau de instrução mais elevado. No entanto, até mesmo cerca de 20% dos proprietários e administradores de pequenos estabelecimentos agrícolas (de meio hectare a 20 hectares) também tinham alto grau de instrução, e nos estabelecimentos entre 20 e 100 hectares a parcela era superior a 1/3.[337]

São Paulo continua a ser o líder nacional em valor total da produção agrícola, embora o segundo lugar, Mato Grosso, esteja se aproximando rapidamente. No entanto, houve mudanças profundas no desenvolvimento agrícola recente do estado. Tradicionalmente São Paulo foi o principal estado produtor de café, mas essa deixou de ser a cultura dominante no conjunto de produtos agrícolas paulistas. Além disso, a liderança de São Paulo na cafeicultura também foi superada.

Também foi São Paulo um dos primeiros estados brasileiros a aplicar tecnologia moderna na lavoura, embora em 1960 apenas 22% das terras agrícolas, segundo estimativas, usassem insumos modernos, principalmente em culturas de gêneros alimentícios (Silva e Santos, 2001:68-82). O café já estava sendo substituído por uma série de outros produtos, sobretudo cana-de-açúcar. Nos últimos 40 anos, São Paulo emergiu como líder mundial na produção de cana-de-açúcar e no fabrico de açúcar e etanol. Também é o maior exportador mundial de suco de laranja e o principal produtor brasileiro de vários

[335] Censo Demográfico de 1960. Série nacional, v. 1, t. xiii, tab. 47.

[336] Censo Demográfico de 1991. População residente de 5 anos ou mais por situação (urbana e rural), segundo a alfabetização. Disponível em: <www.ibge.gov.br/home/estatistica/populacao/censodem/tab203.shtm>.

[337] IBGE, Sidra. Agro, tabela 801.

outros produtos. Apesar do choque dos anos 1980 e 1990 resultante da perda de apoio aos preços, crédito governamental subsidiado e mercados protegidos, o estado conseguiu recuperar-se e mostrar um crescimento notável após 2000.[338] O choque afetou a agricultura local, que, com exceção do agronegócio, declinou em fins dos anos 1980 até representar apenas 3,5% do PIB do estado. Em 2002, porém, já subira para 7,8%, e em 2015 era responsável por 12% do PIB paulista (Gonçalves, 2005:67).

Nos anos 1970 e começo da década seguinte, São Paulo já havia modernizado sua indústria açucareira, alcançando padrões internacionais.[339] O etanol tornou-se também um importante produto do processamento da cana-de-açúcar e, com forte apoio do governo, o Brasil tornou-se um líder mundial na produção e consumo desse biocombustível. Graças ao vultoso investimento privado e governamental, São Paulo conservou sua posição dominante como produtor de cana-de-açúcar e etanol, e essa complexa produção continuou a crescer no século XXI. Além disso, embora o crescimento dos canaviais na região Centro-Oeste tenha reduzido a parcela paulista no total da produção brasileira, o estado ainda domina a indústria do refino. A maioria das principais usinas está em São Paulo, e na safra de 2015-16 o estado processou cerca de 2/3 do açúcar produzido no país, tendo mantido essa porcentagem nas cinco safras anteriores.[340] Além disso, suas 15 maiores usinas produziram 35% do etanol brasileiro em 2010 (Castillo, 2009:17).

Na maioria dos anos, o complexo açúcar e etanol foi a exportação mais importante do estado. Em 2016, por exemplo, esses foram os principais produtos de exportação paulistas, seguidos por aviões. Naquele ano, São Paulo exportou US$ 5 bilhões em açúcar e se adicionarmos os outros derivados da cana-de-açúcar, o valor chega a US$ 7,5 bilhões, ou 17% do total das exportações do estado.[341]Esse valor total das exportações de produtos da cana-de-açúcar aproxima-se do valor das exportações mato-grossenses de soja. No entanto, a cana e seus derivados pesaram muito menos no contexto do total de exportações paulistas do que a soja e seus derivados para o Mato Grosso, pois as exportações de São Paulo compõem-se de bens industrializados, e seu valor foi o quádruplo das exportações do Mato Grosso (tabela 8.2).

338 Silva e Santos, 2001:68-82, 2001.

339 Sobre a modernização das usinas nesse período, ver Mariotoni (2004).

340 Unicadata|produção|histórico de produção e moagem|por safra. Disponível em: <www.unicadata.com.br/historico-de-producao-e-moagem.php?idMn=32&tipoHistorico=4>.

341 MDIC. Exportação brasileira, São Paulo, principais produtos, 2016. Disponível em: <www.mdic.gov.br/comercio-exterior/estatisticas-de-comercio-exterior/balanca-comercial-brasileira-unidades-da-federacao>.

Tabela 8.2: Valor dos principais produtos agrícolas exportados por São Paulo e Mato Grosso, em 2016

São Paulo			Mato Grosso		
Produtos	Valor em US$	% do valor total	Produtos	Valor em US$	% do valor total
Açúcar, álcool, etanol	7.761.120.795	16,8%	Soja e derivados	7.636.129.597	60,7%
Laranjas e suco de laranja	1.950.515.245	4,2%	Milho	2.407.526.297	19,1%
Carne e derivados	1.669.063.612	3,6%	Carne e derivados	993.089.211	7,9%
Soja e derivados	1.181.555.989	2,6%	Algodão	854.207.230	6,8%
Café	671.666.609	1,5%	Carne de frango	210.143.604	1,7%
Carne de frango	327.422.942	0,7%	Madeiras	139.848.636	1,1%
Papel Kraft	143.005.428	0,3%	Carne de porco	88.554.837	0,7%
Exportações não agrícolas	32.501.638.365	70,3%	Exportações não agrícolas	259.120.250	2,1%
Valor total das exportações	46.205.988.985	100,0%	Valor total das exportações	12.588.619.662	100,0%

Fonte: MDIC. Exportação brasileira, principais produtos, 2016.

Embora São Paulo tenha sido no passado um centro importante de cooperativas de produtores, houve um declínio nessas associações durante a crise dos anos 1990. As 136 cooperativas agrícolas que funcionavam no estado em 1992 tinham 164 mil agricultores associados e atuavam em 242 municípios, mas o colapso de duas associações centrais muito importantes (Cotia-CC e CC-Sul--Brasil) nesse período levou a uma grande reorganização e redução do sistema; este se reduziu a 127 cooperativas e metade do número de associados, que no entanto passaram a ter mais segurança econômica, e além disso algumas delas, como as de produtores de leite, tornaram-se também importantes produtores industriais (Bialoskorski Neto e Ferreira Júnior, 2004). Apesar de essas cooperativas de produtores de leite serem importantes em São Paulo e no Rio Grande do

Sul, nem sequer chegaram perto da relevância de suas congêneres nos Estados Unidos. Nesse país, 83% do leite é produzido por cooperativas de produtores, em contraste com 20% a 40% no Brasil (Chaddad, 2011:70). A participação dos agricultores paulistas nessas cooperativas ou sindicatos de produtores foi próxima da média na época do censo agropecuário de 2006, quando cerca de 29% dos estabelecimentos agrícolas com 48% das terras agrícolas eram associados a essas instituições. Essas foram porcentagens bem inferiores às encontradas para o Rio Grande do Sul, onde 68% dos estabelecimentos e 72% das terras eram associados a cooperativas e sindicatos, porém superiores às porcentagens do Mato Grosso, onde a parcela de estabelecimentos ligados a essas entidades era maior que a de São Paulo, porém esses estabelecimentos só controlavam 30% das terras agrícolas.[342]

No último quarto do século XX, grandes fazendas de cana-de-açúcar passaram a dominar a agricultura paulista, adquirindo a importância que antes tinham as fazendas de café.[343] Embora essas novas fazendas açucareiras fossem bem grandes, a estrutura de posse da terra em São Paulo continuou a ser mais parecida com a do Rio Grande do Sul do que com a de Mato Grosso. Assim, apesar de uma agricultura em contínua expansão, a estrutura básica de posse da terra na área rural pouco mudou desde os anos 1960, quando a cafeicultura ainda se destacava em São Paulo. Como na maior parte do Brasil no período de 1960 a 2006, houve um declínio tanto no número de estabelecimentos agrícolas (queda de 29%) como no total das terras (queda de 12%). No entanto, também houve mudanças nas participações das propriedades menores e maiores. Os estabelecimentos com menos de 100 hectares, que antes controlavam 28% do total das terras agrícolas, passaram a controlar 23%, e as unidades com mais de mil hectares aumentaram sua parcela de 31% para 36% nesse período de 1960 a 2006. Embora fosse uma porcentagem alta quando comparada aos 27% registrados em estados como o Rio Grande do Sul, ainda era inferior à média nacional, 44%, e consideravelmente inferior aos 78% de participação dos grandes estabelecimentos encontrada no Mato Grosso (tabela 8.3).[344]

342 IBGE, Sidra. Agro, tabela 840.

343 Sobre o declínio da cafeicultura no estado, ver Francisco et al. (2009:42-48). Sobre a transição do café para o açúcar, ver Carvalho (2014).

344 IBGE, Sidra. Agro, tabela 839.

Tabela 8.3: Distribuição dos estabelecimentos por tamanho e terra possuída, São Paulo, 1960-2006

Tamanho	Estabelecimentos	Área (hectares)
1960		
0.1-1 ha	3.159	2.147
1-5 ha	82.842	299.772
5-10 ha	59.759	461.376
10-20 ha	53.332	775.224
20-50 ha	59.900	1.925.596
50-100 ha	25.789	1.854.565
100-200 ha	15.595	2.191.622
200-500 ha	10.985	3.397.470
500-1.000 ha	3.547	2.500.335
1.000-2.000 ha	1.584	2.164.387
2.000+	902	3.731.454
Total*	317.394	19.303.948
Gini	0,787	

Fonte: Censo agricola 1960. Série regional, v. 2, t. xiv, pt. 1, tabela 1.

	2006	
0.1-1 ha	11.981	4.205
1-5 ha	40.782	126.919
5-10 ha	31.562	242.783
10-20 ha	46.547	689.651
20-50 ha	46.332	1.473.605
50-100 ha	20.688	1.467.925
100-200 ha	13.036	1.834.340
200-500 ha	9.583	2.965.789
500-1.000 ha	2.846	1.975.819
1.000-2.500 ha	1.470	2.235.513
2.500+	623	3.938.399
Total*	225.450	16.954.948
GINI	0,799	

Fonte: IBGE, Sidra. Agro. Tabela 837.

Nota: * Em 1960 e 2006 os censos usaram diferentes números máximos para os maiores estabelecimentos, mas não afeta significativamente o Gini.

Na segunda década do século XXI, os principais produtos agropecuários do estado, em valor, foram algumas culturas básicas, sobretudo cana-de-açúcar, animais, produtos animais, soja, laranja e suco de laranja, café e milho (tabela 8.4). Já em 1990 Minas Gerais ultrapassara São Paulo como principal estado produtor de café, e forneceu 33% do café nacional naquele ano, enquanto São Paulo produziu 1/4 do total brasileiro. Na segunda década do século XXI, a parcela paulista no total nacional caíra para 10%, enquanto a de Minas Gerais subira para 51%. São Paulo plantou mais de meio milhão de hectares com cafeeiros em 1990, mas 25 anos depois usou apenas 200 mil hectares.[345] Contudo, apesar do declínio na produção em relação ao período de pico dos anos 1980, São Paulo ainda manteve a liderança como produtor de laranja e suco de laranja, mesmo com um padrão de crescimento negativo.

Em contraste, São Paulo dominou na produção de laranja, sua outra cultura permanente significativa. Desde o tempo colonial a laranja foi uma cultura tradicional paulista. No entanto, era consumida *in natura* na própria região. As primeiras exportações de laranja foram para a Argentina após 1920 e para a Europa após 1930, embora a maior parte da produção ainda fosse consumida no Brasil (Diniz et al., 2012:2). Até 1957 o Rio de Janeiro foi o principal produtor do país, mas naquele ano São Paulo passou à frente em produção total, e aumentou sua participação em todas as décadas posteriores (Paulillo, 2006:75). Em 1972 São Paulo cultivava metade das laranjas nacionais, e em 1983 a participação do estado superou 80%. A maior parte das laranjas produzidas nesse período destinava-se ao consumo local e, até fins dos anos 1960, cerca de 90% das laranjas foram consumidas no próprio país. Mas em 1962 São Paulo começou a processar a laranja *in natura* para fazer suco, e produziu 203 mil toneladas de suco de laranja concentrado. Naquele ano foi fundada no município paulista de Bebedouro a primeira fábrica moderna de suco de laranja, a Companhia Mineira de Conservas.[346] Essa empresa por fim foi integrada à Frutesp, uma estatal mais tarde comprada pela Dreyfus. Um ano depois, uma empresa alemã, juntamente com imigrante alemão que era produtor local, fundou a Citrosuco, que se tornaria o maior produtor brasileiro e mundial de todos os tipos de suco de laranja no final do século. Em 1967, brasileiros fundaram a Sucocítrico Cutrale, que viria a ser o segundo maior produtor brasileiro. As crises periódicas por geadas na Flórida, especialmente no fim dos anos 1970 e começo dos anos 1980, reduziram significativamente a produção americana de suco e deram ao Brasil a oportunidade de tornar-se um importan-

[345] IBGE, Sidra, PAM. Tabela 1613.

[346] Uma das *packing-houses* da fruta em Bebedouro é citada por alguns como o primeiro estabelecimento produtor de suco já nos anos 1950, mas a primeira fábrica moderna é reconhecidamente a Companhia Mineira, fundada em 1962.

te participante do mercado internacional. Uma vez consolidada essa posição, o Brasil rapidamente ultrapassou a produção americana. Em 1975 o país controlava mais de metade das exportações mundiais de suco de laranja, em comparação com a participação americana de apenas 17%, e até na produção total de laranja o Brasil ultrapassou os Estados Unidos a partir da safra de 1981-82.[347]

Os processadores de laranja não são os donos dos laranjais. Esse sistema vertical de cadeia de valor envolve empresas processadoras que fornecem crédito aos cultivadores, transporte do sumo em caminhões-tanque especiais e navios oceânicos especialmente equipados, além de administração das vendas e marketing globais (Neves e Trombin, 2011). Embora seja considerada muito eficiente, essa indústria de processamento é acentuadamente concentrada. Em fins dos anos 1980, quatro empresas dominavam o mercado: Citrosuco Paulista (com 27% da produção em 1987), Sucocítrico Cutrale (com 25% do suco de laranja), Cargill Agrícola S/A (15%) e a cooperativa de produtores Coopercitrus Industrial Frutesp (7%). Embora atualmente existam 1.061 fábricas de processamento de suco em São Paulo, 94% delas são controladas por essas quatro empresas.[348] Recentemente essa concentração aumentou ainda mais, e as empresas tornaram-se multinacionais. Em 2012 a Citrosuco adquiriu a Citrovita, restando assim apenas três grandes processadoras de suco; a Citrosuco agora fornece 40% do total de suco exportado.[349] Essas grandes companhias entraram no mercado dos Estados Unidos nos anos 1990 adquirindo fábricas de processamento na Flórida para contornar barreiras alfandegárias americanas. A Cutrale comprou fábricas na Flórida e se tornou a principal fornecedora para a marca Minute Maid, da Coca-Cola; por sua vez, a Citrosuco adquiriu o controle de grandes fábricas da Flórida e se tornou a principal fornecedora da Tropicana, marca da Pepsi-Cola (Chaddad, 2016:106).

Essas empresas multinacionais com suas conexões internacionais, fábricas altamente capitalizadas e canais de transporte contrastam com as usinas de açúcar paulistas, que em geral plantam elas mesmas a cana-de-açúcar que processam. Esse nível elevado de concentração industrial criou uma tensão de longo prazo entre esses poucos processadores industriais e o grande número de citricultores independentes. A tensão gerou consideráveis conflitos jurídicos, ação do estado e organização local, enquanto os citricultores tentavam contrabalançar as relações assimétricas com os processadores.[350]

---

347 O resumo clássico da história moderna dessa indústria é Sued (1993: especialmente caps. 1 e 2).

348 Juntas, em 2010 as quatro grandes companhias possuíam 1.004 das fábricas: Citrosuco (312), Cutrale (290), Dreyfus (214) e Citrovita (188). Neves e Trombin (2011:19 e 54).

349 Disponível em: <www.citrosuco.com.br/nossa-empresa.html>.

350 Paulillo e Almeida (2009:11-27), Figueiredo, Souza Filho e Paulillo (2013:331-350) e Haroldo José Torres da Silva, H. (2016).

Tabela 8.4: Evolução dos principais produtos agrícolas em São Paulo, 1970-2016

Produtos	1970*	1975	1980	1985	1996	2006	2016	Taxa anual de crescimento
Cana-de-açúcar (toneladas)	30.340.214	34.565.920	72.257.080	125.000.840	153.768.067	231.977.247	442.282.329	6,0%
Frango de corte (cabeças)		73.670.496,0	104.640.587,0	99.411.227,0	134.924.522,0	180.148.271,0	197.562.326,0	2,4%
Laranjas (toneladas)		21.175.000	42.400.000	58.670.619	87.734.705	14.367.011	12.847.146	-1,6%
Gado bovino (cabeças)	9.110.633	11.381.957	11.867.074	11.260.601	12.797.505	12.790.383	11.031.408	0,4%
Milho (toneladas)	2.124.791	2.146.337	2.218.031	2.495.239	3.544.100	4.378.380	4.592.671	1,7%
Soja (toneladas)**					1.234.300	1.643.100	2.791.872	4,2%
Leite de vaca (1.000 litros)		1.331.984	1.844.122	1.781.004	1.985.388	1.744.008	2.556.274	1,6%
Bananas (toneladas)					57.055	1.175.768	1.089.820	15,9%
Ovos (1.000 dúzias)		332.987	516.610	600.440	729.866	825.925	1.020.540	2,8%
Café (toneladas)	466.757	849.728	793.870	1.048.578	382.800	253.820	340.114	-0,7%

Fonte: Safras até 2006, acessado em IBGE. Tabelas Agro 34 e Agro 73.
Disponível em: <http://seriesestatisticas.ibge.gov.br/lista_tema.aspx?op=0&no=1>;
para safras para 2015, IBGE, Sidra. Tabelas 1612 e 74; para todos os anos da pecuária utilizamos IBGE, Sidra. Tabelas 281, 3939e.
Notas:
* Não há dados de frango de corte para 1970. A taxa de crescimento foi ajustada para outra base.
** Os números relativos à soja em Agro 34 diferem dos dados da série PAM tabela 1612; assim decidimos usar apenas a segunda série.
Quando havia conflito nos números, utilizamos a mais recente série da tabela 1613 e 1612.

Os citricultores são muito mais fragmentados e, apesar de suas associações, a interação entre processadores e citricultores é acentuadamente assimétrica. Os citricultores são responsáveis pela produção e entrega da fruta às fábricas de suco ou *packing-houses*, embora por contrato recebam pagamento antecipado (Neves e Trombin, 2011:81 e 85). Na safra de 2009-10, São Paulo tinha cerca de 180,6 milhões de laranjeiras, das quais 9% eram recém-plantadas e ainda não estavam produzindo (até dois anos de idade); a produção média por laranjeira era de aproximadamente duas caixas por árvore (Neves e Trombin, 2011:81 e 85). Dos 12.627 citricultores, 76% possuíam laranjais com menos de 10 mil árvores, que representavam apenas 13% do total de laranjeiras. Por sua vez, os 51 citricultores gigantes, donos de mais de 400 mil árvores, representavam menos de 1% dos citricultores, mas possuíam 39% das laranjeiras (tabela 8.5).[351] Isso significa que, apesar da alta porcentagem de pequenos citricultores, a distribuição resulta em um Gini de 0,770, próximo do comumente encontrado para a maioria das culturas paulistas.

Tabela 8.5: Distribuição da produção de laranjas em São Paulo pelo número de árvores, 2009

Árvores (por 1.000)	Produtores	% Produtores	% Árvores
> 10	9.603	76,1%	13,4%
10-19	1.408	11,2%	8,0%
20-29	518	4,1%	5,3%
30-49	442	3,5%	7,0%
50-99	372	2,9%	10,8%
100-199	164	1,3%	9,0%
200-399	69	0,5%	7,4%
400+	51	0,4%	39,3%
Total	12.627	100,00%	100,00%

Fonte: Adaptada da tabela 14 em Neves e Trombin (2012:63).

Segundo estimativas, uma laranjeira pode produzir por até 20 anos, mas em São Paulo esse período produtivo costuma ser maior do que no exterior. Desde 2000 tem havido migração de produtores paulistas para as regiões mais meridionais do estado. Fatores de repulsão e atração impelem essa migração: o custo crescente das terras devido à expansão do açúcar nas zonas mais an-

[351] Esses números incluem todos os do estado de São Paulo e uma pequena área adjacente do estado de Minas Gerais que também produz laranja, o chamado Triângulo Mineiro.

tigas, as melhores condições climáticas nas novas áreas aliadas à ausência da doença *greening*, que matou um número significativo de laranjeiras. As outras três doenças — cancro cítrico, clorose variegada dos citros e morte súbita dos citros — destruíram cerca de 39 milhões de árvores nas áreas tradicionais na primeira década do século XXI. Aliás, essa foi a terceira de três grandes pragas que afetaram a produção de laranja (Diniz et al., 2012:3-4; Neves e Trombin, 2011:56). Uma praga em 1937 derrubou as exportações, e outra, em 1957, destruiu 300 milhões de árvores.[352] Essas pragas explicam por que os citricultores estão em segundo lugar no uso de inseticidas no Brasil, atrás dos cotonicultores, embora estejam apenas em 12º lugar no uso de fertilizantes (Neves e Trombin, 2012:53).

Em 1990 São Paulo ainda produziu 83% das laranjas brasileiras: 72 milhões de toneladas cultivadas em 723 mil hectares. Embora a produção caísse para 12 milhões de toneladas em apenas 413 mil hectares no quarto de século seguinte, São Paulo ainda foi o principal estado produtor, responsável por quase 3/4 da produção nacional.[353] Recentemente a produção aumentou, e a estimativa para a safra de 2016-17 foi de 18 milhões de toneladas de laranja. O Brasil é o maior produtor mundial dessa fruta (responsável por 37% da produção global em 2016-17), e o maior exportador mundial de suco de laranja (62% do total exportado no mundo).[354] Por sua vez, os produtores paulistas forneceram 94% de todos os tipos de suco de laranja exportados na safra de 2016-17.[355] A principal mesorregião produtora de laranja foi Bauru, que produziu 1/5 das laranjas do estado, seguida por Campinas, São José do Rio Preto, Ribeirão Preto, Itapetininga e Araraquara; juntas, essas mesorregiões foram responsáveis por 88% da produção. Essa distribuição pode ser vista mais pormenorizadamente na distribuição da produção de laranja por município (mapa 8.1).

[352] Ver IBGE, Sidra, PAM. Tabela 1613; Neves e Trombin (2011:55).

[353] IBGE, Sidra, PAM. Tabela 1613.

[354] USDA, FAS. Citrus: World Markets and Trade, p. 7 e 9, jan. 2017.

[355] USDA, FAS. Citrus Annual Brazil 2016, GAIN Report Number: BR16020, p. 7, 2/15/2016.

Mapa 8.1: **Produção de laranja no estado de São Paulo 2015 (toneladas por município)**

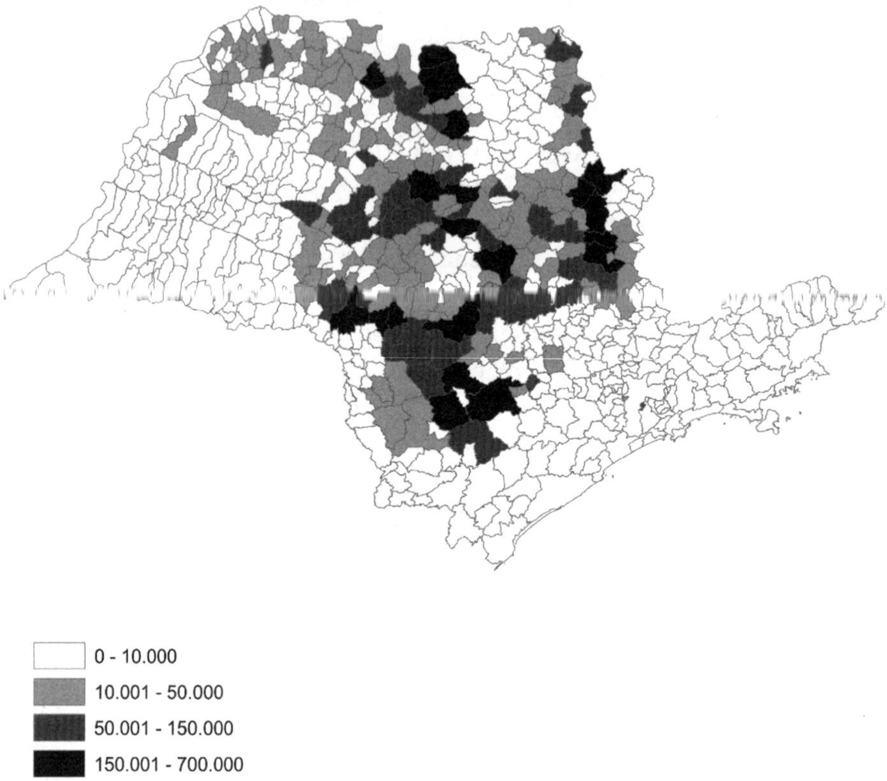

A banana foi a terceira cultura permanente mais importante do estado. Em 2015 São Paulo foi o segundo maior produtor de bananas do Brasil, responsável por 15% da produção nacional. Mas esteve tão próximo do maior produtor, a Bahia, que em alguns anos deste século assumiu a liderança nacional. Além disso, a produtividade dessa cultura em São Paulo é duas vezes maior que na Bahia. Ambos os estados produziram 1,1 tonelada de banana por hectare em 1990, mas em 2015 São Paulo obteve 20,1 toneladas por hectare, enquanto a Bahia aumentou seu rendimento para apenas 14,1 toneladas por hectare.[356]

Apesar de sua importância tradicional, essas culturas permanentes passaram a ocupar uma quantidade de terra cada vez menor. Embora São Paulo ainda tivesse uma área significativa dedicada a culturas permanentes em comparação com Rio Grande do Sul e Mato Grosso, seu volume total de uso da terra entrou em declínio; após o pico de 1,7 milhão de hectares em 1970, a área reduziu-se

[356] IBGE, Sidra, PAM. Tabela 1613.

à metade (803 mil hectares) em 2016 (gráfico 8.1). No país, as culturas permanentes diminuíram sua área de 7,9 milhões para 5,8 milhões de hectares nesse período. O grande crescimento no estado, assim como no resto do país, foi na área ocupada por culturas sazonais, que passaram de 3,6 milhões de hectares em 1970 para 7,8 milhões em 2016.[357] Ao mesmo tempo, o tamanho desses estabelecimentos paulistas diferiu significativamente: os 18 mil estabelecimentos arrolados como dedicados a culturas sazonais ocuparam em média 59 hectares, e os 17 mil estabelecimentos dedicados a culturas permanentes usaram em média 23 hectares.[358]

Gráfico 8.1: Evolução das terras dedicadas a cultivos temporários e permanentes, São Paulo, 1970-2016

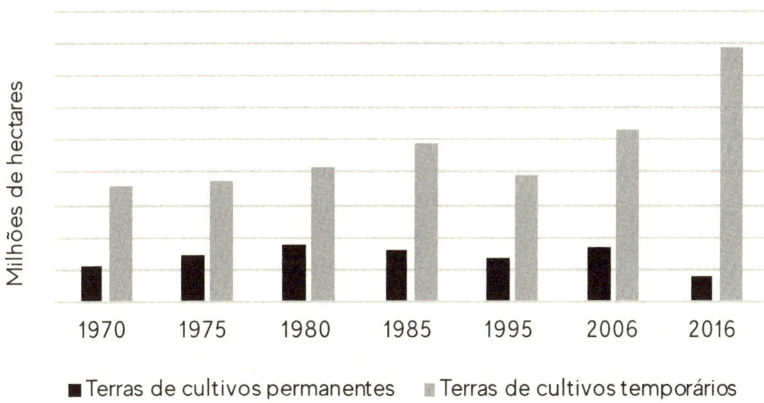

Fonte: IBGE, Sidra. Tabela 264; para 2015, tabelas 1612, 1613.

Toda essa mudança no uso das terras cultivadas por tipo de cultura deveu-se à extraordinária expansão do cultivo de cana-de-açúcar, que atualmente é o produto dominante no estado em valor e em uso da terra. Historicamente, porém, não foi assim. Durante toda a segunda metade do século XIX e na maior parte do século XX, São Paulo importou de Pernambuco a maior parcela do açúcar refinado que consumiu. Produzia-se cana-de-açúcar em terras paulistas, mas nos anos 1920 pragas quase aniquilaram os canaviais da região, e só a importação de novas variedades resistentes vindas de Java (Indonésia) reviveu esse ramo agrícola no fim da década.[359] Em seguida, a crise no transporte ma-

---

[357] IBGE, Sidra. Tabela 264 para os dados de 1970 a 2006 e tabelas 1612 e 1613 para os de 2015.

[358] IBGE, Sidra. Tabela 1112.

[359] Para um levantamento geral da trajetória do ramo açucareiro paulista até os anos 1970, ver Mariotoni (2004: cap. 1).

rítimo decorrente da Segunda Guerra Mundial acarretou um declínio relativo de Pernambuco, e cada vez mais São Paulo se aproximou da autossuficiência em açúcar.[360] Nos anos 1950 São Paulo finalmente superou a produção açucareira de Pernambuco. Os custos de produção em São Paulo eram menores do que naquele estado nordestino, e os paulistas começaram até a exportar para o mercado internacional. Esse mercado externo tornou-se muito mais aberto depois do embargo a Cuba pelos Estados Unidos em 1960. Os Estados Unidos deram ao Brasil em 1962 a maior parte da cota de importação de açúcar antes concedida a Cuba, primeiro com o direito de importar 100 mil toneladas, e depois, em 1967, aumentando a cota para 360 mil toneladas. Por sua vez, quando Cuba criou um novo mercado protegido nos países socialistas para sua cana-de-açúcar, declinaram nesses países as fábricas de açúcar de beterraba, enquanto o consumo de açúcar aumentou. Mas as safras cubanas fracassaram, e esses mercados também foram abertos para exportações brasileiras. Essa onda favorável beneficiou principalmente os produtores de açúcar paulistas e não os dos canaviais nordestinos, mais antigos e relativamente ineficientes. Em 1976 o açúcar tornou-se o produto agrícola mais importante em termos de valor da produção de São Paulo. Nesse período de grande crescimento, aumentou o tamanho das fazendas de cana-de-açúcar. Por exemplo, em 1964 os pequenos produtores foram responsáveis por 60% da cana levada às usinas, mas em 1970 sua participação foi de apenas 40%. Todo esse crescimento gerou pressão sobre o controle governamental. O antigo Instituto do Açúcar e do Álcool (IAA), fundado por Vargas em 1933 para defender os pequenos e médios produtores, tinha um sistema de cotas determinando que as usinas comprassem 60% da cana-de-açúcar de agricultores independentes. Nos anos 1970 esse sistema de cotas foi abandonado temporariamente e, sob pressão de novas associações de usineiros, o governo lentamente deixou de lado o sistema de cotas; com isso, as usinas aumentaram progressivamente a parcela da cana própria processada. Essas usinas eram de proprietários brasileiros, muitos deles imigrantes empreendedores que haviam iniciado suas atividades na cafeicultura (Nunbert, 1986:56-57).

Os usineiros e agricultores brasileiros responderam a essa abertura do mercado internacional aumentando a produção de açúcar por meio de uma série de reorganizações tecnológicas e administrativas. Primeiro, foram introduzidas turbinas na maioria das usinas, que na época da safra de 1960-61 produziam em média de 100 mil a 200 mil sacas de açúcar por safra. Seis anos mais tarde havia um número crescente de estabelecimentos maiores entre as cerca de 90 usinas

[360] Sobre o impacto da guerra mundial na navegação de cabotagem e sua influência no deslocamento da produção açucareira para o Sudeste, ver Szmrecsányi e Moreira (1991:57-79).

em produção na época, e esses processadores maiores geravam em média de 200 mil a 300 mil sacas de açúcar; houve até algumas usinas nesse período que conseguiram produzir mais de 1 milhão de sacas por safra (Mariotoni, 2004:31). Um acontecimento importante nesse período foi a criação da Cooperativa de Produtores de Cana-de-Açúcar, Açúcar e Álcool do Estado de São Paulo (Copersucar), em 1959, pela fusão de duas cooperativas locais de produtores (Neves, Grayb e Bourquard, 2016:209). A entidade começou como uma associação de produtores concentrada na comercialização do açúcar e álcool produzido pelos seus associados. Em fins da década, a Copersucar representava 85% dos usineiros paulistas e comercializava mais de 90% do açúcar e álcool produzidos em São Paulo. A entidade evoluiu rapidamente para um conglomerado com atividades as mais diversas, desde a concessão de crédito até a posse de destilarias, e era ativa em todos os aspectos do processo de produção (Nunberg, 1986:63-64). Além disso, criou um ramo de pesquisas para promover a mudança tecnológica. Atribui-se à Copersucar o aumento da produtividade das usinas pela adoção de tecnologia de ponta de outros países, em um programa de modernização iniciado em 1973.[361] Assim, o aumento nos rendimentos deveu-se inicialmente à modernização das usinas, e só depois à adoção de novos métodos de plantio e colheita da cana-de-açúcar. Finalmente, as numerosas associações de agricultores locais criaram em 1976 uma poderosa entidade, a Organização dos Produtores de Cana do Estado de São Paulo (Orplana), que se tornou mais um grupo de pressão empenhado em obter mudanças nas políticas tradicionais do IAA voltadas para a produção e processamento de açúcar e álcool. Um resultado de toda essa pressão e do grande crescimento temporário da produção açucareira nos anos 1970 foi a concessão, pelo IAA, de vultoso crédito governamental para a modernização e consolidação de toda a indústria açucareira; combinada às mudanças técnicas promovidas pela Copersucar, essa medida criou um sistema eficiente e produtivo para substituir a organização anteriormente arcaica. Muitas usinas fecharam e, em fins dos anos 1970, a porcentagem de pequenas usinas (que produziam menos de 18 mil toneladas de açúcar) caíra para apenas 9% do total em todo o país; em fins da década, a produção das usinas remanescentes duplicou (Nunberg, 1986:70-71 e tab. 7).

A expansão ocorreu tão depressa que o mercado internacional não foi capaz de absorver todo o açúcar produzido no Brasil, por isso os preços tiveram uma queda significativa. Esse problema de superprodução, tão comum no país, gerou um pedido por ajuda governamental e intervenção no ramo. Felizmente para os produtores paulistas, o choque do petróleo em 1973 levou o governo a criar o

[361] Sobre o papel da Copersucar na modernização das usinas, ver Mariotoni (2004).

programa Proálcool em 1975, cujo objetivo era promover o etanol produzido com cana-de-açúcar como alternativa à gasolina. Isso foi feito por meio de subsídios ao cultivo crescente de cana, incentivo à construção de destilarias de etanol ao lado das usinas de açúcar e determinação de que a Petrobras, estatal com o monopólio do combustível no país, misturasse quantidades cada vez maiores de etanol à gasolina importada. Até então, a produção de álcool era secundária à do açúcar nas atividades das usinas, mas com o aumento da demanda por etanol essa situação mudou. O maior impacto desse programa para os produtores foi criar um novo mercado para a cana-de-açúcar (Mariotoni, 2004:33-35).

Embora o etanol já fosse adicionado à gasolina desde os anos 1930 e tivesse sido importante durante a Segunda Guerra Mundial, esse novo programa foi além e procurou incentivar o investimento privado na destilação do produto e criar um mercado garantido para esse biocombustível. O programa determinou também que a Petrobras comprasse esses novos combustíveis e os misturasse à gasolina sistematicamente — naquela etapa, menos de 20% dos motores não precisaram ser modificados. Contudo, a segunda crise do petróleo, em 1979, impeliu o governo a um novo nível de atuação. Dobraram-se as metas de produção de álcool, e o governo incentivou a indústria automobilística a criar novos motores a álcool. Agora 25% de biocombustíveis eram adicionados na mistura da gasolina, e créditos vultosos permitiram a construção de destilarias ou usinas independentes para a produção de álcool, capazes de transitar entre a produção de açúcar e etanol; com isso, em 1980 a produção de álcool havia duplicado. O êxito do programa no longo prazo é demonstrado pelos números de 2007, quando havia no estado 414 usinas processadoras de cana, das quais 248 eram usinas mistas produtoras de açúcar ou etanol, 151 eram destilarias autônomas e 15 usinas produziam apenas açúcar (Castillo, 2009:3).

No entanto, em fins dos anos 1980 os preços mundiais do petróleo estavam em declínio, e o governo abandonou a meta da exclusividade do etanol em automóveis. No final da década de 1990 houve a desregulamentação de todos os preços, e os destiladores foram obrigados a controlar a produção devido à queda nos preços do etanol. Os preços mundiais do petróleo tornaram a subir depois do ataque terrorista em Nova York em 2001 e da subsequente guerra do Iraque, e a produção petrolífera da Venezuela declinou sob Chávez, havendo um subsequente aumento dos custos do petróleo importado pelo Brasil; tudo isso levou o governo a lançar um novo programa de incentivo ao etanol. Além de promover o aumento crescente na mistura de etanol à gasolina e diesel combustível, a iniciativa ensejou em 2003 a introdução dos motores flex para carros, capazes de funcionar com qualquer combinação de etanol e gasolina. Essa inovação criou a moderna economia aberta onde o etanol pôde sobreviver (Hira e

Oliveira, 2009:2451-2454; Costa, Pereira Junior e Aranda, 2010:3044). Em 2004 um programa semelhante foi criado para a mistura de produto renovável no diesel utilizado no Brasil (Programa Nacional de Produção e Uso de Biodiesel). O biodiesel, produzido a partir de produtos agrícolas, deveria ser adicionado ao diesel comercializado no Brasil. O porcentual cresceu progressivamente, alcançando uma mistura de 10% em 2018. A produção de biodiesel pode ser feita a partir de vários produtos, como gorduras animais ou óleos vegetais, mas há forte concentração no uso da soja como sua matéria-prima.[362] Os dois programas avançam, mas de forma muito mais rápida na substituição da gasolina nos automóveis, e a expectativa é de que em uma década todos os automóveis terão motores flex ou serão movidos a gás ou eletricidade.[363]

A Copersucar foi quem mais se beneficiou com o primeiro programa Proálcool. Nos anos 1980, possuía mais de 70 usinas e cinco destilarias na região Sul e fornecia 61% do álcool e 77% do açúcar produzidos no estado. Além disso, criara um centro de pesquisa em 1970; nos anos 1980 esse centro reunia um grupo significativo de engenheiros estrangeiros que promovia a introdução das mais novas invenções tecnológicas. Por sua vez, esse grupo também era estreitamente associado à Dedini S.A. Indústrias de Base, principal fabricante de máquinas na cidade de Piracicaba, o cerne da indústria açucareira. A Dedini foi fundada em 1914 por um engenheiro, imigrante italiano com experiência na indústria italiana de açúcar de beterraba. Adotou depois a mais avançada tecnologia francesa de fabricação de açúcar e passou a produzir usinas de pequeno e médio porte. Começando com usinas pequenas e frequentemente equipamento recondicionado, nos anos 1970 a empresa havia acumulado experiência suficiente para produzir suas primeiras usinas de grande porte prontas para funcionar. Hoje a Dedini produz máquinas para a fabricação de açúcar e etanol (hidratado e anidro) e aguardente. Pode construir refinarias de açúcar, usinas de cogeração, tanques, sistemas de filtragem e vários outros produtos para a indústria. Sua tecnologia é tão avançada que agora a empresa licencia seus projetos para uso em todos os tipos de indústria (Mariotoni, 2004: cap. 3; Liboni et al., 2015:1070-1096). No entanto, a Dedini não era a única fornecedora de máquinas importante. Outra produtora de máquinas paulista significativa era a Zanini Renk, uma empresa brasileira fundada em 1973 que em 1983 criou uma empresa conjunta com a fabricante alemã Renk AG. Desde os anos 1970, essas duas empresas importantes e várias outras menores construíram aproximadamente 200 destilarias

---

362 Sobre esses experimentos, ver Mattei (2010:731-770) e Ferrari Filho (2011).

363 UNICA. Frota brasileira de autoveículos leves...2007-2015. Disponível em: <www.unicadata.com.br/listagem.php?idMn=55>. Acesso em: 7 ago. 2017. Sobre o impacto dos programas do álcool sobre o meio ambiente, ver Goldemberg, Coelho e Guardabassi (2008:2086-2097).

independentes e 200 usinas capazes de produzir açúcar ou álcool (Liboni et al., 2015:1079-1080). Manter as importantes usinas paulistas em funcionamento requeria um complexo setor de serviços e industrial, criado pelas grandes usinas. A maioria desses serviços e fábricas que construíam usinas e lhes forneciam peças de reposição encontra-se nas regiões paulistas de Piracicaba, Ribeirão Preto, Sertãozinho e Catanduva — uma região que, segundo estimativa, possui cerca de 500 indústrias e empresas prestadoras de serviço, das quais 90% são diretamente ligadas à indústria sucroalcooleira (Castillo, 2009:1 e 7).

Paralelamente a essa revolução tecnológica e apoio governamental sistemático, houve uma reorganização estrutural fundamental da produção em setores verticalmente integrados. Todas as usinas controlam seus próprios canaviais ou, com base em contratos de longo prazo, têm acesso a terras de terceiros. Quando as usinas são donas dos canaviais, ocorre uma integração vertical total. Um segundo sistema é a usina firmar um contrato de cinco anos ou mais para arrendar terras de terceiros e usá-las na produção de cana-de-açúcar. Finalmente, há o sistema de parceria, no qual o agricultor prepara a terra e as usinas plantam e colhem a cana e depois dividem o açúcar produzido com o proprietário da terra. Existem ainda variações desse sistema nas quais o parceiro cultiva a cana e a usina corta, transporta e processa o produto colhido. Existem, inclusive, produtores que vendem sua cana *no spot*, isto é, não têm contrato com usinas e negociam por conta própria seu produto, embora essa prática seja de alto risco.[364]

À medida que a produção cresceu, as usinas que haviam sido quase exclusivamente nacionais passaram cada vez mais a ter proprietários estrangeiros, e aumentou a complexidade no ramo como um todo. Na primeira década do século XXI, importantes empresas estrangeiras e até cooperativas estrangeiras entraram no ramo da fabricação de açúcar e etanol em São Paulo. Em 2006 a Bunge adquiriu oito usinas capazes de produzir açúcar ou etanol. A Dreyfus associou-se a uma empresa brasileira em 2009 para criar a Biosev com 12 usinas. A Royal Dutch Shell e uma empresa brasileira criaram a Raizen, com 24 usinas e numerosas outras propriedades. A Guarani, com sete usinas, foi comprada pela Tereos, uma cooperativa francesa de açúcar de beterraba, em conjunção com a Petrobras, e finalmente a Copersucar e a Cargill criaram outra empresa de processamento e comercialização, a Alvean, em 2014.[365] A própria Copersucar, com suas 47 usinas, deixou de ser apenas produtora e passou a ser também transportadora e *trader* com longo alcance no mercado mundial. Finalmente, as usinas e produtores de cana do estado também se organizaram em associações,

[364] Sobre as ligações criadas nesse sistema complexo, ver Conejero et al. (2008:5).

[365] McKay et al. (2014:6, tab. 2, "The corporate control of Brazilian sugarcane").

das quais a mais importante foi a Associação das Usinas (Única), fundada em 1997 por 120 empresas que são hoje responsáveis por mais de 50% do etanol e 60% do açúcar produzidos no Brasil.[366]

No final desse longo processo de investimento e consolidação, empresas multinacionais controlavam quase um terço da indústria em 2011. Mas os participantes nacionais ainda eram importantes e, apesar de uma série de colheitas ruins e da mudança de políticas de apoio governamental, a indústria continuou a avançar nas práticas modernas de cultivo. A Unica investiu pesadamente em pesquisa científica e programas de qualificação da mão de obra, além de incentivar todos os produtores a adotar as mais avançadas práticas de sustentabilidade.

Juntamente com o crescimento da Unica, a Copersucar, maior cooperativa brasileira, também passou por uma transformação radical, tornando-se um novo tipo híbrido de cooperativa e empresa. Em 2008 essa nova entidade reorganizada sob o nome Copersucar S.A. concentrou todo o seu capital em exportações de açúcar e etanol. Vendeu sua marca de açúcar União, suas fábricas de processamento de café à empresa Sara Lee, e criou o bem-sucedido Centro de Tecnologia Copersucar (CTC), fundado em 1969 e hoje o mais avançado centro de pesquisas agrícolas sobre o açúcar no mundo, uma entidade independente. A Copersucar S.A. aumentou o número de suas usinas para 43 e em 2014 produziu 135 milhões de toneladas de açúcar e 4,9 bilhões de litros de etanol. Nessa época, a entidade foi responsável por 11% das exportações mundiais de açúcar e estipulou a meta de alcançar a fatia de 30% das exportações mundiais até o fim da década. Além disso, comprou uma empresa de comercialização de etanol de milho em 2012 e associou-se à Cargill para promover mais atividades internacionais de comercialização e construir seus próprios canais de distribuição e instalações portuárias (Chaddad, 2016: cap. 4).

Além de adotar novos sistemas de fabricação, novas tecnologias e novas estruturas de negócios, a indústria açucareira revolucionou o plantio e o corte da cana ao longo de várias décadas passadas. A queima do bagaço declinou e o plantio direto na palha tornou-se comum. Na safra de 2006-07, apenas 40% da cana plantada era cortada por máquinas. Essa mecanização foi parte de um acordo entre os produtores e o estado de São Paulo, no qual os produtores comprometeram-se a mecanizar a colheita. A mecanização reduziu o número de trabalhadores no corte da cana de 260 mil para metade desse número na safra de 2006-07. Outra grande mudança foi a proibição no estado de queimar a palha da cana depois do corte. Em 2002 o estado de São Paulo emitiu um decreto

[366] Amaral, Neves e Moraes (2003:70-71). Ver também UNICA. Histórico e missão. Disponível em: <www.unica.com.br/unica/?idioma=1>.

propondo o lento declínio da queima e sua substituição pelo plantio direto na palha, sem aradura, ou pela aradura tradicional, e por fim a proposta foi apoiada pela Unica. Na safra de 2008-09, o carregamento, o transporte e o cultivo da cana eram 100% mecanizados, e 40% do corte era feito por máquinas. De fato, existe uma correlação entre a mecanização e o fim da queima de canaviais, pois as plantações não queimadas requerem corte mecanizado (Moraes, 2007:607-611). Segundo estimativas, 60% dos canaviais mecanizados e não mecanizados haviam mudado para esse novo sistema sem queima de bagaço em 2011 (Ribeiro e Ficarelli, 2010:48-51), e em 2015 no estado de São Paulo cerca de 85% da cana foram colhidos por máquinas, havendo apenas 52 mil trabalhadores ocupados nesse ramo (Wilkinson, 2015:11). A única área em que houve menos desenvolvimento em comparação com outras culturas brasileiras foi na criação de novas variedades e sementes de cana-de-açúcar.

Todas essas medidas estimularam a produção açucareira no Brasil, sobretudo em São Paulo. Já em 1990 o estado produziu 137 milhões de toneladas de cana-de-açúcar (52% do total nacional) e em 2015 sua produção chegou a 423 milhões de toneladas, muito mais que a metade do total brasileiro. A quantidade de terras com canaviais em 1990 foi 1,8 milhão de hectares, e 26 anos depois chegou a 5,6 milhões de hectares. O Brasil é considerado o país que produz açúcar com o menor custo no mundo. O custo de produzir uma tonelada de açúcar em São Paulo em 2007 foi de US$ 120; nos Estados Unidos, US$ 290 (Fernandes e Santos, 2011:4; Zimmermann e Zeddies, 2002:7-12). São Paulo é também o maior produtor mundial de cana-de-açúcar, e na safra de 2016-17 produziu 366 milhões de toneladas em 5,6 milhões de hectares, que foram transformadas em 24,2 milhões de toneladas de açúcar e 13,5 bilhões de litros de etanol.[367] Nessa mesma safra, saíram de São Paulo 77% das exportações brasileiras de açúcar.[368]

Além de liderar no cultivo de cana-de-açúcar, São Paulo também alcançou o primeiro lugar na produção de açúcar e álcool. Hoje o estado processa mais de metade do açúcar refinado brasileiro e produz mais de metade do etanol do país com cana plantada em suas terras. Em 1974 o estado processou 39 milhões de toneladas de cana-de-açúcar; em 2016 foram 442 milhões de toneladas: uma taxa de crescimento anual de 5,9%.[369] A produção de açúcar refinado passou de 4 milhões para quase 24 milhões de toneladas na safra 2016-17, com taxa

[367] USDA. 2017 Sugar Annual Brazil (Report BR17001, 4/28/2017). A Unica estima um volume ligeiramente maior de produção total de etanol em 2015-16: 14,5 bilhões de litros. Disponível em: <www.unicadata.com.br/historico-de-producao-e-moagem.php?idMn=31&tipoHistorico=2>.

[368] UNICA. Exportação anual de açúcar pelo Brasil por estado de origem. Disponível em: <www.unicadata.com.br/listagem.php?idMn=43>. Acesso em: 6 abr. 2017.

[369] IBGE, Sidra. Tabela 1612.

de crescimento anual de 4,9%. A produção total de etanol também cresceu em 4,9% ao ano, de 2,6 bilhões de litros para 13 bilhões de litros nesse mesmo período de 1980-81 até a safra 2016-17.[370] Embora o crescimento da produção de etanol na região Centro-Oeste tenha reduzido a parcela paulista no refino de etanol, São Paulo ainda é o maior produtor, gerando 44% da produção brasileira desse biocombustível.[371] Dos 1,3 bilhão de litros de etanol exportados em 2016-17, saíram das refinarias paulistas 97% do total.[372] Ao todo, o Brasil produziu 7 milhões de galões de biocombustíveis em 2015, correspondentes a 28% da produção mundial de biocombustíveis de todas as fontes.[373]

Os produtos agropecuários de crescimento mais rápido em São Paulo nesse período foram cana-de-açúcar e banana, seguidas por soja, ovos e milho. A laranja, embora ainda fosse um produto importante em vendas, sofreu grandes oscilações na produção desde os anos 1980 até este século, e o mesmo ocorreu com os frangos de corte. Entre esses produtos agropecuários, o estado foi o maior produtor brasileiro de cana-de-açúcar, laranja, ovos (e, naturalmente, possuiu o maior número de galinhas do Brasil), frangos de corte e amendoim. A produção de ovos de São Paulo representou 26% do total nacional em 2015 e foi três vezes maior que a produção do estado que ficou em segundo lugar.[374] São Paulo produziu 21% dos frangos de corte do país e foi o principal produtor brasileiro. Seu rival mais próximo, o Paraná, produziu só metade do número de aves.[375] O estado produziu 92% do amendoim cultivado em 2015 e foi o segundo maior produtor de banana, além de ser importante, embora não o líder, na produção de soja e milho.[376]

Em valor, a produção de açúcar e produtos animais de São Paulo compôs bem mais de 2/3 do valor bruto da produção agropecuária nas duas primeiras décadas do século XX. Laranja e soja ficaram em segundo lugar. Todos os

---

370 UNICA. Várias tabelas sobre produção para o período 1980-81 a 2016-17, por estado. Disponíveis em: <www.unicadata.com.br/historico-de-producao-e-moagem.php?idMn=32&tipoHistorico=4>. Acesso em: 6 abr. 2017.

371 Dados da safra de 2016-2017 e 1980-81 disponíveis em UNICA. Sugarcane, ethanol and sugar production: Disponíveis em: <www.unicadata.com.br/>.

372 UNICA. Exportação anual de etanol por estado brasileiro (mil litros) 2012/13 a 2016/16. Disponível em: <www.unicadata.com.br/listagem.php?idMn=23>. Acesso em: 2 ago. 2017.

373 AFDC. World fuel ethanol production by country or region (million gallons). Disponível em: <www.afdc.energy.gov/uploads/data/data_source/10331/10331_world_ethanol_production.xlsx>. Acesso em: 2 ago. 2017.

374 IBGE, Sidra, PPM. Tabela 74.

375 IBGE, Sidra, PPM. Tabela 3939.

376 Para dados sobre a produção de culturas temporárias e permanentes em 2015, ver IBGE, Sidra, PAM. Tabelas 1612 e 1613. Para a análise da produção de amendoim em São Paulo, ver Martins (2011:5-16).

produtos animais — carne, leite e ovos — representaram pouco menos de 30% do valor bruto total de todos os produtos agropecuários, enquanto o açúcar compôs 40% do total. O café foi menos importante do que a laranja e a soja, e representou menos de 5% do valor total (tabela 8.6).

Tabela 8.6: Valor total dos principais produtos agrícolas em São Paulo, 2007-16

Produto	2007	2008	2009	2010	2011	2012	2013	2014	2015	2016
Cana-de-açúcar	35%	30%	36%	35%	40%	46%	46%	42%	41%	40%
Gado bovino	11%	13%	13%	11%	9%	9%	10%	11%	12%	11%
Carne de frango	12%	12%	10%	9%	9%	9%	9%	8%	8%	8%
Laranjas	16%	17%	15%	19%	19%	9%	5%	7%	6%	6%
Ovos	2%	3%	2%	2%	3%	4%	5%	5%	5%	5%
Soja	2%	3%	3%	2%	2%	3%	3%	3%	4%	5%
Leite de vaca	4%	4%	4%	5%	4%	4%	5%	5%	4%	4%
Café	3%	3%	2%	3%	3%	4%	2%	3%	3%	4%
Milho	4%	5%	3%	3%	3%	3%	4%	3%	3%	4%
Bananas	1%	2%	1%	2%	2%	2%	2%	2%	2%	3%
Batatas	2%	1%	2%	1%	1%	1%	1%	2%	2%	2%
Tomates	2%	2%	2%	2%	2%	2%	4%	5%	5%	2%
Outros	5%	5%	5%	5%	4%	5%	5%	5%	5%	5%
Subtotal	100%	100%	100%	100%	100%	100%	100%	100%	100%	100%

Fonte: Valor bruto da produção - regional por UF - jul. 2016.
Disponível em: <www.agricultura.gov.br/ministerio/gestao-estrategica/valor-bruto-da-producao>.

Embora o cultivo de cana-de-açúcar, soja e milho tenha absorvido cada vez mais terras, São Paulo continua a ser um estado importante na pecuária. A parcela das terras agrícolas ocupadas na pecuária declinou de 11,4 milhões de hectares, em 1970, para 6,9 milhões de hectares, em 2006, mas ainda representa 41% de toda a terra agrícola do estado.[377] No entanto, essa redução da área teve

[377] IBGE, Sidra, Agro. Tabela 264.

pouco efeito sobre o número de bovinos criados em São Paulo. Em 1970 havia 9,1 milhões de cabeças, e em 2006 foram 10,4 milhões, o que demonstra a eficiência crescente da pecuária paulista.

Em contraste com os bovinos, houve nesse período um crescimento importante do segundo produto animal mais importante do estado, as aves (frangos de corte e galinhas de postura). Como em todo o mundo, só em meados do século XX a carne de frango passou a ser mais apreciada e ganhou importância no consumo de carnes. Uma organização segmentada e moderna da produção, com novas práticas de criação, alimentação e reprodução, reduziu os preços do frango por toda parte desde os anos 1950. Em São Paulo, a produção moderna de frangos de corte começou nos anos 1940 na região de Mogi das Cruzes. Na década seguinte surgiram novas granjas especializadas que adotavam os mais avançados procedimentos sanitários, e nos anos 1960 houve a importação de raças específicas de frangos de corte. Mais ou menos nessa época, os produtores do estado adotaram o sistema integrado vertical desenvolvido pela Sadia em 1964, no qual os frigoríficos firmavam contratos de longo prazo com os criadores e forneciam assistência técnica, insumos e pintos de um dia (Nogueira e Zylbersztajn, 2003:7; Freitas e Bertoglio, 2001:102). Como ocorreu nas outras áreas principais de produção da carne, houve uma concentração crescente da produção em um número cada vez menor de produtores. Em fins dos anos 1980, havia mais de 45 frigoríficos avícolas no estado, mas apenas oito deles processavam quase metade do total da carne de frango (Marques, 1994:12, tab. 12). Entre 1974 e 2015 a produção paulista de frangos de corte passou de 29 milhões de aves para 47 milhões, com uma taxa de crescimento anual de 1,2%. Hoje o estado é o quarto maior exportador internacional de carne de frango, atrás dos três estados do Sul, e fornece 6% do total dessas exportações.[378]

Por outro lado, São Paulo é agora o maior produtor do outro produto avícola, ovos. Fornece 34% do total nacional, e está muito à frente dos demais estados.[379] O sistema moderno de produção industrializada de ovos começou nos anos 1950, segundo estimativa, e foi promovido em São Paulo pela importante Cooperativa Agrícola de Cotia (CAC). A indústria dos ovos, que no início produzia artesanalmente frangos e ovos na mesma granja, agora é parte do complexo sistema de produção de frangos de corte e galinhas de postura em vários estabelecimentos, em um processo que vai da criação dos animais até a produção dos ovos e o processamento dos frangos e ovos para venda (Kakimoto, 2011:46).

---

378 Associação Brasileira de Proteína Animal (ABPA). Annual Report 2016, p. 19.

379 ABPA. Relatório Anual, p. 184, 2015.

Em contraste com a produção de carne de frango, para a qual existe um vibrante mercado internacional, os ovos são quase totalmente consumidos no país.

A produção de frangos de corte e galinhas de postura é aproximadamente igual, e existem variedades das espécies clássicas. Em geral, há dois níveis de incubatórios, os avozeiros e matrizeiros das galinhas poedeiras ou frangos de corte e os que produzem os pintos de um dia a serem vendidos para as granjas; entre esses, os que mais tarde se tornarão galinhas poedeiras são chamados pintinhos de postura, e os que serão abatidos para consumo são os pintinhos de corte. A criação destes últimos leva um mês, e eles são criados em grandes números, para serem vendidos em grandes lotes, o que é especialmente importante para as variedades de carne. Antes da venda, os pintos de um dia são vacinados. Os frangos de corte são levados dos incubatórios pelos granjeiros e criados em grandes galpões até atingirem o peso de abate, geralmente dentro de cinco a nove semanas, sendo então levados para os frigoríficos. O abate das aves é controlado por cinco grandes empresas, que criaram um complexo sistema de integração vertical em uma cadeia de valor na qual insumos básicos são fornecidos aos produtores mediante contratos de longo prazo.

Em contraste com o ramo dos frangos de corte, com sua integração vertical de incubatórios, criadores e frigoríficos, o mercado de ovos é um sistema independente no qual os produtores vendem sua produção a consumidores locais ou atacadistas no mercado à vista (*spot*). A relação entre incubatórios — dos quais São Paulo é o principal estado —, produtores e atacadistas é, portanto, um sistema de compra simples. Em fins dos anos 1990 havia entre 80 e 100 atacadistas no mercado da Grande São Paulo, e 30 a 40 deles eram fornecedores da meia dúzia de grandes redes de supermercados. Era um mercado razoavelmente competitivo. Por outro lado, houve uma grande concentração de produtores primários, com uma ou duas companhias gigantescas em cada estado fornecendo a maior parte dos ovos (Martins, 1996: cap. 2). Segundo estimativa, a granja modal em fins dos anos 1990 era um estabelecimento com 20 mil a 50 mil galinhas de postura. Mas esse era considerado um produtor local pequeno entre as 19 mil granjas produtoras de ovos, e já havia oito granjas de grande porte com mais de meio milhão de matrizes de postura, controlando 14% do total dessas aves no estado. A distribuição das galinhas de postura entre esses estabelecimentos resulta em um Gini elevado de 0,825 e mostra o quanto a produção de ovos se tornara concentrada no final do século passado.[380] Um bom exemplo desses grandes produtores é a Granja Mizohata, fundada em 1957, que em 2005 tinha meio milhão de galinhas produzindo 300 mil

[380] Martins et al. (2000). Baseado em dados da tab. 1, p. 11.

ovos por dia.[381] Eram desse tipo os grandes estabelecimentos que abasteciam os mercados inter-regionais com ovos *in natura*. Em 2005, segundo estimativa, o estabelecimento médio produtor de ovos no estado possuía 223 mil galinhas de postura — um tamanho comparável ao de Minas Gerais, porém muito maior que o do Paraná, que tinha apenas 79 mil dessas aves. As granjas produtoras de ovos são geograficamente concentradas no estado, e as duas mesorregiões ocidentais de Marília e Presidente Prudente foram responsáveis por metade dos ovos produzidos em 2015.[382]

O leite, outro produto animal importante, é produzido no Brasil desde os tempos coloniais, mas só no começo do século XIX foram introduzidas raças específicas de vacas leiteiras. A primeira foi a Turino, de origem portuguesa. A primeira leiteria brasileira foi aberta na cidade do Rio de Janeiro em fins do século XIX, e alguns anos mais tarde São Paulo ganhou uma maior. No começo do século seguinte, chegaram ao Brasil vacas leiteiras da raça Holstein, originária da Holanda (Santos, 2004:51). Durante boa parte da segunda metade do século XX, o governo controlou o preço do leite, e a produção brasileira foi bem inferior em rendimento e volume à indústria leiteira internacional; nessa época, predominavam os estabelecimentos leiteiros pequenos. O fim dos controles de preços em 1991 e a assinatura de tratados do Mercosul, juntamente com a eliminação progressiva de tarifas ao longo de toda a década, resultaram em queda de preços e em importantes importações de leite e derivados, forçando, assim, uma reorganização total da indústria nacional. Vultosas importações de laticínios argentinos e uruguaios e as ineficiências da produção brasileira dificultaram a competição. Ao mesmo tempo, a estabilidade da moeda nacional estabelecida com o real levou ao aumento do consumo nacional de leite. Em 1998, 2/3 do leite ainda eram produzidos por um número muito grande de produtores não especializados. Para esses pequenos estabelecimentos, o leite era um produto que podia ser vendido diariamente, e assim ajudava a sustentar a propriedade, enquanto as plantações amadureciam. Mas essa ausência de produção especializada também tinha impacto na variação sazonal da produção, pois os produtores eram incapazes de suprir os mercados o ano todo (Figueira, 1999: cap. 1).

Os desequilíbrios no mercado levaram a uma reorganização total da cadeia de produção de leite no Brasil no período pós-1990, desde o tamanho e natureza dos rebanhos leiteiros até a produção do leite pronto para consumo.

---

381 Globo Rural. Disponível em: <http://revistagloborural.globo.com/Revista/Common/0,,ERT-216287-18283,00.html>. Acesso em: 2 nov. 2017.

382 IBGE, Sidra. Tabela 74.

A mudança mais básica foi a compra do leite em grandes volumes; isso exigiu que os criadores adquirissem tanques de refrigeração onde o leite ficasse conservado até ser transportado por caminhões equipados com tanques refrigerados. Embora nos Estados Unidos esse processo tenha sido introduzido já em 1939, no Brasil só surgiu em 1976, quando a Cooperativa de Laticínios de São José dos Campos, no Vale do Paraíba, usou caminhões equipados com tanques refrigerados para transportar seus produtos à fábrica de laticínios. Em 2002 o governo determinou que os produtores precisavam possuir unidades de refrigeração, e que todo leite cru fosse transportado por caminhões dotados de tanque refrigerado (Dionizio, 2013:15-19). Isso reduziu significativamente o custo de produção. A segunda grande inovação, também introduzida nos anos 1990, foi a produção de leite longa vida (UHT) em usinas avançadas, mudando assim toda a dinâmica geográfica da indústria leiteira porque permitiu o envio de produtos para mercados distantes. Na primeira década do século XXI, o leite longa vida substituiu o leite tipo C como principal laticínio consumido no Brasil (Scalco, 2011:27). Houve também um esforço sistemático para aumentar a produção dos rebanhos leiteiros e melhorar a organização da cadeia de produção. Isso levou a uma entrada significativa de multinacionais e à concentração crescente no ramo. Das nove cooperativas centrais de leite então em funcionamento, sete delas foram forçadas a vender suas fábricas a empresas brasileiras ou multinacionais depois do fim da sustentação de preços. As duas únicas cooperativas centrais que sobreviveram foram a Itambé, de Minas Gerais, e a Leite Paulista, de São Paulo, e ambas acabaram por entrar em parcerias com empresas privadas. A Itambé foi fundada em 1950 pela Cooperativa Central dos Produtores Rurais de Minas Gerais (Figueira, 1999:2). Hoje tem 7 mil estabelecimentos produtores de leite e numerosas fábricas em Minas Gerais e Goiás; em 2013 aliou-se a uma empresa privada (a Vigor, subsidiária da JBS), que comprou metade da empresa. A cooperativa central de São Paulo fora fundada antes, em 1933, quando várias cooperativas de produtores do estado criaram a Cooperativa Central de Laticínios do Estado de São Paulo, que até hoje domina o mercado de leite no estado com sua marca Leite Paulista. Em 2000 essa cooperativa vendeu parte do negócio à multinacional francesa Danone, mas manteve a produção e venda de leite pasteurizado, em pó, longa vida UHT, manteiga e creme de leite.[383] São Paulo também teve fábricas de leite privadas desde a primeira parte do século XX. Leite Vigor (1917), Nestlé

[383] Dados acessados de Milkpoint. Disponíveis em: <www.milkpoint.com.br/cadeia-do-leite/giro-lacteo/cooperativa-central-de-laticiniossp-e-a-primeira-a-exportar-13192n.aspx>. Acesso em: 2 dez. 2017.

(1921) e Leite União (1927) já estavam em operação antes que a Cooperativa Central de Laticínios do Estado de São Paulo construísse sua unidade de produção (Santos, 2004:53).

Em 1940 a maioria dos estabelecimentos de criação de vacas leiteiras situava-se no Vale do Paraíba e na região de Mogiana, em grande medida devido às suas excelentes ligações com a capital, mas na segunda metade do século houve uma grande expansão por todo o estado (Clemente, 2006:26-28). A introdução do leite longa vida UHT pôs fim às "bacias leiteiras" ao redor de grandes cidades, e a economia do leite deslocou-se para oeste. Embora o Vale do Paraíba mantenha um papel importante na produção paulista, a principal zona de 1990 até hoje tem sido a região de São José do Rio Preto, enquanto a zona vale-paraibana está em segundo lugar, seguida por Campinas, Presidente Prudente e Ribeirão Preto.[384] O tamanho do rebanho leiteiro paulista mudou pouco desde 1974. Naquele ano havia em São Paulo 1,3 milhão de vacas leiteiras, e 10,8 milhões no Brasil. Em 2016 o estado possuía apenas 1,2 milhão de vacas leiteiras, mas no Brasil como um todo havia 19,7 milhões. Portanto, São Paulo passou de segundo para sexto lugar do Brasil em tamanho de rebanho.[385]

A distribuição desses rebanhos e lavouras pelo estado é bem desequilibrada; algumas mesorregiões dominam determinadas culturas e produtos, enquanto outras não são produtoras significativas. O mapa 8.2 mostra as 15 mesorregiões em que o estado foi dividido.

A distribuição dessas terras tendeu a privilegiar as propriedades maiores, e os índices de Gini em geral foram bem elevados. No entanto, duas regiões destacaram-se como menos desequilibradas e com maior porcentagem de estabelecimentos agrícolas pequenos: São José dos Campos e Vale do Paraíba, ambas com Gini pouco acima de 70 e estabelecimentos de 10-100 hectares dominando 30% do total das terras agrícolas — a maior porcentagem entre todas as outras regiões. Por sua vez, Ribeirão Preto e Bauru tinham apenas 15% de suas terras controladas por estabelecimentos desse tamanho, e, em ambas, 83% da terra estavam em posse de estabelecimentos agrícolas de mais de 100 hectares; Ribeirão Preto tinha incomparavelmente a mais alta porcentagem de terras com estabelecimentos de 2.500 hectares ou mais (tabela 8.7).

[384] IBGE, Sidra, PMM. Tabela 74.

[385] IBGE, Sidra. Tabela 94.

Tabela 8.7: Distribuição das terras agrícolas das mesorregiões de São Paulo em 2006

	S. J. do Rio Preto		Ribeirão Preto		Araçatuba		Bauru		Araraquara	
Hectares	Estab.	Terras	Estab.	Terras	Estab.	Terras	Estab.	Terras	Estab.	Terras
0.1-1	2,6%	0,0%	4,3%	0,0%	4,7%	0,0%	2,6%	0,0%	2%	0%
1-5	14,8%	0,8%	13,1%	0,3%	11,2%	0,4%	14,8%	0,4%	10%	0%
5-10	14,5%	1,9%	12,2%	0,8%	11,1%	0,9%	12,6%	0,8%	11%	1%
10-20	21,1%	5,1%	20,1%	2,4%	27,1%	4,3%	21,6%	2,9%	27%	4%
20-50	24,6%	12,9%	21,9%	5,9%	21,8%	7,7%	19,9%	5,6%	23%	7%
50-100	10,8%	12,5%	11,7%	7,0%	9,8%	7,7%	10,3%	6,4%	13%	8%
100-200	6,2%	14,0%	8,3%	9,8%	6,1%	9,6%	7,6%	9,4%	7%	9%
200-500	3,8%	18,9%	5,5%	14,1%	5,2%	17,8%	6,5%	18,0%	5%	15%
500-1.000	1,0%	11,5%	1,7%	9,8%	1,8%	13,7%	2,5%	15,1%	1%	8%
1.000-2.500	0,4%	10,1%	0,7%	9,1%	1,0%	15,9%	1,2%	16,0%	1%	15%
2.500+	0,1%	12,3%	0,5%	40,7%	0,4%	22,0%	0,5%	25,2%	1%	34%
Total	100,0%	100,0%	100,0%	100,0%	100,0%	100,0%	100,0%	100,0%	100,0%	100,0%
(N)	37.679	2.302.772	20.256	2.424.738	13.769	1.245.057	18.190	[illegible].082.033	5.998	647.621
Gini	0,727		0,826		0,791		0,804		0,799	

	Piracicaba		Campinas		Presidente Prudente		Marília		Assis	
Hectares	Estab.	Terras	Estab.	Terras	Estab.	Terras	Estab.	Terras	Estab.	Terras
0.1-1	6,2%	0,0%	5,2%	0,0%	1,7%	0,0%	7,4%	0,0%	4,3%	0,0%
1-5	18,5%	0,8%	27,7%	1,6%	12,7%	0,6%	15,6%	0,5%	16,9%	0,6%
5-10	15,5%	1,7%	17,9%	2,7%	13,4%	1,3%	12,3%	1,0%	13,8%	1,3%
10-20	18,4%	3,8%	17,2%	4,9%	30,5%	6,2%	16,7%	2,7%	18,4%	3,2%
20-50	21,9%	9,8%	16,3%	10,3%	23,0%	9,0%	20,1%	7,1%	22,1%	8,5%
50-100	8,4%	8,3%	7,1%	9,9%	7,5%	6,9%	9,7%	7,6%	10,4%	8,7%
100-200	5,9%	11,6%	4,4%	12,3%	4,7%	8,6%	7,3%	11,3%	6,4%	10,7%
200-500	3,4%	14,8%	3,1%	18,7%	4,2%	16,9%	7,0%	24,5%	5,5%	20,2%
500-1.000	0,7%	7,2%	0,7%	9,7%	1,2%	11,0%	2,3%	17,3%	1,4%	11,2%
1.000-2.500	0,8%	20,8%	0,3%	9,2%	0,9%	17,5%	1,3%	19,9%	0,7%	12,5%
2.500+	0,3%	21,3%	0,2%	20,5%	0,3%	22,1%	0,2%	8,1%	0,3%	23,2%
Total	100,0%	100,0%	100,0%	100,0%	100,0%	100,0%	100,0%	100,0%	100,0%	100,0%
(N)	7.458	532.168	18.536	928.160	26.496	2.037.543	7.069	64[illegible].959	11690	990180
Gini	0,805		0,799		0,784		0,777		0,791	

▶

Hectares	Itapetininga		Macro Metropolitana Paulista		Vale Paraíba		Litoral s[illegible]		Metropolitana de São Paulo	
	Estab.	Terras	Estab.	Terras	Estab.	Terras	Estab.	Terras	Estab.	Terras
0.1-1	7,4%	0,0%	14,9%	0,1%	10,6%	0,1%	4,5%	0,0%	15%	0%
1-5	21,6%	1,0%	32,4%	2,6%	17,6%	0,9%	23,2%	1,1%	42%	4%
5-10	15,1%	1,7%	15,9%	3,4%	12,6%	1,7%	14,3%	1,7%	18%	5%
10-20	17,9%	4,0%	13,8%	5,5%	16,2%	4,1%	17,7%	4,0%	12%	6%
20-50	18,7%	9,0%	12,8%	11,0%	19,8%	11,3%	21,6%	10,4%	8%	9%
50-100	8,5%	9,0%	4,8%	9,4%	10,9%	13,5%	8,7%	9,5%	3%	7%
100-200	4,9%	10,4%	2,7%	10,3%	7,1%	17,2%	4,9%	10,8%	1%	6%
200-500	3,8%	17,1%	2,0%	17,6%	3,7%	19,1%	3,3%	16,6%	1%	11%
500-1.000	1,3%	13,7%	0,5%	8,8%	0,9%	10,1%	1,2%	12,5%	0%	8%
1.000-2.500	0,6%	12,9%	0,2%	9,2%	0,4%	10,6%	0,5%	10,7%	0%	9%
2.500+	0,2%	21,3%	0,1%	22,1%	0,2%	11,3%	0,2%	22,8%	0%	36%
Total	100,0%	100,0%	100,0%	100,0%	100,0%	100,0%	100,0%	100,0%	100,0%	100,0%
(N)	18.586	1.243.474	16.051	578.620	12.824	743.243	6.776	439.312	4072	113072
Gini	0,809		0,831		0,752		0,799		0,857	

Fonte: IBGE, Sidra. Tabela 837.

Mapa 8.2: **As mesorregiões de São Paulo**

Dessas 15 mesorregiões, seis foram responsáveis por 98% da produção de cana-de-açúcar, e as maiores produtoras foram Ribeirão Preto e São José do Rio Preto, no norte do estado, e Bauru, no centro; essas três mesorregiões produziram a metade do total paulista em 2015 (gráfico 8.2). O crescimento da produção em cada mesorregião foi vigoroso e relativamente recente. Ribeirão Preto, por exemplo, em 1974 plantou apenas 168 mil hectares de cana-de-açúcar, mas em 2010 havia multiplicado por oito sua área plantada, que passou a ser de 1,2 milhão de hectares (Junqueira, 2016:56, tab. 1). Um mapeamento da área mostra que, nos cinco anos decorridos entre as safras de 2003-04 e 2008-19, as terras dedicadas ao açúcar aumentaram nada menos que 73% no estado, passando de 2,6 milhões para 4,4 milhões de hectares (Aguiar et al., 2009:12). Globalmente, a produção de cana-de-açúcar em todas as regiões paulistas aumentou a um ritmo muito rápido, mas tendeu a concentrar-se em poucas zonas bem definidas da parte ocidental do estado em 2015 (mapa 8.3).

Gráfico 8.2: Distribuição da produção de cana-de-açúcar pelas mesorregiões de São Paulo, 1990-2016

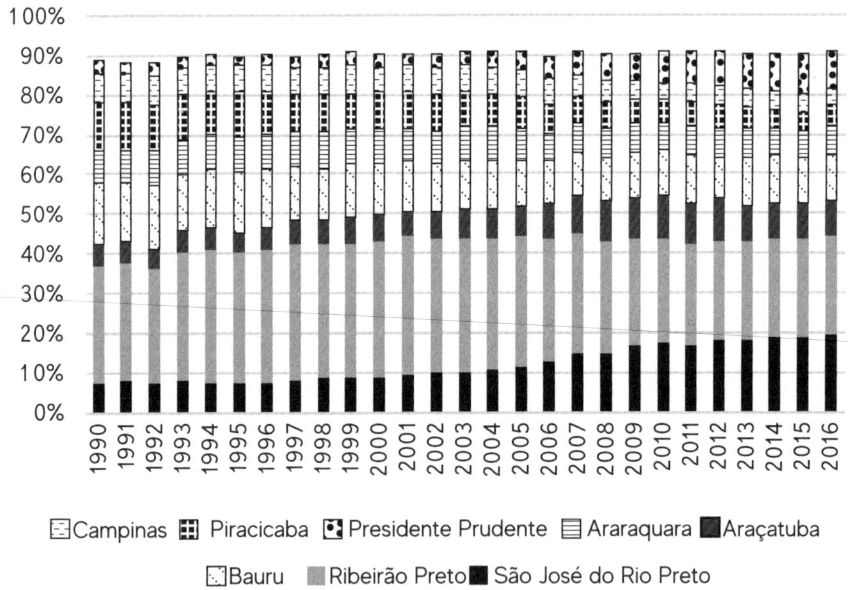

Fonte: IBGE, Sidra. Tabela 1612.

Mapa 8.3: **Produção de cana-de-açúcar no estado de São Paulo 2015 (toneladas por município)**

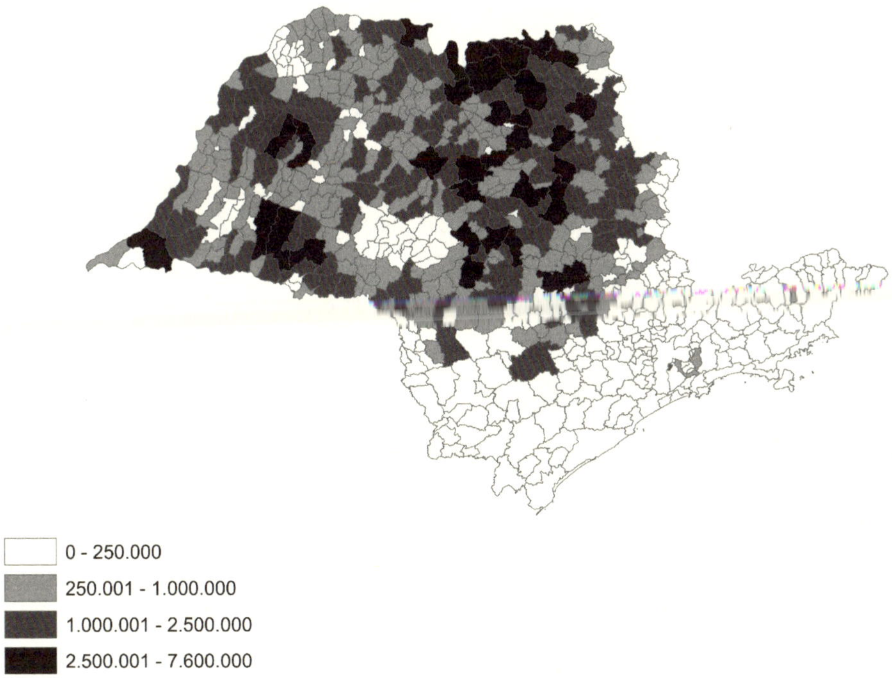

As outras culturas sazonais importantes, soja e milho, geralmente foram plantadas juntas, portanto sua distribuição é aproximadamente a mesma por mesorregiões do estado. As três mesorregiões no sul e sudoeste, Itapetininga, Assis e Ribeirão Preto, produziram 76% do total da soja no estado em 2016 (gráfico 8.3 e mapa 8.4).

O milho, um produto fundamental na alimentação humana e animal, foi estreitamente associado às lavouras de soja, e com frequência usado na rotação de culturas em terras com cultivo dessa leguminosa. Portanto, as três principais regiões produtoras de soja também foram responsáveis por 52% do milho plantado em 2016. Campinas foi uma exceção, pois embora não se classificasse como produtora importante de soja, foi grande produtora de milho, responsável por 14% da safra de 2016 (gráfico 8.4).

Em contraste com quase todas as outras atividades agrícolas do estado, a criação de bovinos ocorreu em todas as 15 mesorregiões paulistas. As que possuíam os maiores rebanhos (cada uma com mais de um milhão de cabeças) foram Presidente Prudente, São José do Rio Preto, Bauru e Araçatuba. Juntas, em 2016 essas mesorregiões possuíam quase metade dos rebanhos de São Paulo (mapa 8.5).

Gráfico 8.3: Distribuição da produção de soja pelas mesorregiões de São Paulo, 1990-2016

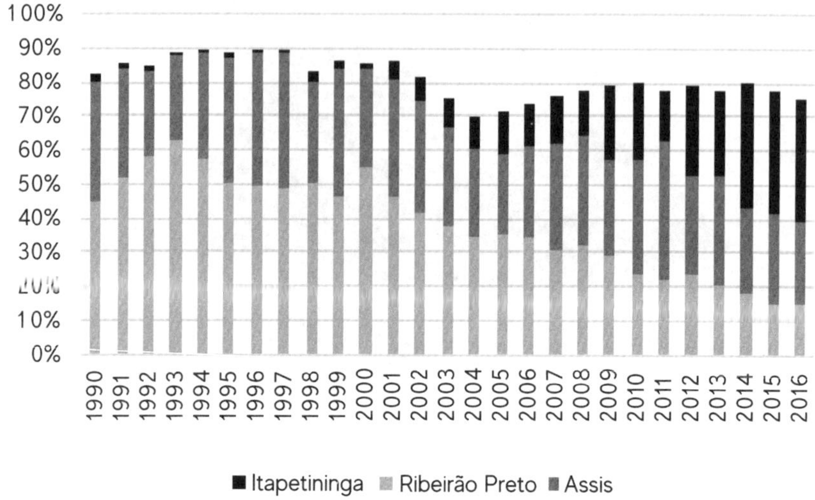

Fonte: IBGE, Sidra, PAM. Tabela 1612.

Mapa 8.4: **Produção de soja no estado de São Paulo 2015 (toneladas por município)**

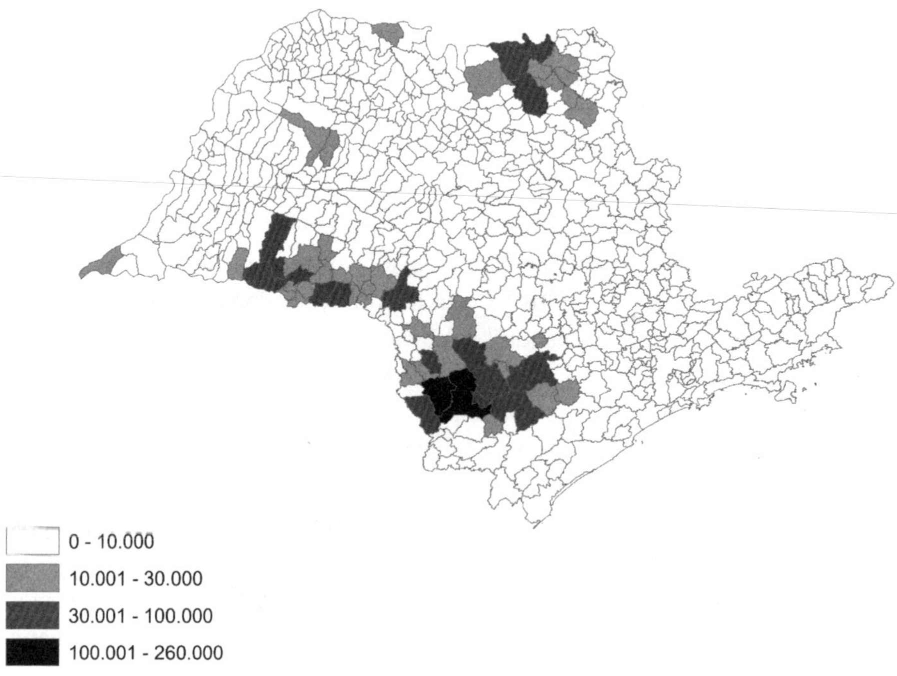

Gráfico 8.4: Distribuição do milho produzido pelas mesorregiões de São Paulo, 1990-2016

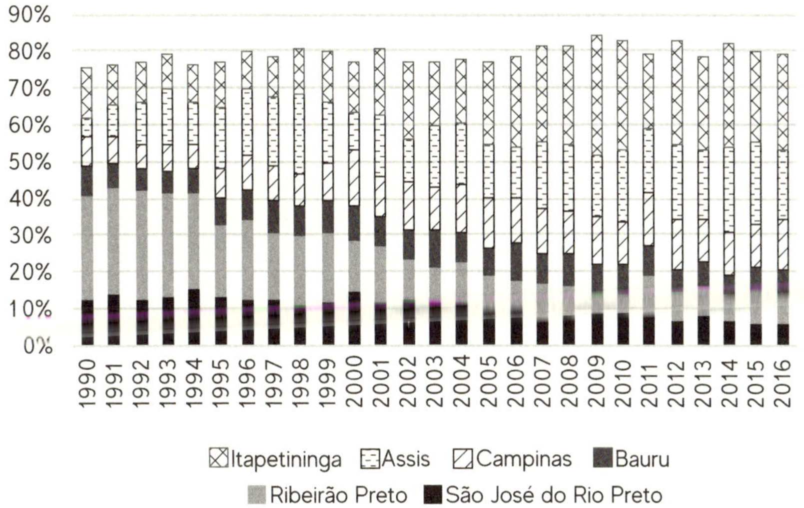

Fonte: IBGE, Sidra. Tabela 1612.

Mapa 8.5: **Criação de gado no estado de São Paulo 2015 (cabeças por município)**

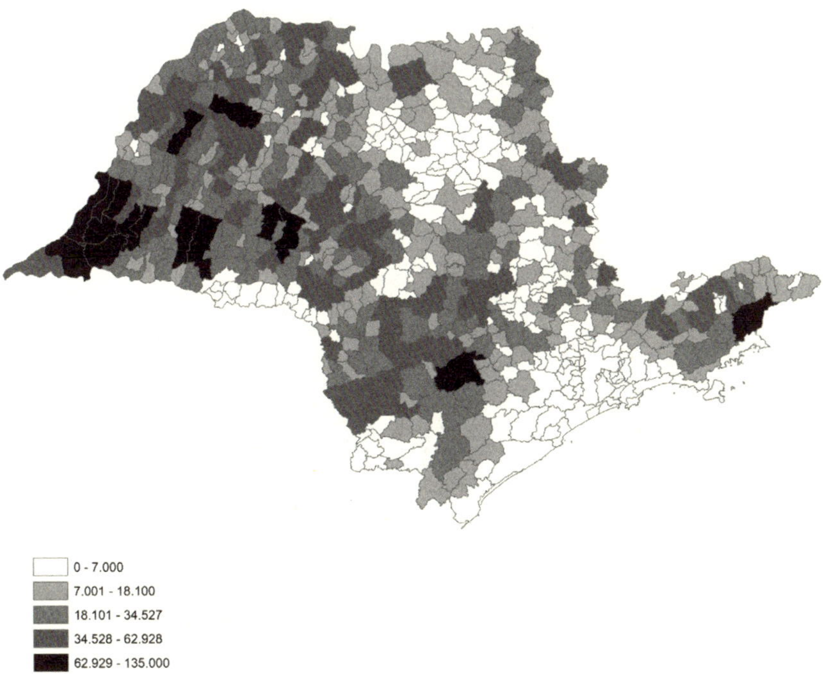

Em 2016 Marília foi a maior produtora de ovos de galinha, seguida por Presidente Prudente e Bauru; juntamente com Campinas, no norte, essas áreas foram responsáveis por mais de metade da produção de ovos no estado em 2016. A produção de frangos de corte concentrou-se cada vez mais na mesorregião de Marília (34% do total do estado) e, em menor grau, Presidente Prudente (12%). Com Bauru e Campinas, esses quatro municípios foram responsáveis por quase 2/3 da população de frangos de corte do estado (gráfico 8.5 e mapa 8.6).

Portanto, o estado de São Paulo, apesar de todo o crescimento de seus centros urbanos, instituições financeiras, parques industriais e indústria aeronáutica de nível internacional, continua a ser uma parte vital do mercado agrícola brasileiro, hoje só um pouco à frente do Mato Grosso em valor total da produção agrícola. Contudo, a partir de 1960 suas principais atividades agrícolas passaram por uma mudança radical. Cana-de-açúcar, açúcar, biocombustíveis, laranja e seus derivados, além de frango de corte, ovos e leite, substituíram a velha economia cafeeira. O café que construiu São Paulo deixou de ser uma cultura de destaque no estado. Também é importante observar que seu complexo viário, ferroviário e portuário faz de São Paulo uma das principais áreas para as exportações do Brasil, e hoje Santos é tão importante para as exportações de soja e açúcar quanto era para o café meio século atrás.

Gráfico 8.5: Distribuição da produção de ovos pelas mesorregiões de São Paulo, 1990-2016

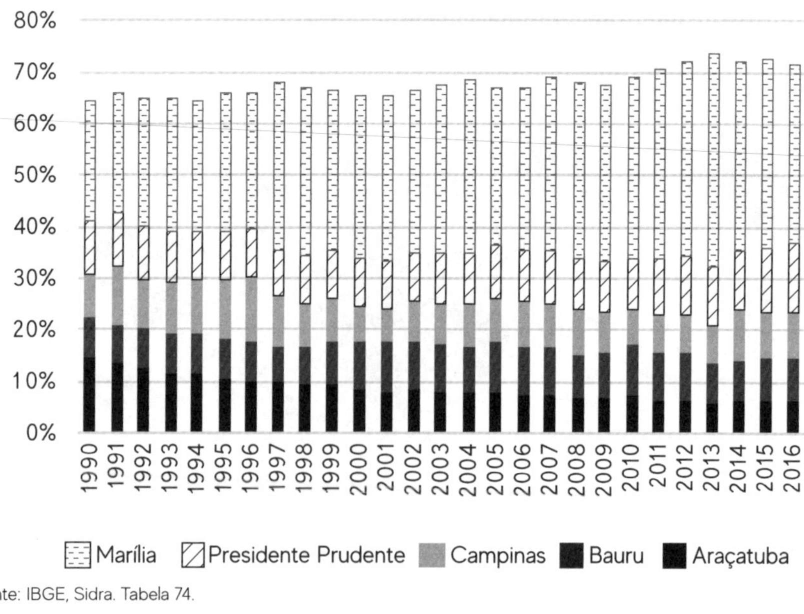

Fonte: IBGE, Sidra. Tabela 74.

Mapa 8.6: **Produção de ovos no estado de São Paulo 2015 (mil dúzias por município)**

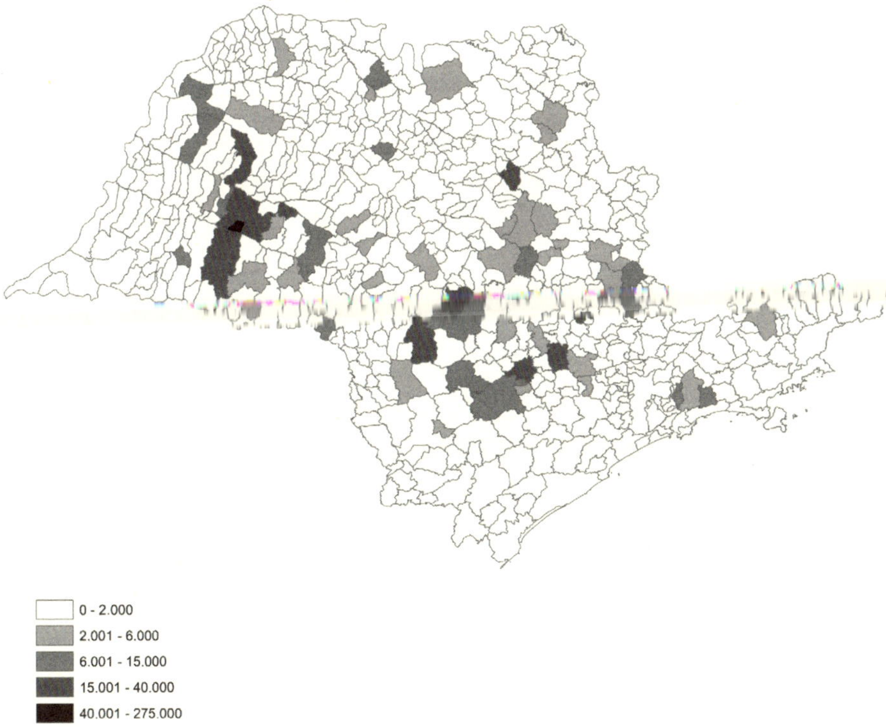

CAPÍTULO 9

A QUESTÃO AGRÁRIA

A agricultura brasileira transformou-se radicalmente nos últimos 57 anos. Se antes imperava a monocultura de exportação e a baixa tecnologia, agora o que vemos é uma produção moderna com importante participação nas exportações mundiais de produtos agropecuários. Hoje todos os elos de sua cadeia produtiva são comercializados em um agronegócio abrangente e plenamente desenvolvido. Essa transformação envolveu uma grande expansão da área ocupada pela agricultura comercial e incluiu o domínio tecnológico da região do Cerrado, onde antes só se praticava a agricultura de subsistência e que agora se tornou um dos maiores centros de produção de grãos do planeta. Concomitantemente a um aumento sistemático da produtividade da terra, ocorreu uma integração cada vez maior da produção por meio de complexas cadeias de valor. Além disso, foram criados instrumentos para administrar, financiar e reduzir o risco inerente dessa atividade econômica tradicionalmente incerta, com a implementação de mercados futuros e mecanismos de cobertura de riscos. O agricultor brasileiro finalmente se tornou um empreendedor totalmente integrado ao mercado internacional, que é onde se formam os preços dos principais produtos do agronegócio brasileiro.

Esse resumo das principais transformações, detalhadas nos capítulos anteriores, conta só uma parte da história da agricultura brasileira no período recente. Nossa análise até aqui procurou explicar como e por que as transformações que ocorreram na agricultura brasileira tradicional ensejaram o desenvolvimento de um setor agrícola moderno e mundialmente competitivo. Contudo, essa transformação deu-se apenas em parte do mundo rural. A maioria dos estabelecimentos agrícolas brasileiros e uma grande parcela da população do campo infelizmente ainda vivem em condições muito semelhantes às de meados do século XX. Esse setor agrícola ainda tradicional e em grande medida caracterizado pela produção de subsistência é o tema deste capítulo.

A concentração da posse da terra é uma característica histórica da agricultura brasileira. Apesar da substancial modernização de setores significativos da economia rural, a distribuição de propriedades rurais permaneceu inalterada desde os primeiros censos e levantamentos cadastrais até o presente. No mundo rural, terra tradicionalmente representou poder e reserva de valor. Em geral, tamanho da propriedade e exploração econômica eficiente não andaram associados. Até meados do século XX, latifúndios improdutivos e relações de trabalho arcaicas prevaleceram e sustentaram uma estrutura de poder retrógrada e conservadora.

De 1950 até o golpe militar de 1964, a solução proposta para esses problemas na área rural foi a reforma agrária. Argumentava-se que esse era o único modo de modernizar a agricultura brasileira. Muitos diziam que a concentração da posse da terra, além de ser uma situação politicamente conservadora e socialmente danosa, impediria a modernização da agricultura. Vários economistas afirmavam que a agricultura pré-1960 era incapaz de prover uma oferta adequada, estável e barata de alimentos para o mercado interno.

Esses debates dos anos 1950 e 1960 entraram na discussão sobre os caminhos para o desenvolvimento da América Latina, em geral, e do Brasil, em particular. Os estudos da Cepal, em especial os trabalhos de Celso Furtado, assentaram os alicerces teóricos de políticas de desenvolvimento que ganharam apoio no Brasil. A tese era que a desigualdade na distribuição da terra, a predominância de latifúndios improdutivos e a existência de relações de trabalho arcaicas constituíam as principais barreiras ao desenvolvimento agrário. Essa estrutura limitava a oferta de alimentos, com graves consequências inflacionárias e distributivas. Além disso, a estrutura rural rígida limitava a expansão do mercado interno, excluindo os pobres da zona rural de participar desse mercado, e essa expansão seria essencial para o processo de industrialização e desenvolvimento do país. Por essas razões, propunha-se que os únicos modos de expandir a produção de alimentos seriam as mudanças na estrutura da posse da terra e nas relações de trabalho no campo.[386]

Essa linha de raciocínio foi, por fim, consagrada no Plano Trienal, dirigido por Celso Furtado e aprovado pelo governo João Goulart; fundamentava-se na noção de que as causas do atraso relativo da agricultura brasileira, sua baixa

[386] Furtado (1968) examina a questão geral do subdesenvolvimento do Brasil. Sobre a questão agrária, ver Furtado (1969, 1975). A questão regional foi abordada em um estudo da Sudene dirigido por Celso Furtado. Furtado e GTDN (1959). Para uma visão geral das ideias da Cepal, ver Bielschowsky (2000a), e para as ideias brasileiras sobre o tema, ver Bielschowsky (2000b).

produtividade e a pobreza das populações rurais tinham origens na estrutura agrária do país, a qual era o maior obstáculo à exploração racional da terra em bases capitalistas.[387] Entre as medidas voltadas para a reforma, o governo Goulart aprovou em 1963 o importante Estatuto do Trabalhador Rural, que concedeu aos trabalhadores rurais direitos já vigentes para os trabalhadores urbanos, por exemplo, contrato de trabalho, registro em carteira, jornada de oito horas diárias com descanso semanal e férias remuneradas.[388] Essa lei representou um avanço nos direitos dos trabalhadores e avançou na destruição das relações de trabalho arcaicas prevalecentes na agricultura brasileira. Muitos anos se passaram até que essa lei fosse respeitada, e infelizmente ela teve um efeito colateral perverso nas fazendas de café, onde os trabalhadores permanentes que residiam na fazenda foram substituídos por turnos de trabalhadores em tempo parcial, conhecidos como boias-frias.[389]

Houve também um debate na esquerda sobre a natureza da sociedade rural. Para os marxistas tradicionais, a revolução socialista requeria que o Brasil passasse pelas várias etapas de modo de produção. Como ainda perduravam características feudais na agricultura brasileira, vistas nos latifúndios improdutivos e nas relações de trabalho arcaicas, a primeira fase do processo revolucionário seria a reforma agrária.[390] A posição doutrinária que apontava a natureza feudal da agricultura tradicional foi refutada por Caio Prado Jr. e outros, para os quais os trabalhadores rurais eram assalariados e não camponeses, embora essa vertente reconhecesse o caráter concentrado da estrutura agrária. Prado Jr. afirmou que a agricultura brasileira era fundamentalmente capitalista, estruturada em empreendimentos comerciais e voltada à produção para o mercado. Embora esse autor defendesse a necessidade de uma revolução social, argumentava que qualquer reforma teria de basear-se na compreensão da realidade rural e não em modelos teóricos. Se a agricultura e as relações de trabalho no campo eram capitalistas, uma das frentes da luta deveria ocupar-se em melhorar a vida dos trabalhadores rurais.[391] Assim, Caio Prado Jr. louvou enfaticamente o Estatuto do Trabalhador Rural e, embora apontasse falhas na lei, declarou que a extensão

---

387 PRESIDÊNCIA DA REPÚBLICA. Plano Trienal de desenvolvimento econômico e social, 1963-1965. Síntese, dez. 1962.

388 Lei nº 4.214 de 2 de março de 1963. Pela Lei nº 5.889, de 8 de junho de 1973, a Consolidação das Leis do Trabalho foram estendidas aos trabalhadores rurais.

389 Fleury (2010), Priori et al. (2012:105-114), Saint (1980:503-526) e Goodman e Redclift (1977:348-364).

390 Sobre essa linha de pensamento, ver Guimarães (1977), Vinhas (1968) e Sodré (1963).

391 Ver Prado Jr. (1973, 1972). Ele tratou da questão agrária em várias obras, das quais a mais importante foi Prado Jr. (1966). Ignácio Rangel também examinou a questão agrária, e baseou sua análise na coexistência de dois mundos rurais diferentes. Ver seu clássico estudo, Rangel (1963).

da legislação social-trabalhista ao campo e a proteção legal do trabalhador rural teriam um impacto econômico e social que poucas outras leis haviam produzido no Brasil, e promoveria uma das maiores transformações econômicas e sociais no país (Prado Jr., 1963).

Outros economistas publicaram estudos contradizendo a crença marxista na rigidez da oferta agrícola brasileira; procuraram demonstrar que o mercado interno era suficientemente abastecido mesmo naquelas condições tradicionais e que a produção agrícola do Brasil respondia adequadamente a estímulos de preços (Pastore, 1973). Essa linha de pensamento propôs mudanças na agricultura por meio da modernização e não de alterações na distribuição da posse da terra. Delfim Netto, que depois seria ministro, teve uma posição de destaque nesse debate (Delfim Netto, s.d., 1969). Além de argumentar que a agricultura brasileira estava respondendo ao estímulo dos preços, ou seja, às pressões da demanda, esses autores procuraram demonstrar que, na verdade, a agricultura tinha um importante papel funcional para o desenvolvimento econômico: a capacidade de liberar mão de obra para o setor urbano em expansão sem prejudicar a produção agrícola, criar um mercado para o setor industrial e até gerar excedentes exportáveis.[392] Em sua análise do desempenho da agricultura, esses economistas salientaram que os preços dos produtos agrícolas no período 1949-63 aumentaram menos que os preços industriais. Além disso, a produção agrícola cresceu a taxas condizentes com a trajetória da produção industrial. Embora reconhecessem que as exportações agrícolas estavam estagnadas e não eram diversificadas, esses autores achavam que a estrutura agrária não era a causa (Delgado, 2001:157-172; Miller Paiva, 1969:167-261). Além disso, vários estudos mostraram que, dadas a estrutura de preços agrícolas, as taxas cambiais e a proteção industrial então vigentes, a agricultura efetivamente transferia recursos aos demais setores da economia.[393]

Com base nessas análises, o governo militar empenhou-se em modernizar a agricultura brasileira por meio de três políticas fundamentais: crédito agrícola fortemente subsidiado, sustentação de preços mínimos e criação e utilização de estoques reguladores. Com essa ampla regulação do mercado de produtos e insumos agrícolas, além do recurso à proteção alfandegária, o governo procurou garantir a renda para o produtor e a estabilidade dos preços para o consumidor. Até produtos destinados ao mercado externo sofreram

[392] Delgado (2001:157-172). Sobre o debate, ver Garcia (1990:198-222). Um estudo interessante sobre o período é o de Paiva, Schattan e Freitas (1973).

[393] Para Alves (1984:20), a agricultura teria transferido recursos para a indústria na proporção de 2,1% a 7,3% da renda industrial no período 1955-57 e 11,5% a 19,1% no período 1958-60. Sobre esse tema, ver Paiva, Schattan e Freitas (1973).

importante intervenção governamental. Alguns setores, como açúcar, álcool e trigo, foram totalmente controlados, inclusive com o uso de cotas. Essas políticas que viabilizaram a agricultura comercial e estimularam sua modernização foram suplementadas por importante apoio governamental à pesquisa sob a liderança da Embrapa, cujas pesquisas aplicadas revelaram-se cruciais para fornecer novos conhecimentos indispensáveis à modernização da agricultura brasileira.

Os governos militares puseram fim ao debate sobre reforma agrária. Em vez da reforma, com o objetivo de fornecer quantidades abundantes de alimento barato, o governo passou a incentivar a modernização da agricultura e a estimular a transferência de mão de obra rural para a indústria urbana. Também incentivou os produtores a entrarem em mercados internacionais e propôs usar novas exportações agrícolas para gerar recursos em moeda estrangeira necessários ao crescimento industrial. Embora pressionassem os proprietários de terras a usar máquinas, fertilizantes e inseticidas e lhes concedessem crédito em abundância para isso, os governos militares não tomaram medidas contra a concentração da posse da terra, nem se opuseram ao poder das elites conservadoras de cujo apoio o governo dependia. A solução dos militares para esse debate foi seguir o caminho da modernização sem mudar a estrutura de posse da terra e as relações de trabalho no campo. Os opositores chamariam o caminho escolhido de "modernização conservadora".

Embora suprimissem totalmente a demanda por uma revolução na posse da terra e também reprimissem líderes camponeses empenhados na reforma agrária (Bruno, 1997:99), assim que assumiram o poder os governos militares aprovaram um novo Estatuto da Terra, que era mais um plano de colonização do que uma reforma agrária clássica. As novas leis incluíam um conjunto de medidas destinadas a promover melhor distribuição da terra por meio das modificações em sua posse e uso, com a proposta de que o projeto se baseasse nos princípios da justiça social e da maior produtividade, porém com indenização pelas terras apropriadas. Esse era um modo de reduzir a pressão dos movimentos pela reforma agrária e, ao mesmo tempo, favorecer o processo de modernização da agricultura sem alterar a estrutura agrária então vigente (Martins, 1985:35; Bruno, 2017). Contudo, mesmo esse decreto moderado gerou forte oposição conservadora no Congresso e em setores do Exército (Salis, 2008). Com base nessa lei, deu-se início a um processo envolvendo a colonização de terras produtivas, desapropriadas com o correspondente pagamento de indenização, ou a colonização de terras públicas devolutas. Esse procedimento, embora com modificações adotadas ao longo dos últimos 50 anos, seria o curso básico seguido por todos os governos pós-militares, embora o tema da reforma agrária radical permaneça importante em certos segmentos políticos e sociais do Brasil, como o Movimento dos Trabalhadores Rurais sem Terra.[394]

A efetiva colonização e fixação de agricultores pobres em terras não produtivas expropriadas foi bem limitada até 1994; no total, menos de 60 mil famílias foram assentadas. Nos períodos 1997-99 (governo Fernando Henrique) e 2004-06 (governo Lula) houve o maior número de assentamentos. Após 2007 vemos um declínio nos assentamentos, porém, mesmo com essa diminuição no segundo mandato, o período Lula foi o de maior número de assentamentos, beneficiando 614 mil famílias, um pouco acima das 540 mil famílias atendidas no governo Fernando Henrique Cardoso. Os assentamentos caíram drasticamente no primeiro mandato da presidente Dilma, com média inferior à metade da registrada durante os dois presidentes anteriores.

Desde o início desse novo programa de colonização formal foram implementados cerca de 9 mil projetos de assentamento. Eles envolveram uma área total de 88 milhões de hectares, que representa cerca de 1/5 da área total dedicada à agricultura no país e 19% do total de famílias no censo agrícola de 2006. Mas os resultados são ainda mais expressivos quando analisados por região. A primeira surpresa é que, no Norte, a área total de projetos de assentamento implementados até julho de 2006 excedeu a área total contemplada no levantamento de 2006, e o número total de famílias, em comparação com o de propriedades, é elevadíssimo (86%). No Nordeste também foi alta a porcentagem de assentamentos, tanto em área como em número de famílias, e no Centro-Oeste é grande a parcela desses colonos na população rural e no número total de propriedades arroladas no censo de 2006. Proporcionalmente, os assentamentos foram menos significativos no Sul e Sudeste. A área média desses assentamentos também varia bastante por região: é superior a 100 hectares no Norte, aproximadamente 50 hectares no Nordeste e Centro-Oeste, 34 no Sudeste e 23 no Sul, sendo a média geral 91 hectares (tabela 9.1).

O Instituto Nacional de Colonização e Reforma Agrária (Incra) fez em 2010 um levantamento da qualidade de vida, produção e renda dos agricultores em 1.164 assentamentos contemplados pela reforma agrária, os quais abrangiam 804 mil famílias assentadas entre 1985 e 2008. A população nesses assentamentos rurais era predominantemente feminina (53%), como no resto do Brasil rural; 16% eram analfabetos e menos de 1% havia concluído o ensino médio. Cerca de 45% dos assentados tinham menos de 20 anos de idade, e o tamanho médio estimado

[394] O MST foi criado em 1979 com a ocupação de terras no Rio Grande do Sul e se consolidou nos anos 1980; associou-se à Igreja Católica sob o patrocínio da Comissão Pastoral da Terra. Sobre essa história, ver Fernandes (2000), Lerrer (2008), Souza, J. (2008), Stédile (1997:69-97), Bertero (2006:163-186) e Graziano (2004).

da família era de quatro pessoas, o que significa que em 2010 a população total beneficiada seria em torno de 3,6 milhões de pessoas. Apenas 13% das famílias contavam com rede de esgoto ou fossa séptica. Um quarto das famílias não tinha água em casa o suficiente para atender todas as suas necessidades o ano todo, e apenas 44% das famílias tinham acesso regular a eletricidade. Só 16% consideravam boas as estradas locais — um aspecto crucial nesses assentamentos isolados. A situação também era negativa na área de acesso a hospital ou centro de saúde: 55% disseram que o acesso era ruim ou impossível. Surpreendentemente, quase metade das famílias não tinha acesso aos recursos e programas do Pronaf. Do grupo que havia recebido apoio e crédito do governo, 64% estavam inadimplentes. Nos créditos concedidos pelo Incra, 62% receberam recursos como apoio inicial, 26% para desenvolvimento e 63% para aquisição de material de construção.

O levantamento fornece informações sobre a renda dos assentados de dois estados. Em Santa Catarina, a maior parte da renda proveio de leite, feijão, mandioca e milho, nessa ordem. Nos assentamentos do Ceará, feijão, leite e queijo foram responsáveis pela maior parte da renda. Em número de produtores ocupados em cada atividade, destacaram-se o feijão, o milho e a criação de aves. No Ceará, 78% responderam que a renda da família era de até três salários mínimos. A situação em Santa Catarina foi totalmente diferente. Apenas 44% obtinham até três salários mínimos, portanto 56% tinham renda familiar superior a esse valor. Esses assentados que ganhavam mais também tinham uma fonte de renda diferente. Em Santa Catarina, 76% obtinham renda de sua produção, 12% de trabalho externo e 12% de benefícios. Em contraste, no Ceará 48% da renda total provinham da produção do estabelecimento agrícola, a renda oriunda de benefícios do estado era 44%, e o trabalho externo participava com apenas 8%.

Mais de metade das famílias de colonos declarou que o tamanho de sua unidade agrícola era bom, e um terço disse que era insuficiente. Nos itens habitação, alimentação, acesso a educação e renda gerada, cerca de 63% afirmaram ser melhor do que o esperado, e apenas o acesso a assistência médica recebeu menos de 50% de avaliação positiva. Na comparação entre a situação antes e depois do assentamento, destacam-se alguns itens. Antes do assentamento, 47% possuíam fogão a gás, e 71% possuíam esse bem depois de assentados; 31% tinham televisores antes de chegar, e 64% depois; 16% possuíam veículo antes e 43% depois. Até computadores foram declarados: 0,63% os possuíam antes do assentamento e 2,84% depois.[395]

---

395 MINISTÉRIO DO DESENVOLVIMENTO AGRÁRIO. Incra. Reforma agrária. Apresentação dos primeiros resultados. Brasília: Incra, dez. 2010. Disponível em: <www.incra.gov.br/media/reforma_agraria/questao_agraria/pqra%20-%20apresentao.pdf>. Acesso em: 26 mar. 2017. Um estudo interessante do Ipea sobre assentamentos encontra-se em Ferreira (2013).

Tabela 9.1: Reforma agrária – número de projetos, famílias assentadas e área concedida por região (desde o início do Programa até julho de 2016)

	Projetos de Reforma Agrária (até jul. 2016)						Censo de 2006		Relações entre censo e assentamentos	
	Projetos executados	Área hectares (a)	Famílias assentadas	Média (área em hectares)						
Regiões				Famílias/ projeto	Área/ projeto	Área/ família	Farms	Total área (hectares)	(a)/(d)%	(b)/(c)%
Norte	2.096	60.992.320	409.230	195	29.099	149	475.775	54.787.297	111%	86%
Nordeste	4.361	17.140.890	350.612	80	3.930	49	2.454.006	75.594.442	23%	14%
Centro-Oeste	1.264	8.009.125	136.790	108	6.336	59	317.478	103.797.329	8%	43%
Sudeste	782	1.465.242	43.614	56	1.874	34	922.049	54.236.169	3%	5%
Sul	835	829.461	36.557	44	993	23	1.006.181	41.526.157	2%	4%
Total até jul. 2016	9.338	88.437.038	976.803	105	9.471	91	5.175.489	329.941.394	27%	19%
Total até 2005 (1)	7.523	69.462.791	833.017	111	9.233	83	5.175.489	329.941.394	21%	16%

Fontes: Ministério do Desenvolvimento Agrário, Sipra e Censo agropecuário, 2006.

Nota (1): Assentamentos feitos até 2005, cujos resultados estão incluídos no Censo de 2006.

Apesar do vultoso projeto de colonização que ocorreu nos últimos 20 anos, persistem no campo conflitos violentos por terra, que se intensificaram ainda mais em 2016. Naquele ano houve 1.079 conflitos por terra (que incluíram expulsões, destruição de bens e ataques a pessoas), além de 194 ocupações ilegais ou reintegrações de posse e 22 assentamentos. Nada menos que 686 mil pessoas estiveram envolvidas em eventos desse tipo, e o número de assassinatos atingiu o auge. A fragilidade do processo de legalização dos títulos de propriedade da terra e a ação dos proprietários de terras e seus mercenários contratados geram conflitos contínuos, particularmente nas regiões de fronteira. A existência de uma vasta legislação de trabalho rural, apesar das possíveis dificuldades para sua imposição, continua a reduzir o número de conflitos trabalhistas, inclusive a existência do chamado trabalho escravo, cujos casos em 2016 foram apenas 68, envolvendo 751 pessoas. No entanto, os órgãos do governo e outras autoridades não foram capazes de reduzir substancialmente os virulentos conflitos por terra que frequentemente terminam em violência e têm sido contínuos desde que foram registrados pela primeira vez pela militante Comissão Pastoral da Terra (CPT) da Igreja Católica. Para dar uma ideia sobre essas disputas, selecionamos os anos mais recentes de conflitos registrados pela CPT (tabela 9.2).

Apesar do número muito significativo de famílias assentadas e áreas envolvidas na reforma agrária, os níveis de concentração de posse da terra mudaram pouco. A distribuição da terra medida pelo índice de Gini permanece praticamente inalterada desde o primeiro recenseamento da agricultura, feito em 1920. O valor do índice manteve-se relativamente estável, ao redor de 0,85, desde aquela época até meados dos anos 1980. Embora o nível de concentração não tenha mudado, houve uma redução sistemática no tamanho médio das propriedades. Entre 1920 e 1960 vemos um declínio no tamanho médio dos estabelecimentos agrícolas, mas depois disso o tamanho médio permaneceu estável, entre 60 e 70 hectares. Houve também uma mudança nas propriedades menores. Até 1960, os estabelecimentos com até 10 hectares representaram cerca de metade do total de propriedades e apenas aproximadamente 3% da área. Os estabelecimentos de até 100 hectares eram 90% do total, mas possuíam apenas 1/5 das terras agrícolas. No extremo oposto, propriedades com mais de mil hectares eram menos de 1% dos estabelecimentos, mas detinham cerca de 45% das áreas rurais contempladas nos vários censos feitos em décadas posteriores do século XX. Numericamente, desde 1970 o número total de estabelecimentos permanece em torno de 5 milhões. Isso indica que, ao mesmo tempo que os assentamentos ocorreram, houve uma redução proporcional de outras propriedades de pequeno e médio porte (tabela 9.3).

Tabela 9.2: Conflitos rurais, violência e confrontações no Brasil, 2007-16

	2007	2008	2009	2010	2011	2012	2013	2014	2015	2016
Conflitos na terra										
Número de ocorrências (1)	615	459	528	638	805	816	763	793	771	1.079
Ocupações e retomadas	364	252	290	180	200	238	230	205	200	194
Acampamentos	48	40	36	35	30	13	14	20	27	22
Total	1.027	751	854	853	1.035	1.067	1.007	1.018	998	1.295
Assassinatos	25	27	25	30	29	34	29	36	47	58
Pessoas envolvidas	612.000	354.225	415.290	351.935	458.675	460.565	435.075	600.240	603.290	686.735
Hectares	8.420.083	6.568.755	15.116.590	13.312.343	14.410.626	13.181.570	6.228.667	8.134.241	21.387.160	23.697.019
Conflitos trabalhistas										
"Trabalho escravo"	265	280	240	204	230	168	141	131	80	68
Assassinatos	1	1		1			1			
Pessoas envolvidas	8.653	6.997	6.231	4.163	3.929	2.952	1.716	2.493	1.760	751
Superexploração	151	93	45	38	30	14	13	10	4	1
Assassinatos				1			2		1	1
Pessoas envolvidas	7.293	5.388	4.813	1.643	466	73	142	294	102	2
Conflitos pela água										
Número de conflitos	87	46	45	87	68	79	93	127	135	172
Assassinatos	2		1	2		2	2		2	2
Pessoas envolvidas	163.735	135780	201.675	197.210	137.855	158.920	134.835	214.075	211.685	222.355

Fonte: Centro de Documentação Dom Tomás Balduino – Comissão Pastoral da Terra – 17/4/2017.

Nota: (1) Este total inclui despejos e expulsões, ameaças de despejo e expulsões, bens destruídos e pistolagem.

Entre as regiões, porém, há diferenças significativas. Segundo o censo de 2006, cerca de 50% das propriedades rurais situam-se no Nordeste, que tem 17% das terras agrícolas computadas no censo. Sudeste e Sul contêm pouco menos de 1/5 dos estabelecimentos agrícolas e aproximadamente 15% da área total. O destaque é o Centro-Oeste, com apenas 6% das propriedades rurais brasileiras, mas cerca de 1/3 da área total. Isso se reflete nas diferenças entre os tamanhos médios de estabelecimento: 64 hectares no Brasil, 60 e 42 no Sudeste e Sul, respectivamente, e 332 no Centro-Oeste. O Nordeste tem o menor tamanho médio dos estabelecimentos agrícolas: apenas 31 hectares. Há também uma grande diferença na distribuição regional por tamanho de propriedade. No Nordeste, 63% dos estabelecimentos tinham menos de 10 hectares e controlavam apenas 5% das terras agrícolas. Propriedades com mais de mil hectares eram menos de 1% do total dos estabelecimentos, mas controlavam 31% das terras agrícolas. No Centro-Oeste apenas 16% das propriedades tinham menos de 10 hectares, e elas abrangiam uma parcela insignificante do total das terras (0,2%). Por outro lado, as grandes propriedades com mais de mil hectares representavam 6% do total das terras agrícolas e controlavam 70% das terras. No Sul e Sudeste as unidades pequenas compunham 40% do total de estabelecimentos e controlavam 4% da área total. Os estabelecimentos grandes, com mais de mil hectares, eram menos de 1% do total de propriedades e controlavam entre 23% e 30% das terras, respectivamente (tabela 9.4).

A concentração evidencia-se quando analisamos o valor da produção por tamanho de estabelecimento e região. Embora Norte e Nordeste contenham mais de metade do total dos estabelecimentos agrícolas computados em 2006, o valor de sua produção alcançou apenas pouco mais de 1/5 do valor total da produção agrícola nacional. O Sudeste, com 18% dos estabelecimentos, gerou 33% do valor da produção agrícola em 2006. Se adicionarmos o Centro-Oeste, os estabelecimentos encontrados nessas duas regiões, 23% do total, foram responsáveis por mais de metade do valor total da produção agrícola.

A produção do estabelecimento médio difere acentuadamente por região: alcança R$ 123 mil no Centro-Oeste e R$ 74 mil no Sudeste, em contraste com apenas R$ 14 mil no Nordeste e R$ 21 mil no Norte. Por tamanho também encontramos alta concentração, pois os estabelecimentos de até 10 hectares, que representam quase metade do total de unidades, são responsáveis por apenas 12% do valor da produção. Quando computamos todos os estabelecimentos de até 100 hectares, vemos que eles representam 86% do total de estabelecimentos e são responsáveis por apenas 40% da produção total. O extremo oposto é visto entre os grandes produtores, os estabelecimentos de mais de mil hectares. Esses 38 mil estabelecimentos (1% do total de unidades agrícolas) geraram quase

Tabela 9.3: Número de propriedades e área por tamanho Censos 1920-2006

Ano	Número de estabelecimentos agropecuários (unidades) – grupos de área total						
	Total (1)	Índice de Gini	Menos de 10 ha	10 a menos de 100 ha	Menos de 100 ha	100 a menos de 1.000 ha	1.000 ha e mais
1920	648.153	0,832	-	-	463.879	157.959	26.045
1940	1.904.589	0,833	654.557	975.441	1.629.995	243.818	27.822
1950	2.064.642	0,844	710.934	1.052.557	1.763.491	268.159	32.628
1960	3.337.769	0,842	1.495.020	1.491.415	2.986.435	314.831	32.480
1970	4.924.019	0,844	2.519.630	1.934.392	4.454.022	414.746	36.874
1975	4.993.252	0,855	2.601.860	1.898.949	4.500.809	446.170	41.468
1980	5.159.851	0,857	2.598.019	2.016.774	4.614.793	488.521	47.841
1985	5.801.809	0,857	3.064.822	2.160.340	5.225.162	517.431	50.411
1995	4.859.865	0,856	2.402.374	1.916.487	4.318.861	469.964	49.358
2006	5.175.636	0,872	2.477.151	1.971.600	4.448.751	424.288	47.578
2017	5.072.152	0,859	2.543.778	1.979.915	4.523.693	420.136	50.865
Ano	Área dos estabelecimentos agropecuários (hectares) – grupos de área total						
	Total	Área Média	Menos de 10 ha	10 a menos de 100 ha	Menos de 100 ha	100 a menos de 1.000 ha	1.000 ha e mais
1920	175.104.675	270	-	-	15.708.314	48.415.737	110.980.624
1940	197.720.247	104	1.993.439	33.112.160	36.005.599	66.184.999	95.529.649
1950	232.211.106	112	3.025.372	35.562.747	38.588.119	75.520.717	118.102.270
1960	249.862.142	75	5.592.381	47.566.290	53.158.671	86.029.455	110.314.016
1970	294.145.466	60	9.083.495	60.069.704	69.153.199	108.742.676	116.249.591
1975	323.896.082	65	8.982.646	60.171.637	69.154.283	115.923.043	138.818.756
1980	364.854.421	71	9.004.259	64.494.343	73.498.602	126.799.188	164.556.629
1985	374.924.929	65	9.986.637	69.565.161	79.551.798	131.432.667	163.940.463
1995	353.611.246	73	7.882.194	62.693.585	70.575.779	123.541.517	159.493.949
2006	333.680.037	64	7.798.777	62.893.979	70.692.756	112.844.186	150.143.096
2017	350.253.330	70	7.989.114	63.783.346	71.772.460	112.029.612	166.451.258

Fonte: Dados básicos: IBGE. Censo agropecuário – Sidra.
Inclui dados preliminares do Censo agrícola de 2017. Sidra. Tabela 6710.
Gini: IBGE. Censo agropecuário, 2006. BRASIL.
Grandes regiões e unidades da federação. 2009. p. 109; Sczmrecsányi (2007); Hoffmann e Ney (2010).
Nota: (1) Inclui agricultores sem área.

1/3 do valor da produção. Além disso, os 16 mil estabelecimentos com mais de mil hectares do Centro-Oeste (0,4% dos produtores) geraram 12% do valor da produção agrícola brasileira. Tudo isso corrobora a ideia de que é alta a concentração da produção agrícola no Brasil (tabela 9.5).

Por sua vez, os estabelecimentos pequenos e médios contêm uma porcentagem elevada da população rural ocupada na agricultura e também são significativos na produção das principais culturas brasileiras. Metade do pessoal ocupado na agricultura em 2006 trabalhava em propriedades de menos de 10 hectares; quando consideramos as propriedades com menos de 100 hectares, a porcentagem chega a quase 90%. Além disso, alguns produtos, como tabaco, feijão, mandioca, algodão arbóreo e banana, têm uma alta porcentagem de sua produção proveniente de pequenas unidades de até 10 hectares. Os produtos mais representativos das grandes propriedades são algodão herbáceo, arroz, soja e sorgo. Trigo, cacau e laranja são produzidos principalmente em estabelecimentos entre 100 e mil hectares (tabela 9.6).

Como se poderia esperar, existe correlação positiva entre tamanho de estabelecimento e grau de instrução do proprietário ou administrador. O baixo nível de instrução dos agricultores brasileiros em geral é notável: nada menos que 81% classificaram-se como analfabetos ou com ensino fundamental incompleto, apenas 16% concluíram o ensino médio e só 3% entraram na universidade ou concluíram um curso superior. Há variação importante por região e, como esperado, o Nordeste registrou os níveis educacionais mais baixos. Os níveis mais elevados foram encontrados no Centro-Oeste, Sudeste e Sul, respectivamente. Os resultados mostram que o tamanho do estabelecimento explica as disparidades. No Brasil como um todo, 86% dos agricultores com unidades de até 10 hectares eram analfabetos ou tinham apenas o ensino fundamental incompleto; nos estabelecimentos entre 100 e mil hectares, a porcentagem com esse nível educacional foi de 62%, e entre os proprietários e administradores de estabelecimentos de mil hectares ou mais a parcela foi de 43%. Neste último grupo, 22% tinham curso superior incompleto ou completo. No Sul a porcentagem foi 42%, e no Sudeste 35%. Contudo, mesmo nestas duas regiões mais de 3/4 dos estabelecimentos de até 10 hectares eram controlados por analfabetos ou pessoas sem o ensino fundamental completo. Esse baixo grau de instrução inegavelmente limita a capacidade de absorção da tecnologia moderna que gradualmente vem dominando a agricultura comercial no Brasil (tabela 9.7).

Tabela 9.4: Número de propriedades e área por tamanho
Censo de 2006 por regiões

Unidade territorial	Número de estabelecimentos agropecuários (unidades) grupos de área total					
	Estabelecimentos	Menos de 10 ha	10 a menos de 100 ha	Menos de 100 ha	100 a menos de 1.000 ha	1.000 ha e mais
Brasil	5.175.636	2.477.151	1.971.600	4.448.751	424.288	47.578
Norte	475.778	126.532	229.105	355.637	80.518	8.467
Nordeste	2.454.060	1.498.395	650.865	2.149.260	115.484	8.212
Sudeste	922.097	393.459	411.438	804.897	91.727	5.956
Sul	1.006.203	406.498	515.460	921.958	59.927	4.507
Centro-Oeste	317.498	52.267	164.732	216.999	76.632	20.436

Unidade territorial	Área total dos estabelecimentos agropecuários (hectares) grupos de área total						
	Área Total	Área Média	Menos de 10 ha	10 a menos de 100 ha	Menos de 100 ha	100 a menos de 1.000 ha	1.000 ha e mais
Brasil	333.680.037	64	7.798.777	62.893.979	70.692.756	112.844.186	150.143.096
Norte	55.535.764	117	361.729	9.338.721	9.700.450	19.016.345	26.818.968
Nordeste	76.074.411	31	3.785.736	20.102.488	23.888.224	28.678.152	23.508.035
Sudeste	54.937.773	60	1.568.990	13.450.983	15.019.973	23.629.860	16.287.940
Sul	41.781.003	42	1.839.140	13.657.121	15.496.261	16.594.702	9.690.040
Centro-Oeste	105.351.087	332	243.182	6.344.666	6.587.848	24.925.126	73.838.113

Fonte: IBGE. Censo agropecuário. Sidra.

Tabela 9.5: Valor da produção e número de estabelecimentos por tamanho e região – Censo agrícola de 2006

Região	Total	Sem terra	0-2 ha	2-10 ha	10-100 ha	100-1.000 ha	1.000+ ha
Número de estabelecimentos							
Norte	356.333	24.530	47.463	51.082	167.480	59.566	6.212
Nordeste	1.661.713	115.844	473.423	502.337	474.259	89.518	6.332
Sudeste	650.169	10.192	61.087	190.759	308.795	74.448	4.888
Sul	818.097	11.827	46.219	252.246	452.002	51.855	3.948
Centro-Oeste	218.933	1.671	5.873	24.028	112.513	58.510	16.338
Brasil	3.705.245	164.064	634.065	1.020.452	1.515.049	333.897	37.718
Valor da produção em milhares de Reais							
Norte	7.759.807	181.058	274.848	488.383	2.619.369	2.061.372	2.134.777
Nordeste	24.493.824	262.457	1.576.301	4.329.800	6.854.261	5.[illegible]28.356	5.942.649
Sudeste	47.947.658	156.432	734.595	3.590.863	13.187.955	16.454.084	13.823.729
Sul	38.081.152	178.833	617.638	4.901.495	16.665.519	10.583.156	5.134.511
Centro-Oeste	27.118.736	20.824	46.708	379.928	2.217.507	6.[illegible]59.030	17.494.738
Brasil	145.401.177	799.603	3.250.092	13.690.469	41.544.610	41.385.997	44.530.405
Média do valor da produção em Reais							
Norte	21.777	7.381	5.791	9.561	15.640	34.607	343.654
Nordeste	14.740	2.266	3.330	8.619	14.453	61.757	938.511
Sudeste	73.746	15.349	12.025	18.824	42.708	221.014	2.828.095
Sul	46.548	15.121	13.363	19.431	36.870	204.091	1.300.535
Centro-Oeste	123.868	12.462	7.953	15.812	19.709	118.937	1.070.800
Brasil	39.242	4.874	5.126	13.416	27.421	124.547	1.180.614

Fonte: IBGE. Censo agropecuário. Sidra.

Tabela 9.6: Produção dos principais produtos agrícolas por tamanho total da propriedade – Censo 2006

	Sem área	0-10 ha	10-100 ha	100-1.000 ha	1.000 e mais	Total
			Culturas temporárias			
Algodão herbáceo (toneladas)	150	13.237	28.734	160.527	2.288.937	2.491.585
Amendoim em casca (toneladas)	330	29.846	28.715	34.867	24.683	118.441
Arroz em casca (toneladas)	59.372	832.489	2.467.647	3.417.953	2.910.377	9.687.838
Feijão (toneladas)	27.835	1.009.558	937.350	440.355	307.628	2.722.726
Fumo em folha seca (toneladas)	11.797	442.855	642.234	10.674	1.475	1.109.035
Mandioca (aipim, macaxeira) (toneladas)	157.668	4.109.796	5.685.034	1.870.189	89.940	11.912.627
Milho em grão (toneladas)	113.560	5.532.384	14.911.502	11.392.848	9.477.317	41.427.611
Soja em grão (toneladas)	2.347	703.345	6.628.958	15.793.874	23.067.318	46.195.842
Sorgo em grão (toneladas)	236	17.516	80.066	301.119	390.013	788.950
Trigo em grão (toneladas)	59	34.586	585.479	1.165.247	447.704	2.233.075
			Culturas permanentes			
Algodão arbóreo (toneladas)		629	444	102		1.180
Banana (toneladas)		1.253.230	2.105.168	697.966	111.954	4.168.318
Cacau (amêndoa) (toneladas)		24.142	90.154	78.974	5.902	199.172
Café arábica em grão (verde) (toneladas)		281.918	795.016	720.158	152.603	1.949.696
Laranja (toneladas)		753.883	3.064.019	5.391.645	2.966.045	12.175.593
Total pessoal ocupado – Censo agrícola	632.303	5.993.568	5.014.642	1.014.735	146.158	12.801.406

Fonte: IBGE. Censo agropecuário. Sidra.

Tabela 9.7: Produtores por tamanho e nível educacional Censo de 2006

Nível de instrução	Total	Sem área	0-10 ha	10-100 ha	100-1.000 ha	1.000+
Total						
Analfabeto e fundamental incompleto	81%	89%	86%	79%	62%	43%
Fundamental e médio completo	16%	10%	13%	18%	27%	35%
Superior completo ou incompleto	3%	0%	1%	3%	11%	22%
Norte						
Analfabeto e fundamental incompleto	86%	89%	88%	87%	80%	58%
Fundamental e médio completo	13%	11%	12%	12%	17%	31%
Superior completo ou incompleto	1%	0%	1%	1%	2%	10%
Nordeste						
Analfabeto e fundamental incompleto	89%	91%	91%	88%	74%	55%
Fundamental e médio completo	10%	9%	9%	11%	20%	29%
Superior completo ou incompleto	1%	0%	0%	1%	7%	16%
Sudeste						
Analfabeto e fundamental incompleto	70%	86%	78%	67%	48%	30%
Fundamental e médio completo	23%	13%	19%	25%	33%	35%
Superior completo ou incompleto	6%	1%	3%	7%	19%	35%
Sul						
Analfabeto e fundamental incompleto	75%	80%	79%	76%	47%	22%
Fundamental e médio completo	22%	19%	20%	21%	36%	36%
Superior completo ou incompleto	3%	1%	2%	3%	17%	42%
Centro-Oeste						
Analfabeto e fundamental incompleto	68%	81%	75%	74%	56%	40%
Fundamental e médio completo	26%	17%	22%	22%	33%	39%
Superior completo ou incompleto	6%	1%	3%	3%	11%	21%

Fonte: IBGE. Censo agropecuário. Sidra.

Pode-se medir a diferenciação na agricultura brasileira pelas práticas agrícolas adotadas. O elevado porcentual de 42% dos estabelecimentos declararam não recorrer a nenhuma prática agrícola moderna. A queimada foi praticada por 14%, principalmente no Norte e Nordeste, mas não em grau significativo nas demais regiões. O plantio em nível foi praticado por 29% dos estabelecimentos, sem diferença por tamanho. A rotação de culturas ocorreu em 12% dos estabelecimentos sem diferença por tamanho, embora na região Sul tenha sido mais frequente do que nas demais. Na prática da proteção de encostas houve diferença significativa por tamanho de estabelecimento, e também aqui o Sul liderou. De modo geral, o baixo uso de práticas agrícolas modernas foi mais pronunciado entre os pequenos e médios produtores e, quando analisamos por região, houve significativa diferenciação entre Norte e Nordeste e as demais regiões (tabela 9.8).

Apenas 22% dos estabelecimentos receberam algum tipo de orientação técnica, 9% destes com regularidade. Das unidades de até 10 hectares, apenas 5% contaram com esse tipo de orientação. Quase um terço dos estabelecimentos de 10 a 100 hectares receberam orientação ocasional ou regular, e para essa categoria o governo também foi a fonte mais importante desse tipo de assistência. Em contraste, quase 2/3 dos estabelecimentos com mais de mil hectares receberam orientação técnica principalmente de sua própria equipe ou de empresas de planejamento privadas, juntamente com alguma assistência governamental. Novamente, as dificuldades de acesso a orientação técnica para os pequenos e médios estabelecimentos são uma deficiência fundamental do sistema, e o impacto do apoio governamental aos pequenos produtores é limitado (tabela 9.9).

Tabela 9.8: Tipo de agricultura praticada por tamanho do estabelecimento e região – Censo de 2006

	Estabelecimentos por tamanho					
Tipo de prática agrícola	**Sem terra**	**0-2 ha**	**2-10 ha**	**10-100 ha**	**100-1.000 ha**	**1.000+ ha**
Plantio em nível	45.979	267.505	463.860	610.651	112.820	13.061
Uso de terraços	3.853	19.190	47.924	94.308	23.770	5.060
Rotação de culturas	10.663	80.699	187.239	309.602	46.354	6.526
Uso de lavouras para reforma e/ou renovação e/ou recuperação de pastagens	5.421	22.567	58.589	136.965	41.176	6.269
Pousio ou descanso de solos	11.369	57.304	92.362	137.270	29.377	3.873
Queimadas	55.012	211.730	144.504	232.992	54.699	3.088
Proteção e/ou conservação de encostas	3.525	11.780	66.658	164.749	42.548	7.666
Nenhuma	138.407	458.673	588.761	776.237	191.964	22.843
Total (1)	255.019	1.049.000	1.428.151	1.971.600	424.288	47.578
	Estabelecimentos por região					
Tipo de prática agrícola	**Norte**	**Nordeste**	**Sudeste**	**Sul**	**Centro-Oeste**	**Brasil**
Plantio em nível	76.053	621.901	349.638	413.062	53.222	1.513.876
Uso de terraços	2.782	39.165	40.286	99.409	12.463	194.105
Rotação de culturas	18.495	177.815	85.594	337.387	21.792	641.083
Uso de lavouras para reforma e/ou renovação e/ou recuperação de pastagens	25.416	111.081	52.675	57.314	24.501	270.987
Pousio ou descanso de solos	17.188	210.649	46.461	46.998	10.259	331.555
Queimadas	124.883	533.832	22.447	14.804	6.059	702.025
Proteção e/ou conservação de encostas	16.112	28.805	77.811	146.826	27.372	296.926
Nenhuma	241.996	1.026.469	423.801	281.640	202.979	2.176.885
Total (1)	475.778	2.454.060	922.097	1.006.203	317.498	5.175.636

Fonte: IBGE. Censo agropecuário. Sidra.

Nota: (1) A soma é maior que o número de estabelecimentos, pois vários apresentam mais de uma prática.

Tabela 9.9: Estabelecimentos que recebem orientação técnica, por tipo de treinamento e tamanho – Censo de 2006

		Estabelecimentos por tamanho				
Orientação técnica	**Total**	**0-2 ha**	**2-10 ha**	**10-100 ha**	**100-1.000 ha**	**1.000+ ha**
Recebe orientação técnica	1.145.049	62.880	274.043	606.420	157.968	28.241
Governo (federal, estadual ou municipal)	491.607	37.560	130.307	266.979	44.215	3.790
Própria ou do próprio produtor	250.263	12.915	40.697	106.828	68.304	18.235
Cooperativas	225.521	3.986	42.241	146.557	30.065	1.963
Empresas integradoras	153.860	4.982	51.510	85.966	7.780	1.460
Empresas privadas de planejamento	85.196	2.604	16.188	42.554	18.563	4.806
Organização não governamental (ONG)	6.793	732	1.921	3.220	611	108
Outra	30.376	1.763	7.176	14.526	5.566	1.011
Não recebe orientação técnica	4.030.587	986.120	1.154.108	1.365.180	266.320	19.337
Total	5.175.636	1.049.000	1.428.151	1.971.600	424.288	47.578
	Estabelecimentos que recebem orientação técnica ocasionalmente					
Recebe orientação técnica	662.589	40.322	164.909	354.138	82.251	11.217
Governo (federal, estadual ou municipal)	330.143	24.698	89.421	179.317	28.746	2.202
Própria ou do próprio produtor	147.810	9.861	27.979	67.461	33.589	6.411
Cooperativas	115.026	2.311	23.802	74.677	13.147	728
Empresas integradoras	55.194	1.761	18.301	30.411	3.278	587
Empresas privadas de planejamento	45.600	1.494	9.412	23.274	8.985	2.172
Organização não governamental (ONG)	3.795	348	1.078	1.820	376	59
Outra	18.797	1.107	4.526	9.189	3.241	546
Total	662.589	40.322	164.909	354.138	82.251	11.217

▶

Orientação técnica	Total	0-2 ha	2-10 ha	10-100 ha	100-1.000 ha	1.000+ ha
	Estabelecimentos por tamanho					
	Estabelecimentos que recebem orientação técnica regularmente					
Recebe orientação técnica	482.460	22.558	109.134	252.282	75.717	17.024
Governo (federal, estadual ou municipal)	161.464	12.862	40.886	87.662	15.469	1.588
Própria ou do próprio produtor	102.453	3.054	12.718	39.367	34.715	11.824
Cooperativas	110.495	1.675	18.439	71.880	16.918	1.235
Empresas integradoras	98.000	3.221	33.209	55.555	4.502	873
Empresas privadas de planejamento	39.596	1.110	6.776	19.280	9.578	2.634
Organização não governamental (ONG)	2.998	384	843	1.400	235	49
Outra	11.579	656	2.650	5.337	2.325	465
Total	482.460	22.558	109.134	252.282	75.717	17.024

Fonte: IBGE. Censo agropecuário. Sidra.

A desigualdade na propriedade rural e a existência de um grande número de trabalhadores rurais sem terra estimularam historicamente os movimentos reivindicatórios, a organização de entidades representativas dos vários segmentos do mundo rural e mesmo conflitos violentos no campo. Assim, apesar da forte repressão militar a todos os movimentos sociais, em meados dos anos 1970 eles haviam revivido no meio rural. Em 1975 a Conferência Nacional dos Bispos do Brasil (CNBB) criou a Comissão Pastoral da Terra com o lema "Terra para quem nela trabalha", reforçando politicamente o movimento pela reforma agrária no Brasil. A intensificação desses movimentos sociais rurais e urbanos no período de "abertura democrática" de fins dos anos 1970 ao começo da década seguinte gerou pressão crescente pela reforma agrária. Durante esse período ocorreram várias ocupações de terra, e essas práticas ganharam eficácia cada vez maior com a ação do movimento dos sem-terra.[396] O MST foi criado em 1984 em Cascavel, Paraná, e logo recebeu grande apoio da Comissão Pastoral

[396] Em 1981 o Acampamento Natalino, no Rio Grande do Sul, transformou-se no símbolo do movimento sem-terra com as manifestações de apoio e as repercussões geradas em outras partes do país. MST (2017).

da Terra.[397] A Confederação Nacional dos Trabalhadores na Agricultura (Contag) seria outra instituição com grande força política no campo. Formada antes do regime militar, a Contag, como o MST, representa os pequenos agricultores. Apesar de sofrer forte repressão, a Contag sobreviveu durante a era militar defendendo os interesses dos pequenos produtores rurais e passou também a apoiar a reforma agrária.[398] Em 1995 a Contag decidiu juntar-se à Central Única dos Trabalhadores (CUT), para formar uma frente unida dos movimentos de trabalhadores urbanos e rurais.

Segundo um estudo do Ministério do Desenvolvimento Agrário, o período que vai do fim do regime militar até a promulgação da Constituição de 1988 viu a construção de importantes organizações de trabalhadores e produtores rurais. Os agricultores comerciais organizaram-se na Confederação Nacional da Agricultura (CNA), na União Democrática Ruralista (UDR) e na Associação Brasileira de Agronegócio (Abag). Por sua vez, os pequenos agricultores juntaram-se na Confederação Nacional dos Trabalhadores na Agricultura (Contag), e os trabalhadores sem-terra organizaram-se no MST, na Via Campesina e no Departamento Nacional dos Trabalhadores Rurais (DNTR), um braço da CUT que daria origem à Federação dos Trabalhadores na Agricultura Familiar (Fetraf). Nesse novo cenário surgiram outros conflitos e estabeleceram-se novas disposições institucionais. Até o começo dos anos 1990, a reforma agrária pautou-se no debate sobre a possibilidade de desapropriação de terras improdutivas. A política agrária do governo Fernando Henrique Cardoso, por sua vez, baseou-se no assentamento de famílias sem-terra em terras públicas e realizou a expropriação da terra apenas por meios constitucionais legais (Bianchini, 2015:18-19).

Em 1994, reagindo às intensas mobilizações rurais, parte delas proveniente de pequenos produtores que reivindicavam acesso ao crédito rural, o governo instituiu o Programa de Valorização da Pequena Produção Rural (Provape).[399] O decreto que estabeleceu as normas para a concessão de crédito rural por in-

[397] Em seu Congresso de 1985, o MST declarou-se uma organização apartidária e não governamental cuja principal atividade seria a ocupação de terras, e em maio daquele ano já havia tomado 12 propriedades. MST (2017) e Stedile e Fernandes (2005).

[398] Trajetória política da Contag — as primeiras lutas. Disponível em: <http://enfoc.org.br/system/arquivos/documentos/43/Trajetria-poltica-da-contag–as-primeiras-lutas–revista-40-anos--da-contag.pdf>. Acesso em: 22 abr. 2017.

[399] Em 1993 o Fórum Sul dos Rurais da CUT realizou um seminário em Chapecó, Santa Catarina, com o lema "Crédito de investimento — uma luta que vale milhões de vidas". O Seminário determinou que o crédito seria a reivindicação central do movimento sindical naquele momento, um trampolim para a conquista de outras medidas: assistência técnica e extensão rural, crédito para aquisição de terra, pesquisa, educação e qualificação profissional, infraestrutura e habitação. Essa seria a ideologia fundamental do Pronaf. Bianchini (2015:23).

termédio do Provape definiu como beneficiários os pequenos produtores rurais com 80% de sua renda bruta advinda da agricultura que não tivessem empregados permanentes e possuíssem propriedade abaixo de um tamanho determinado.[400] Definiu-se em 4% ao ano a taxa de juros para esses créditos. Uma das críticas aos pequenos produtores era sobre sua incapacidade de sobreviver no contexto da expansão do agronegócio, que acarretou o desaparecimento de milhares de pequenos produtores rurais. Em 1996 essas políticas em favor dos pequenos agricultores foram reforçadas pela criação do Programa Nacional de Fortalecimento da Agricultura Familiar (Pronaf). O objetivo era promover o desenvolvimento sustentável do segmento rural correspondente aos pequenos agricultores para permitir um aumento de sua capacidade produtiva, gerar empregos e aumentar sua renda.[401] Em 2006 a Lei nº 11.326 determinou que, para fins legais, considera-se agricultor familiar e empreendedor familiar rural aquele que pratica atividades no meio rural atendendo simultaneamente aos seguintes requisitos: não detenha, a qualquer título, área maior do que quatro módulos fiscais;[402] utilize predominantemente mão de obra da própria família nas atividades econômicas do seu estabelecimento ou do empreendimento; tenha renda familiar predominantemente originada de atividades econômicas vinculadas ao próprio estabelecimento ou empreendimento; dirija seu estabelecimento ou empreendimento com sua família. Sob determinadas condições, silvicultores, aquicultores, pescadores e extrativistas também são beneficiários da lei, juntamente com povos indígenas e membros de quilombos rurais e outras comunidades tradicionais.[403] O Decreto nº 3.508/2000 definiu que os beneficiários dos assentamentos instituídos pelo Programa Nacional de Reforma Agrária também são considerados agricultores familiares e, portanto, beneficiários do Pronaf.

O Pronaf baseou-se em um conceito de agricultura familiar que usava várias definições, por exemplo, tamanho da propriedade, mão de obra familiar e renda proveniente de atividades rurais. Esse conceito é muito debatido. Para vários autores, os chamados agricultores familiares teriam características de "camponeses", mas a maioria dos estudiosos discorda dessa classificação defendida por sociólogos rurais e critica o próprio uso do conceito de agricultura familiar como um termo genérico que mistura agricultores com caracte-

---

400 Resolução nº 2.101 de 24 de agosto de 1994.

401 Lei nº 1.946 de 28 de junho de 1996.

402 O módulo fiscal, estabelecido pela Lei nº 6.746/1979, é uma unidade de medida agrária que representa a área mínima necessária para que uma propriedade rural seja economicamente viável. Seu tamanho varia de 5 a 110 hectares, dependendo do município. Landau et al. (2012).

403 Art. 3º da Lei nº 1.946.

rísticas muito diferentes. Apontam a necessidade de mudar essas políticas de modo a tornar mais equilibrado e justo o padrão de desenvolvimento agrário, abrindo novas portas para a transformação produtiva dos chamados estabelecimentos familiares, inserindo-os mais firmemente em mercados e cadeias de valor produtivas e aumentando sua renda.[404] Esses autores consideram o programa de crédito insuficiente para resolver problemas das famílias pobres como o baixo grau de instrução da maioria dos pequenos agricultores, a ausência de infraestrutura básica em suas regiões e o acesso limitado a assistência técnica.[405]

Entretanto, o Pronaf teve relativo êxito. Conseguiu agregar todos os programas governamentais destinados a pequenos produtores, pequenos proprietários e, sem dúvida, a parcela mais pobre dos agricultores brasileiros. Também obteve um aumento significativo de recursos. Entre 2003-04 e 2014-15 houve um crescimento real de 9% ao ano nos recursos e, neste último período, o Pronaf foi responsável por aproximadamente 12% do total do crédito concedido pelo sistema de crédito rural (tabela 9.10) (Input, 2017). Na safra de 2016-17 foram disponibilizados R$ 26 bilhões para o programa. As taxas de juros são muito favoráveis, na faixa de 2,5% a 5,5%, muito inferiores às outras taxas de juros da economia, e contemplam a transferência de subsídios a esses produtores. Além do crédito, o programa fornece seguro rural e alguns serviços de extensão rural. No entanto, talvez o mais importante apoio governamental aos pequenos agricultores provenha da criação do Programa Nacional de Alimentação Escolar (PNAE), no qual se determinou que no mínimo 30% dos alimentos comprados para o Fundo Nacional de Desenvolvimento da Educação (FNDE) fossem alocados obrigatoriamente para a aquisição de alimentos produzidos pela agricultura familiar.[406]

---

404 Várias posições a respeito do tema podem ser vistas em: Pedroso (2014:761-792), Navarro e Pedroso (2011), Navarro (2010:185-209), Veiga (1996:383-404), Wanderley (2017) e Alves (2009).

405 Para Buainain (2014:826-864), a análise do plano para a safra de 2013-14 mostra a fragmentação dos programas, o que dificulta avaliar sua eficácia. Havia 16 programas, divididos em Custos Operacionais, Investimento, Microcrédito Rural, Agroecologia, Mulheres, Agronegócio, Semiárido, Juventude, Florestas, Marketing etc. Além disso, o grupo de beneficiários foi expandido para incluir atividades não agrícolas como pesca e criação de mariscos.

406 Lei nº 11.947, de 16 junho 2009. Sobre esse tema, ver FNDE (2017), Saraiva et al. (2017) e Sá (2017).

Tabela 9.10: Valor do crédito rural para agricultura familiar e empresarial, 2003-04/2014-15 (em milhões de Reais)

Anos	Agricultura familiar			Empresarial	Valor total do crédito rural
	Valor	variação %	Partic. no total	Valor	
2003-04	8.695		11%	70.325	79.020
2004-05	10.983	26%	12%	79.642	90.125
2005-06	12.300	12%	14%	74.029	86.328
2006-07	13.191	7%	15%	77.391	90.582
2007-08	13.074	-1%	11%	106.761	119.835
2008-09	14.779	13%	13%	99.999	114.777
2009-10	16.760	13%	12%	126.536	143.296
2010-11	16.046	-4%	11%	131.732	147.778
2011-12	16.759	4%	12%	122.219	138.978
2012-13	23.107	38%	13%	149.290	172.397
2013-14	26.001	13%	12%	183.552	209.552
2014-15	24.477	-6%	14%	152.918	177.395

Fonte: Input. Mapeamento. Evolução do crédito rural no Brasil entre 2003-2016.
Disponível em: <www.inputbrasil.org/wp-content/uploads/2016/08/Evolucao_do_Credito_Rural_CPI.pdf>.
Nota: Os valores estão atualizados para agosto de 2015.

O censo de 2006 introduziu a classificação de agricultura familiar e não familiar, permitindo uma ampla caracterização desse segmento do mundo rural. Seja qual for a validade dessa definição de produtores familiares, o fato de haver programas do governo voltados para esse grupo significa que eles agora constituem um elemento distinto no mundo agrícola. No censo agrícola de 2006 foram computados 3,9 milhões de agricultores familiares e 736 mil agricultores não familiares.[407] Os agricultores familiares representam 84% do total de produtores rurais, mas sua produção equivaleu a apenas 1/3 do valor total da produção em 2006. Existem grandes diferenças regionais nesses resultados agregados. O Nordeste contém o maior número de agricultores familiares, com quase 2 milhões classificados nessa categoria, representando metade dos agricultores familiares computados no censo de 2006; esses pequenos produtores familiares compuseram nada menos que 89% do total de agricultores do Nordeste naquele ano. O Sul vem em segundo lugar, com 792 mil agricultores familiares, equiva-

[407] Carlos Guanziroli (2001) apresenta um estudo aprofundado sobre a agricultura familiar baseado no censo de 1996, usando a metodologia desenvolvida na Convenção da FAO/Incra, que por sua vez foi baseada em dados do censo de 1985.

lentes a 1/5 do total de agricultores da região. Em valor da produção agrícola familiar, o Sul é líder, com 40% do valor total da produção da agricultura familiar em 2006. Nordeste e Sudeste vêm em seguida na produção total (tabela 9.11).

Analisando a área, encontramos o mesmo desequilíbrio identificado para o valor da produção. Embora os produtores familiares compusessem 84% do total de produtores, sua participação no total das terras cultivadas limitou-se a 25%. O Nordeste foi a região com a maior área em poder de agricultores familiares (35%), embora tivesse o menor tamanho médio de estabelecimento, apenas 13 hectares. O extremo oposto foi encontrado para o Centro-Oeste, com menor área total em posse de agricultores familiares e, ao mesmo tempo, a maior área média por estabelecimento (43 hectares). Na comparação entre agricultores familiares e não familiares, os primeiros possuíam em média 18 hectares por estabelecimento no Brasil, enquanto para os segundos a média era de 313 hectares. O Centro-Oeste, como se poderia esperar, tinha o maior tamanho médio de propriedade para os agricultores não familiares (955 hectares), e o Norte vinha em segundo lugar (617 hectares). No Sudeste, o estabelecimento familiar médio tinha 18 hectares, e o não familiar, 190 hectares (tabela 9.12).

Embora o número médio de empregados em estabelecimentos não familiares seja maior do que nos familiares (6,0 e 3,6 trabalhadores, respectivamente), o grande número de estabelecimentos de agricultura familiar permitiu que eles contivessem 3/4 dos empregados em áreas rurais. E entre os 12,3 milhões de pessoas empregadas em unidades familiares, metade trabalhava em estabelecimentos situados no Nordeste. A porcentagem para o Sul foi 18%, e para o Sudeste, 15%. O número médio de pessoas empregadas por estabelecimento variou de 4,1 no Nordeste a 2,7 no Centro-Oeste (tabela 9.13).

Nas unidades não familiares, o Sudeste e o Nordeste tiveram o maior número de empregados (tabela 9.13). Proporcionalmente, encontramos mais pessoas ocupadas na agricultura não familiar que tinham atividades fora do domicílio, em comparação com os estabelecimentos de agricultura familiar. Na categoria dos não familiares, metade dos estabelecimentos tinha membros ocupados em atividades fora de casa. Nos familiares, a porcentagem foi de quase 30%. Não houve grande variação regional nesse indicador (tabela 9.14).

Tabela 9.11: Produtores familiares e não familiares por valor da produção - Censo de 2006 (R$)

	Total			Agicultura familiar			Agricultura não familiar		
Região	Produtores	Valor da produção	Média	Produtores	Valor da produção	Média	Produtores	Valor da produção	Média
Norte	412.935	9.141.737.000	22.138	357.447	5.077.655.000	14.205	55.488	4.064.082.000	73.243
Nordeste	2.225.605	29.218.651.000	13.128	1.978.236	13.403.163.000	6.775	247.369	15.815.488.000	63.935
Sudeste	797.846	52.879.410.000	66.278	599.688	11.775.027.000	19.635	198.158	41.104.382.000	207.432
Sul	938.446	43.926.142.000	46.807	792.535	21.103.471.000	26.628	145.911	22.822.671.000	156.415
Centro-Oeste	264.043	28.820.355.000	109.150	174.776	3.134.801.000	17.936	89.267	25.685.554.000	287.739
Brasil	4.638.875	163.986.294.000	35.350	3.902.682	54.494.117.000	13.963	736.193	109.492.177.000	148.728

Fonte: IBGE. Censo agropecuário. Sidra.

Tabela 9.12: Produtores familiares e não familiares por área e região - Censo de 2006 (hectares)

	Total			Agricultura familiar			Agricultura não familiar		
Região	Produtores	Área	Média	Produtores	Área	Média	Produtores	Área	Média
Norte	475.778	55.535.764	117	412.666	16.611.277	40	63.112	38.924.487	617
Nordeste	2.454.060	76.074.411	31	2.187.131	28.315.052	13	266.929	47.759.359	179
Sudeste	922.097	54.937.773	60	699.755	12.771.299	18	222.342	42.166.474	190
Sul	1.006.203	41.781.003	42	849.693	13.054.511	15	156.510	28.726.492	184
Centro-Oeste	317.498	105.351.087	332	217.022	9.350.556	43	100.476	96.000.530	955
Brasil	5.175.636	333.680.038	64	4.366.267	80.102.695	18	809.369	253.577.342	313

Fonte: IBGE. Censo agropecuário. Sidra.

Tabela 9.13: Produtores familiares e não familiares por número de pessoas ocupadas e região – Censo de 2006

	Total			Agicultura familiar			Agricultura não familiar		
Região	Produtores	Pessoal	Média	Produtores	Pessoal	Média	Produtores	Pessoal	Média
Norte	400.767	1.655.649	4,1	342.306	1.383.640	4,0	58.461	272.009	4,7
Nordeste	1.769.362	7.699.138	4,4	1.556.168	6.365.251	4,1	213.194	1.333.887	6,3
Sudeste	809.965	3.283.049	4,1	607.416	1.798.935	3,0	202.549	1.484.114	7,3
Sul	862.059	2.920.445	3,4	726.931	2.244.347	3,1	135.128	676.098	5,0
Centro-Oeste	293.725	1.009.924	3,4	200.126	530.937	2,7	93.599	478.987	5,1
Brasil	4.135.878	16.568.205	4,0	3.432.947	12.323.110	3,6	702.931	4.245.095	6,0

Fonte: IBGE. Censo agropecuário. Sidra.

Tabela 9.14: Produtores familiares e não familiares com atividade fora do domicílio e região – Censo de 2006

	Total dos estabelecimentos		Agricultura familiar		Agricultura não familiar	
Região	Total	Atividade fora do domicílio	Total	Atividade fora do domicílio	Total	Atividade fora do domicílio
Norte	412.935	114.120	357.447	90.469	55.488	23.651
Nordeste	2.225.605	692.599	1.978.236	556.492	247.369	136.107
Sudeste	797.846	303.967	599.688	204.289	198.158	99.678
Sul	938.446	266.000	792.535	198.719	145.911	67.281
Centro-Oeste	264.043	102.730	174.776	62.693	89.267	40.037
Brasil	4.638.875	1.479.416	3.902.682	1.112.662	736.193	366.754

Fonte: IBGE. Censo agropecuário. Sidra.

Dos 4,6 milhões de agricultores, apenas 919 mil receberam alguma forma de empréstimo. Na categoria dos agricultores familiares foram 736 mil, correspondentes a 20% dos estabelecimentos nesse grupo. A região Sul teve a maior porcentagem (40%) de pequenos agricultores recebendo empréstimos. A grande maioria dos empréstimos para agricultores familiares deu-se na forma de crédito de investimento e para custos operacionais. Os empréstimos de mercado foram pouco frequentes. Entre os estabelecimentos não familiares, a porcentagem dos que receberam algum tipo de empréstimo foi semelhante à observada entre os agricultores familiares (19%). Na categoria dos estabelecimentos não familiares, a maior penetração do crédito também foi na região Sul. Por modalidade, os empréstimos concedidos para custos operacionais foram significativamente mais importantes em número de usuários do que os créditos de investimento, enquanto o crédito de mercado foi insignificante (tabela 9.15).

Também houve diferenças significativas no valor bruto da produção dos estabelecimentos familiares por região e tipo de atividade. Os estabelecimentos familiares que produziam culturas permanentes tiveram valor médio de produção maior do que os produtores de culturas temporárias. Entre os que criavam animais, o valor médio da produção foi inferior a metade do encontrado para os dedicados à lavoura. Uma vez que cada estabelecimento pôde declarar mais de uma atividade, o valor apresentado na tabela a seguir corresponde ao valor de cada cultura ou animal criado declarados (tabela 9.16).

Inquestionavelmente, esses agricultores familiares representavam a maioria dos estabelecimentos na área rural. Controlavam a grande maioria das unidades agrícolas, concentravam uma parte significativa da mão de obra ocupada na agricultura e eram importantes em várias culturas. Proporcionalmente, porém, o valor da produção agrícola desses pequenos produtores e agricultores familiares foi menos representativo. No entanto, esse tipo de análise agregada oculta informações importantes sobre diferenças nos rendimentos por estabelecimento. Dependendo da distribuição da renda, mesmo entre pequenos produtores ou produtores familiares, a média obtida dos valores agregados pode distorcer os resultados. Por isso, nestes últimos anos foram publicados numerosos estudos usando microdados do Censo de 2006, e por meio deles podemos fazer uma avaliação mais acurada da distribuição dos rendimentos brutos e líquidos e identificar o conjunto de produtores com renda líquida negativa.[408]

[408] Sobre esse tema, ver Alves, Souza e Rocha (2012:45-63), Buainain e Garcia (2013:29-27), Alves e Rocha (2010:275-290), Navarro e Campos (2013:13-28), Vieira Filho (2013:177-199), Buainain e Garcia (2013:133-176), Helfand, Pereira e Soares (2014:533-58) e Moreira, Helfand e Figueiredo (2010).

Tabela 9.15: Agricultura familiar e não familiar, número de estabelecimentos que obtiveram crédito – Censo de 2006

	Total dos estabelecimentos			Estabelecimentos familiares que tomaram empréstimos				Estabelecimentos não familiares que tomaram empréstimos			
Região	Total	Familiar	Não familiar	Total	Investimentos	Custeio	Comercialização	Total	Investimentos	Custeio	Comercialização
Norte	412.935	357.447	55.488	36.237	19.651	12.188	435	6.155	3.103	2.618	92
Nordeste	2.225.605	1.978.236	247.369	294.993	192.602	65.515	5.673	30.406	18.938	8.672	696
Sudeste	797.846	599.688	198.158	102.641	49.464	43.897	965	37.337	13.421	23.476	836
Sul	938.446	792.535	145.911	317.990	69.313	269.502	1.014	49.262	11.210	41.191	436
Centro-Oeste	264.043	174.776	89.267	28.483	12.837	14.624	197	15.612	4.889	10.947	210
Brasil	4.638.875	3.902.682	736.193	780.344	343.867	405.726	8.284	138.772	51.561	86.904	2.270

Fonte: IBGE. Censo agropecuário. Sidra.

Tabela 9.16: Produtores familiares por origem do valor da produção e região - Censo de 2006 (1)

	Produtores	Produção animal (4)	Lavouras (2)				Agroindústrias
			Permanentes	Temporárias	Outras (3)	Total dos cultivos	
Número de produtores familiares							
Norte	357.447	595.740	95.479	185.094	405.119	685.692	23.868
Nordeste	1.978.236	3.150.775	320.273	1.526.932	2.191.795	4.039.000	104.565
Sudeste	599.688	1.105.775	176.520	293.064	744.649	1.214.233	18.363
Sul	792.535	1.996.847	77.631	625.964	1.318.149	2.021.744	23.404
Centro-Oeste	174.776	436.277	9.601	60.029	156.291	225.921	2.983
Brasil	3.902.682	7.285.414	679.504	2.691.083	4.816.003	8.186.590	173.183
Valor total da produção dos produtores familiares – R$ 1.000							
Norte	5.077.655	2.547.893	753.725	2.315.478	4.161.775	7.230.978	73.030
Nordeste	13.403.163	5.306.766	4.146.826	5.432.068	11.594.223	21.173.117	135.381
Sudeste	11.775.027	6.061.004	3.927.025	3.056.369	10.337.798	17.321.192	57.021
Sul	21.103.471	13.843.007	1.676.086	10.765.160	15.808.602	28.249.848	22.746
Centro-Oeste	3.134.801	3.196.729	99.138	1.199.162	1.730.554	3.028.854	6.867
Brasil	54.494.117	30.955.400	10.602.800	22.768.237	43.632.949	77.003.986	295.046
Valor médio da produção dos produtores familiares – R$							
Norte	14.205	4.277	7.894	12.510	10.273	10.546	3.060
Nordeste	6.775	1.684	12.948	3.558	5.290	5.242	1.295
Sudeste	19.635	5.481	22.247	10.429	13.883	14.265	3.105
Sul	26.628	6.932	21.590	17.198	11.993	13.973	972
Centro-Oeste	17.936	7.327	10.326	19.976	11.073	13.407	2.302
Brasil	13.963	4.249	15.604	8.461	9.060	9.406	1.704

Fonte: IBGE. Censo agropecuário. Sidra.

Notas: (1) Valor da produção em R$ 1.000; valor da produção média em R$; (2) o mesmo estabelecimento pode ter vários tipos de produção; (3) inclui horticultura, fruticultura, silvicultura, extração vegetal e outras; (4) inclui animais de grande porte, de médio porte, pequeno porte e aves.

Um dos mais completos conjuntos de dados disponíveis sobre esse tema provém do estudo de Alves, Souza e Rocha publicado em 2012 (Alves, Souza e Rocha, 2012:45-63). Esse trabalho, que examinou todas as unidades familiares com base na renda, mostra a alta concentração da renda bruta em uma pequena parcela dos estabelecimentos — o que já se evidenciou quando analisamos o valor da produção e o tamanho da propriedade por região. O estudo de Alves, Souza e Rocha mostra que a renda bruta mensal de até dois salários mínimos foi a regra em 2/3 dos estabelecimentos, mas essas unidades mais pobres produziram apenas 3,3% do valor bruto da produção em 2006. Por outro lado, os estabelecimentos com produção média de 861 salários mínimos mensais, apenas 27 mil unidades agrícolas, foram responsáveis por mais de metade do valor bruto da produção. Com base nesses resultados, os autores concluíram que 53.345 estabelecimentos seriam suficientes para gerar toda a produção da agricultura brasileira em qualquer ano (Alves, Souza e Rocha, 2012:48). Essa estimativa faz sentido, pois, no censo de 2006, 500 mil estabelecimentos (11% do total de unidades agrícolas) geraram 87% do valor total da produção naquele ano. Isso demonstra a elevada concentração de renda no setor agrário (tabela 9.17).

Tabela 9.17: Distribuição do valor bruto da produção em classes de salários mínimos mensais – Censo de 2006

Salários mínimos mensais	Estabelecimentos(1)	%	Valor bruto da produção (VBP)	%	VBP/ estab. (valor)	VBP/ estab. em sálarios mínimos mensais
0-2	2.904.769	66,0%	5.518.045.129	3,3%	1.900	0,52
2-10	995.750	22,6%	16.688.283.807	10,1%	16.760	4,66
10-200	472.702	10,7%	58.689.461.376	35,5%	124.157	34,49
200+	27.306	0,6%	84.727.015.692	51,2%	3.102.872	861,91
Total	4.400.527	100,0%	165.522.806.004	100,0%	37.614	10,45

Fonte: Alves, Souza e Rocha (2012:48).

Nota: IBGE Censo 2006, dados atualizados em 2010. Salário mínimo por mês = R$ 300,00. Fonte: IBGE (2012).
Nota: (1) Somente considerados estabelecimentos que declararam renda bruta e área.

Em outro estudo, Alves e Rocha (2010) dividiram adicionalmente os estabelecimentos com valor bruto da produção de até dois salários mínimos (tabela 9.18). Há 3,7 milhões de unidades agrícolas nessa categoria, com cerca de 11 milhões de trabalhadores rurais.[409] Os resultados são impressionantes. Um total

[409] Os autores estimaram três pessoas por estabelecimento. Alves e Rocha (2010:276).

de 579 mil estabelecimentos não declararam produção para consumo próprio nem para venda. Por outro lado, mais de 2 milhões de estabelecimentos, praticamente metade das unidades agrícolas registradas, declararam renda bruta mensal de meio salário mínimo. Estes tiveram uma produção anual, incluindo para consumo próprio, de apenas 643,84 reais. Ou seja, uma renda média anual pouco acima de dois salários mínimos. Considerando três pessoas por estabelecimento, essa renda anual representa R$ 18,00 mensais por pessoa, quando o salário mínimo naquele ano estava em R$ 300,00. Os autores atribuem esses resultados ao baixo nível da tecnologia adotada por esses agricultores e seu baixo grau de instrução, e não veem possibilidade de que investimentos adicionais na agricultura resolvam essa pobreza. Eles sugerem que a renda desses agricultores pobres só poderia ser suplementada por programas de distribuição de renda, como Bolsa Família, programas de aposentadoria rural e o Bolsa Escola. Parte do problema está sendo solucionada pela migração gradual desses agricultores pobres para áreas urbanas e pelo aumento da parcela da população rural que recebe remuneração por trabalho fora desses estabelecimentos agrícolas ineficientes, em outras unidades agrícolas ou na área urbana.[410]

A análise da distribuição dos estabelecimentos agrícolas por renda pode ser enriquecida com a introdução da variável região. Houve diferença significativa entre Norte e Nordeste e as demais regiões do país. Cerca de 88% dos estabelecimentos da região Nordeste e 76% da região Norte tiveram renda bruta inferior a dois salários mínimos mensais. No Centro-Oeste e Sudeste, a porcentagem foi 2/3, e no Sul, inferior a 50%. Quando consideramos os estabelecimentos com mais de 10 salários mínimos mensais, a disparidade repete-se, pois entre 3 e 4% dos estabelecimentos no Norte e Nordeste inseriram-se nesse grupo, em contraste com 13% no Sudeste e 17% no Sul. Em todas as regiões, o valor da produção representado pelos estabelecimentos com até dois salários mínimos diminuiu, em geral para menos de 5%, com exceção do Nordeste, onde a porcentagem aumentou para 11%.

A mesma exceção ocorre quando consideramos os estabelecimentos com renda acima de 10 salários mínimos mensais. O valor de sua produção representou mais de 80% do valor da produção no Sul, Sudeste e Centro-Oeste, porém foi cerca de 10 pontos percentuais a menos no Norte e Nordeste.

---

[410] Segundo os autores, a renda dessas pessoas precisa ser complementada por Bolsa Família, programa de aposentadoria rural, Bolsa Escola e transporte rural e urbano para facilitar a educação das crianças e o trabalho de membros da família na zona urbana. As leis trabalhistas precisam ser simplificadas para permitir o trabalho em tempo parcial na agricultura e estimular a geração de empregos temporários pelo agronegócio, que tem grande potencial para gerá-los. Isso daria aos centros urbanos tempo para adquirir capacidade de acolher parte dessa população. Alves e Rocha (2010:276).

No valor médio por estabelecimento, que refletiu o tamanho e a produtividade, houve diferença significativa entre as várias regiões. A média do Centro-Oeste (170 salários mínimos mensais) foi praticamente o dobro da observada nas outras regiões brasileiras (tabela 9.19).

As constatações básicas desses microdados e dados censitários mostram que existe um grande segmento de estabelecimentos agrícolas brasileiros com baixa produtividade, baixo valor da produção e renda inferior ao mínimo necessário para a sobrevivência da família, além de uma população com poucos conhecimentos técnicos. Alvez, Souza e Rocha afirmam que "a tecnologia criada pela pesquisa brasileira e do exterior difundiu-se, mas de forma assimétrica, deixando à margem milhões de estabelecimentos, principalmente aqueles da classe (0 a 2) salários mínimos mensais – aí reside o problema brasileiro de difusão de tecnologia" (Alves, Souza e Rocha, 2012:48).

A relação entre renda bruta e renda líquida *per capita* é similar a todos os outros índices. Mostra que 2,5 milhões de estabelecimentos tiveram renda líquida abaixo de zero, ou seja, negativa (Alves, Souza e Rocha, 2012:51-53). Desses estabelecimentos com renda abaixo de zero, 77% obtinham renda bruta inferior ou igual a dois salários mínimos mensais. Essas unidades produziram apenas 8% da renda bruta gerada pela atividade agrícola no ano do censo agrícola de 2006. De um total de 2,9 milhões de produtores com renda bruta abaixo de dois salários mínimos mensais, 2/3 tinham renda líquida negativa. Se considerarmos os estabelecimentos com renda bruta acima de 200 salários mínimos, apenas 19% declararam renda negativa. Ou seja, em todas as classes de unidades agrícolas houve renda líquida negativa medida em salários mínimos, porém com importância decrescente conforme aumentava a renda bruta (tabela 9.20).

Tabela 9.18: Valor bruto da produção anual de estabelecimentos pobres, menos de dois salários mínimos mensais, 2006

Classes de salários mínimos mensais	Número	Porcentagem	Média por classe (R$/estab.)
Sem informação	579.024	15%	-
0-1/2	2.014.567	53%	643,64
1/2-1	611.755	16%	2.574,84
1-2	570.480	15%	5.142,65
Total	3.775.826	100%	1.537,57

Fonte: Alves e Rocha (2010).

Nota: IBGE. Censo agropecuário 2006. Tabulação realizada pelo IBGE.

Tabela 9.19: Distribuição do valor bruto da produção, por valor do salário mínimo mensal por região – Censo agrícola de 2006

Regiões	Número	% por região	% no Brasil	% produção/região	Valor médio da produção (em salários mínimos)
Valor bruto da produção anual = 0-2 salários mínimos mensais					
BRASIL	3.775.826		73,0	4,0	0,43
Norte	360.190	75,7	9,5	11,1	0,53
Nordeste	2.149.279	87,6	56,9	9,0	0,36
Centro-Oeste	216.215	68,1	5,7	1,8	0,46
Sudeste	572.859	62,1	15,2	2,0	0,46
Sul	477.283	47,4	12,6	2,6	0,63
Valor bruto da produção anual = 2-10 salários mínimos mensais					
BRASIL	975.974	18,9	18,9	11,1	4,53
Norte	92.799	0,2	1,8	21,8	4,01
Nordeste	228.076	9,3	4,4	12,2	4,22
Centro-Oeste	71.287	22,5	1,4	5,6	4,30
Sudeste	226.625	24,6	4,4	7,8	4,60
Sul	357.187	35,5	6,9	15,1	4,88
Valor bruto da produção anual = mais de 10 salários mínimos mensais					
BRASIL	423.689	8,2	8,2	84,9	80,04
Norte	22.786	4,8	0,4	67,1	50,32
Nordeste	76.651	3,1	1,5	78,2	80,49
Centro-Oeste	2.976	9,4	0,6	92,7	170,35
Sudeste	122.565	13,3	2,4	90,2	98,01
Sul	171.711	17,1	3,32	82,28	55,19

Fonte: Alves e Rocha (2010).

Tabela 9.20: Renda bruta e líquida dos estabelecimentos em termos de salários mínimos, Censo de 2006

Classes de salário mínimo	Renda líquida				Renda líquida		Renda bruta	
	Maior ou igual a zero		Menor que zero		% do total dos estabelecimentos		Porcentagem da renda bruta	
	Estabelecimentos	%	Estabelecimentos	%	≥0	<0	≥0	<0
0-2	1.010.785	52%	1.893.984	77%	35%	65%	2%	8%
2-10	586.792	30%	408.958	17%	59%	41%	8%	18%
10-200	332.060	17%	140.633	6%	70%	30%	33%	44%
200+	22.239	1%	5.067	0%	81%	19%	57%	30%
Total	1.951.886	100%	2.448.642	100%	44%	56%	100%	100%

Fonte: Alves, Souza e Rocha (2012:52).

Esses dados e outros estudos suscitam questões importantes sobre o futuro das pequenas unidades agrícolas. Eles sugerem que não existe potencial para que uma elevação da renda agrícola por meio de um aumento da quantidade de terra ou da produtividade resolva o problema da pobreza nas áreas rurais. No Nordeste, por exemplo, cerca de 2/3 dos estabelecimentos têm menos de 10 hectares. No nível de produtividade observado para os estabelecimentos no quinto decil de produtividade, um aumento de 5-10 hectares no tamanho da propriedade não reduziria para menos de 70% a incidência da pobreza. Por outro lado, mesmo se os estabelecimentos com 5-10 hectares pudessem ser tão produtivos quanto aqueles no nono decil de produtividade, 60% deles ainda seriam classificados como pobres (Moreira, Helfand e Figueiredo, 2010).

Outro estudo concluiu que esses pequenos estabelecimentos com baixa capacidade de geração de renda só poderiam sobreviver com transferências de renda feitas pelo governo e combinações de trabalho em tempo parcial ou alternativo em centros urbanos (Campos e Navarro, 2013). Vários dos estudos citados neste capítulo concluem que o Brasil parece estar passando por um desenvolvimento bifurcado: de um lado, um setor avançado cresce rapidamente na produção agrícola, baseado em altas taxas de produtividade; de outro, um setor socialmente negativo parece incapaz de avançar. Políticas governamentais voltadas para este último setor raramente fizeram alguma diferença, devido à falta de conhecimento sobre as condições locais (Navarro e Campos, 2013:13-27). Há também numerosos impedimentos representados pelo baixo grau de instrução e pela incapacidade de usar a nova tecnologia, por infraestrutura deficiente, falta de crédito adequado e de habilidade para usar produtivamente o que está disponível. Tudo isso dificulta aos agricultores pobres sair da pobreza e adotar técnicas modernas. Entretanto, existe a possibilidade de transferir alguns deles para o setor produtivo. Embora os produtores rurais pobres sejam homogêneos quando se trata de baixa produção, constituem um grupo heterogêneo no potencial para aumentar a produtividade, a produção e a renda agrícola. Isto é, eles constituem um grupo de produtores e estabelecimentos com potenciais diferentes. Em vez de tratar todos igualmente como um grupo homogêneo de agricultores familiares, é necessário estudá-lo minuciosamente para identificar esses potenciais produtores e, com isso, as políticas governamentais poderem distinguir os fatores capazes de inseri-los no setor moderno (Navarro e Campos, 2013:39-40). Para muitos, porém, a solução será a clássica: um crescimento econômico geral do país razoavelmente elevado, que aumente as oportunidades de emprego urbano, produzirá um rápido êxodo rural com perda contínua de população no campo, como vem ocorrendo em todas as regiões rurais nos últimos 50 anos.[411]

[411] Navarro e Campos (2013:16). Uma visão alternativa foi apresentada por Carlos Guanziroli; para esse autor, a competitividade da produção familiar na agricultura é dada pela relação entre o valor líquido por unidade de trabalho e o reduzido custo de oportunidade de deixar os setores de produtores familiares com baixo nível de capitalização em condições de iniciar projetos — tais medidas não exigiriam grandes investimentos em terra e equipamento poupador de mão de obra. Segundo o autor, com um mínimo de apoio creditício e assistência técnica, o mais importante para o sucesso é a organização dos produtores, pois isso reduz custos de transação e gera um ambiente de confiança que permite novos modos de inserção social. Guanziroli (2001:40).

CONCLUSÃO

Há vários momentos cruciais para compreendermos o processo de transformação da agricultura brasileira, que passou de uma atividade tradicional de baixa produtividade, baseada na abundância de mão de obra e terra, à situação atual, na qual o Brasil é um dos mais importantes participantes do mercado internacional de produtos agrícolas. O primeiro foi seu papel a serviço da industrialização — um tema visto em toda a América Latina no período pós-Segunda Guerra Mundial. Desde meados do século passado, a agricultura é identificada como fundamental ao processo de desenvolvimento — um processo projetado para criar uma base industrial por meio da substituição de importações intensa e induzida. Para viabilizar-se, o modelo de substituição de importações requereu capital e importações de máquinas, juntamente com um papel complementar da agricultura, que deveria fornecer alimento barato à crescente população urbana, matérias-primas para a indústria nascente e excedentes para as exportações necessárias ao equilíbrio na balança de pagamentos. Além disso, nesse modelo de substituição de importações houve também transferência de recursos da agricultura, na forma de mercado para os produtos da indústria pouco produtiva, ineficiente e protegida, e no fornecimento de matérias-primas e alimentos a preços regulados pelo poder público. A industrialização induzida necessitava de mão de obra abundante e barata, e coube à agricultura atender a essa necessidade, liberando trabalhadores para as cidades, sem afetar a oferta de produtos agrícolas necessários aos vários mercados nacionais e internacionais.

Além disso, como fonte dos recursos cambiais necessários ao precário equilíbrio das contas externas, a agricultura foi a base das exportações brasileiras. Esperava-se que o setor ajudasse a custear a crescente demanda por equipamentos e matérias-primas necessários ao processo de substituição de importações. Esse processo induzido de industrialização gerou graves problemas na balança de pagamentos, pois era preciso um grande esforço de importações de bens de capital, sem que a própria indústria fosse capaz de gerar o correspondente fluxo de exportações que financiasse essas importações. Essa dificuldade foi particularmente acentuada no caso do Brasil, cujo plano era estabelecer indústrias pesadas produtoras de bens de capital e insumos básicos ou bens de consumo duráveis.

Discutia-se, na época, que a agricultura só poderia suprir essas demandas por meio da reforma agrária: esta liberaria forças produtivas que estavam sendo tolhidas por um sistema arcaico de posse da terra e por relações de trabalho aparentemente feudais. Decidiu-se, entretanto, que o processo de modernização agrária só poderia viabilizar-se com o apoio político dos proprietários de terras rurais, ou no mínimo sem a oposição dessa poderosa categoria. Tal posição implicava que a perversa estrutura agrária, que historicamente caracteriza o Brasil, deveria ser preservada, sem mudanças radicais na estrutura concentrada de posse da terra. Por isso, desde o início esse processo de transformação do mundo rural brasileiro foi classificado como modernização conservadora.

É praticamente certo que as transformações ocorridas na agricultura, iniciadas modestamente nos anos 1930 e 1940 e intensificadas após os anos 1960, foram possibilitadas pela ação governamental direta, por meio da modernização de instrumentos de apoio à agricultura como vultosos créditos subsidiados, extensão rural, pesquisa agropecuária, políticas de preços mínimos, regulação de estoques agrícolas e medidas de proteção à produção local. Além disso, foram criadas numerosas instituições para direcionar a estrutura de produção, a distribuição e a comercialização de produtos específicos. Ao mesmo tempo que foram criados esses instrumentos modernos de gestão pública da agricultura nos anos 1960 e 1970, envolvendo uma política de sustentação de preços, foi posto à disposição um amplo e refinado sistema de crédito público ou compulsório à agricultura. Os abundantes empréstimos agrícolas foram acentuadamente subsidiados com taxas de juros inferiores às de mercado e usados para financiar investimentos, cobrir custos operacionais e apoiar a comercialização da safra. Eles capacitaram e estimularam agricultores a adquirir máquinas e equipamentos modernos e a comprar insumos cruciais como fertilizantes e inseticidas. Além disso, só foram concedidos a quem modernizou sua produção, e isso deixou de lado aqueles que não conseguiram ingresso no mundo da agricultura comercial moderna, porque não dispunham de educação, propriedade suficiente, infraestrutura ou assistência técnica que lhes permitissem participar; também não foram concedidos aos que não quiseram usar suas terras para produzir.

O crédito abundante e barato também estimulou a construção de indústrias relacionadas com a agropecuária. No entanto, essa nova indústria de máquinas e insumos agropecuários ainda não era muito eficiente e dependia de forte proteção tarifária. Por isso, fornecia produtos relativamente menos eficientes a um custo muito mais alto do que os mercados internacionais. O crédito subsidiado contrabalançava esse custo extra, já que os agricultores tinham acesso limitado às máquinas e aos mercados de insumos estrangeiros. Além disso, o crédito subsidiado compensava a eventual perda de lucratividade na exportação de produtos agrícolas em decorrência de sobrevalorização da moeda nacional — uma prática usual no Brasil — e do tradicional controle de preços dos principais gêneros alimentícios, especialmente aqueles que mais pesavam no índice do custo de vida. Aliada à abundância de crédito, a gestão de um sistema abrangente de subsídios cruzados, administração de estoques reguladores, determinação de cotas de produção, controle de importações e apoio à exportação de produtos agrícolas, compensava os agricultores pelos custos maiores e potenciais perdas de receitas de exportação, ou pelo menos de perdas nas vendas ao mercado internacional. Nesse esquema, o crédito agrícola concedido desde os anos 1960 até os anos 1980 requereu vultosos recursos públicos e a gestão de um grande sistema de crédito bancário compulsório baseado em depósitos bancários captados do público sem remuneração, apesar da inflação elevada e crescente. A partir de fins dos anos 1980, os fundamentos desse modelo foram drasticamente alterados devido ao esgotamento dos fundos governamentais e à redução dos recursos compulsórios alocados para os bancos, pois os depósitos à vista reduziram-se acentuadamente em razão da inflação acelerada.

Subsequentemente, as reformas neoliberais iniciadas no Brasil na década de 1990 abriram e integraram rapidamente a economia brasileira ao mercado mundial. O que poderia ter sido um golpe fatal no processo de modernização produtiva da agricultura brasileira acabou, ao contrário, por acelerar esse processo. Os subsídios foram suspensos, mas o controle de preços, as cotas de produção, as dificuldades para exportar e a necessidade de comprar insumos nacionais também desapareceram. Os preços de *commodities* agrícolas passaram a estar diretamente relacionados com preços internacionais ajustados aos custos logísticos, que no Brasil eram e continuam a ser tradicionalmente altos. Além disso, a agricultura ganhou livre acesso ao mercado internacional, onde passou a adquirir, a preços internacionais, máquinas e equipamentos além dos insumos necessários à produção. Assim, os custos de insumos reduziram-se drasticamente.

Contudo, a principal questão a ser resolvida era como mudar o modelo financeiro existente, que se baseava em significativos subsídios com recursos públicos e no financiamento compulsório proveniente da rede bancária. A solução resultante, criada pelas forças de mercado e apoiada pelo governo, foi um complexo sistema composto de muitas fontes privadas distintas, desde empréstimos bancários regulares até cooperativas, redes de supermercados e *tradings* internacionais que concediam empréstimos, incluindo até uma introdução substancial de esquemas de permuta. Novas cadeias de integração vertical, também conhecidas como cadeias de valor, foram estabelecidas em muitos setores da agricultura, e isso permitiu aos processadores fornecer os insumos básicos necessários aos agricultores. Esses vários recursos preencheram com rapidez a lacuna deixada pela diminuição dos recursos governamentais, e no século XXI o próprio governo voltou a conceder importante apoio fiscal. Tudo isso levou à criação de novos e modernos sistemas de financiamento e mitigação de riscos, possibilitada pela abertura da economia. Ao mesmo tempo, declinaram os custos para os estabelecimentos agropecuários comerciais graças ao acesso ao mercado externo, e tudo isso acelerou o aumento da produtividade. Por sua vez, a produtividade crescente possibilitou que os estabelecimentos agropecuários brasileiros suprissem o mercado nacional, apesar da nova competição externa, e, ao mesmo tempo, conquistassem mercados internacionais; o Brasil logo se tornou o principal exportador internacional de soja, milho, carnes, açúcar e suco de laranja, além de manter sua tradicional dominância na exportação de café.

Uma resposta a todo esse crédito e modernização foi um grande aumento na produtividade agrícola. Solos mais antigos foram rejuvenescidos com tecnologia moderna, os estabelecimentos de tamanho médio declinaram e, em fins do século passado, a produção crescia mais depressa do que a quantidade de terra que era posta em cultivo. A tradicional ligação entre terras virgens e expansão da produção finalmente rompeu-se: agora a maior produção baseava-se em rendimentos crescentes em regiões agrícolas tradicionais. Latifúndios foram substituídos por grandes fazendas modernas que usam máquinas e o que há de mais avançado em sementes, fertilizantes e inseticidas.

Isso só foi possível porque, paralelamente à criação do complexo sistema de gestão da política agrícola, o Brasil pela primeira vez foi capaz de estabelecer um significativo programa público de pesquisa agropecuária. Pensou-se, de início, que seria possível desenvolver a agricultura brasileira usando o conhecimento técnico existente, simplesmente levando esse conhecimento aos agricultores por meio de um amplo programa de extensão. No entanto, as condições do Brasil tropical, sendo únicas, requereram novas soluções ou a adaptação dos conhecimentos existentes às condições tropicais locais. Assim, a criação da Embrapa pelo governo, com unidades espalhadas por todo o país e organizadas por produto ou região, foi fundamental para aumentar a produtividade nacional mediante a pesquisa científica moderna voltada especificamente para as condições brasileiras. Por sua vez, o êxito da Embrapa deveu-se aos seus recursos humanos e programas de formação. A organização pôde preparar milhares de profissionais no país e no exterior em várias áreas relacionadas com a agricultura, incorporando muitos deles como pesquisadores.

O terceiro fator que explica o êxito da agricultura brasileira foi a ascensão de empreendedores modernos no setor agropecuário, capazes de responder à abertura do mercado mundial globalizado, recorrer eficientemente a crédito de fontes internas e externas, usar mercados de capitais e instrumentos de proteção e mitigação de riscos, além de conseguirem integrar-se em cadeias de produção altamente complexas. Nesse processo, foi crucial o papel de agricultores do Sul e Sudeste com alto grau de instrução e experiência. Foi a famosa migração de "gaúchos" para o Centro-Oeste que introduziu a moderna agricultura comercial nessa região até então atrasada. Por sua vez, essa migração foi possibilitada pela construção intensiva de estradas pelo governo em meados do século XX, abrindo novas regiões marginais e incorporando grandes partes do oeste do Brasil à economia nacional. Finalmente, os agricultores modernos criaram numerosas cooperativas, associações e *lobbies* de produtores que passaram a exercer importante poder econômico e político, com representação no Congresso que defende vigorosamente seus interesses.

Embora hoje a agricultura seja responsável por aproximadamente 5% do PIB brasileiro, o chamado agronegócio atingiu uma dimensão expressiva na economia do país, representando, segundo estimativa, entre 20 e 25% do produto nacional. Nesse cálculo inclui-se não apenas a produção agrícola, mas também a indústria de processamento, um setor de serviços avançado, associado à produção agropecuária, a produção de insumos modernos, da qual participam importantes ramos da indústria química e produtores de biotecnologia moderna, além de serviços bancários e financeiros. Outro elemento do agronegócio é o transporte, que talvez seja um dos setores de pior desempenho no complexo agropecuário em razão das deficiências correntes nessa área e da magnitude dos investimentos necessários em um país continental como o Brasil.

Paralelamente à modernização desses setores e do aumento da produtividade na agricultura nacional, existe o chamado "custo Brasil" que onera a produção nacional. A burocracia ineficiente e excessiva, o sistema tributário irracional, os altos custos financeiros e a volatilidade da taxa cambial, além da ineficiência logística, são seus componentes. Apesar de fortemente sobrecarregada por esses custos adicionais, a agricultura brasileira consegue colocar seus produtos no mercado internacional a preços competitivos. Isso só é possível graças à excepcional produtividade da parte comercial da agricultura brasileira, capaz de compensar os custos adicionais de produzir no país.

Reconhece-se hoje no Brasil que, além da competitividade, a sobrevivência da agricultura brasileira depende da sustentabilidade. Esse é um valor cada vez mais importante no mercado e um fator de diferenciação da produção. Em um mercado altamente competitivo, os produtores agrícolas brasileiros estão mostrando preocupação crescente com o meio ambiente e também com valores culturais e sociais relacionados com a "sustentabilidade", a qual é um conceito geral, em grande medida abstrato, porém indispensável aos países que aspiram a um papel proeminente no mercado internacional de produtos agrícolas, *commodities* ou produtos de maior valor adicionado. Além disso, é fundamental reconhecer que hoje o Brasil pode aumentar sua participação no mercado internacional em expansão sem explorar mais terras virgens. Como já mencionado, o crescimento da produção ocorreu em um contexto de oferta essencialmente estável de terra, e assim continuará a ser no futuro. Ademais, em razão do novo Código Florestal e da disponibilidade de terras já desmatadas, que podem ser altamente produtivas com as técnicas modernas hoje adotadas, só ocorrerão futuros desmatamentos na Amazônia se o Brasil não for capaz de impor suas leis atuais, e não porque o país precise dessas terras para a expansão agrícola.

Estimativas atuais do futuro crescimento do mercado mundial sugerem que haverá um grande aumento na demanda por produtos agrícolas nos próximos 20 a 30 anos, em especial na China, Índia e África, e isso ocorrerá não tanto em razão de crescimento populacional, mas principalmente devido à elevação da renda de grandes partes dessas populações com acesso ao mercado. Em todos os estudos, o Brasil é apontado como uma das principais fontes para suprir futuramente essa demanda mundial adicional. Além disso, o Brasil é visto como um exemplo de desenvolvimento competitivo da agricultura tropical, incluindo o aspecto da sustentabilidade; a agricultura tropical é mais complexa do que a temperada, pois envolve mais umidade, insetos e pragas. No entanto, o país tem tido êxito em lidar com essas dificuldades e, assim, tornou-se um dos mais avançados do mundo na agricultura tropical. A cada dia a sustentabilidade se torna mais importante para qualquer país que almeje a proeminência no mercado internacional de produtos agrícolas. O mesmo vale para a qualidade dos produtos, que envolve todos os aspectos do processo de produção e é especialmente crucial nos produtos de origem animal.

No entanto, a questão da sustentabilidade não se limita ao fator terra. Entre suas práticas agrícolas modernas, o Brasil adota a chamada economia de baixo carbono. Nesse contexto, privilegia o plantio direto, a fixação biológica do nitrogênio e a integração lavoura-pecuária-floresta. O uso intensivo da biotecnologia, em especial de sementes biologicamente modificadas, também contribui para a redução do uso de pesticidas danosos ao meio ambiente. Além disso, a agricultura brasileira tem sido responsável por sustentar a produção e o consumo de etanol por mais de 40 anos. Existem, porém, algumas deficiências, derivadas da falha do governo federal em controlar totalmente as práticas que aumentam o desmatamento na Amazônia, como extração de madeira e mineração. O Brasil tem a segunda maior área de florestas do planeta: mais de 500 milhões de hectares de florestas naturais. Também é o país com a maior floresta tropical pluvial do mundo. São áreas valiosas para a humanidade, e o Brasil tem a obrigação de preservá-las.

O setor agrícola comercial moderno não define todo o mundo rural no Brasil. A pobreza ainda persiste na zona rural, apesar do assentamento de mais de 1 milhão de domicílios pobres em 90 milhões de hectares de terras públicas. A concentração de domicílios é praticamente a mesma vista nos primeiros censos, realizados na primeira metade do século XX. Isso significa que houve um declínio dos pequenos produtores, provavelmente em maior proporção do que os assentamentos de colonos pobres ocorridos no período. Além disso, a demanda pela reforma agrária prossegue, e continuam a ocorrer mortes em conflitos por terras nas zonas fronteiriças de ocupação e em áreas indígenas. Esse problema, embora relativamente restrito, é grave e inaceitável em um país moderno como o Brasil, que almeja ser identificado como um país sustentável no mais amplo sentido do termo.

Em essência, a modernização da agricultura brasileira afetou somente uma pequena parte das propriedades rurais. A maioria da população rural é pobre por quaisquer critérios que analisemos, e só pode ser sustentada por programas governamentais de transferência de renda. O censo mostra que uma parcela expressiva das propriedades não consegue obter sequer um salário mínimo mensal de renda familiar total, e muitos têm renda líquida negativa. Além disso, estudos recentes constataram que, embora parte desse universo de unidades agrícolas pobres possa ser adicionada à agricultura comercial moderna, a imensa maioria dos agricultores pobres não possui as características que lhes permitiriam sobreviver somente da agricultura. Muitos desses pequenos produtores rurais têm alguma renda adicional fora da propriedade rural e/ou sobrevivem graças a programas sociais de transferência de renda, como o Bolsa Família e aposentadorias rurais. A alternativa seria um êxodo rural em massa, o que deterioraria ainda mais as condições de vida em centros urbanos.

A pobreza rural não se baseia apenas no tamanho das propriedades, embora claramente haja correlação entre tamanho de propriedade e pobreza; ela é uma questão mais complexa que envolve características da terra ocupada, infraestrutura, acesso ao mercado e atributos pessoais dos proprietários, em especial o grau de instrução. Além disso, existe um forte elemento regional nessa pobreza, que se concentra mais no Norte e Nordeste. Contudo, mesmo nesse aspecto, algumas áreas dessas duas regiões foram integradas à agricultura comercial, com grande sucesso tanto do ponto de vista da produção e renda individual como da perspectiva da riqueza regional gerada pela nova atividade econômica que desponta em alguns polos específicos. A revolução ocorrida no Cerrado nos últimos 30 anos ainda está se expandindo para outras áreas do sul e norte da Amazônia e na zona oeste da região Nordeste, gerando empregos e riqueza e estimulando a implementação da infraestrutura econômica necessária à sua plena integração ao complexo produtivo do agronegócio. Embora as relações de trabalho na agricultura comercial tenham melhorado acentuadamente em anos recentes, ainda existem problemas. Apesar de os trabalhadores rurais empregados nesse setor hoje receberem benefícios sociais equivalentes aos dos trabalhadores urbanos, em alguns casos não se beneficiam de direitos legais existentes.

Manter a posição do Brasil no mercado mundial de *commodities* requer o aumento contínuo da produtividade total. Parte desse aumento da produtividade deve-se à crescente sofisticação da produção encontrada no Brasil e em outros países. Outra parte, talvez a mais importante, talvez provenha da absorção gradual pelo setor comercial de áreas já desmatadas e até então exploradas com baixa produtividade. É preciso reduzir a alta variação nos rendimentos de culturas semelhantes vista em comparações entre regiões e integrar completamente todas as regiões à agricultura comercial moderna. Já se sabe como atingir níveis internacionais de produtividade, mas esse conhecimento precisa chegar a uma parcela maior dos agricultores, inclusive àqueles já integrados na agricultura comercial, e uma parte significativa de pequenos produtores com baixos retornos econômicos também precisa ser integrada a essa moderna economia agrícola de mercado.

Finalmente, embora a Embrapa, outros institutos de pesquisa brasileiros e as universidades federais tenham se tornado importantes centros de pesquisa e inovação, o mercado brasileiro, assim como o mundial, depende de alguns fornecedores agrícolas multinacionais que norteiam suas pesquisas para seus próprios interesses estratégicos. Hoje o Brasil depende em alto grau do fornecimento externo de fertilizantes e sementes biologicamente modificadas, produzidos por um número decrescente de fornecedores multinacionais estrangeiros. A dependência externa em relação a essas companhias estrangeiras representa riscos que precisam ser avaliados e administrados se o Brasil quiser manter sua atual produtividade. Além disso, a produtividade do agronegócio brasileiro é afetada pela logística dentro do país, que ainda é precária e constitui um dos principais obstáculos à redução dos custos dos produtos brasileiros no exterior.

REFERÊNCIAS

Fontes primárias

BANCO CENTRAL DO BRASIL. *Anuário estatístico do crédito rural (até 2012)*. Disponível em: <www.bcb.gov.br/?RELRURAL>.

CEMA. *Economic Committee Tractor Market Report Calendar year 2014*. Disponível em: <cema-agri.org/sites/default/files/publications/2015-02%20Agrievolution%20Tractor%20Market%20Report.pdf>.

CENSO agrícola de 1905. Disponível na versão digital do Núcleo de Estudos de População (Nepo), da Universidade de Campinas.

CENTRO DE GESTÃO E ESTUDOS ESTRATÉGICOS. *Estudo sobre o papel das Organizações Estaduais de Pesquisa Agropecuária (OEPAs)*. Brasília: Ministério de Ciência e Tecnologia, 2006.

CEPAL. *Boletín Demográfico*, n. 74, jul. 2004.

CONAB. Companhia Nacional de Abastecimento. *Acompanhamento da safra brasileira, grãos*. Vários anos. Disponível em: <www.conab.gov.br/OlalaCMS/uploads/arquivos/18_02_08_17_09_36_fevereiro_2018.pdf>.

____. *Brasil: oferta e demanda de produtos selecionados*. Disponível em: <agricultura.gov.br/vegetal/estatisticas>.

____. *Indicadores da agropecuária*. Vários anos.

____. *Série histórica de produção safras 1976/77 a 2016/17*. Disponível em: <www.conab.gov.br/conteudos.php?a=1252>.

DIREÇÃO GERAL DE ESTATÍSTICAS. *Recenseamento geral do Brasil 1920*. Rio de Janeiro, 1920.

EMBRAPA. *Balanço social 2015*. Disponível em: <http://bs.sede.embrapa.br/2015/balsoc15.html>. Acesso em: 25 fev. 2017.

____. *Fixação biológica de nitrogênio*. Disponível em: <www.embrapa.br/tema-fixacao-biologica-de-nitrogenio/nota-tecnica>. Acesso em: 19 abr. 2017.

____. *Os benefícios da biotecnologia para a sua qualidade de vida*. Disponível em: <www.embrapa.br/recursos-geneticos-e-biotecnologia/sala-de-imprensa/se-liga-na-ciencia/a-biotecnologia-e-voce>. Acesso em: 28 fev. 2017.

EMBRAPA COMUNICAÇÕES. *Embrapa em números*. Brasília: Embrapa, 2016.

EMBRAPA INFORMAÇÃO TECNOLÓGICA. *Sugestões para a formulação de um sistema nacional de pesquisa agropecuária*. (Memória Embrapa, Edição Especial do documento original de junho de 1972, reimpresso em Brasília: Embrapa, 2006).

EMIS. *Machinery and equipment sector Brazil*. jan. 2014. Disponível em: <www.emis.com/sites/default/files/EMIS%20Insight%20-%20Brazil%20Machinery%20and%20Equipment%20Sector.pdf>.

FAO. *Forest products 2009-2013*. Roma: FAO, 2017.

FUNDO NACIONAL DE DESENVOLVIMENTO DA EDUCAÇÃO (FNDE). *Aquisição de produtos da agricultura familiar para a alimentação escolar*. Disponível em: <www.fnde.gov.br>. Acesso em: 23 mar. 2017.

GOVERNO DO ESTADO DO AMAZONAS. *A floresta amazônica e seu papel nas mudanças climáticas*. Manaus: Secretaria de Meio Ambiente e Desenvolvimento Sustentável, 2009.

INSTITUTO AGRONÔMICO DE CAMPINAS (IAC). Disponível em: <www.iac.sp.gov.br>. Acesso em: 25 fev. 2017.

INSTITUTO BRASILEIRO DE GEOGRAFIA E ESTATÍSTICA (IBGE). *Anuário Estatístico do Brasil*. Rio de Janeiro. Vários anos.

____. *Censo agro 2017*. Disponível em: <https://sidra.ibge.gov.br/pesquisa/censo-agropecuario/censo-agropecuario-2017>. Acesso em: 20 mar. 2019.

____. *Censo agropecuário 1995*. Rio de Janeiro: IBGE, 1998.

____. *Censo agropecuário 2006, Brasil, grandes regiões e unidades da federação segunda apuração*. Rio de Janeiro: IBGE, 2012.

____. *Censo agropecuário 2006, resultados preliminares*. Rio de Janeiro: IBGE, 2006.

____. *Censo agropecuário 2017, resultados preliminares*. Rio de Janeiro, v. 7, 2017.

____. *Estatísticas do século XX*. Disponível em: <www,ibge.gov.br>.

____. *Indicadores IBGE: estatística da produção agrícola*. set. 2016.

____. *Recenseamento geral de 1950*. Série Nacional e Série Regional. Vários volumes.

____. *Sinopsis do Censo de 2010*. Rio de Janeiro, 2011.

____. *Síntese de indicadores sociais*: uma análise das condições de vida da população brasileira. Rio de Janeiro, 2015.

____. *Pesquisa Nacional por Amostra de Domicílios (PNAD).* Vários anos.

____. *PNAD, Síntese de indicadores 2014.* Rio de Janeiro: IBGE, 2014. Disponível em: <www.ibge.gov.br/home/estatistica/populacao/trabalhoerendimento/pnad2014/sintese_defaulttxls.shtm>.

____. *VII Recenseamento geral — 1960.* Série nacional e Série regional. Vários volumes.

INSTITUTO CENTRO DE VIDA. *Ilegalidade prejudica setor madeireiro de Mato Grosso.* Disponível em: <www.icv.org.br/2018/02/15/ilegalidade-prejudica-setor-madeireiro-de- mato-grosso/>. Relatório analisado em: *Folha de S.Paulo,* 15 fev. 2018. p. B7.

INSTITUTO NACIONAL DE PESQUISAS ESPACIAIS (INPE), CENTRO DE CIÊNCIA DO SISTEMA TERRESTRE (CCST). Disponível em: <www.ccst.inpe.br/o-desmatamento-na-amazonia-aumenta-no-brasil-mas-permanece-baixo-com-relacao-ao-passado/>. Acesso em: 21 fev. 2018.

INTERNATIONAL FOOD POLICY RESEARCH INSTITUTE (IFPRI). Disponível em: <www.asti.cgiar.org/brazil>. Acesso em: 23 fev. 2017.

IPEADATA. PIB e outras fontes de dados seriais. Disponível em: <www.ipeadata.gov.br/>.

AGROSTAT. ____. *Balança comercial brasileira e balança comercial do agronegócio: 1989 a 2015.* Disponível em: <www.agricultura.gov.br/internacional/indicadores-e-estatisticas/balanca-comercial>.

____. *Estatísticas de comércio exterior do agronegócio brasileiro.* Disponível em: <http://indicadores.agricultura.gov.br/agrostat/index.htm>.

____. *Exportação/importação, produto por regão/UF/porto.* Disponível em: <http://indicadores.agricultura.gov.br/agrostat/index.htm>.

____. *Projeções do agronegócio — Brasil 2016/17 a 2026/27.* Brasília, ago. 2017.

____. *Valor bruto da produção* — regional por UF. Disponível em: <www.agricultura.gov.br/ministerio/gestao-estrategica/valor-bruto-da-producao>.

____. *Valor bruto da produção completo.* Disponível em: <www.agricultura.gov.br/ministerio/gestao-estrategica/valor-bruto-da-producao>.

MINISTÉRIO DA AGRICULTURA, INDÚSTRIA E COMÉRCIO. *Indústria assucareira no Brazil.* Rio de Janeiro: Directoria Geral de Estatística, 1919.

MINISTÉRIO DA AGRICULTURA, PECUÁRIA E ABASTECIMENTO (MAPA). *ABC agricultura de baixa emissão de carbono.* Disponível em: <www.agricultura.gov.br/assuntos/sustentabilidade/plano-abc>. Acesso em: 19 abr. 2017.

____. *Balança comercial do agronegócio* — síntese... Disponível em: <www.agricultura.gov.br/internacional/indicadores-e-estatisticas/balanca- comercial>.

____. *Estatísticas e dados básicos de economia agrícola.* set. 2016.

MINISTÉRIO DA CIÊNCIA, TECNOLOGIA E INOVAÇÃO. *Estratégia nacional de ciência, tecnologia e inovação, 2016-2019*. Brasília: Ministério da Ciência e Tecnologia e Inovação, 2016.

MINISTÉRIO DA INDÚSTRIA, COMÉRCIO EXTERIOR E SERVIÇOS (MDIC). *Balança comercial brasileira:* acumulado do ano. Disponível em: <www.mdic.gov.br/index.php/comercio-exterior/estatisticas-de-comercio-exterior/balanca-comercial-brasileira-acumulado-do-ano>.

____. *Balança comercial brasileira:* estados. Disponível em: <www.mdic.gov.br/index.php/comercio- exterior/estatisticas-de-comercio-exterior/balanca-comercial-brasileira-unidades-da- federacao>.

____. *Estatísticas de comércio exterior.* Disponível em: <www.mdic.gov.br/index.php/comercio-exterior/estatisticas-de-comercio- exterior>.

____. Séries históricas. Disponível em: <www.mdic.gov.br/index.php/comercio- exterior/estatisticas-de-comercio-exterior/series-historicas>.

MINISTÉRIO DO DESENVOLVIMENTO AGRÁRIO. Instituto de Colonização e Reforma Agrária (Incra). *Reforma agrária. Apresentação dos Primeiros Resultados.* Brasília, Incra, dezembro de 2010. Disponível em: <www.incra.gov.br/media/reforma_agraria/questao_agraria/pqra%20-%20apresentao.pdf>. Acesso em: 26 mar. 2017.

MINISTÉRIO DO MEIO AMBIENTE. Secretaria de Mudanças Climáticas e Qualidade Ambiental. Departamento de Políticas de Combate ao Desmatamento. *Estimativas anuais de emissões de gases de efeito estufa no Brasil.* Disponível em: <http://redd.mma.gov.br/pt/noticias-principais/760-lancada-a-3-edicao-das-estimativas-anuais-de-emissoes-do-brasil>.

____. *Estratégia do Programa Nacional de Monitoramento Ambiental dos Biomas Brasileiros.* Brasília: MMA, 2016. Disponível em: <http://siscom.ibama.gov.br/monitora_biomas/PMDBBS%20-%20CERRADO.html>. Acesso em: 7 abr. 2017.

OECD-FAO. *Agricultural outlook 2016-2025.* Paris, 2016. Disponível em: <http://stats.oecd.org/index.aspx?queryid=71240>.

____. *Commodity Snapshots n. 3: Biofuels.* Disponível em: <www.fao.org/fileadmin/templates/est/COMM_MARKETS_MONITORING/Oilcrops/Documents/OECD_Reports/OECD_biofuels2015_2024.pdf>.

PRESIDÊNCIA DA REPÚBLICA. *Plano trienal de desenvolvimento econômico e social, 1963-1965. Síntese.* dez. 1962.

RELATÓRIO do deputado Covatti Filho na Câmara dos Deputados, 15 de maio de 2017. Disponível em: <www.camara.gov.br/sileg/integras/1558650.pdf>.

RENEWABLE FUELS ASSOCIATION (RFA). Disponível em: <www.ethanolrfa.org/resources/industry/statistics/#1454098996479-8715d404-e546>.

SÃO PAULO. *Boletim de Indústria e Comércio*, São Paulo, v. 15, n. 11, nov. 1924.

UNICA. *Exportação anual de açúcar pelo Brasil por estado de origem*. Disponível em: <www.unicadata.com.br/listagem.php?idMn=43 & =23>. Acesso em: 6 abr. 2017.

_____. *Frota brasileira de autoveículos leves... 2007-2015*. Disponível em: <www.unicadata.com.br/listagem.php?idMn=55>. Acesso em: 7 ago. 2017.

_____. *Sugarcane, ethanol and sugar production*. Disponível em: <www.unicadata.com.br/>.

UNICADATA|produção|histórico de produção e moagem|por safra. Disponível em: <www.unicadata.com.br/historico-de-producao-e-moagem.php?idMn=32&tipoHistorico=4>.

UNITED NATIONS (UN). Food and Agricultural Organization (FAO). *Food price index*. Disponível em: <www.fao.org/worldfoodsituation/FoodPricesIndex/en/>.

Statistical pocketbook 2015. Rome: FAO, 2015.

_____. *Pulp, paper and paperboard capacity survey 2013-2018*. Roma: FAO, 2014.

_____. *Statistical yearbook 2014*: Latin America and the Caribbean, food and agriculture. Santiago: FAO; Cepal, 2014.

UNITED NATIONS (UN). *Faostat*. Disponível em: <www.fao.org/faostat/en/#home>.

UNITED STATES DEPARTMENT OF AGRICULTURE (USDA). Foreign Agricultural Service (FAS). *2017 Sugar annual Brazil*. Report BR17001, 28/4/2017.

_____. *Brazil, citrus annual*. Vários meses e anos.

_____. *Citrus: world markets and trade*. Vários meses e anos.

_____. *Coffee: world markets and trade*. Vários meses e anos.

_____. *Cotton: world markets and trade*. Vários meses e anos.

_____. *Dairy: world markets and trade*. Vários meses e anos.

_____. *Grain: world markets and trade*. Vários meses e anos.

_____. *Livestock and poultry: world markets and trade*. Vários meses e anos.

_____. *Long-term projections*. fev. 2016.

_____. *Oilseeds: world markets and trade*. Vários meses e anos.

_____. *Sugar: world markets and trade*. Vários meses e anos.

_____. *World agricultural production*. Vários meses e anos.

UNITED STATES DEPARTMENT OF COMMERCE, INTERNATIONAL TRADE ADMINISTRATION. *Industry & analysis, 2015 top markets report agricultural equipment a market assessment tool for U. S. exporters*. jul. 2015.

VDMA Agricultural Machinery Report 2015. Disponível em: <http://lt.vdma.org/documents/105903/8575467/VDMA%20Economic%20Report%202015%20public%20version.pdf/a25a564f-614e-4e67-95f2-6f16b7604f9b>.

WORD BANK. *Agricultural machinery, tractors per 100 sq. km of arable land.* Disponível em: <http://data.worldbank.org/indicator/AG.LND.TRAC.ZS>.

_____. *Fertilizer consumption (kilograms per hectare of arable land).* Disponível em: <http://databank.worldbank.org/data/reports.aspx?source=2&series=AG.CON.FERT.Z S&country=#>.

_____. *Research and development expenditure (% of GDP).* Disponível em: <http://data.worldbank.org/indicator/GB.XPD.RSDV.GD.ZS>. Acesso em: 7 mar. 2017.

_____. *World development indicators, world cereal production.* Disponível em: <http://data.worldbank.org/indicator/AG.PRD.CREL.MT>.

WORLD TRADE ORGANIZATION (WTO). *Time series on international trade.* Disponível em: <http://stat.wto.org/StatisticalProgram/WsdbExport.aspx?Language=E>. Acesso em: 10 fev. 2018.

WWF-BRAZIL. Disponível em: <www.wwf.org.br/wwf_brasil/organizacao/>. Acesso em: 7 abr. 2017.

Fontes secundárias

ABC Observatório. *Agricultura de baixo carbono.* A evolução de um novo paradigma. Fundação Getulio Vargas, Centro de Agronegócio da Escola de Economia de São Paulo. Disponível em: <www.observatorioabc.com.br>. Acesso em: 17 abr. 2017.

AGUIAR, Daniel Alves de et al. Expansão da cana-de-açúcar no Estado de São Paulo: safras 2003/2004 a 2008/2009. In: SIMPÓSIO BRASILEIRO DE SENSORIAMENTO REMOTO, XIV, abr. 2009, Natal. *Anais...*

ALBANO, Gleydson Pinheiro. Globalização da agricultura: multinacionais no campo brasileiro. *Terra Livre*, São Paulo, a. 27, I, n. 36, p. 126-152, jan./jun. 2001.

ALTERNATIVE FUEL DATA CENTER (AFDC). *World fuel ethanol production by country or region (million gallons).* Disponível em: <www.afdc.energy.gov/uploads/data/data_source/10331/10331_world_ethanol_production.xlsx>. Acesso em: 8 fev. 2017.

ALVARENGA, Ramon Costa et al. Sistema integração lavoura-pecuária-floresta: condicionamento do solo e intensificação da produção de lavouras. *Informe Agropecuário*, Belo Horizonte, v. 31, n. 257, p. 59-67, jul./ago. 2010.

ALVES, Arilde Franco. *As múltiplas funções da agricultura familiar camponesa*: práticas socioculturais e ambientais de convivência com o semiárido. Tese (doutorado) — Universidade Federal de Campina Grande, Campina Grande, 2009.

ALVES, Eliseu. *Dilema da política agrícola brasileira*: produtividade ou expansão da área agricultável. Brasília: Embrapa, 1983.

____. Embrapa, a successful case of institutional innovation. *Revista Economia Política*, a. XIX — ed. esp. do 150º aniversário do Mapa, jul. 2010.

____. *O dilema da política agrícola brasileira* — produtividade ou expansão da área agriculturável. Brasília: Embrapa, 1984.

____; PASTORE, Affonso C. A política agrícola do Brasil e hipótese da inovação induzida. In: ____; PASTORE, José; PASTORE, Affonso C. *Coletânea de trabalhos sobre a Embrapa*. Brasília, Embrapa, 1977. p. 9-19.

____; PASTORE, José. *Uma nova abordagem para a pesquisa agrícola no Brasil*. São Paulo: USP/IPE, 1975.

____; ROCHA, Daniela de Paula. Ganhar tempo é possível? In: GASQUES, José Garcia; RIBEIRO FILHO, José Eustáquio; NAVARRO, Zander (Org.). *A agricultura brasileira*: desempenho, desafios e perspectivas. Brasília: Ipea, 2010. Cap. 11, p. 275-290.

____; SOUZA, Geraldo da Silva e. A pesquisa agrícola numa agricultura integrada ao mercado internacional. O caso da Embrapa e do Cerrado. *Revista Política Agrícola*, a. XVI, n. 2, p. 56-67, abr./maio/jun. 2007.

____; SOUZA, Geraldo da Silva e; ROCHA, Daniela de Paula Rocha. Lucratividade da agricultura. *Revista de Política Agrícola*, a. XXI, n. 2, p. 45-63, abr./maio/jun. 2012.

____ et al. Fatos marcantes da agricultura brasileira. In: ALVES, Eliseu et al. (Ed.). *Contribuição da Embrapa para o desenvolvimento da agricultura no Brasil*. Embrapa, Brasília, 2013b. p. 13-45.

____ et al. (Ed.). *Contribuição da Embrapa para o desenvolvimento da agricultura no Brasil*. Brasília: Embrapa, 2013a.

AMARAL, Taís Mahalem do; NEVES, Marcos Fava; MORAES, Márcia A. Dias de. Cadeias produtivas do açúcar do estado de São Paulo e da França: comparação dos sistemas produtivos, organização, estratégias e ambiente institucional. *Agricultura São Paulo*, v. 50, n. 2, p. 65-80, 2003.

AMATO NETO, João. A indústria de máquinas agrícolas no Brasil: origens e evolução. *Revista de Administração de Empresas*, v. 25, n. 3, p. 57-69, jul./set. 1985.

ANDREATTA, Tanice et al. Perspectivas e desafios da atividade leiteira no município de Joia, Rio Grande do Sul: apontamentos a partir da visão dos Produtores. In: CONGRESSO DA SOBER, 53º, 2015, João Pessoa.

ANUÁRIO da indústria automobilística brasileira 2016. Disponível em: <www.automotivebusiness.com.br/abinteligencia/pdf/Anfavea_anuario2016.pdf>. Acesso em: 21 fev. 2018.

ANJOS, Flávio Sacco dos et al. Agricultura familiar e políticas públicas: impacto do PRONAF no Rio Grande do Sul. *Revista de Economia e Sociologia Rural*, v. 42, n. 3, p. 529-548, 2004.

ARAÚJO, Antônio Carlos de; SILVA, Lúcia Maria Ramos; MIDLEJ, Rosalina Ramos. Valor da produção de cacau e análise dos fatores responsáveis pela sua variação no estado da Bahia. In: CONGRESSO DA SOCIEDADE BRASILEIRA DE ECONOMIA, ADMINISTRAÇÃO E SOCIOLOGIA RURAL — SOBER, 43º, 2005.

ARAÚJO, Cláudia Marilei Gomes de et al. Influência climática em mostos e vinhos da safra 2015. *Revista Brasileira de Viticultura e Enologia*, v. 8, p. 67, 2016.

ARAÚJO, Geraldino Carneiro de et al. Cadeia produtiva da avicultura de corte: avaliação da apropriação de valor bruto nas transações econômicas dos agentes envolvidos. *Gestão & Regionalidade*, v. 24, n. 72, p. 6-16, 2008.

ARAÚJO, Paulo Fernando Cidade de. *Política de crédito rural*: reflexões sobre a experiência brasileira. Brasília: Cepal/Ipea, 2001. (Textos para Discussão Cepal/Ipea, 37).

____ et al. Política de crédito para a agricultura brasileira. Quarenta e cinco anos à procura do desenvolvimento. *Revista de Política Agrícola*, a. XVI, n. 4, p. 37-51, out./nov./dez. 2007.

AREND, Marcelo; CÁRIO, Silvio A. F. Origens e determinantes dos desequilíbrios no Rio Grande do Sul. *Ensaios FEE*, Porto Alegre, v. 26, maio 2005.

ASSOCIAÇÃO BRASILEIRA DE PROTEÍNA ANIMAL (ABPA). *Relatório anual 2015*. Disponível em: <http://abpa-br.com.br/files/publicacoes/c59411a243d6dab1da8e605be58348ac.pdf>.

____. *Relatório anual 2016*. Disponível em: <http://abpabr.com.br/storage/files/abpa_relatorio_anual_2016_ingles_web_versao_para_site_abpa_bloqueado.pdf>.

ASSOCIAÇÃO BRASILEIRA DE SEMENTES E MUDAS. *Anuário 2015*. Disponível em: <www.abrasem.com.br/wpcontent/uploads/2013/09/Anuario_ABRASEM_2015_2.pdf>. Acesso em: 28 fev. 2017.

ASSOCIAÇÃO BRASILEIRA DOS EXPORTADORES DE MEL (Abemel). Disponível em: <http://brazilletsbee.com.br/INTELIG%C3%8ANCIA%20COMERCIAL%20ABEM E %20-%20DEZEMBRO.pdf>. Acesso em: 11 fev. 2018.

ASSOCIAÇÃO DOS PLANTADORES DE FUMO EM FOLHA NO RIO GRANDE DO SUL (Afubra). Disponível em: <www.afubra.com.br/fumicultura-brasil.html>. Acesso em: 1º out. 2107.

ASSOCIAÇÃO NACIONAL DOS FABRICANTES DE VEÍCULOS AUTOMOTORES (Anfavea). Disponível em: <www.anfavea.com.br/estatisticas.html>. Acesso em: 17 maio 2017.

AVILA, Antonio Flávio Dias. Corporativismo na Embrapa: o fim de um modelo de gestão. *Cadernos de Ciência & Tecnologia*, v. 12, ns. 1/3, p. 83-94, 1995.

____ et al. Impactos econômicos, sociais e ambientais dos investimentos na embrapa. *Revista de Política Agrícola*, a. XIV, n. 4, p. 86-101, out./nov./dez. 2005.

AZEVEDO, Fernanda Quintanilha. *Perfil vitivinícola, fenologia, qualidade e produção de uvas americanas e híbrida em Pelotas-RS*. Dissertação (mestrado) — Universidade Federal de Pelotas, Pelotas, 2010.

BACHA, Carlos J. C. *Economia e política agrícola no Brasil*. São Paulo: Atlas, 2004.

____; DANELON, Leonardo; DEL BEL FILHO, Egmar. Evolução da taxa de juros real do crédito rural no Brasil — período 1985 a 2003. *Teoria e Evidência Econômica*, Passo Fundo, v. 14, n. 26, p. 43-69, maio 2006.

BACHA, Edmar L.; GREENHILL, Robert. *150 Anos de café*. 2. ed. rev. Rio de Janeiro: Marcellino Martins & E. Johnston Exportadores, 1993.

BALBINO, Luiz Carlos; BARCELLOS, Alexandre de Oliveira; STONE, Luís Fernando. *Marco referencial*: integração lavoura-pecuária-floresta. Brasília: Embrapa, 2011.

____ et al. Agricultura sustentável por meio da integração lavoura-pecuária-floresta (iLPF). *Informações Agronômicas*, v. 138, p. 1-18, 2012.

____. Evolução tecnológica e arranjos produtivos de sistemas de integração lavoura-pecuária-floresta no Brasil. *Pesquisa Agropecuária Brasileira*, v. 46, n. 10, p. i-xii, 2011.

BARBOSA FILHO, Fernando de Holanda. *Nota sobre a produtividade no Brasil*. FGV. (Nota Técnica, 2014). Disponível em: <portalibre.fgv.br/lumis/portal/file/fileDownload.jsp?fileId>. Acesso em: 8 jan. 2007.

____. *O sistema financeiro brasileiro*. Disponível em: <www.researchgate.net/publication/265306972_O_SISTEMA_FINANCEIRO_BRASILEIRO>. Acesso em: 25 dez. 2016.

____; PESSOA, Samuel de Abreu. Pessoal ocupado e jornada de trabalho. Uma releitura da evolução da produtividade no Brasil. *Revista Brasileira de Economia*, v. 68, n. 2, p. 149-169, abr./jun. 2014.

BARRETO, Mariana. O mercado de sementes no Brasil. In: ASSOCIAÇÃO BRASILEIRA DE SEMENTES E MUDAS, 67º SIMPAS, Sinop-MT, 24 nov. 2015.

BARROS, José Roberto Mendonça de. Prolegômenos. O passado no presente: a visão do economista. In: BUAINAIN, Antônio Márcio et al. *O mundo rural no Brasil do século 21*. A formação de um novo padrão agrário e agrícola. Brasília: Embrapa, 2014. p. 15-22.

BASTOS, Luciana Aparecida. *Avaliação do desempenho comercial do Mercosul*: 1994-2005. Tese (doutorado) — Faculdade de Filosofia, Letras e Ciências Humanas, Universidade de São Paulo, São Paulo, 2008.

BATISTA FILHO, Malaquias; RISSIN, Anete. A transição nutricional no Brasil: tendências regionais e temporais. *Cadernos de Saúde Pública*, v. 19, supl. 1, p. 181-191, 2003.

BEHLING, Maurel. *ILPF — Integração Lavoura-Pecuária-Floresta. Experiências da Embrapa Agrossilvopastoril.* Sinop (MT). Embrapa. Disponível em: <http://docplayer.com.br/17885191-Ilpf-integracao-lavoura-pecuaria-floresta-experiencias-da-embrapa-agrossilvopastoril.html>. Acesso em: 25 fev. 2017.

BENETTI, Maria Domingues. Endividamento e crise no cooperativismo empresarial do Rio Grande do Sul: análise do caso Fecotrigo/Centralsul — 1975-83. *Ensaios FEE*, Porto Alegre, v. 6, n. 2, p. 23-55, 1985.

____. *Origem e formação do cooperativismo empresarial no Rio Grande do Sul:* uma análise do desenvolvimento da Cotrijuí, Cotrisa e Fecotrigo 1957/1980, 1985. 3. ed. Porto Alegre: Fundação da Economia e Estatística, 1992.

BERALDO, João Bosco Lima; FIGUEIREDO, Margarida Garcia de. Formação do preço de fertilizantes em Mato Grosso. *Revista de Política Agrícola*, v. 25, n. 3, p. 17, 2016.

BERGAMASCO, Sonia M. P. P. *Extensão rural*: passado e presente no discurso e na prática. p. 353-364, Disponível em: <www.redeufscaragroecologica.ufscar.br/wp-content/uploads/2016/07/Extens%C3%A3o-rural-Passado-e-presente-no--discurso-e-na-pr%C3%A1tica-S%C3%B4nia.pdf>. Acesso em: 28 jan. 2017.

BERTERO, José Flávio. Sobre a reforma agrária e o MST. *Lutas & Resistências*, Londrina, v. 1, p. 163-183, set. 2006.

BESKOW, Paulo R. A formação da economia arrozeira do Rio Grande do Sul. *Ensaios FEE*, Porto Alegre, v. 4, n. 2, p. 55-84, 1984.

BIALOSKORSKI NETO, Sigismundo; FERREIRA JÚNIOR, Waldemar. Evolução e organização das cooperativas agropecuárias paulistas na década de 90. In: CONGRESSO DA SOCIEDADE BRASILEIRA DE ECONOMIA E SOCIOLOGIA RURAL, XLII, 2004.

BIANCHINI, Valter. *Vinte anos do Pronaf, 1995-2015.* Avanços e desafios. Brasília: Ministério do Desenvolvimento Agrário, 2015.

BIELSCHOWSKY, Ricardo (Ed.). *Cinquenta anos de pensamento da Cepal.* Rio de Janeiro: Cofecon/Cepal, 2000a.

____. *Pensamento econômico brasileiro.* O ciclo ideológico do desenvolvimento. Rio de Janeiro: Contraponto, 2000b.

BONELLI, Regis; PESSÔA, Elisa de Paula. *O papel do Estado na pesquisa agrícola no Brasil.* Rio de Janeiro: Ipea, jul. 1998. (Texto para Discussão n. 576).

____; PESSOA, Samuel de Abreu. *Desindustrialização do Brasil*: um resumo da evidência. Rio de Janeiro: Fundação Getulio Vargas/Ibre, 2010. (Texto para Discussão, n. 7).

BONJOUR, Sandra Cristina de Moura; FIGUEIREDO, Adriano Marcos Rodrigues; MARTA, José Manuel Carvalho. A pecuária de corte no estado de Mato Grosso. In: CONGRESSO DA SOBER, SOCIEDADE BRASILEIRA DE ECONOMIA, ADMINISTRAÇÃO E SOCIOLOGIA RURAL, XVVI, 2008.

BRADESCO. Departamento de Pesquisas e Estudos Econômicos (Depec). Informações Setoriais e Regionais. *Fertilizantes*. jun. 2017.

____. *Soja*. jan. 2017. Disponível em: <www.economiaemdia.com.br>.

____. *Tratores e máquinas agrícolas*. dez. 2016. Disponível em: <www.economiaemdia.com.br/EconomiaEmDia/pdf/infset_tratores_e_maquinas_agricolas.pdf>.

____. *Tratores e máquinas agrícolas*. jan. 2017. Disponível em: <www.economiaemdia.com.br>.

BRANDÃO, A. S.; CARVALHO, J. L. Economia política de las intervenciones de precios en Brasil. In: KRUEGER, A. O.; SCHIFF, M.; VALDES, A. *Economia política de las intervenciones de precios en America*. Washington, DC: Banco Mundial, 1990. p. 81-144.

BRANNSTROM, Christian et al. Land change in the Brazilian Savanna (Cerrado), 1986-2002: comparative analysis and implications for land-use policy. *Land Use Policy*, v. 25, p. 579-595, 2008.

BREITBACH, Áurea Corrêa de Miranda. A região de Santa Cruz do Sul e o fumo: panorama de uma "especialização" nociva. *Indicadores Econômicos FEE*, Porto Alegre, v. 42, n. 1, p. 43-62, 2014.

BRUCH, Kelly Lissandra. *Signos distintivos de origem*: entre o velho e o novo mundo vitivinícola. Tese (doutorado) — Universidade Federal do Rio Grande do Sul, Porto Alegre, 2011.

BRUNO, Regina. *O Estatuto da Terra: entre a conciliação e o confronto*. Disponível em: <http://r1.ufrrj.br/esa/V2/ojs/index.php/esa/article/viewFile/80/76>. Acesso em: 18 mar. 2017.

____. *Senhores da terra, senhores da guerra*: a nova face política das elites agroindustriais no Brasil. Rio de Janeiro: Forense; UFRJ, 1997.

BUAINAIN, Antonio Márcio. O tripé da política agrícola brasileira: crédito rural, seguro e Pronaf. In: ____ et al. *O mundo rural no Brasil do século 21*. A formação de um novo padrão agrário e agrícola. Brasília: Embrapa, 2014. p. 826-864.

____; GARCIA, Junior Ruiz. Contextos locais ou regionais: importância para a viabilidade econômica dos pequenos produtores. In: CAMPOS, Silvia Kanadani; NAVARRO, Zander. *A pequena produção rural e as tendências do desenvolvimento agrário brasileiro*: ganhar tempo é possível? Brasília: CGEE, 2013. p. 133-176.

____; ____. Os pequenos produtores rurais mais pobres ainda têm alguma chance como agricultores? In: CAMPOS, Silvia Kanadani; NAVARRO, Zander. *A pequena produção rural e as tendências do desenvolvimento agrário brasileiro*: ganhar tempo é possível? Brasília: CGEE, 2013. p. 29-70.

____ et al. Quais os riscos mais relevantes nas atividades agropecuárias? In: ____ et al. *O mundo rural no Brasil do século 21*. A formação de um novo padrão agrário e agrícola. Brasília: Embrapa, 2014. p. 135- 208.

____. Sete teses sobre o mundo rural brasileiro. In: ____ et al. *O mundo rural no Brasil do século 21*. A formação de um novo padrão agrário e agrícola. Brasília: Embrapa, 2014. p. 1159 1182.

CABRAL, J. Irineu. *Sol da manhã*: memória da Embrapa. Brasília: Unesco, 2005.

CAMPOS, Silvia Kanadani; NAVARRO, Zander. *A pequena produção rural e as tendências do desenvolvimento agrário brasileiro*: ganhar tempo é possível. Brasília: CGEE, 2013.

CANABRAVA, Alice P. A grande lavoura. In: HOLANDA, Sérgio Buarque de (Ed.). *História geral da civilização brasileira*. São Paulo: Difusão Europeia do Livro, 1971. t. II, n. 4, p. 85-140.

____. *O algodão no Brasil, 1861-1875*. São Paulo: T. A. Queiróz, 1984.

CAPORAL, Francisco Roberto. *Extensão rural e os limites à prática dos extensionistas do serviço público*. Dissertação (mestrado) — Universidade Federal de Santa Maria, Santa Maria, 1991.

CARLI, Gileno de. *O açúcar na formação econômica do Brasil*. Rio de Janeiro: Annuário Açucareiro, 1937.

CARVALHO, Maria Auxiliadora de; SILVA, Roberto Leite da. Intensidade do comércio agrícola no Mercosul. In: CONGRESSO DA SOBER, 47º, 2009, Porto Alegre. Disponível em: <www.sober.org.br/palestra/13/447.pdf>. Acesso em: 24 dez. 2016.

CARVALHO, Sérgio Paulino de; SALLES FILHO, Sérgio Luiz Monteiro; BUAINAIN, Antonio Marcio. A institucionalidade da propriedade intelectual no Brasil: os impactos da política de articulação da Embrapa no mercado de cultivares no Brasil. *Cadernos de Estudos Avançados*, v. 2, n. 1, p. 35-46, 2005.

CARVALHO, Thiago Franco Oliveira de. *Modernização agrícola e a região da alta mogiana paulista*: análise da expansão da produção de cana-de-açúcar em uma tradicional região cafeeira. Dissertação (mestrado) — Universidade Estadual Paulista "Júlio de Mesquita Filho", Rio Claro, 2014.

CASSOL, Elemar Antonino; DENARDIN, José Eloir; KOCHHANN, Rainaldo Alberto. Sistema plantio direto: evolução e implicações sobre conservação do solo e da água. In: CERETTA, Calos Alberto; SILVA, Leandro Souza da;

REICHERT, José Miguel (Ed.). Tópicos em ciência do solo. *Sociedade Brasileira de Ciência do Solo*, Viçosa, v. 5, p. 333-369, 2007.

CASTILLO, Ricardo Abid. Região competitiva e circuito espacial produtivo: a expansão do setor sucro-alcooleiro (complexo cana-de-açúcar) no território brasileiro. *Centro*, v. 289, n. 373, 416, p. 543-310, 2009. Disponível em: <www.observatoriogeograficoamericalatina.org.mx/egal12/Geografiasocioeconomica/Geografiaespacial/60.pdf>.

CASTRO, César Nunes de. *A agropecuária na região Centro-Oeste:* limitações ao desenvolvimento e desafios futuros. Rio de Janeiro, Ipea, 2014. (Texto para Discussão, n. 1923).

CASTRO, Cleber Carvalho de et al. Estudo da cadeia láctea do Rio Grande do Sul: uma abordagem das relações entre os elos da produção, industrialização e distribuição. *Revista de Administração Contemporânea*, v. 2, n. 1, p. 143-164, abr. 1998.

CASTRO, Josué de. *Geografia da fome* (o dilema brasileiro: pão ou aço). 10. ed. rev. Rio de Janeiro: Antares, 1984.

CAVALCANTE, Matuzalem Bezerra. *Mudanças da estrutura fundiária de Mato Grosso (1992-2007)*. Dissertação (mestrado) — Universidade Estadual "Julio de Mesquita", 2008.

CÉLERES. *O setor de máquinas agrícolas no Brasil*: evolução nos últimos anos e perspectivas. 2014. Disponível em: <www.celeres.com.br/o-setor-de- maquinas-agricolas-no-brasil-evolucao-nos-ultimos-anos-e-perspectivas/>. Acesso em: 22 jan. 2017.

CENNI, Franco. *Italianos no Brasil*: "andiamo in 'Merica". 2. ed. São Paulo: Edusp, 2003.

CHADDAD, Fabio Ribas. Cooperativas no agronegócio do leite: mudanças organizacionais e estratégicas em resposta à globalização. *Organizações Rurais & Agroindustriais*, v. 9, n. 1, p. 69-78, 2011.

____. *The economics and organization of Brazilian agriculture*. Recente evolution and productivity gains. Amsterdã: Academic Press, 2016.

CLEMENTE, Evandro Cesar. *Formação, dinâmica e a reestruturação da cadeia produtiva do leite na região de Jales-SP*. Dissertação (mestrado) — Universidade Estadual Paulista, Presidente Prudente, 2006.

COELHO, Alexandre Bragança. *A cultura do algodão e a questão da integração entre preços internos e externos*. Dissertação (mestrado) — Universidade de São Paulo, São Paulo, 2002.

COELHO, Carlos Nayro. 70 Anos de política agrícola no Brasil (1931-2001). *Revista de Política Agrícola*, v. X, n. esp., p. 3-58, jul./ago./set. 2001.

____; BORGES, Marisa. O complexo agroindustrial (CAI) da avicultura. *Revista de Política Agrícola*, v. 8, n. 3, p. 1-36, 1999.

COELHO, Suani Teixeira; GUARDABASSI, Patricia. The sustainability of ethanol production from sugarcane. *Energy Policy*, v. 36, p. 2086-2097, 2008.

COLE, Célio Alberto. *A cadeia produtiva do trigo no Brasil*: contribuição para geração de emprego e renda. Dissertação (mestrado) — Instituto de Estudos e Pesquisas Econômicas, Universidade Federal do Rio Grande do Sul, Porto Alegre, 1998.

COLTRO, Leda et al. Assessing the environmental profile of orange production in Brazil. *The International Journal of Life Cycle Assessment*, v. 14, n. 7, p. 656-664, nov. 2009.

CONCEIÇÃO, Octavio Augusto C. *A expansão da soja no Rio Grande do Sul 1950-75*. 2. ed. Porto Alegre: Fundação de Economia e Estatística, 1984.

CONEJERO, Marco Antonio et al. Arranjos contratuais complexos na transação de cana à usina de açúcar e álcool: um estudo de caso no centro-sul do Brasil. In: ENCONTRO DA ANPAS, XXXII, 2008, Rio de Janeiro. Disponível em: <www.anpad.org.br/admin/pdf/GCT-D2072.pdf>. Acesso em: 2 jul. 2017.

CONFEDERAÇÃO DA AGRICULTURA E PECUÁRIA DO BRASIL (CNA). *Tratoraço*. As razões da crise. O alerta do campo. Acesso em: 29 jan. 2018. Disponível em: <www.arrozeirosdealegrete.com.br/arroz/memorialdoarroz/movimentos/crise_no_campo_tratoraco.pdf>.

CONWAY, Gordon. *Produção de alimentos no século XXI*: biotecnologia e meio ambiente. São Paulo: Estação Liberdade, 2003.

CORRÊA, Angela M. C. Jorge; FIGUEIREDO, Nelly Maria Sansígolo de. Riqueza, desigualdade e pobreza: um perfil da região Centro-Oeste no início do século XXI. *Pesquisa e Debate*, v. 17, n. 1, p. 45-65, 2006.

COSER, Fabiano José. *Contrato de integração de suínos*: formatos, conteúdos e deficiências da estrutura de governança predominante na suinocultura brasileira. Dissertação (mestrado) — Universidade Federal de Brasília, Brasília, 2010.

COSTA, Antonio Carlos Augusto da; PEREIRA JUNIOR, Nei; ARANDA, Donato Alexandre Gomes. The situation of biofuels in Brazil: new generation technologies. *Renewable and Sustainable Energy Reviews*, v. 14, p. 3041-3049, 2010.

COSTA, Armando João Dalla. A Perdigão, a passagem do poder e a profissionalização nas empresas familiares. In: CONGRESSO BRASILEIRO DE HISTÓRIA ECONÔMICA, VI, 2005.

COSTA, Leticia M. da; SILVA, Martim F. de Oliveira e. *A indústria química e o setor de fertilizantes*. s.d. BNDES. Disponível em: <www.bndes.gov.br/SiteBNDES/export/sites/default/bndes_pt/Galerias/Arquivo s/conhecimento/livro60anos_perspectivas_setoriais/Setorial60anos_VOL2Quimica.pdf>. Acesso em: 22 jan. 2017.

CRUZ, Elmar Rodrigues da; PALMA, Victor; AVILA, Antonio F. D. *Taxas de retorno dos investimentos da Embrapa*: investimentos totais e capital físico. Brasília: Embrapa-DID, 1982.

CRUZ, José Carlos et al. *Sistema de plantio direto de milho*. Disponível em: <www.agencia.cnptia.embrapa.br/gestor/milho/arvore/CONTAG01_72_59200523355.html>. Acesso em: 25 fev. 2017.

CUNHA, José Marcos Pinto da. Dinâmica migratória e o processo de ocupação do Centro-Oeste brasileiro: o caso de Mato Grosso. *Revista Brasileira de Estudos de População*, v. 23, n. 1, p. 87-107, 2013.

DALBERTO, Florindo. Pesquisa estadual e inovação no agronegócio brasileiro. In: ENCONTRO NACIONAL DO FORTEC, IX, maio 2015, Curitiba.

DEER, Noel. *The history of sugar*. Londres: Chapman and Hall Ltd., 1949.

DELGADO, Guilherme C. Expansão e modernização do setor agropecuário no pós-guerra: um estudo da reflexão agrária. *Estudos Avançados*, São Paulo, v. 15, n. 43, p. 157-172, 2001.

DESCONSI, Cristiano. *A marcha dos pequenos proprietários rurais*: trajetórias de migrantes do Sul do Brasil para o Mato Grosso. Rio de Janeiro: E-papers, 2011.

DIAS, Adriano Batista; SILVEIRA, Sérgio Kelner. *As Oepass* — situação e resgate. Disponível em: <http://aplicativos.fipe.org.br/enaber/pdf/161.pdf>. Acesso em: 25 fev. 2017.

DIAS, Cleimon Eduardo do Amaral. *Abordagem histórica e perspectivas atuais do ensino superior agrícola no Brasil:* uma investigação na UFRGS e na UC DAVIS. Tese (doutorado) — Universidade Federal do Rio Grande do Sul, Porto Alegre, 2001.

DIAS, Guilherme Leite da Silva; AMARAL, Cicely Moutinho. Mudanças estruturais na agricultura brasileira, 1980-1998. In: BAUMANN, Renato (Ed.). *Década de transição*. Rio de Janeiro: Campus; Cepal, 2000.

DIAS, Victor Pina; FERNANDES, Eduardo. *Fertilizantes*: uma visão sintética. Rio de Janeiro: BNDES, 2006. Disponível em: <www.bndes.gov.br/SiteBNDES/export/sites/default/bndes_pt/Galerias/Arquivos/conhecimento/bnset/set2404.pdf>. Acesso em: 22 jan. 2017.

DÍAZ, Frida Cárdenas. *Competitividade e coordenação na avicultura de corte*: análise de empresas (São Paulo — Brasil e Lima — Peru). Dissertação (mestrado) — Universidade Estadual Paulista "Julio de Mesquita Filho", Jaboticabal, 2007.

DIESEL, Vivien; ASSIS, Joaquim; SCHEIBLER, Juliana. A dinâmica da integração agricultor-agroindústria e o desenvolvimento territorial sustentável. In: COLOQUIO SOBRE TRANSFORMACIONES TERRITORIALES, IV, s.d.

DIEESE. O mercado de trabalho assalariado rural brasileiro. *Estudos e Pesquisas*, n. 74, p. 2-33, out. 2014.

DINISCOR AGRIBUSINESS. *Industry of paper, cellulose and forest products*. Disponível em: <http://diniscor.com.br/agronegocio/en/index.php/about-brazil/item/128-industry-of-paper-and-cellulose-and-forest-products.html>.

DINIZ, Sarah Silveira et al. Análise espacial da produtividade da laranja dos municípios do estado de São Paulo: 2002 a 2010. In: CONGRESSO DA SOBER, 50º, 2012.

DIONIZIO, Flávia Lopes. *Qualidade do leite e impacto econômico de diferentes tipos de coletas e condições de transporte da fazenda à indústria*. Dissertação (mestrado) — Universidade Federal de Minas Gerais, Belo Horizonte, 2013.

EISENBERG, Peter. *The sugar industry in Pernambuco*: modernization without change, 1840-1910. Berkeley: University of California Press, 1974.

FALEIRO, Fábio Gelape; FARIAS NETO, Austeclinio Lopes de. *Savanas*. Desafios e estratégias para o equilíbrio entre sociedade, agronegócio e recursos naturais. Planaltina, DF: Embrapa, 2008.

FALKEMBACH, Elza Maria Fonseca. Dinâmica social e cooperativismo: o caso da Fecotrigo: 1958-72. In: BENETTI, Maria Domingues (Ed.). *Desenvolvimento e crise do cooperativismo empresarial do RS, 1957-84*. Porto Alegre: Fundação de Economia e Estatística, 1985. p. 113-228.

FAVARET FILHO, Paulo. Evolução do crédito rural e tributação sobre alimentos na década de 1990: implicações sobre as cadeias de aves, suínos e leite. *BNDES Setorial*, Rio de Janeiro, n. 16, p. 31-55, set. 2002.

FAZUOLI, Luiz Carlos et al. Cultivares de café selecionados pelo Instituto Agronômico de Campinas. *Genética, Simpósio de pesquisas dos cafés do Brasil*. p. 488-493. Disponível em: <www.sapc.embrapa.br/arquivos/consorcio/spcb_anais/simposio1/Genet27.pdf>. Acesso em: 25 fev. 2017.

FERNANDES, Bernardo Mançano. *Formação do MST do Brasil*. Petrópolis: Vozes, 2000.

FERNANDES, Rosangela Aparecida Soares; SANTOS, Cristiane Márcia dos. Competitividade das exportações sucroalcooleiras no Estado de São Paulo. In: ECAECO [ENCONTRO CIENTÍFICO DE ADMINISTRAÇÃO, ECONOMIA E CONTABILIDADE], 4º, 2011. *Anais*... v. 1, n. 1, p. 50-57.

FERNANDES FILHO, José Flores. A política brasileira de fomento à produção de trigo, 1930- 1990. In: CONGRESSO BRASILEIRO DE ECONOMIA RURAL, XXXIII, 1995. *Anais*... v. 1, p. 443-474.

FERNÁNDEZ, Antonio João Castrillon. *Do Cerrado à Amazônia, as estruturas sociais da economia da soja no Mato Grosso*. Tese (doutorado) — Universidade Federal do Rio Grande do Sul, Porto Alegre, 2007.

FERNÁNDEZ, Maria Gabriela Vázquez. *Indicações geográficas e seus impactos no desenvolvimento dos pequenos produtores do Vale dos Vinhedos — RS*. Dissertação (mestrado) — Universidade de Brasília, Brasília, 2012.

FERRARI FILHO, Fernando. *Análise de um motor do ciclo diesel operando no modo bicombustível*: diesel/etanol. Dissertação (mestrado) — Pontifícia Universidade Católica, Rio de Janeiro, 2011.

FERREIRA, Ana Lucia. *Fixação biológica de nitrogênio pode reduzir as emissões de GEE na agricultura*. Disponível em: <www.embrapa.br/busca-de-noticias/-/noticia/8313328/fixacao-biologica-de-nitrogenio-pode-reduzir-as-emissoes-de-gee-na- agricultura>. Acesso em: 19 abr. 2017.

FERREIRA, Brancolina (Ed.). *Avaliação da situação do assentamentos da reforma agrária no Estado de São Paulo*. Fatores de sucesso e insucesso. Brasília: Ipea, 2013.

FERREIRA, Pedro Cavalcanti. *Produtividade e eficiência*. Rio de Janeiro: FGV, 2013. Disponível em: <www.insper.edu.br/wp- content/uploads/2013/06/2013_08_01_Insper_Produtividade_Pedro_Ferreira.pdf>. Acesso em: 8 jan. 2017.

FIESP/DECOMTEC. *"Custo Brasil" e a taxa de câmbio na competitividade da indústria de transformação brasileira*. São Paulo, mar. 2013.

FIGUEIRA, Sérgio Rangel. *Transformações na cadeia produtiva do leite* — uma análise a partir das cooperativas. Dissertação (mestrado) — Universidade Estadual de Campinas, Campinas, 1999.

FIGUEIREDO, Adelson Martins; SOUZA FILHO, Hildo Meireles de; PAULLILO, Luiz Fernando de Oriani. Análise das margens e transmissão de preços no sistema agroindustrial do suco de laranja no Brasil. *Revista de Economia e Sociologia Rural*, v. 51, n. 2, p. 331-350, 2013.

FISHLOW, A. Origens e consequências da substituição de importações no Brasil. In: VERSIANI, Flávio Rabelo; BARROS, José Roberto Mendonça de (Ed.). *Formação econômica do Brasil*. A experiência Brasileira. São Paulo: Saraiva, 1977. p. 7-41.

FLEURY, Maria das Graças Prado. *Relações de emprego no campo*: as diversas formas de contratação e a reestruturação produtiva. Dissertação (mestrado em direito agrário) — Universidade Federal de Goiás, Goiânia, 2010.

FONTES, Eliana M. G. et al. The cotton agricultural context in Brazil. In: HILBECK, Angelika; ANDOW, David A.; FONTES, Eliana M. G. (Ed.). *Environmental risk assessment of genetically modified organisms*: methodologies for assessing Bt cotton in Brazil. Wallingford, England: Cabi, 2006. p. 21-66.

FONTOURA, Luiz Fernando Mazzini. Agricultura da associação a modernização. In: BOEIRA, Nelson; GOLIN, Tau (Ed.). *História geral do Rio Grande do Sul*. Passo Fundo: Méritos, 2006-2009. v. IV, p. 118-127.

FRANCISCO, Vera Lúcia F. dos Santos et al. Estrutura produtiva da cafeicultura paulista. *Informações Econômicas*, São Paulo, v. 39, n. 8, p. 42-48, ago. 2009.

FRANK, Zephyr; MUSACCHIO, Aldo. *Overview of the rubber market, 1870-1930*. Disponível em: <http://eh.net/encyclopedia/article/frank.international.rubber.market>.

FREITAS, Clailton Ataídes de; BACHA, Carlos José Caetano; FOSSATTI, Daniele Maria. Avaliação do desenvolvimento do setor agropecuário no Brasil: período de 1970 a 2000. *Economia e Sociedade*, Campinas, v. 16, n. 1, p. 111-124, abr. 2007.

FREITAS, Luiz Antonio Rossi de; BERTOGLIO, Oscar. A evolução da avicultura de corte brasileira após 1980. *Economia e Desenvolvimento*, v. 13, p. 100-135, ago. 2001.

FREITAS, Pedro Luiz de. *Histórico do sistema de plantio direto*. Disponível em: <www.linkedin.com/pulse/hist%C3%B3rico-do-sistema-plantio-direto-pedro-luiz-de-freitas>. Acesso em: 25 fev. 2017.

FREITAS, Rogerio Edivaldo. Produtividade agrícola no Brasil. In: NEGRI, Fernanda; CAVALCANTI, Luiz Ricardo (Ed.). *Produtividade no Brasil*. Desempenho e determinantes. Brasília: ABDI; Ipea, 2014. p. 373-410.

FUGLIE, Keith O. Productivity growth and technology capital in the global agricultural economy. In: FUGLIE, Keith O.; WANG, Sun Ling; BALL, V. Eldon (Ed.). *Productivity growth in agriculture*: an international perspective. Oxfordshire: CAB International, 2012. cap. 16. Disponível em: <http://agecon.unl.edu/9280a86c-342e-4c5a-afab-d350503401b8.pdf>. Acesso em: 5 jan. 2017.

____; SCHIMMELPFENNIG, David. Introduction to the special issue on agricultural productivity growth: a closer look at large, developing countries. *Journal of Production Analysis*, v. 33, p. 169-172, 2010.

____; WANG, Sun Ling. New evidence points to robust but uneven productivity growth in global agriculture. *Amber Waves*, v. 10, n. 3, p. 1-6, set. 2012.

FUNCHAL, Marcio. Panorama mundial do setor de celulose, papel e papelão. *Painel Florestal*, 7 abr. 2014.

FURTADO, Celso. *Análise do modelo brasileiro*. Rio de Janeiro: Civilização Brasileira, 1975.

____. *Formação Econômica do Brasil*. São Paulo: Companhia Editora Nacional, 1968.

____. *Um projeto para o Brasil*. Rio de Janeiro: Saga, 1969.

____; GTDN. *Uma política de desenvolvimento para o Nordeste*. Rio de Janeiro: Imprensa Nacional, 1959.

GALIOTTO, Fábio. Mercado de sementes movimenta R$ 10 bi ao ano no Brasil. *Folha de Londrina — Folha Rural*, 25 fev. 2017. Disponível no site da Associação Brasileira de Tecnologia de Sementes (Abrates): <www.abrates.org.br/noticia/mercado-de-sementes-movimenta-r-10-bi-ao-ano-no-brasil>. Acesso em: 28 fev. 2017.

GARCIA, Alvaro Antonio. Agricultura e desenvolvimento econômico no Brasil: debates nas décadas de 50 e 70. *Ensaios FEE*, Porto Alegre, v. 11, n. 1, p. 198-222, 1990.

GARCIA, Fernando Cacciatore de. *Fronteira iluminada*: história do povoamento, conquista e limites do Rio Grande do Sul. Porto Alegre: Sulina, 2010.

GARCIA, Junior Ruiz. Ambiente institucional na dinâmica da cotonicultura brasileira. *Revista de Política Agrícola*, v. 25, n. 2, p. 58-60, abr./maio/jun. 2016.

GASQUES, José Garcia et al. Produtividade da agricultura: resultados para o Brasil e estados selecionados. *Revista de Política Agrícola*, v. XXIII, n. 3, p. 87-98. jul. /ago./set. 2014.

____ et al. Produtividade da agricultura brasileira e os efeitos de algumas políticas. *Revista de Política Agrícola*, v. XXI, n. 3, p. 83-92, jul./ago./set. 2012.

____ et al. Produtividade total dos fatores e transformações da agricultura brasileira: análise dos dados dos censos agropecuários. In: CONGRESSO DA SOBER — SOCIEDADE BRASILEIRA DE ECONOMIA, ADMINISTRAÇÃO E SOCIOLOGIA RURAL, 48º, 2010, Campo Grande.

____ et al. Produtividade total dos fatores e transformações da agricultura brasileira: análise dos dados dos censos agropecuários. In: GASQUES, José Garcia; VIEIRA FILHO, José Eustáquio R.; NAVARRO, Zander (Org.). *Agricultura brasileira*: desempenho, desafios e perspectivas. Brasília: Ipea, 2010. p. 19-44.

____; VIEIRA FILHO, José Eustáquio R.; NAVARRO, Zander (Org.). *Agricultura brasileira*: desempenho, desafios e perspectivas. Brasília: Ipea, 2010.

GOLANI, Lucille; MOITA, Rodrigo. *O oligopsônio dos frigoríficos*: uma análise empírica de poder de mercado. Insper Instituto de Ensino e Pesquisa, Insper Working Paper n. 222, 2010.

GOLDSMITH, Raymond W. *Brasil 1850-1984*. Desenvolvimento financeiro sob um século de inflação. São Paulo: Harper & Row do Brasil Ltda, 1986.

GONÇALVES, José Sidnei. Dinâmica da agropecuária paulista no contexto das transformações de sua agricultura. *Informações Econômicas*, São Paulo, v. 35, n. 12, p. 65-98, dez. 2005.

GONZÁLES, Beatriz Picardo. La revolución verde en México. *Agrária*, São Paulo, n. 4, p. 40-68, 2006.

GOODMAN, David; REDCLIFT, Michael. The "boias-frias" rural proletarianization and urban marginality in Brazil. *International Journal of Urban and Regional Research*, v. I, n. 2, p. 348-364, 1977.

GRANDIN, Greg. *Fordlandia*: The rise and fall of Henry Ford's forgotten jungle city. Nova York: Metropolitan Books, 2009.

GRAZIANO, Xico. *O carma da terra no Brasil*. São Paulo: A Girafa, 2004.

GUANZIROLI, Carlos E. *Agricultura familiar e reforma agrária no século XXI*. Rio de Janeiro: Garamond, 2001.

GUIMARÃES, Alberto Passos. *Quatro séculos de latifúndio*. Rio de Janeiro: Paz e Terra, 1977.

HELFAND, Steven M.; LEVINE, Edward S. Farm size and the determinants of productive efficiency in the Brazilian Center-West. *Agricultural Economics*, v. 31, p. 241-259, 2004.

____; PEREIRA, Vanessa da Fonseca; SOARES, Wagner Lopes. Pequenos e médios produtores na agricultura brasileira: situação atual e perspectivas. In: BUAINAIN, Antônio Márcio et al. *O mundo rural no Brasil do século 21*. A formação de um novo padrão agrário e agrícola. Brasília: Embrapa, 2014. p. 533-558.

____; REZENDE, Gervázio Castro de. *Brazilian agriculture in the 1990s*: impact of the policy reforms. Brasília; Rio de Janeiro: Ipea, 2001. (Discussion Paper, 98).

HIRA, Anil; OLIVEIRA, Luiz Guilherme de. No substitute for oil? How Brazil developed its ethanol industry. *Energy Policy*, v. 37, p. 2451-2454, 2009.

HOFFMANN, Rodolfo. Evolução da distribuição da posse de terra no Brasil no período 1960-80. *Reforma Agrária*, v. 12, n. 6, p. 17-34, nov./dez. 1982.

HORTALIÇAS em Revista (Embrapa), a. 1, n. 3, maio/jun. 2012. Disponível em: <www.agricultura.gov.br/assuntos/politica-agricola/valor-bruto-da-producao-agropecuaria-vbp>.

IAIA, Antonio Marcos. *Irrigação por gotejamento em cana-de-açúcar no cerrado de Mato Grosso*. Dissertação (mestrado) — Universidade Federal de Paraná, Curitiba, 2014.

IMEA, *Boletin Semanal, Conjuntura Econômica*, n. 036, 2 jun. 2017. Disponível em: <www.imea.com.br/imea-site/relatorios-mercado-detalhe?c=6&s=4>.

INOCÊNCIO, Maria Erlan. *O Prodecer e as tramas do poder na territorialização do capital no Cerrado*. Tese (doutorado em geografia) — Universidade Federal de Goiás, Goiânia, 2010.

INPUT. *Evolução do crédito rural no Brasil entre 2003 e 2016*. Disponível em: <www.inputbrasil.org/wp-content/uploads/2016/08/Evolucao_do_Credito_Rural_CPI.pdf>. Acesso em: 26 mar. 2017.

INTERNATIONAL PLANT NUTRITION INSTITUTE. *Evolução do consumo aparente de N, P, K e Total de NPK no Brasil*. Disponível em: <http://brasil.ipni.net/article/BRS-3132#evolucao>.

____. Disponível em: <http://brasil.ipni.net/article/BRS-3132#evolucao>.

JEPSON, Wendy; BRANNSTROM, Christian; FILIPPI, Anthony. Access regimes and regional land change in the Brazilian Cerrado, 1972-2002. *Annals of the Association of American Geographers*, v. 100, n. 1, p. 87-111, jan. 2010.

JUNQUEIRA, Victor Hugo. O papel do Estado na expansão do setor sucroalcooleiro na região de Ribeirão Preto. *Revista Nera*, Presidente Prudente, v. 19, n. 31, p. 51-71, maio/ago. 2016.

KAKIMOTO, Sérgio Kenji. *Fatores críticos da competitividade da cadeia produtiva do ovo no estado de São Paulo*. Dissertação (mestrado) — Universidade Federal de São Carlos, São Carlos, 2011.

KLEIN, Herbert S. The supply of mules to central Brazil: the Sorocaba market, 1825-1880. *Agricultural History*, v. 64, n. 4, p. 1-25, outono 1990.

KLINK, Carlos A.; MACHADO, Ricardo B. Conservation of the Brazilian Cerrado. *Conservation Biology*, v. 19, n. 3, p. 707-713, jun. 2005.

KOHLHEPP, Gerd. Análise da situação da produção de etanol e biodiesel no Brasil. *Estudos Avançados*, v. 24, n. 68, p. 223-253, 2010.

KOPF, Julio Cavalheiro; BRUM, Algemiro Luís. A cadeia produtiva de tratores brasileira à luz da teoria do comércio exterior: aspectos introdutórios. In: GLOBALIZAÇÃO EM TEMPOS DE REGIONALIZAÇÃO — REPERCUSSÕES NO TERRITÓRIO SANTA CRUZ DO SUL, RS, Brasil, 9 a 11 set. 2015. Disponível em: <http://online.unisc.br/acadnet/anais/index.php/sidr/article/view/13429>. Acesso em: 12 jun. 2017.

KULAIF, Yara. *Perfil dos fertilizantes*. Ministério de Minas e Energia e Banco Mundial, Relatório Técnico n. 75, 2009. Disponível em: <www.mme.gov.br/documents/1138775/1256652/P49_RT75_Perfil_dos_Fertilizantes_N-P-K.pdf/f2785733-90d1-46d5-a09e-62f94ca302ad>. Acesso em: 22 jan. 2017.

LANDAU, Elena C. et al. *Variação geográfica dos tamanhos dos módulos fiscais no Brasil*. Sete Lagoas: Embrapa Milho e Sorgo, 2012.

LEITE, Tiago Trindade. *Tratamento pós-colheita em uvas e seus efeitos nos vinhos das variedades chardonnay e cabernet sauvignon*. Dissertação (mestrado) — Universidade Federal de Santa Maria, Santa Maria, 2009.

LERRER, Débora Franco. *Trajetórias de militantes sulistas: nacionalizações de modernidade do MST*. Tese (doutorado) — Universidade Federal Rural do Rio de Janeiro, Rio de Janeiro, 2008.

LESSA, Carlos. *Quinze anos de política econômica*. São Paulo: Brasiliense/Unicamp, 1975.

LEVY, Maria Stella Ferreira. O papel da migração internacional na evolução da população brasileira (1872 a 1972). *Revista de Saúde Publica*, v. 8, supl., p. 49-90, 1974.

LIBONI, Lara Bartocci et al. The equipment supply industry to sugar mills, ethanol and energy in Brazil: an analysis based in leading companies and key-organizations of sector and of LPA of Sertãozinho. *Independent Journal Of Management & Production*, v. 6, n. 4, p. 1070-1096, out./dez. 2015.

LIMA, Guilherme Gadonski de; LUCCA, Emerson Juliano; TRENNEPOHL, Dilson. Expansão da cadeia produtiva do leite e seu potencial de impacto no desenvolvimento da região noroeste rio-grandense. In: CONGRESSO DA SOBER, 53º, 2015, João Pessoa.

LIMA, Ruy Cirne. *Pequena história territorial do Brasil*. Sesmarias e terras devolutas. São Paulo: Secretaria do Estado da Cultura, 1990.

LOHLOAUER, Christian. *O contencioso do suco de laranja entre Brasil e Estados Unidos na OMC*. 2011. p. 113-123, Disponível em: <www.ieei-unesp.com.br/portal/wp- content/uploads/2011/10/Politica-Externa-20-02-Christian--Lohbauer.pdf>.

LOPES, José Cláudio Bittencourt. *O Proálcool:* uma avaliação. Dissertação (mestrado) — Universidade Federal de Viçosa, Viçosa, 1992.

LOVE, Joseph L. *Rio Grande do Sul and Brazilian regionalism, 1882-1930*. Stanford: Stanford University Press, 1971.

LUDENA, Carlos et al. *Productivity growth and convergence in crop, ruminant and non-ruminant production*: measurement and forecasts. GTAP Working Papers. Paper 33, 2006). Disponível em: <http://docs.lib.purdue.edu/gtapwp/33>.

LUNA, Francisco Vidal; KLEIN, Herbert S. *Evolução da sociedade escravista de São Paulo, de 1750 a 1850*. São Paulo: Edusp, 2005.

____; ____. *História econômica e social do estado de São Paulo 1850-1950*. Imprensa Oficial, 2019.

____; ____. *Slavery and the economy of São Paulo, 1750-1850*. Stanford: Stanford University Press, 2003.

____; ____. *The economic and demographic history of São Paulo 1850-1950*. Stanford: Stanford University Press, 2018.

____; ____; SUMMERHILL, William. A agricultura paulista em 1905. *Estudos Econômicos*, v. 44, p. 153-184, 2014.

____; ____; ____. Paulista agriculture in 1905. *Agricultural History*, v. 90, n. 1, p. 22-50, inverno 2016.

LYRA, André de Arruda. *Estudo de vulnerabilidade do bioma Amazônia aos cenários de mudanças climáticas*. Tese (doutorado) — Instituto Nacional de Pesquisas Espaciais, São José dos Campos, 2015.

MACEDO, Luís Otávio Bau. Modernização da pecuária de corte bovina no brasil e a importância do crédito rural. *Informações Econômicas*, São Paulo, v. 36, n. 7, p. 83-95, jul. 2006.

MACHADO, Rosana Sifuentes et al. *Otimização dos custos de transporte para exportação da pluma de algodão*: contraste entre Mato Grosso e Bahia. In: CONGRESSO DA SOBER, 53º, 2015. Acesso em: 19 fev. 2018. Disponível em: <https://portalseer.ufba.br/index.php/revnexeco/article/view/14227>.

MALHI, Yadvinder et al. Climate change, deforestation and the fate of the Amazon. *Science*, v. 319, p. 169-172, 2008.

MALUF, Renato S. Mercados agroalimentares e a agricultura familiar no Brasil: agregação de valor, cadeias integradas e circuitos regionais. *Ensaios FEE*, v. 25, n. 1, p. 299-322, 2004.

MARION FILHO, Pascoal José; FAGUNDES, Jones de Oliveira; SCHUMACHER, Gabriela. A produção de leite no Rio Grande do Sul: produtividade, especialização e concentração (1990–2009). *Revista de Economia e Agronegócio*, v. 9, n. 2, p. 333-352, 2015.

MARIOTONI, Marili Arruda. *O desenvolvimento tecnológico do setor sucroalcooleiro no estado de São Paulo (1975-1985)*. Dissertação (mestrado) — Universidade Estadual de Campinas, Campinas, 2004.

MAROUELLI, Rodrigo Pedrosa. *O desenvolvimento sustentável da agricultura no cerrado brasileiro*. Dissertação (mestrado) — Instituto Superior de Administração e Economia, Fundação Getulio Vargas, Brasília, 2003.

MARQUES, Claudia Marques. Pioneiros de Mato Grosso e Pernambuco, novos e velhos capítulos da colonização no Brasil. *Revista Brasileira de Ciências Sociais*, v. 28, n. 83, p. 85-103, nov. 2013.

MARQUES, P. V. Contribuição ao estudo da organização agroindustrial: o caso da indústria de frango de corte no estado de São Paulo. *Scientia Agricola*, v. 51, n. 1, p. 8-16, jan./abr. 1994.

MARQUES, Rogério dos Santos Bueno. *A construção do profissionalismo na agronomia*: trabalho, ciência e poder. Dissertação (mestrado) — Universidade Federal de Goiás, Goiânia, 2009.

MARTHA JUNIOR, Geraldo B.; CONTINI, Elisio; ALVES, Eliseu. Embrapa: its origins and changes. In: BAER, Werner (Ed.). *The regional impact of national policies*. The case of Brazil. Cheltenham; Northampton: Edward Elgar, 2012. p. 204-226.

MARTINELLI, Luiz A. et al. Agriculture in Brazil: impacts, costs, and opportunities for a sustainable future. *Current Opinion in Environmental Sustainability*, v. 2, ns. 4-5, p. 431-438, 2010.

MARTINS, José de Souza. *A militarização da questão agrária no Brasil*. Petrópolis: Vozes, 1985.

MARTINS, Renata. Produção de amendoim e expansão da cana-de-açúcar na Alta Paulista, 1996-2010. *Informações Econômicas*, São Paulo, v. 41, n. 6, p. 5-16, jun. 2011.

MARTINS, Sonia Santana. *Cadeias produtivas do frango e do ovo*: avanços tecnológicos e sua apropriação. Tese (doutorado) — Fundação Getulio Vargas, São Paulo, 1996.

____ et al. Cadeia produtiva do ovo no estado de São Paulo. *Informações Econômicas*, São Paulo, v. 30, n. 1, jan. 2000.

MATOS, Alan Kardec Veloso de. Revolução verde, biotecnologia e tecnologias alternativas. *Cadernos da Fucamp*, v. 10, n. 12, p .1-7, 2010.

MATTEI, Lauro. Programa Nacional para Produção e Uso do Biodiesel no Brasil (PNPB): trajetória, situação atual e desafios. *Documentos Técnicos Científicos*, v. 41, n. 4, p. 731-740, 2010.

MCKAY, Ben et al. The politics of sugarcane flexing in Brazil and beyond. Transnational Institute (TNI) Agrarian Justice Program *Think Piece Series On Flex Crops & Commodities*, n. 4, set. 2014. "The Corporate Control of Brazilian Sugarcane". Disponível em: <http://repub.eur.nl/pub/77677/Metis_202533.pdf>. Acesso em: 2 jul. 2017.

MEIRA, José Normando Gonçalves. *Ciência e prática:* ensino agrícola na educação presbiteriana em Minas Gerais (1908-1938). Tese (doutorado) — Pontifícia Universidade Católica, São Paulo, 2009.

MELO, Fernando B. Homem de. *Agricultura de exportação e o problema da produção de alimentos.* São Paulo: FEA-USP, 1979. (Texto para Discussão, 30).

____. Composição da produção no processo de expansão da fronteira agrícola brasileira. *Revista de Economia Política*, v. 5, n. 1, p. 86-111, jan./mar. 1985.

____. *O problema alimentar no Brasil.* Rio de Janeiro: Paz e Terra, 1983.

____; GIANNETTI, Eduardo. *Proálcool, energia e transportes.* São Paulo: Fipe; Pioneira, 1981.

MELO JÚNIOR, Heliomar Baleeiro de; CAMARGO, Reginaldo de; WENDLING, Bueno. Sistema de plantio direto na conservação do solo e água e recuperação de áreas degradadas. *Enciclopédia Biosfera*, Goiânia, v. 7, n. 12, p. 1-17, 2011.

MELZ, Laércio Juarez; SOUZA FILHO, Hildo Meirelles de. Avaliação da competitividade da produção de carne de frango em Mato Grosso. *Revista Brasileira de Gestão e Desenvolvimento Regional*, v. 7, n. 2, p. 35-57, 2011.

MENDES, Giovanna Miranda. *Produtividade total dos fatores e crescimento econômico na agropecuária brasileira:* 1970-2006. Tese (doutorado) — Universidade Federal de Viçosa, Viçosa, 2010.

____; TEIXEIRA, Erly Cardoso; SALVATO, Márcio Antônio. Produtividade total dos fatores e crescimento econômico na agropecuária brasileira: 1970-2006. In: ENCONTRO DA ANPEC, 2010. Disponível em: <www.anpec.org.br/encontro/.../i11-a2721cea8a808e72157f9f97cfc7e14c.docx>. Acesso em: 3 jan. 2017.

MENEZES FILHO, Naércio; CAMPOS, Gabriela; KOMATSU, Bruno. *Evolução da produtividade no Brasil*. São Paulo, Insper, Policy Paper n. 12, ago. 2014. Disponível em: <www.insper.edu.br/wp-content/uploads/.../Evolucao-Produtividade- Brasil.pdf>.

MENGEL, Aléx Alexandre. *Modernização da agricultura e pesquisa no Brasil*: a Empresa Brasileira de Pesquisa Agropecuária — Embrapa. Tese (doutorado) — Universidade Federal Rural do Rio de Janeiro, Seropédica, 2015.

MERRICK, Thomas; GRAHAM, Douglas. População e desenvolvimento no Brasil: uma perspectiva histórica. In: NAUHAUS, Paulo (Ed.). *Economia brasileira*: uma visão histórica. Rio de Janeiro: Campus, 1980. p. 45-88.

____; ____. *Population and economic development in Brazil, 1800 to the present*. Baltimore: Johns Hopkins University Press, 1979.

MIELE, Marcelo. Análise do cadastro vinícola do Rio Grande do Sul para um processo inicial de caracterização do sistema agroindustrial vitivinícola gaúcho. In: SOBER, CONGRESSO BRASILEIRO DE ECONOMIA E SOCIOLOGIA RURAL, 2004. v. 42. Disponível em: <www.sober.org.br/palestra/12/04O203.pdf>.

____; WAQUIL, Paulo D. Cadeia produtiva da carne suína no Brasil. *Revista de Política Agrícola*, v. 16, n. 1, p. 75-87, 2007.

MOITA, Rodrigo; GOLANI, Lucille. O oligopsônio dos frigoríficos: uma análise empírica de poder de mercado. *RAC-Revista de Administração Contemporânea*, v. 18, n. 6, p. 772-794, out. 2014.

MOLINA, Rodrigo Sarruge; JACOMELI, Mara Regina Martins. Os ruralistas paulistas e seus projetos para a educação agrícola: "Luiz de Queiroz" (Esalq/USP) em Piracicaba (1881 a 1903). *Revista Brasileira de História da Educação*, v. 16, n. 4:43, p. 190-215, out./dez. 2016.

MONTEIRO, Carlos Augusto; CONDE, Wolney Lisboa. Tendência secular da desnutrição e da obesidade na infância na cidade de São Paulo (1974-1996). *Revista de Saúde Pública*, v. 34, n. 6, p. 52-61, 2000.

____; MONDINI, Lenise; COSTA, Renata B. L. Mudanças na composição e adequação nutricional da dieta familiar nas áreas metropolitanas do Brasil (1988-1996). *Revista de Saúde Pública*, v. 34, n. 3, p. 251-258, jun. 2000.

MORAES, Márcia Azanha Ferraz Dias de. O mercado de trabalho da agroindústria canavieira: desafios e oportunidades. *Economia Aplicada*, Ribeirão Preto, v. 11, n. 4, p. 607-611, out.\dez. 2007.

MOREIRA, Ajax Reynaldo Bello; HELFAND, Steven M.; FIGUEIREDO, Adriano Marcos Rodrigues. Explicando as diferenças de pobreza entre produtores agrícolas no Brasil. In: CONGRESSO SOBER, 48º, jul. 2010. Disponível em: <www.sober.org.br/palestra/15/156.pdf>. Acesso em: 1º abr. 2007.

MOTTER, Paulino; ALMEIDA, Herlon Goelzer de (Ed.). *Plantio direto*: a tecnologia que revolucionou a agricultura brasileira. Foz de Iguaçu: Parque Itaipu, 2015.

MST. *A História da luta pela terra*. MST — Movimento dos Trabalhadores Rurais sem Terra. Disponível em: <www.mst.org.br/nossa-historia/inicio>. Acesso em: 22 abr. 2017.

MUELLER, Charles Curt; MARTHA JUNIOR, Geraldo Bueno. A agropecuária e o desenvolvimento socioeconômico recente do Cerrado. In: FALEIRO, Fábio Gelape; FARIAS NETO, Austeclinio Lopes de (Ed.). *Savanas*. Desafios e estratégias para o equilíbrio entre sociedade, agronegócio e recursos naturais. Planaltina, DF: Embrapa, 2008.

____; MARTINE, George. Modernização agropecuária, emprego agrícola e êxodo rural no Brasil — a década de 1980. *Revista de Economia Política*, v. 17, n. 3, p. 85-104, jul./set. 1997.

MÜLLER, Geraldo. *A dinâmica da agricultura paulista*. São Paulo: Seade, 1985.

NAVARRO, Zander. A agricultura familiar no Brasil: entre a política e as transformações da vida econômica. In: GASQUES, José Garcia; RIBEIRO FILHO, José Eustáquio; ____. *A agricultura brasileira*: desempenho, desafios, perspectivas. Brasília: Ipea; Mapa, 2010. p. 185-209.

____. Por favor, Embrapa: acorde! *O Estado de S. Paulo*, 5 jan. 2018. Disponível em: <http://opiniao.estadao.com.br/noticias/geral,por-favor-embrapa-acorde,70002139015>.

____; CAMPOS, Silvia Kanadani. A pequena produção rural no Brasil. In: ____; ____ (Ed.). *A pequena produção rural e as tendências do desenvolvimento agrário brasileiro*: ganhar tempo é possível? Brasília: CGEE, 2013. p. 13-27.

____; PEDROSO, Maria Thereza Macedo. *Agricultura familiar*: é preciso mudar para avançar. Brasília: Embrapa Informações Tecnológicas, 2011.

NEGRI, Fernanda de; CAVALCANTI, Luiz Ricardo (Ed.). *Produtividade no Brasil*. Desempenho e determinantes. Brasília: ABDI; Ipea, 2014.

NETTO, Antônio Delfim. Agricultura e desenvolvimento no Brasil. *Estudo Anpes*, São Paulo, n. 5, 1969.

____. *O problema do café no Brasil*. São Paulo: IPE-USP, 1981.

____. *Problemas econômicos da agricultura brasileira*. São Paulo, Faculdade de Ciências Econômicas e Administrativas da USP — Boletim n. 40. s.d.

NEVES, Marcos Fava (Ed.). *O retrato da citricultura brasileira*. São Paulo: Elaboração: Markestrat, Centro de Pesquisa e Projetos em Marketing e Estratégia, 2010. s.p. tabs. 9 e 10. Disponível em: <www.citrusbr.com/>.

____; GRAYB, Allan W.; BOURQUARD, Brian A. Copersucar: a world leader in sugar and etanol. *International Food and Agribusiness Management Review*, v. 19, n. 2, p. 207-240, 2016.

____; TROMBIN, Vinícius Gustavo. Mapping and quantification of the Brazilian citrus chain. *Fruit Processing*, p. 50-59, mar./abr. 2012.

_____; ____ (Ed.). *The orange juice business, a Brazilian perspective*. Netherlands: Wagenigen Academic Publishers, 2011.

NICOL, Robert N. V. C. *A agricultura e a Industrialização no Brasil (1850/1930)*. Tese (doutorado) — Faculdade de Filosofia, Letras e Ciências Humanas, Universidade de São Paulo, São Paulo, 1974.

NOBRE, Carlos A.; SAMPAIO, Gilvan; SALAZER, Luis. *Mudanças climáticas e a Amazônia*. Disponível em: <http://mtc-m16b.sid.inpe.br/col/sid.inpe.br/mtc-m17@80/2007/09.24.12.18/doc/nobre_mudan%e7as.pdf>. Acesso em: 17 abr. 2017.

NOGUEIRA, Antonio Carlos Lima; ZYLBERSZTAJN, Décio. *Coexistência de arranjos institucionais na avicultura de corte do estado de São Paulo*. USP/Faculdade de Economia, Administração e Contabilidade, 2003. (Working Paper 03/22). Disponível em: <www.fundacaofia.com.br/PENSA/anexos/biblioteca/1932007111943_03-022.pdf>. Acesso em: 2 nov. 2017.

NOVA CANA. Disponível em: <www.novacana.com/etanol/beneficios>. Acesso em: 19 abr. 2017.

NUNBERG, Barbara. Structural change and state policy: the politics of sugar in Brazil since 1964. *Latin American Research Review*, v. 21, n. 2, p. 53-92, 1986.

OLIVEIRA, Tadário Kamel de et al. *Experiências com implantação de unidades de integração Lavoura-Pecuária-Floresta (iLPF) no Acre*. Rio Branco, AC: Embrapa, 2012.

OLIVEIRA, Vanderli Fava et al. *Trajetória e estado da arte da formação em engenharia, arquitetura e agronomia*. Brasília: Instituto Nacional de Estudos e Pesquisas Educacionais Anísio Teixeira; Conselho Federal de Engenharia, Arquitetura e Agronomia, 2010. v. 1.

OREIRO, José Luis; FEIJÓ, Carmem A. Desindustrialização: conceituação, causas, efeitos e o caso brasileiro. *Revista de Economia Política*, v. 30, n. 2, p. 219-232, abr./jun. 2010.

PAIVA, Ruy Miller. V. Reflexões sobre as tendências da produção, da produtividade e dos preços do setor agrícola do Brasil; VI. Bases de uma política para a melhoria técnica da agricultura brasileira. In: PRADO JUNIOR, Caio et al. (Ed.). *A agricultura subdesenvolvida*. Petrópolis: Vozes, 1969. p. 167-261.

___; SCHATTAN, Salomão; FREITAS, Claus F. Trench de. *Setor agrícola do Brasil*. Comportamento econômico, problemas e possibilidades. São Paulo: Secretaria da Agricultura, 1973.

PARSONS, James J. Spreed of African Pasture Grasses to the American tropics. *Journal of Range Management*, v. 25, n. 1, p. 12-17, jan. 1972.

PASTORE, Affonso Celso; DIAS, Guilherme L. Silva; CASTRO, Manoel C. Condicionantes da produtividade da pesquisa agrícola no Brasil. *Estudos Econômicos*, v. 6, n. 3, p. 147-181, 1976.

____. *A resposta da produção agrícola aos preços no Brasil.* São Paulo: Apec, 1973.

PAULILLO, Luis Fernando (Ed.). *Agroindústria e citricultura no Brasil*: diferenças e dominâncias. Rio de Janeiro: E-papers, 2006.

____; ALMEIDA, Luiz Manoel de Moraes Camargo. A coordenação agroindustrial citrícola brasileira e os novos recursos de poder: dos políticos aos jurídicos. *Organizações Rurais & Agroindustriais*, v. 11, n. 1, p. 11-27, 2009.

PEDROSO, Maria Thereza Macedo. Experiências internacionais com a agricultura familiar e o caso brasileiro: o desafio da nomeação e suas implicações práticas. In: BUAINAIN, Antônio Márcio et al. *O mundo rural no Brasil do século 21.* A formação de um novo padrão agrário e agrícola. Brasília: Embrapa, 2014. p. 761-792.

PEIXOTO, Marcus. *Extensão rural no Brasil.* Uma abordagem histórica da legislação. Brasília: Consultoria Legislativa do Senado Federal, 2008. (Texto para Discussão, n. 48).

____. Mudanças e desafios da extensão rural no Brasil e no mundo. In: BUAINAIN, Antônio Márcio et al. *O mundo rural no Brasil do século 21.* A formação de um novo padrão agrário e agrícola. Brasília: Embrapa, 2014. p. 891-924.

PEREIRA, Luciano Gomes de Carvalho. *Controle fitossanitário*: agrotóxicos e outros métodos. Brasília: Câmara dos Deputados, Consultoria Legislativa, Estudo fev. 2013.

PERES, Frederico; MOREIRA, Josino Costa; DUBOIS, Gaetan Serge. Agrotóxicos, saúde e ambiente. Uma Introdução ao tema. In: ____; ____; ____ (Org.). *É veneno ou remédio?*: agrotóxicos, saúde e ambiente. Rio de Janeiro: Fiocruz, 2003. p. 21-41.

PERKINS, John H. *Geopolitics and the green revolution*: wheat, genes and the Cold War. Nova York: Oxford University, 1997.

PESKE, Silmar Teichert. O mercado de sementes no Brasil. *Seednews*, reportagem de capa, a. XX, n. 3, maio/jun. 2016. Disponível em: <silmar@seednews.inf.br>. Acesso em: 28 fev. 2017.

PETRONE, Maria Thereza Schorer. *O barão de lguape.* Um empresário da época da independência. São Paulo: Brasiliana, 1976.

PRADO, Maria Lígia; CAPELATO, Maria Helena Rolim. A borracha na economia brasileira na primeira república. In: FAUSTO, Boris (Ed.). *História geral da civilização brasileira.* Tomo III: O Brasil republicano. Rio de Janeiro: Bertrand Brasil, 1989. v. 1, p. 285-307.

PRADO JÚNIOR, Caio. *A revolução brasileira.* São Paulo: Brasiliense, 1966.

____. *Evolução política do Brasil e outros estudos*. São Paulo: Brasiliense, 1972.

____. *Formação do Brasil contemporâneo*: colônia. São Paulo: Brasiliense, 1973

____. O Estatuto do Trabalhador Rural. *Revista Brasiliense*, n. 47, p. 1-9, 1963.

PRIORI, Angelo et al. Relações de trabalho. Colonos, parceiros e camaradas. In: ____ et al. *História do Paraná*: século XIX e XX. Maringá: Eduem, 2012. p. 105-114

QUEIROZ, Maria Isaura Pereira de. *O mandonismo local na vida política brasileira*. São Paulo: Alfa-Omega, 1976.

RADA, Nicholas. Assessing Brazil's Cerrado agricultural miracle. *Food Policy*, v. 38, p. 146-155, 2013.

RAMOS, Simone Yuri; MARTHA JUNIOR, Geraldo Bueno. *Evolução da política de crédito rural brasileira*. Planaltina: Embrapa Cerrados, 2010.

RANGEL, Ignácio. *A inflação brasileira*. São Paulo: Bienal, 1963.

RAUSCH, Lisa. Convergent agrarian frontiers in the settlement of Mato Grosso, Brazil. *Historical Geography*, v. 42, p. 276-297, 2014.

RAVEN, Peter H. Tropical floristic tomorrow. *Taxon*, v. 37, n. 3, p. 549-560, ago. 1988.

RECH, Samara; CARIO, Silvio Antonio Ferraz; AUGUSTO, Cleiciele Albuquerque. Avaliação conjuntural da produção e comercialização da maçã em Santa Catarina e no Rio Grande do Sul: aspectos comparativos. *Indicadores Econômicos FEE*, Porto Alegre, v. 42, n. 1, p. 89-106, 2014.

REYDON, Bastiaan Philip. Governança de terras e a questão agrária no Brasil. In: BUAINAIN, Antônio Márcio et al. *O mundo rural no Brasil do século 21*. A formação de um novo padrão agrário e agrícola. Brasília: Embrapa, 2014. p. 725-760.

RIBEIRO, Helena; FICARELLI, Thomas Ribeiro de Aquino. Queimadas nos canaviais e perspectivas dos cortadores de cana-de-açúcar em Macatuba, São Paulo, *Saúde Social*, São Paulo, v. 19, n. 1, p. 48-51, 2010.

RIBEIRO, Iselda Corrêa. *Pioneiros gaúchos*: a colonização do norte mato-grossense. Porto Alegre: Tchê!, 1987.

ROCHA, Jean. *La colonisation allemande et le Rio Grande do Sul*. Paris: Institut des Hautes Études de l'Amérique Latine, 1959.

ROCHA, Jefferson Marçal da. As raízes do declínio econômico da "Metade Sul" do Rio Grande do Sul — uma análise da racionalidade econômica dos agentes produtivos da região. In: *Primeiras Jornadas de História Regional Comparada*, FEE, 2000, Porto Alegre. Disponível em: <http://cdn.fee.tche.br/jornadas/1/s12a5.pdf>.

RODRIGUES, Ângelo Constâncio. *A Escola Superior de Agricultura de Lavras/Esal e a Universidade Federal de Lavras/Ufla*: a trajetória de uma transformação. Tese (doutorado) — Faculdade de Educação, Universidade Federal do Rio de Janeiro, Rio de Janeiro, 2013.

RODRIGUES, Cyro Mascarenhas. A pesquisa agropecuária federal no período compreendido entre a República Velha e o Estado Novo. *Cadernos de Difusão de Tecnologia*, Brasília, v. 4, n. 2, p. 129-153, maio/ago. 1987a.

____. A pesquisa agropecuária no período do pós-guerra. *Cadernos de Difusão de Tecnologia*, Brasília, v. 4, n. 3, p. 2-5-254, set./dez. 1987b.

RODRIGUES, Roberto; ALVES, Eliseu. O futuro da pesquisa agropecuária. *Revista de Política Agrícola*, v. XIV, n. 4, p. 3-4, out./nov./dez. 2005.

ROSA, Vanderleia Trevisan da. *Tempo de implantação do sistema de plantio direto e propriedades físico-mecênicas de um latossolo*. Tese (doutorado) — Universidade Federal de Santa Maria, Santa Maria, 2009.

ROSSI, Michelle Pereira da Silva. *"Dedicado à glória de Deus e ao progresso humano":* a gênese protestante da Universidade Federal de Lavras — Ufla (Lavras, 1892-1938). Tese (doutorado) — Universidade Federal de Uberlândia, Uberlândia, 2010.

RUIZ, Lucas Gonçalves. *Uma visão geral sobre a Cédula de Produto Rural (CPR)*. 2 out. 2015. Disponível em: <www.migalhas.com.br/dePeso/16,MI227850,-11049-Uma+Visao+Geral+Sobre+a+Cedula+de+Produto+Rural+CPR>. Acesso em: 27 dez. 2016.

SÁ, Eduardo. *Merenda escolar:* uma revolução para para os agricultores familiares. ANA — Articulação Nacional de Agroecologia. Disponível em: <www.agroecologia.org.br/2016/08/17/merenda-escolar-uma-revolucao-para-os-agricultores-familiares/>. Acesso em: 23 mar. 2017.

SAINT, William S. Mão de obra volante na agricultura brasileira: uma revisão da literatura. *Pesquisa e Planejamento Econômico*, v. 10, n. 2, p. 503-526, ago. 1980.

SALIS, Carmem Lúcia Gomes de. *Estatuto da Terra*: origem e (des)caminhos da proposta de reforma agrária nos governos militares. Tese (doutorado) — Universidade Estadual Paulista, Assis, 2008.

SANTIAGO, Maura M. D.; SILVA, Valquíria da. A política de crédito rural brasileira e o endividamento do setor agrícola. Antecedentes e desdobramentos recentes. *Agricultura*, São Paulo, v. 46, p. 47-69, 1999.

SANTOS, Joelma Cristina dos. *Sistema agroindustrial do leite na região de Presidente Prudente — SP*. Dissertação (mestrado) — Universidade Estadual Paulista, Presidente Prudente, 2004.

SANTOS, Mauro Augusto dos et al. *O Cerrado brasileiro*: notas para estudo. Belo Horizonte: UFMG/Cedeplar, 2010. (Texto para discussão, 387).

SANTOS, Rosemeire Cristina dos. *Custos de transação na comercialização antecipada de soja na região norte do estado de Mato Grosso*. Dissertação (mestrado) — Universidade de Brasília, Brasília, 2009.

SARAIVA, Elisa Braga et al. *Panorama da Compra de alimentos da agricultura familiar para o Programa Nacional de Alimentação Escolar*. Disponível em: <www.scielo.br/pdf/csc/v18n4/04.pdf>. Acesso em: 23 mar. 2017.

SAYAD, João. *Crédito rural no Brasil*. São Paulo: IPE/USP, 1978.

____; LUNA, Francisco Vidal. Política anti-inflacionaria y el Plan Cruzado. In: CORDES. *Neoliberalismo y políticas economicas alternativas*. Quito: Corporacion de Estudios para el Desarrolo (Cordes), 1987. p. 189-204.

SCALCO, Paulo Roberto. *Identificação do poder de mercado no segmento de leite* in natura *e UHT*. Tese (doutorado) — Universidade Federal de Viçosa, Viçosa, 2011.

SCHAEFER, José Renato. *As migrações rurais e implicações pastorais*: um estudo das migrações campo-campo do sul do país em direção ao norte do Mato Grosso. São Paulo: Loyola, 1985.

SEPULCRI, Odilio; PAULA, Nilson de. *A Emater e seu papel na difusão de tecnologia nos seus 50 anos*. s.d. Disponível em: <www.emater.pr.gov.br/arquivos/File/Biblioteca_Virtual/Premio_Extensao_Rural/2_Premio_ER/02_A_Emater_papel_Dif_Tec.pdf>.Acesso em: 28 jan. 2017.

SILVA, Carlos Alberto da; FERREIRA, Léo da Rocha. Produtividade total dos fatores no crescimento da agricultura brasileira. *Revista de Política Agrícola*, v. XXV, n. 3, p. 4-15, jul./ago./set. 2016.

SILVA, César Roberto Leite da; SANTOS, Sérgio Antonio dos. Política agrícola e eficiência econômica: o caso da agricultura paulista. *Pesquisa & Debate. Revista do Programa de Estudos Pós-Graduados em Economia Política*, v. 12, n. 2, p. 66-82, 2001.

SILVA, Claiton Marcio da. Nelson Rockefeller e a atuação da American International Association For Economic and Social Development: debates sobre missão e imperialismo no Brasil, 1946-1961. *História, Ciências, Saúde — Manguinhos*, v. 20, n. 4, p. 1696-1711, out./dez. 2013.

SILVA, Fabrício Valentim da. *Ensino agrícola, trabalho de modernização no campo*: a origem da Escola Superior de Agricultura e Veterinária do Estado de Minas. Dissertação (mestrado) — Universidade Federal de Uberlândia, Uberlândia, 2007.

SILVA, Felipe Prince. O crédito rural no Brasil. *Animal Business Brasil*, v. 2, n. 6, p. 61-66, 2012.

SILVA, Haroldo José Torres da. *Estudo da viabilidade econômico-financeira da indústria de citros*: impactos da criação de um conselho setorial. Tese (doutorado) — Escola Superior de Agricultura "Luiz de Queiroz", Piracicaba, 2016.

SILVA, Iliane Jesuina da. *Estado e agricultura no primeiro governo Vargas (1930-1945)*. Tese (doutorado) — Campinas, Universidade Estadual de Campinas, 2010.

SILVA, José Graziano da. *A nova dinâmica da agricultura brasileira*. Campinas: Instituto de Economia da Unicamp, 1996.

SILVA, Paulo Roberto da; VALE, Francisco X. R. do; JAHNEL, Marcelo Cabral. Retrospecto e atualidade da engenharia agronômica. In: OLIVEIRA, Vanderli Fava et al. *Trajetória e estado da arte da formação em engenharia, arquitetura e agronomia*. Brasília: Instituto Nacional de Estudos e Pesquisas Educacionais Anísio Teixeira; Conselho Federal de Engenharia, Arquitetura e Agronomia, 2010. v. 1.

SILVA NETO, Benedito; OLIVEIRA, Angélica de. Agricultura familiar, desenvolvimento rural e formação dos municípios do Estado do Rio Grande do Sul. *Estudos Sociedade e Agricultura*, v. 2, p. 83-108, dez. 2013.

SILVEIRA, Rogério Leandro Lima da. *Complexo agroindustrial do fumo e território*: a formação do espaço urbano e regional no Vale do Rio Pardo-RS. Tese (doutorado) — Universidade Federal de Santa Catarina, Florianópolis, 2007.

SOCHACZEWSKI, Antonio Claudio. *O desenvolvimento econômico e financeiro do Brasil, 1952-1968*. São Paulo: Trajetória Cultural, 1993.

SODRÉ, Nelson Werneck. *Formação histórica do Brasil*. São Paulo: Brasiliense, 1963.

SOLA, Lourdes. (Ed.). *O Estado e a transição*: política e economia na Nova República. São Paulo: Vértice, 1988.

SOUZA, Cleonice Borges de; CAUME, David José. Crédito rural e agricultura familiar no Brasil. In: CONGRESSO DA SOBER, XVVI, 2008. Disponível em: <www.sober.org.br/palestra/9/882.pdf>. Acesso em: 29 jan. 2017.

SOUZA, Francisco; DÜBBERN, Francisco H. de. Evolución de la industria de semillas de pastos tropicales en Brasil. In: SEMINARIO DE PASTOS Y FORAJES, X, 2006. Disponível em: <http://avpa.ula.ve/congresos/seminario_pasto_X/Conferencias/A14-Francisco%20Souza.pdf>. Acesso em: 13 mar. 2018.

SOUZA, José Carlos Lima de. *O Movimento dos Trabalhadores Rurais sem Terra (MST)*. O moderno príncipe educativo brasileiro na história do tempo presente. Tese (doutorado) — Universidade Federal Fluminense, Niterói, 2008.

SPEROTTO, Fernanda Queiroz. A expansão do setor de celulose de mercado no Brasil: condicionantes e perspectivas. *Indic. Econ. FEE*, Porto Alegre, v. 41, n. 4, p. 85-100, 2014.

STÉDILE, João. O MST e a questão agrária. Entrevista com João Stédile. *Estudos Avançados*, v. 11, n. 31, p. 69-97, 1997.

____; FERNANDES, Bernardo Mançano. *Brava gente*. A trajetória do MST e a luta pela terra no Brasil. São Paulo: Fundação Perseu Abramo, 2005.

SUED, Ronaldo. *O desenvolvimento da agroindústria da laranja no Brasil*: o impacto das geadas na Flórida e na política econômica governamental. Rio de Janeiro: Fundação Getulio Vargas, 1993.

SUMMERHILL, William R. *Order against progress*: government, foreign investment, and Railroads in Brazil, 1854-1913. Stanford: Stanford University Press, 2003.

SUMNER, Daniel A. American farms keep growing: size, productivity, and policy. *Journal of Economic Perspectives*, v. 28, n. 1, p. 147-166, inverno 2014.

SUPRINYAK, Carlos Eduardo. *Tropas em marcha*: o mercado de animais de carga no centro-sul do Brasil Imperial. São Paulo: Annablume, 2008.

SZMRECSÁNYI, Tamás. O desenvolvimento da produção agropecuária (1930-1970). In: FAUSTO, Boris (Ed.). *História geral da civilização brasileira*. III. O Brasil Repúblicano, v. 4, Economia e cultura (1930-1964). Rio de Janeiro: Beltrand Brasil, 1995. p. 107-207.

____; MOREIRA, Eduardo Pestana. O desenvolvimento da agroindústria canavieira do Brasil desde a Segunda Guerra Mundial. *Estudos Avançados*, v. 5, n. 11, p. 57-79, abr. 1991.

TARSINATO, Maria Aparecida Anselmo. *Análise da agricultura matogrossense, 1970/85:* modernização, desconcentração da terra e mão de obra. Tese (doutorado) — Fundação Getulio Vargas, São Paulo, 1990.

TAVARES, Maria da Conceição. Auge e declínio do processo de substituição de importações no Brasil. In: ____. *Da substituição de importações ao capitalismo financeiro*. Rio de Janeiro: Zahar, 1973.

TOMASINI, Roque Silvestre Annes; AMBROSI, Ivo. Aspectos econômicos da cultura do trigo. *Cadernos de Ciência e Tecnologia*, v. 15, n. 2, p. 59-84 maio/ago. 1998.

TRAJETÓRIA política da Contag — as primeiras lutas. Acesso em: 22 abr. 2017. Disponível em: <http://enfoc.org.br/system/arquivos/documentos/43/Trajetria-poltica-da-contag--as-primeiras-lutas--revista-40-anos-da-contag.pdf>.

TRECENTI, Ronaldo et al. *Integração lavoura-pecuária-floresta*: cartilha do produtor. Brasília: Ministério da Agricultura, 2009.

TRENTO, Angelo. *Do outro lado do Atlântico*. Um século de imigração italiana no Brasil. São Paulo: Nobel, 1989.

TRICHES, Divanildo; SIMAN, Renildes Fortunato; CALDART, Wilson Luis. A cadeia produtiva da carne de frango da região da Serra Gaúcha: uma análise da estrutura de produção e mercado. In: CONGRESSO DA SOCIEDADE BRASILEIRA DE ECONOMIA E SOCIOLOGIA RURAL, 2004. v. 43.

URSO, Fabiana Salgueiro Perobelli. *A cadeia da carne bovina no Brasil:* uma análise de poder de mercado e teoria da informação. Tese (doutorado) — Fundação Getulio Vargas, São Paulo, 2007.

VASCONCELLOS, Marly de Cerqueira; PIGNATTI, Marta Gislene; PIGNATI, Wanderley Antonio. Emprego e acidentes de trabalho na indústria frigorífica em áreas de expansão do agronegócio. *Saúde e Sociedade*, Mato Grosso, v. 18, n. 4, p. 662-672, 2009.

VASCONCELOS, Kelly S. L. de; SILVA, Tiago J. J. da; MELO, Sonia R. S. Mecanização da agricultura por tratores de rodas e máquinas agrícolas nos estados da região Nordeste. *Revista em Agronegócio e Meio Ambiente*, Maringá, v. 6, n. 2, p. 207-222, maio/ago. 2013.

VEGRO, Celso Luis Rodrigues; FERREIRA, Célia Regina R. P. T.; CARVALHO, Flavio Condé de. Indústria brasileira de máquinas agrícolas: evolução e mercado, 1985-95. *Informações Econômicas*, v. 27, n. 1, p. 11-26, jan. 1997.

VEIGA, José Eli da. Agricultura familiar e sustentabilidade. *Cadernos de Ciência & Tecnologia*, Brasília, v. 13, n. 3, p. 383-404, 1996.

VEJA. *Carne fraca*: entenda o que pesa contra cada frigorífico. 17 mar. 2017. Disponível em: <https://veja.abril.com.br/politica/carne-fraca-entenda-o--que-pesa-contra-cada- frigorifico/>.

____. *Irmãos Batista vendem quase metade do grupo para preservar a JBS*. 10 fev. 2017. Disponível em: <https://veja.abril.com.br/politica/carne-fraca-entenda-o-que-pesa-contra-cada-frigorifico/>.

VIAN, Carlos Eduardo de Freitas; ANDRADE JÚNIOR, Adilson Martins. Evolução histórica da indústria de máquinas agrícolas no mundo: origens e tendências. In: CONGRESSO DA SOBER, 48º, 2010, Campo Grande. Disponível em: <www.sober.org.br/palestra/15/1208.pdf>. Acesso em: 23 jan. 2017.

VIANNA, Sérgio Besserman. Duas tentativas de estabilização: 1951-1954. In: ABREU, Marcelo de Paiva (Ed.). *A ordem do progresso*. Rio de Janeiro: Campus, 1992.

VIEIRA, Adriana Carvalho Pinto; LUNAS, Divina Aparecida Leonel; GARCIA, Junior Ruiz. Ambiente institucional na dinâmica da cotonicultura brasileira. *Revista de Política Agrícola*, v. 25, n. 2, p. 53-66, 2016.

VIEIRA, Nivea Muniz. *O trabalho em sua relação com a técnica e a reorganização espacial na cadeia carne/grãos da BR-163, MT*. Dissertação (mestrado) — Pontifícia Universidade Católica, Rio de Janeiro, 2009.

VIEIRA JÚNIOR, Pedro Abel Vieira; FIGUEIREDO, Eliana Valéria Covolan; REIS, Júlio César dos. Alcance e limites da agricultura para o desenvolvimento regional: o caso de Mato Grosso. In: BUAINAIN, Antônio Márcio et al. *O mundo rural no Brasil do século 21*. A formação de um novo padrão agrário e agrícola. Brasília: Embrapa, 2014. p. 1125-1155.

VIEIRA FILHO, José Eustáquio Ribeiro. Distribuição produtiva e tecnológica: os estabelecimentos agropecuários de menor porte e gestão familiar. In: KA-

NADANI, Silvia; NAVARRO, Zander. *A pequena produção rural e as tendências do desenvolvimento agrário brasileiro*: ganhar tempo é possível? Brasília, CGEE, 2013. p. 177-199.

VINHAS, Moisés. *Problemas agrário-camponeses do Brasil*. São Paulo: Civilização do Brasil, 1968.

VISENTIN, Maria Alice Dias Rolim. A floresta amazônica e as mudanças climáticas: proteção da biodiversidade. *Revista CEJ*, Brasília, v. XVII, n. 60, p. 96-102, maio/ago. 2013.

VOGT, Olgário Paulo. *A produção de fumo em Santa Cruz do Sul, RS (1849-1993)*. Dissertação (mestrado) — Universidade Federal de Paraná, Curitiba, 1994.

VOLLRATH, Dietrich. Land distribution and International agricultural productivity. *American Journal of Agricultural Economics*, v. 89, n. 1, p. 202-216, fev. 2007.

WANDERLEY, Maria de Nazareth Baudel. *Agricultura familiar e campesinato*: rupturas e continuidade. Disponível em: <http://r1.ufrrj.br/esa/V2/ojs/index.php/esa/article/view/238/234>. Acesso em: 26 mar. 2017.

WEINSTEIN, Barbara. *The Amazon rubber boom, 1850-1920*. Stanford, Calif.: Stanford University Press, 1983.

WEST, Sherlie H.; PITMAN, W. D. Seed production technology of tropical forages. In: PITMAN, W. D.; SOTOMAYOR-RIOS, Antonio (Ed.). *Tropical forage plants*: development and use. Boca Raton: CRC Press, 2000. cap. 9.

WILKINSON, John. O *setor sucroalcooleiro brasileiro na atual conjuntura nacional e internacional*. Rio de Janeiro: ActionAid, 2015.

____. What Washington means by policy reform. *Peterson Institute for International Economics, Speeches & Papers*, p. 7-20, nov. 2002.

YAMAMURA, Simone. *Plantas transgênicas e propriedade intelectual*: ciência, tecnologia e inovação no Brasil frente aos marcos regulatórios. Dissertação (mestrado) — Universidade de Campinas, Campinas, 2006.

ZANIN, Vanclei. Panorama geral da orizicultura brasileira. *Indicadores Econômicos FEE*, Porto Alegre, v. 41, n. 2, p. 53-60, 2013.

ZARDO, Katia. *Vitivinicultura de precisão aplicada a produção e qualidade de uva pinot noir no Rio Grande do Sul*. Dissertação (mestrado) — Universidade Federal de Santa Maria, Santa Maria, 2009.

ZARTH, Paulo Afonso. *Do arcaico ao moderno*: o Rio Grande do Sul agrário do século XIX. Ijuí: Unijuí, 2002.

ZIMMER, Ademir H. et al. *Degradação, recuperação e renovação de pastagens*. Campo Grande: MS: Embrapa Gado de Corte, 2012. Disponível em: <www.embrapa.br/busca-de-publicacoes/-/publicacao/951322/degradacao-recuperacao-e-renovacao-de-pastagens>. Acesso em: 19 abr. 2017.

ZIMMERMANN, Beate; ZEDDIES, Jurgen. International competitiveness of sugar production. In: INTERNATIONAL FARM MANAGEMENT CONGRESS, 13th, 7 jul. 2002,Wageningen, The Netherlands. Disponível em: <http://econpapers.repec.org/paper/agsifma02/>.

ZOCCAL, Rosangela; GOMES, Aloísio Teixeira. Zoneamento da produção de leite no Brasil. In: CONGRESSO DA SOCIEDADE BRASILEIRA DE ECONOMIA E SOCIOLOGIA RURAL, XLIII, 2005, Ribeirão Preto.

ZULIAN, Aline; DÖRR, Andréa Cristina; ALMEIDA, Sabrina Cantarelli. Citricultura e agronegócio cooperativo no Brasil. *Revista Eletrônica em Gestão, Educação e Tecnologia Ambiental*, v. 11, n. 11, p. 2298-2299, jun. 2013.